岩 波 文 庫

38-129-1

前方後円墳の時代

近 藤 義 郎 著

岩 波 書 店

凡例

一、本書の底本には『前方後円墳の時代』(岩波書店、一九八三年)を用いた。

二、本文庫編集に際し、明らかな誤記・誤植や、著者が訂正を指示する書き込みを残していた箇所などは、とくに断りなく訂正した。

三、右以外に、後年著者が加筆や表現の変更を考えていたと思われる箇所については、文中の該当箇所に[1][2]…と番号を付し、巻末「文庫版編集にあたって」の中に示した。またいくつかの用語の変更についても、「文庫版編集にあたって」に詳細を示した。

四、文庫版の読者にとって若干説明が必要かと思われる語について、本文中に適宜、[ ]によって語注を付した。

五、本文中に登場する市町村名について、底本刊行後に変更があったものは、二〇一九年一一月現在の名称を[ ]を用いて本文中に補った。

六、遺跡名称の表記・読み方に関し、古墳については『前方後円墳集成』(近藤義郎編、全六巻、山川出版社、一九九一〜二〇〇〇年)または当該自治体による報告書等を参考に、史跡名称については自治体が用いている名称を参考に改めたものがある。

七、本書で言及している古墳のうち、底本刊行後に追加調査等がおこなわれ、墳長等の数値に変更があるとわかったものについては、「文庫版編集にあたって」に一括して示している。

八、図表については、内容が変わらないよう配慮しつつ、見やすさを考慮し、図中の文字や記号を新たに打ち替えて大きくするなどの処理をしたものがある。また本文中の図版参照箇所に、図番号を補った。そのほか各図変更の詳細は「文庫版編集にあたって」を参照されたい。

九、全体にわたって読者の読みやすさを考慮し、読みがなを補う、送りがなや句読点を整理する、漢字・かなを統一するなど、適宜表記を改めた箇所がある。

一〇、引用・参照文献などの書誌については、原則として著者自身が参照した当時の文献書誌をそのまま示した。その後、正式報告書が刊行されたり、論文が単行本に収録されるなど手に入りやすいかたちで改めて刊行されている場合は、適宜[　]によって補足した。

はしがき

考古資料はもともと沈黙資料であることを特徴とする。いろいろな操作をおこなって、その資料に考古学者が発言させるのだが、その場合でも、年月や人の名前、あるいは個人の行動や事件の推移の追跡などはできない。発言は一見具体的なようにみえるが、すべて型式という抽象を通しての発言であるから、そのなかの登場者はことごとく集団となる。しかも発言のさせ方は考古学者によってまちまちであることが多い。考古資料は文献資料と違ってコピーできないから、それを発掘した人、直接に観察した人の理解と判断が発言の基本となる。いうまでもなく発掘や観察には精粗があるから、発言にも精粗・虚実がどうしても入りこむことになる。これをどう識別し、大局的な正しさのなかにどう位置づけるかははなはだむずかしい。また逐年増大を続ける資料の累積も、いまや個人の統御能力をはるかに越えたものとなっている。土器片・石器片を一個の資料とすれば、百万点を優にこえる資料が年々出土している。これらすべての資料についての総括は、一定の地域においてさえほとんどおこなわれたことはない。

本書はそのほとんどをこのような考古資料に基づいて叙述しようとした。それは、雄弁な文献資料との妥協を避けるためであるが、みずからを歴史学と任じて久しい考古学が、その独自の資料のみを使って果たして歴史を復原・再構成しうるものかどうかを、私自身検証するためでもあった。中途でも相当な絶望感とたたかったことはいうまでもないが、いま干からびた内容を前に一言もない。しかし内容の無味乾燥さや良し悪しとは別に、一縷(いちる)の望みがみえてきたことも実感する。地域的にも全土的にも、問題意識と適切な方法に導かれて資料検証とその総括を進めていけば、考古資料に立脚した本格的な歴史がやがて書けるに違いないと。その意味でこの小著は、私にとってもささやかな一里塚となる。

本書ははじめ先土器時代から書き始めたが、先土器・縄文の社会が前方後円墳の時代の形成にかかわって果たした歴史的役割を積極的に評価していくことが、今日の力量をこえていると判断したため、一部の言及を除き、切り落とした。もっとも、その一部を「先土器時代の集団構成」と題して別に公表したことも多少の理由となっている。当初『階級社会への道』と題して執筆にかかったが、題名負けして筆が進まず、止むなく表題のごとくに改めたが、理論的議論の不足という点を除くと、はじめに考えていたことと内容はほとんど変わらない気がする。

ここで使用した考古資料に関しては、私自身で発掘したもの、あるいは踏査・実見したものを中核にすえた。これをもって体験主義的傾向とされる向きもあるかもしれないが、これは第一には、右に述べたごとき考古資料の性格と現状によるものであり、第二には、私自身がまさにその課題を抱いてこれまで発掘をおこない、調査を進めてきたという当然な理由による。用語についてもことさらの説明はほとんど加えていない。これは文の前後から理解してもらえると考えたからであり、また厳密な限定は力をこえて身をしばるものと判断したからである。また地名において大阪府・河内（かわち）・和泉（いずみ）、または吉備（きび）・山陰・出雲（いずも）などを使い、あるいは大和部族連合・大和政権・首長・大王などが現われるが、前者は単に記述に便宜であるため、後者は多少とも使いわけしたつもりである。

執筆の途上多くの歴史家の影響をうけ、混乱を繰りかえしたが、なかんずく石母田正氏と原秀三郎・芝原拓自両氏の著作に感銘をうけた。両者それぞれの歴史理論は難渋であったが、構想の態度を私は学んだ。いっぽう本書が成るに際して、考古学の仲間から絶大な援助をうけた。今井堯・都出比呂志・佐原真・広瀬和雄の諸氏からは全体を通して教示を得た。また林謙作氏からは東北の弥生文化について、難波俊成氏からは仏教史について教えられた。さらに岡山大学考古学研究室の大学院生秋山浩三・乗岡実・吉村健の三君は校正の労をとり、文意不鮮明・事実誤認を発見し、訂正の示唆を与えられた。また事実関係に関するぶしつけな問合せに応じて下さった方々として、氏家和典・橋本博文・小宮恒雄・甘粕健・岸本雅敏・市原寿文・用田政晴・石部正志・小林謙一・田中和弘・天野末喜・畑暢子・橋本久和・松本正信・瀬戸谷晧・池田満雄・吉田晶・河本清・村上幸雄・葛原克人・柳瀬昭彦・出宮徳尚・根木修・平井勝・光永真一・吉留秀敏・潮見浩・桑田俊明・横山浩一・西谷正・高島忠平・隈昭志の諸氏がある。

挿図については、岡山県教育委員会、滋賀県教育委員会(丸山竜平)、柳瀬昭彦・村上紘揚・田中和弘・天野末喜・小宮恒雄・水野正好・宇垣匡雅の諸氏、写真については、福岡市教育委員会(山崎純男)、港北ニュータウン埋蔵文化財調査団(岡本勇)、門脇俊彦の諸機関および諸氏からの提供をうけた。また多くの方々の著書・報告から挿図または写真を引用させていただいたが、その際一部改変を加えたことを御容赦願いたい。挿図の写図には、とくに岡山大学考古学研究室学生北條芳隆・池橋幹両君をわずらわし、また一部は福田輝子さん、宇垣匡雅・吉村健両君の援助もうけた。浄書などには福田輝子さんと妻の利子が協力した。

私は上記の方々に衷心から感謝するとともに、その援助をうけて本書がはじめてまがりなりにもできあがったことを心から嬉しく思う。最後になったが、長年にわたり呆れるほど辛抱強く、ひるむ私を激励し叱咤し続けて下さった岩波書店の中島義勝氏と松嶋秀三氏に満腔の謝意を表したい。

一九八三年二月一四日

岡山にて
近藤義郎

目　次

前方後円墳の時代

第一章　弥生農耕の成立と性格

一　はじめに

弥生農耕は、朝鮮ひいては中国からの影響、直接的には南部朝鮮との交流に負うものであったと考えられる。ただしこのことは、弥生文化の成立に在来の縄文人が関与しなかったことを意味するわけではない。たしかにその成立のそもそもから朝鮮原始文化の物的要素の導入は顕著である。また金関丈夫が弥生時代前・中期の人骨の形質人類学的研究に基づいて述べるように、数の多寡はともかく、一群の朝鮮渡来人の来住が説明されようとしている(1)。しかしそのいっぽう、弥生文化における縄文的要素も指摘できるし[1]、人骨の点で縄文人と異なるところのない弥生人が長崎県などにおいて知られており、金関も渡来人は在来人にくらべて数も少なくまた後続もなかったろうと述べている[2]。また、最古の弥生土器は製作技術からみて縄文土器の系統をうけついだものであり、まったく同じものは朝鮮では発見されていない。今のところ、当時の朝鮮の土器(赤色無文土器)

は最古の弥生土器といわれる板付Ⅰ式土器に続く板付Ⅱ式土器の時期にならないと伴出例がない。ただしこれら伴出関係は現在の知見であって、今後の多少の変動は予想されてよい。最近になって北部九州の一角、佐賀県唐津市菜畑遺跡から、縄文時代晩期[3]の山の寺式土器や縄文系の石器[4]に伴なって、石庖丁・石鏃を含む大陸系磨製石器類や炭化米が出土し、水田自体の遺構も見出されるなど、事態はなお流動的である。したがっていま想定できることは、渡来の有無・多少は別として、朝鮮住民がまず北部九州で縄文集団と交流し、水稲耕作と金属を主軸とする新文化を伝え、縄文人はそれを学び、その結果誕生したのが弥生文化である、ということである。

　このようにして北部九州に成立した弥生文化を担った人々、最初の弥生人は、凸帯文をもつ深鉢形土器と篦みがきされた浅鉢形土器をもつことによって示される親縁関係にあった縄文時代晩期末の西日本の諸集団に、移動あるいは交流もしくは両方を通じてその文化を伝えていった。尾張と丹後を結ぶ線から東方への波及は、気候的障碍やそこでの縄文集団の相対的な独自性などのためややおくれるが、おそくとも中期の中頃までには東北地方南部の諸集団にまで達した[5]。以後弥生文化は諸地方のそれぞれの条件の下に成立することになるが、その生産的な基礎である農耕の技術体系そのものは、外来のいわば「出来合い」のものであった。すなわち南部朝鮮およびその先の故地――華中・華南地方――において一定の発達をとげたものとしてもたらされたものである。その農耕は、北縁とはいえモンスーン地域の一端に属している日本列島にとってふさわしい水稲栽培の体系であった。それは、必ずしもきわめて高度といえるものではなかったが、といって狩猟・採集の補助といったものでもなかった。その意味では弥生社会は、少なくとも西日本に関してはその当初から農耕社会として出発したといってよい。このことは、在来の縄文集団がそれを受け入れるだけの進歩の段階に達しそれなりの矛盾の中にあったことを示すとともに、到来の水稲農耕が諸集団をして急速にそれを受容せしめたほどの魅力と豊かさをそなえていたことをも示すだろう。この外来の水稲農耕の、日本の風土のなかでの定着・発展が、その後の社会進歩の土台となったことはいうまでもないのであるから、まず、この弥生農耕の性格を吟味することから始めたい。

二　農耕技術の体系的採用

弥生時代前期の農耕具は、刃先に至るまで木製のもので、鉄刃装着の例は、痕跡を含めてもこれまで知られていない。しかしそれには、おのおの別な役割をもつと考えるほかないさまざまな形態のものが含まれている。その多くにおいては、強い弾力と靱性（じんせい）をそなえる堅硬なアカガシ属あるいはクヌギ・サカキなどが素材として選択されている。

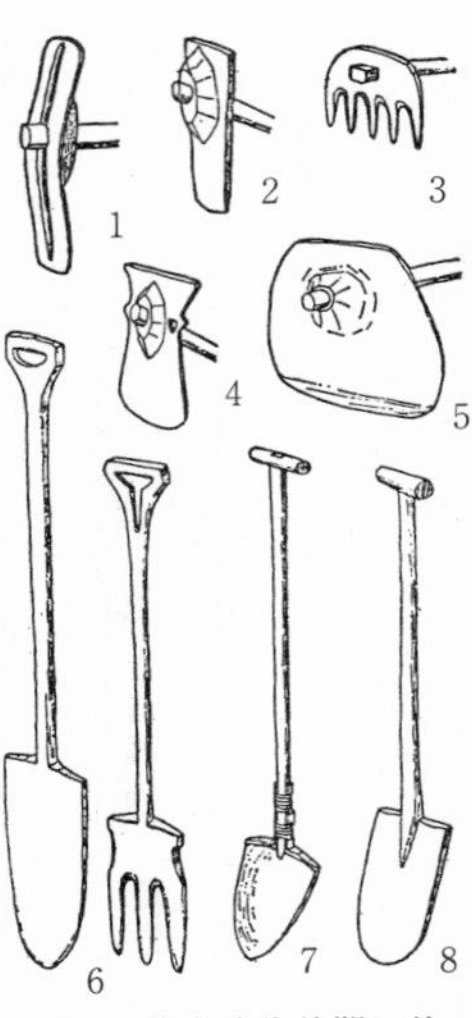

図1　弥生時代前期に使用された各種木製農・土木具の復原(町田章「木器の製作と役割」『日本考古学を学ぶ』(2), 1979, 有斐閣, 一部改変)

形状、着柄角度と身幅の関係および強靱度から検討を加えた最近の研究(2)によって、木製耕具の器種とそこに想定される用途をみると次のようになる(図1)。

まず打鍬類として、(1)身幅一〇センチ未満、着柄角度七〇—八〇度のもの。これは反転・耕起に用いられた強靱な作りの深掘り可能な諸手鍬である。(2)浅耕用の打鍬としても、また引鍬としても用いられたと考えられる打引鍬。身幅一〇—一五センチ、着柄角度は六〇—七〇度。(3)櫛歯状に三—五の刃をもつ土起こし用の馬鍬。着柄角度七〇度前後。引鍬類としては、(4)おもに土壌の削平・移動・攪拌に使われたと考えられる引鍬。身幅一五—二〇センチ、平均的着柄角度六〇度。(5)水田面の最終的な調整に用いられたと推定される身幅三〇センチ前後の丸鍬。鋤類としては、(6)深掘りができ土壌の反転に適した頑丈で一本づくりの長柄鋤。その刃先には三叉形・U字形・角状などがある。(7)身と柄が別な材でつくられ、組み合わせて用いられ、浅耕用の反転具とされる踏鋤。これにも身部の形態にいくつかの型式がある。(8)土のすくいあげに便利なスコップ状木器。その他用途不明なままに農耕具と考えられているいくつかの形態がある。なかには、(1)の打鍬、(6)の長柄鋤のように、同時に土木具にも使用されたと考えられるものがあるし、用途の比定も絶対的なものとは必ずしもいいがたいが、右の器種のほとんどが前期において使用されていたことは確かである。

このように、種々の形態＝多様な機能をもつ耕具があわせて使用されていること、さらにそのうちのあるものに細別さえ存在することは、刃先まで木作りであるという点で使用上の制約があったにせよ、そこに開田および耕起から収穫に至る間の水田の管理・経営に一定の作業体系が存在したことを物語るとみてよい。おそらくそこには、開田、溝掘り、反転・耕起、砕土、泥土の移動・攪拌、残桿[稲わらの残り滓]のうめこみ、面ならし等々が原初的な水のかけひきや除草などとともにおこなわれていたことを思わせる。

これら木製農・土木具の製作に使用された磨製石斧類もまた大陸系のものであり、伐採や荒割りに用いられた太形蛤刃石斧、大小のノミや削り具の機能をもつと考えられる柱状片刃石斧と小形片刃石斧、手斧としての使用が想定されている扁平片刃石斧などが、定形化した形態をもって、北部九州においてはやくも縄文時代晩期後葉ないし最古の弥生文化に出現している。加えて、稀少とはいえ鉄製工具も弥生文化誕生[6]に参加している。機能分化した石製工具と鉄製工具との組み合わせは、農・土木具をはじめとする当時の木材利用加工の多様さに対応するものであった。両者とも、朝鮮やさらにその先の大陸における農耕社会の長い発達の歴史の所産であることはいうまでもない。このことは、弥生農耕が「外来の」農耕として出発し、少なくともその初期においてそれを主導した人々が渡来集団ないしそれとの深い交流にあった列島住民であったという先の想定に符合し、またそれが補助的・原始的農耕としてではなく、本格的な農耕、少なくともそれを指向するものとして出発したことを物語る。しかし、このような農・土木具の諸形態にうかがえる体系的な技術導入が、ただちに任意の耕地＝水田の造成を容易に実現させえたとは限らない。そこには、日本列島という新しい風土的条件、稀薄な人口、しかも水稲栽培に未経験な集団といった諸条件があった。

三　前期水田

敗戦後まもなく発掘調査された静岡県登呂遺跡は、弥生時代の水田・水路の遺構をみごとに伝えた遺跡として著名であるが、弥生農耕が一定の発達をみた後期初頭に属するものであったため、そこから初期の水田構造をうかがうには必ずしも適したものとはいえなかった。西日本前期弥生時代の水田の実例はその後長い間発見できず、集落立地とその周辺地形・土壌構造、加えて先にみた木製農・土木具の形態と質などからの類推にたよるほかなかった。すなわち前期弥生集落は、海岸部にあっては後背低地をひかえた砂州・三角州その他の微高地、河川流域にあっては自然堤防上、あるいは平野縁辺の丘陵上に位置していることが多いので、その周辺にひろがる低地がまず水田として開発されたと想定されていた。すなわち、形成途上にある沖積平野につきものの湿潤な低地が耕地として利用されたに違いないと推定されていたのである。そうした低地は、第一には、人口稀薄な当時、最初の水稲栽培に立ちむかった少人数単位の集団にとって開発・維持が容易であり、第二には、結局は同じことであるが、積極的な人為的灌漑によらずともその自然の湿潤さが稲の生育に必要な水を保証するものであった、と考えられたからである。加えて、先にふれた一群の木製土木・耕作具がそうした湿潤な低地水田によく適合した鍬・鋤の類であることが、一九三七年の奈良県唐古遺跡の調査によって知られたことも、右の見透しを蓋然性の高いものとしていた。

　ところが、一九六八年八月、「明治百年」記念県立武道館の不法建設に端を発した、岡山県津島遺跡の保存運動の一環として実施された発掘調査において、類推にとどまっていた弥生時代前期水田の実例がはじめて姿を現わした。それは当時埋積が進みつつあった三角州の浅谷と微高地とが接する部分に帯状にひろがって発見された。微高地と水田との比高は約一メートルで、ほぼ平坦な微高地上には、翌一九六九年三月に始まった第二次調査団の発掘によって、同じ前期に属する住居址および倉庫かと考えられる高床の建物が存在していたことが明らかにされた。水田の幅は四―五メートルから七―八メートル、広いところで一〇メートル未満であるが、もとは谷中央の泥湿地ないし沼地の方向へもう少しのびていた可能性がある。範囲を最小限にとどめるという保存運動に伴なう発掘調査の性質上、拡がりについては充分たしかめえなかったが、水田は微高地の縁辺にそって少なくとも数十メートル以上はのびていると推定された。微高地と水田との間には杭と矢板が打ちこまれ、その間に木材が横に置かれていた形跡を示した。いうまでもなく水田を画し微高地からの崩土をふせぐためのものであった。水田土壌は黒褐色で、局所的には分解不良な大形の植物有機体を多量に含むところもあったが、がいして大形植物遺体は少なく、砂・シルト［粒が砂より小さく粘土より粗い砕屑土壌］をまじえる粘土で成り立っていた。土壌表面はほとんど水平にのび、その厚さは約二〇―三〇センチをはかる。花粉分析によって稲の花粉が二〇―三〇％の率で検出されたほか、有機質を多く含む個所から籾穂および多種類の水田雑草の種子が発見され、その面からも水田土壌であることが確認された。この土壌直下には青灰色のグライ土壌〔水浸しで還元状態にある土壌〕が発達していて、地下水の影響を不断にうける湿田と考えられるものであった(3)。

その後福岡県板付(いたづけ)遺跡において、集落のある低丘陵側下の低湿地において、津島遺跡よりもいっそう古い農耕初期の水田遺構が、しかも上下二層において発見された。それはともに畦畔(けいはん)・取排水溝・水路をそなえたもので、畦畔は杭・矢板が両側に打ちこまれたもの、また取排水溝の途中には杭と矢板列による用水調整の設備がみられた(図2・3)。水田耕土は有機質の粘土層で、一枚の水田面積は、下層において四〇〇平方メートル以上、上層において三三〇平方メートルおよび六〇〇平方メートル以上と推定されている。下層においては、水路からは諸手鍬二点、鍬の柄三点、水田床面から石庖丁が発見され、また当時の人々の足跡が無数に田面にのこされていた。これらの水田が洪水によって埋没したものであることは、その上に砂層がひろがっていることから明らかである。

この稀有な二例は、断片的に知られているいくつかの遺跡周辺の土壌プロフィールや先の一般的推定をそれに合わせると、前期水田の普遍的な姿を示すものと考えてよい。

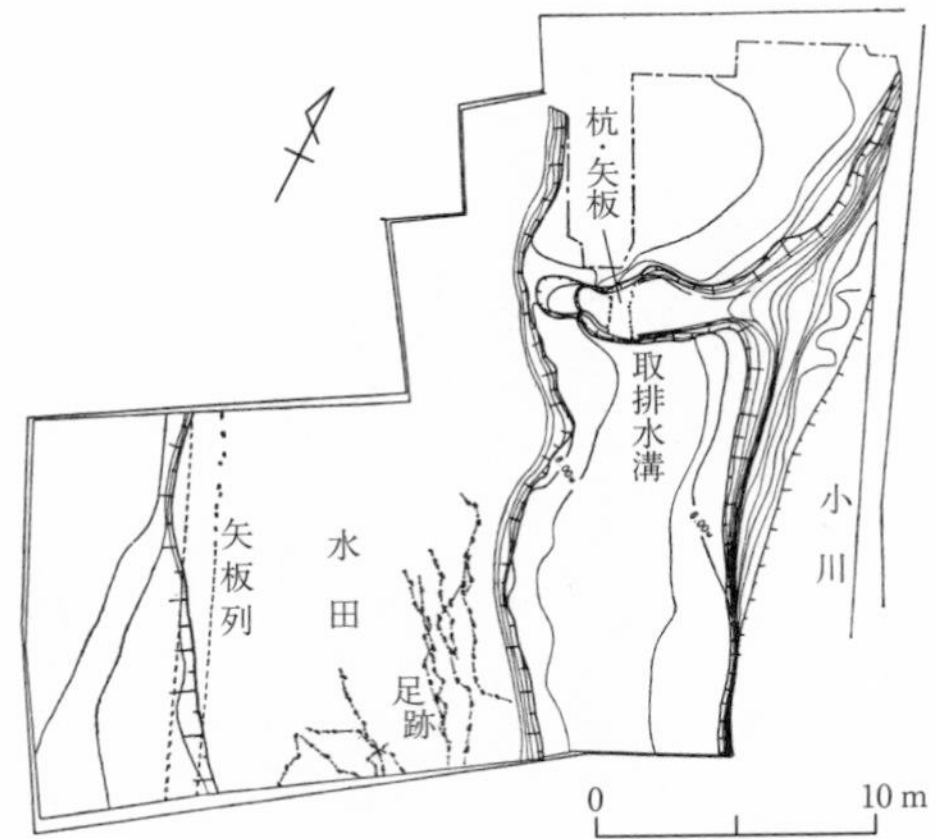

図２　板付遺跡の板付Ｉ式期の水田址（山崎純男ほか『板付遺跡調査概報』1979，一部改変）

図３　板付遺跡の取排水用の堰［福岡市埋蔵文化財センター所蔵］

それは、杭と矢板から成る畦畔や水路・取排水溝の形跡などが示すように、一定の区画のうちで保護・管理を加えられていたものであるにもかかわらず、耕地そのものは生産性の低い自然の湿潤低地に求められていたという状況である。このことは、耕具にみられる栽培技術体系をもってしても容易に開発・維持できる水田の場は、まず自然の湿潤地であったことを示している。加えて、人口は当時なお稀薄であった。湿潤低地をこえての水田拡大は、多大の労働投入を必要とするばかりでなく、長大な水路の掘削や用・排水の問題や他集団との関係など累積的に困難を増すものであるが、そうした要求と社会的条件は、人口圧のなお少なかった当時は形成されることがなかった。このように、列島におけるはじめての水稲農業は、一定の栽培体系をもっていたにもかかわらず、新しい風土のなかでの技術的ならびに社会的な諸条件の未成熟のため、開発容易な自然湿潤地の水田化に最初の安定を見出したのである。ここに成立時の弥生農耕の性格、未熟な本格的農耕の姿がある。[7]

四　集約農耕

湿潤地での栽培といっても、安閑となされていたわけではない。すでに述べたように積極的な水と土の管理がおこなわれていたいっぽう、当時の沖積平野における相当に苛酷であった自然的諸条件への対処があった。それはそもそもから、湿潤低地特有の過剰滞水あるいは冷涼な湧水との闘いを伴なった。しかしおそらくはそれ以上に、縄文時代後・晩期の冷涼な気候が、晩期のある時期から弥生時代にかけて多少とも温暖化に転じはじめ、海進(かいしん)とともに沖積化を進めつつあったという一般的な条件のなかにあったことが重要である。もちろん局地的には緩急・大小の影響の差はあったに違いないが、全般的な傾向として、三角州の「浅谷部は、河口付近は入江状に、またそれより上流部でも淡水性の湿地となり、そこに泥炭を形成するような条件が生まれ(4)」ていた。たしかに初期の弥生水田はこのような自然的条件に支えられていたが、そのことは同時に三角州の沖積化=平坦化を盛んにさせるものであったから、堆積による水田埋没の危険は大きく、さらに突発する台風や洪水による冠水、低地特有の長期滞水という被害が不断の脅威となったに違いない。岡山県津島遺跡の前期水田は、やがて洪水による一部の切断流失、ついで砂質シルト層の全面的な堆積におおわれて潰滅したし、先にふれたように福岡県板付遺跡の水田もまた、足跡の埋没からみて突如おそったと考えられる洪水がもたらした砂層ないし粗砂層におおわれていた。このことは、水田とくらべてより微高の地に立地していた集落にとってさえ危険なものであった。大阪府瓜生堂(うりゅうどう)遺跡では、現地表下約四メートルの個所に弥生前期の包含層がみられるが、上層の中期の包含層との間は約一メートルに達する土砂によって隔てられていた。同じような事例は、各地にひろく知られている。

こうした海進、埋没・流失、冠水などの脅威への対応は、水稲栽培のはじめから避けることのできない作業として進められたと考えてさしつかえない。すでに指摘したように、土木具としても充分機能を発揮しえたものを含む耕作具の体系的な導入があったこと自体、当時の列島において土と水の恵みをうけるいっぽう、その脅威にも直面しながら水稲栽培を定着させることができた、最小限度の技術的条件だったと考えることができる。その集落が一般に水田に接した微高地に立地していることも、水田に対する常時的な保護・管理がおこなわれたことを示すものといってよい。

このように、単に栽培作業からだけではなく、水田そのものの直接的な維持・管理つまり洪水埋没との闘いからみても、弥生農耕がその当初から、集団が多大の力を投入してその保護と管理に当たる経営であったことは明らかである。すなわち弥生農耕の成立は、生産活動の重点を水稲耕作にふりむけることによってのみ実現された。このことは別な面からいえば、弥生水稲農耕が人々の生活を保証するものでなければ実現しえなかったことを意味する。

弥生農耕社会は、狩猟・採集に対する補助的ないし副次的な栽培からしだいに前進してやがて前者にとってかわるといった展開の道をとらず、いきなりそれへの依存ないし転換として誕生したのであるが、もちろん狩猟・採集がすっかり止んでしまったわけではない。弥生前期にはなおしばしば貝塚を伴ない、鳥獣魚骨も少なからず出土することが示すように、狩猟・漁撈・採集がなお活発におこなわれていたことは確かであって、中・後期にくらべると、それへの依存はなお大きいものであった。しかし、それは水稲栽培を上廻るようなあるいはそれに並ぶような位置ではなく、副次的ないし補助的な位置を占めていたにすぎないと考えられる。このことは、すでにふれたところから明らかなように、弥生農耕が集約性を強く指向するものとして出発し、その方向で発展していったことと深く関係する。一般的にいって水稲栽培は、他の陸田穀類栽培にくらべ集約性が強い。先に述べたような日本列島における水田と、それをめぐる諸条件の下では、その傾向はとくに著しい。弥生農耕が、開田―播種(はしゅ)―収穫といった簡単・粗放なものでなく、各種耕具や水田址が示すように、反転・耕起、残桿の踏込み、攪拌、面ならし、播種、さらに区画、水路、自然災害への対処といった体系的・包括的な農法として出発していることはよくそのことを示している。その収穫は、石庖丁といわれる穂摘み具をもって稔熟(じんじゅく)の順に一本一本を摘みとるという、労働の生産性を無視したものであった。そのうえ雑草との闘いもあった。津島遺跡の水田から数十種にのぼる水田雑草が笠原安夫によって発見されたが、(5) これは雑草をはびこるままに放置していたことの証拠というより、雑草との熾烈な闘いがあったことを想像させる。そうであれば、雑草との闘いを可能とする播種法、すなわち条播(じょうは)ないし田植がすでにおこなわれていたことになるかもしれない。

このように弥生農耕は、集約性を指向して出発したことによってそれへの急速で広範な転換をかちとることができた。一般に自然の湿潤低地水田は、還元状態の下で分解不良の有機質が多いためその生産性は低いといわれるが、自然の災害をある程度さけえた限り、多大の労働を投じその集約性を高めれば、狩猟・採集経済にはるかにまして余剰を生み、生活を安定させえたに違いない。弥生時代前期を通じての、さらに前期から中期にかけての遺跡数の増加と分布の拡大の事実は、余剰生産＝生活の相対的安定の進展が人口の急速な増大すなわち労働力の拡大再生産と耕地の拡大をみちびきつつあったことを、疑いなく物語るものである。この状況は、縄文時代後・晩期における西日本の停滞的ないし不安定な遺跡分布の動きとくらべるとき、歴然としている。したがって、その限りにおいて人々が、湿潤地における集約的栽培を通して埋没・流失との闘いを軸にした自然的条件への順応と対応による一定の経験を蓄積し、生活の基礎を水稲農耕に確固として定着させることに成功しつつあったことは明白である。

五　分割耕作

さて、農地＝水田は、集団の領域内の特定の大地への人間労働の集中的かつ持続的投下によってはじめて獲得・維持されるが、それはもはや自然であって単なる自然でなく、人間集団によって占取・加工・変形され、不断に労働力の投下がおこなわれる耕地＝生産手段である。天与のものという点ではたしかに狩猟・採集経済下の森林・原野と本質的に変わるところはないが、人間集団の不断の介入によってのみ維持されるという点で特殊な自然である。このような性質をもつ自然＝水田こそ、集団の領域における唯一の主要な、そして一般的に均質な生産の場となる。そこでは狩猟・漁撈・採集は、もはや労働編成においても生産の部門としても、副次的な位置に転じたか転じつつあった。かくて主要な生産の場は、その一般的均質性と集約性とによって、すぐれて共同労働の産物であるとともに、分割耕作＝個別労働を容易にみちびく場でもあった。人為的に占取・加工した一定範囲の自然＝農地において植物を集中的にかつ不断に管理・生育させる集約的労働形態においては、技術的にはごく自然に、注意力を集中させ諸条件を熟知しうる小規模経営がはるかに有効であることはいうまでもない。

縄文時代においても集団内に小単位の家族体があり、その個別的な生産活動が季節的・一時的ないし偶発的におこなわれたことはほぼ確かである。そうであったからこそ、集団の共同体的関係と個別的生産活動との矛盾が、後者の漸次的発達につれ、緩慢ながらも社会＝共同体を進歩させてきたのである。しかし縄文時代にあっては、集団の生産手段自体が種々多様な要素の自然から成り、人間集団の生産活動もそれにつれて多様な形態をとり、集団が全体として自然のリズムにあわせて呼吸しその中に埋没していた。したがって、そうした関係の下で個別家族体が領域の特定部分の分割使用を恒常化することは不可能であったと考えられる。すなわちそこでは、個別家族体が特定の生産の場を排他的に占有利用する契機はまったくなく、その労働編成は生産活動のこうした在り方に強く規制されていた。

分割労働がはじめはその前提としての共同労働のなかではぐくまれることはいうまでもないが、集約性がいっそう高まり、生産力が発達するにつれ、共同労働のなかにあってそれとしだいに対立・矛盾する側面をおびるようになる。大地の一角が、加工された生産手段として一定の個別集団によって一時的にではあっても占取されるようになれば、それは他の介入を容易に許さないものとして、集団の半永続的な占有状態を成立させる端緒となり、さらに生産物と生産手段の領有化[8]の方向に道を切りひらくことになる。それはやがて、共同体的所有との矛盾を深め、その個別集団は、共同体的所有の自然的前提としての血縁的紐帯＝原始共同体そのものと対立をつよめ、新しい結合関係を社会につくりだしていく基礎となる。しかし弥生時代はいうまでもなく古墳時代においてさえ、分割耕作がただちに小規模経営の自立化をもたらしたわけではない。むしろ分割耕作を担った単位の集団を内にかかえる共同体の血縁的紐帯は、生き生きとして強力な生命をもっていたに違いない。原野・山林・河川はもとより、耕地自体が血縁共同体の集団的所有の下にあり、いかなる単位もそれを私的に所有する条件は生じなかったと思われる。耕地の選定、開田、原野利用、繁忙時や災害時などに際しての共同労働と相互扶助は、分割耕作の基礎であり、小規模経営の存立の前提でさえあった。したがって分散する低湿地水田の小規模経営＝分割労働は、共有と共同労働の下においてはじめて実現されたという意味で、副次的な位置を占めるにすぎなかったといってよい。しかしそうではあってもこの分割経営は、共同労働との間に微弱なりとも矛盾をもつものとして共同体的結合に一定の影響を与える。血縁共同体の共有の下での共同労働と分割耕作＝経営とのこのような結合構造は、その後の列島における原始農耕社会展開の基礎となる。

六　東日本への農耕の波及

弥生水稲農耕とその上に築かれた新文化は、集団の交流ないし移動を通じて急速に西日本各地にひろがり、前期中葉にはおよそ尾張—丹後を結ぶ線に達していた。そのことは遠賀川式とよばれる弥生前期に特徴的な土器様式の共通性によってよく示されるが、新文化の骨組をつくる磨製石器類その他の要素もまた、全部とはいえないにしろ、波及したことはいうまでもない。この遠賀川式土器によって示される弥生文化の第一次的成立地域——九州から尾張・丹後に至る地域——は、現在年間四〇日以上の真夏日をもつ地域とおよその重なりを示している。それに対してその以東は、シカの群棲、サケ・マスの大量の河川遡上や、クルミ・トチ・クリなどの栄養堅果類の卓越など東日本縄文社会の食料資源の相対的な豊かさを保証したところの、より冷涼な気候が支配していた。日本は、がんらい熱帯・亜熱帯に成立・発達した水稲栽培の世界的北限地であっただけに、気候的条件の微少な差は大きな意味をもって作用したに違いない。したがって、高度に発達した狩猟・採集経済に安住する東日本の縄文集団が、狩猟・採集経済の矛盾を自覚・克服して水稲栽培をとり入れていくためには、この農業気象上の障碍が栽培技術の上で打破され、水稲耕作が実現可能な魅力あるものとして彼等の眼に映ずることが絶対の条件であった。そのためには西日本において水稲農耕の豊かさが示され、東日本の土地と気候に耐えうるだけの技術経験や適合品種[9]が用意される必要があった。遠賀川式土器によって示される弥生時代前期という期間は、東日本縄文諸集団にとっては、その条件がいまだ整わぬ段階であったともいえるかもしれない。

西日本での生産の転換と新文化の誕生は、縄文晩期末葉の東日本に亀裂にしみこむ水のようにひしひしと伝わっていった。遠賀川式土器の搬入あるいはその影響は、北陸・中部山地・関東さらに福島県会津若松市墓料(ぼりょう)遺跡の木の葉文(このはもん)が示すように東北にさえ及びつつあった。[10] 尾張に接する三河などの集団は、前期後葉において、縄文土器の系譜を濃厚に保つ土器をつくり、狩猟・採集への強い依存を保ちながら、すでに水稲栽培への指向を示しはじめていた。

かつて日本列島の狩猟・採集の諸集団は、それぞれに地域的適応を深めながらも相互の直接・間接の交流を通じて全体として縄文文化という共通の世界に生きていたが、その西方の大きな部分がそこから離脱し、新しい文化に転じたことは、列島を一つの全体としてみた場合、縄文的世界の崩壊として残余の地域の諸集団にある種の影響を与えたに違いない。加えて東日本の縄文諸集団にあっては、狩猟・採集の発達がすでに高度に進み、自然の再生産との矛盾が呪的習俗の深まりを生み、種々の停滞的現象として早くからあらわれていた。(6) 西方で成立した水稲農耕への転換のざわめきがもたらした不安は、このような東日本の狩猟・採集諸集団の上をしだいにおおいはじめたのである。すでに西日本においては農耕は定着し、その優位性は人口の増大に示されるように明らかとなっていた。西日本にくらべ自然の幸に恵まれていたとはいえ同時に自然の諸条件の変化には弱く、したがって不安定な停滞の中にあった東日本の諸集団が、狩猟・採集とそれがはぐくんだその呪的習俗にうちかって、農耕にその生産活動を転換させていくのは時間の問題であった。事実、弥生時代中期前葉には関東・中部・北陸、さらに中葉には東北南端へ、後葉にはその以北の地域へと、弥生農耕文化の影響はひろがった。しかしなお当時の東日本とくに山地帯や東北地方では、おもに冷涼な気候のため、湿潤地での稲作を効果的に進めることははなはだ困難であったと思われる。加えて伝統的な狩猟・採集がなおも一定の生産を保証していたと推定されるから、稲の品種がそこでの風土に適合し生産が定着をみるまでの間は、狩猟・採集生産は、稲作の困難を補ってあるいはそれを上廻って、なおひろく強く持続されていたことであろう。宮城県鱸沼遺跡は、東北南部において最初に弥生文化を受容した集団の一つがのこした遺跡であるが、出土した炭化米には不稔粒も多く粒の大きさも不揃いであったという。そこでは、石庖丁・蛤刃様の石斧・扁平片刃石斧などの弥生系の石器類とともに、縄文の伝統を強くのこした土器、縄文系の石鏃・スクレイパーが盛んに使用され、さらに独鈷石・石棒・土偶・岩版などの縄文系呪物さえ存在した。つづく農耕文化の定着段階にはもはやそうした呪物はほぼ全面的に姿を消すことからみると、農耕＝新文化への転換が縄文的イデオロギーとの闘いの中でもまた進められたことは明らかである。

さらにまた、水稲耕作とともに、あるいはそれにかわるものとして、畑作をとり入れた集団もあったと考えてよい。畑作物栽培についてはいままでふれなかったが、すでに弥生時代前期においてムギ・アワ・ヒエ・ダイズ・ウリその他が知られており、おそらくある種の野菜もあったかもしれない。それはおそらく水稲農耕に随伴して渡来・普及したもので、ところと時期によっては中心的な栽培となることがあったかもしれない。長野県飯田盆地およびその付近では、天竜川やその支流の段丘上に中期初頭から後期にかけての多くの弥生遺跡が知られているが、そこでは多量の大形「打製石斧」が出土している(図4)。縄文時代の打製石斧とは製作・形態を異にしており、沖積地の発達している同じ長野県千曲川流域ではそうしたものはほとんどみられないことから、段丘上の堅い耕地を対象とした耕作具の刃先と考えられている[7]。しかも水の便の悪い高い段丘に向かって集落が増える傾向にあることから陸耕を主体とした集団

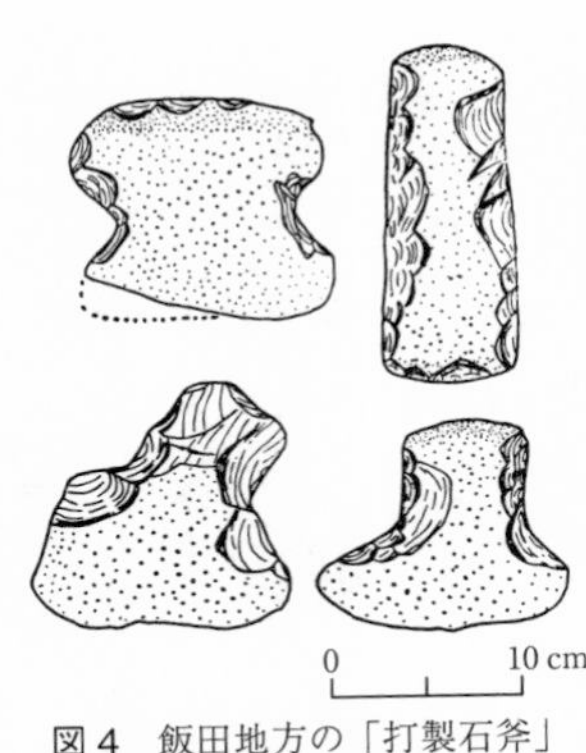

図4　飯田地方の「打製石斧」(松島透「飯田地方における弥生時代打製石器」『日本考古学の諸問題』1964，一部改変)

であった可能性は高い。同様な「打製石斧」は静岡県丸子遺跡や同じく佐渡遺跡の中期初頭の集落にも発見されている。しかしなお栽培の実体は不明であり、東日本において も総体としては水稲栽培の波及が主体であったことは、まずまちがいないところであろう。

東日本への農耕の定着は、このように自然の障碍と縄文的イデオロギーの克服として進められたが、おそくとも中期後葉から末葉までには、東北南部を含めて農耕集団としての一応の安定的確立をみるに至った。それはたしかに、東日本諸集団の主体的な成果であったに違いないが、同時に、いち早く安定をかちとり海外先進諸地方との交流をつよめつつあった西日本からの人々の移動あるいは交流を通じて、農耕技術経験や鉄器その他の文物が伝達されたことも不可欠なことであった。このことは、気候的障碍とからみあって、列島内に東と西の不均等的発展を長期にわたって成立させることになった。縄文時代に繁栄をほこった東日本も、稲作農耕の波及・受容に至って経済的・文化的劣勢の位置に転じた。

七　不均等発達の始まり

ところで、弥生農耕文化の成立は、東日本と西日本、さらに西日本のうちでも北部九州を中心とする諸集団、その以東の諸集団という差異となってあらわれただけではなく、日本列島を三つの文化地域に分割することとなった。かつておしなべて狩猟・採集経済の下に縄文文化の世界をもっていた列島は、弥生農耕文化におおわれた地域とそうでない二つの地域にわけられた。

屋久島以南の沖縄諸島では、今日知られている限り、弥生農耕文化は成立せず、縄文以来の狩猟・採集を基調とする独自な「貝塚後期文化」が展開した。もっとも弥生文化と無関係であったわけではなく、すでに一五、六個所に達する遺跡において、九州弥生中期の須玖(すぐ)式土器あるいはそれに酷似する土器が在地の土器に伴なって発見されていることや、これら南島からもたらされたと推定されるゴホウラガイ製腕輪・スイジガイ製腕輪が九州を中心に西日本に散見されることが示すように、九州の弥生集団との間に一定の交流があったことは確かである。そこはまた、いうまでもなくモンスーン地帯の中にあった。それにもかかわらず、農耕社会への転換をみなかったことは、おそらく自然資源の豊かさにはぐくまれて、農耕への転換を要求する矛盾の増大に達していなかったことによるものか、それとも将来独自な農耕文化の痕跡が見出されることになるのであろうか。

北海道にもまた弥生農耕文化の成立はみとめられず、基本的には縄文文化と同じ階梯にある「続縄文文化」がおこなわれた。そこはモンスーン地域の圏外にあり、気温・水温は年間を通じて低く、当時の稲作技術波及の北限をはるかにこえていた。青森県垂柳（たれやなぎ）遺跡のように、北海道南部の恵山（えさん）式土器と一部で類似する土器をもち、水田址をのこし籾痕や焼米（やきごめ）「炭化米」を出土する遺跡をかかえる東北の最北部は、岩手・秋田の北部を含めておそらく弥生農耕文化と伝統的な狩猟・採集文化との長期にわたる不安定な接点にあったとみなしうるだろう。

水稲農耕の技術経験の蓄積は、東日本への弥生文化波及の条件となったばかりでなく、西日本自体においても水稲栽培地を拡大させる力となった。水稲栽培がもたらした相対的安定に支えられて増大の一途をたどる人口は、踏みとどまって耕地を拡大するいっぽう、開発可能な土地をもとめて分岐していった。豪雨や台風がもたらす埋没や洪水などの災害は、他面からみれば稲作不能な沼沢地をうめたてて新しい湿潤地や、肥料分の多い中庸壌土「粘土を三〇パーセント程度含む、耕作に適した土壌」地帯を形成する恵みでもあった。先の津島遺跡において前期水田と沼地がうめたてられた上に形成された中期水田は褐色の砂質シルト層から成り、グライ層との間に一定の間隔を保ち、生産性においていっそう高いものであったと推定される。狭小な湿潤地水田の拡大に向かった姿は、たとえば滋賀県大中（だいなか）の湖南（こみなみ）遺跡にみることができる。(8) それは琵琶湖東岸の大中の湖南に沿うた細長く低い砂州上に営まれた集落部分と、その南縁に造成された水田と水路から成る中期前葉の遺跡である。発掘者によると、「低泥地の凹部を整備して造られた灌漑用水溝がこの〔集落の――引用者〕南縁にそって西流しており、その南に低湿泥地を利用した水田がひらけ、水田は一枚の広さが二〇〇〇坪なり三〇〇〇坪といった非常にひろい面積をもち」、四辺は矢板列や杭列で区画されている。その「灌漑用水溝は、幅員七メートルをはかる広いものであったが、その溝底はかなりの深浅があり、隣りの単位の用水溝に接する部分は浅く、住居に向い合う中央部が最も深い事実があった」という。このことは、広大な一枚の水田――それはさらにいくつかに分割されていた可能性が強いが――を経営する単位集団の存在を示唆するとともに、用水の技術が水田経営に不可欠なものとして準備されていたことを物語る。

京都府森本(もりもと)遺跡においても、同じ中期前葉に属する用水路が知られている。両側を矢板で土どめした幅一―一・八メートルの、北西から東南に流れる水路で、矢板はその頭を水路外側に向けて打ちこまれていたという。水路の一部はせまくなり、丸太が直交して発見され、堰(せき)と推定されているほか、水路にそって水田の存在を示唆するごとき畦畔の址も発見されている。一九七〇年に発見された水路の全長は一五メートルにすぎないが、従来の調査や出土遺物などから推定すれば、四〇〇メートルに達するという。とす

図５　岡山県百間川遺跡の堰（弥生時代中期）

れば、一メートル当たりの矢板の数は両側で約三〇本であるから、矢板数一万本以上をかぞえることになる。水路に対する並々ならぬ努力がうかがえる。

岡山県雄町遺跡では、「微高地上の中央付近で幅約六メートル」の自然の小川を加工・利用した中期中葉に属する「幹線水路」があり、またこれから「枝分れする別な溝が、微高地の縁辺に沿って西方へ流れてい」る状態が発見された。調査者によると、[9]「この幹線水路には百本以上の杭ないし矢板がうちこまれてい」た。「平面的に述べれば、六メートルの河道の両側に護岸用の杭が五十センチ間隔で認められ、それが下流に行くにつれ徐々に狭まりまたひらくという形状を呈してい」る。「一番せまる部位では、流れに対して直交する方向に幾本もの杭が打たれ、両側の杭はいちだんと頑強な太く大きい木材が配されてい」る。「だからその部分において板材を利用して遮断すれば、ただちに流量を調整しうる、源緒的な樋門ないし堰といってよい構造」に機能しうるのである。右のいくつかの例が示すように、中期前半において用水施設への多量の労働力投下がうかがわれる水田の拡大と発展があった。自然の小流路に対する加工・管理を軸としておこなわれ、幹線水路自体の人工的掘削にまで達していなかったにしても、水田に用・排水する側水路の人工的掘削は急速に発達していた(図5)。

しかしながら当時の技術的・社会的条件の下では、なお開発・利用しうる土地の範囲には一定のきびしい限界があったであろうし、また災害などのため復旧不可能な打撃をうけたこともあったと想像されるから、全般的な人口圧の下で生産を拡大するためには、これまでの技術経験に照らして開発可能な新しい土地を求めることがしばしばおこなわれたと考えてよい。弥生中期を通じて、沖積平野での集落の拡大と分散がおこなわれたいっぽう、山をこえ河をさかのぼった集団も少なくなかった。彼等が開発した耕地の多くは、丘と丘、山と山の間の谷の出口を中心とする水田であった。それらはしばしば谷水田とよばれるが、そこには谷の側方と上方から湧出する地下水の停滞があり、湿潤さの点では沖積低地における湿潤水田と通じた性質をもつ。湧水はつめたくその生産性は必ずしも高いとはいいがたく、さらに土壌条件の一般的劣性、山地帯では冷涼な気温と日照時間の不足などの悪条件がこれに加わる。先にふれた畑作物がそれを補ったかもしれないが、とにかく山地帯への遺跡分布の拡大がみられることは、人口圧のつよまりとともに、悪条件を克服するだけの栽培諸技術の蓄積がなされていたことを物語っている。

しかし谷水田の狭小さと右の諸条件の下では、生産力の相対的劣性はおおいがたかったと思われる。岡山県美作(みまさか)地方における丘陵上の弥生遺跡の分布をみると、集落はほとんど継続型をとらずおびただしい数での分散状況を呈しているが、このことは頻繁な移動を示すものと考えてよい。おそらく谷水田の疲弊あるいは埋没によるものであったろう。そこではまた石庖丁がしばしば後期にまで使用されていて、水田条件＝肥培管理の劣悪さを反映するかのようである。さらに技術、物資の導入・交流の点においても、先に述べたように、用水路の確保とともに積極的な水田の拡大・開発に向かっていた沖積平野の諸集団(四三―四六ページ参照)の優位性は、もともと母集団としての位置にあったことにも支えられて、山地帯諸集団にくらべて明らかであった。このように西日本自体においても、海岸の河川流域平野や大形の盆地・平野に拠点をひろげつつあった諸集団と、丘陵山間地諸集団との経済的・文化的発達の不均等は、さらにそれぞれの内での不均等を伴なって、弥生時代を通じて形成されていく。しかし実際にはさらに局地的な気候的条件や偶発的な災害などにより、不均等の現実はきわめて複雑な形をとったに違いないし、またようやく展開してくる分業諸生産の動向がこれに加わったことはいうまでもない。

第二章　鉄器と農業生産の発達

一　鉄器化の進展

弥生文化がその成立の当初から鉄器を伴なっていたことについてはすでにふれたが、前期における鉄器使用の痕跡は農・土木具その他の木製器具の切断部に指摘されており、また少数ながら実物も発見されている。鉄器は打製石器の鋭利さと磨製石器の強靱さをいっそう高度に兼ねそなえ、そのため木材の応曲力によく耐え、農・土木具をはじめ各種木器の製作になくてはならないものであった。それははじめ、木材加工の技術体系の一環を担って磨製石斧類とともに列島にもちこまれた。したがって、それが石器を駆逐して普及する以前においては、鉄器と石製工具類との共存＝任務分担はごく普通のことであった。

石器にくらべ鉄器の出土例が弥生時代を通じて極端に少ないことについては、銹（さ）び朽ちてしまう割合が強いこと、前・中期についてはなお普及度がなお低かったことなども理由として挙げることができるが、石器と違って、破損しても回収され修繕または再生されたことを考慮しなければならない。このことは、単に鉄器遺存の実例が少ないことの解釈となるだけでない。修繕や再生はすなわち鍛冶であるから、鉄器使用には必然的に鍛冶が伴なったことを示すことになる。したがって、前・中期を通じて鉄器が、分布の上でも種類や使用量の上でもしだいに拡大していく中で、鍛冶技術の経験もまた蓄積され改良され、また各地にひろく伝えられていったことは、とうぜんなことである。やや年代のくだる中期末の例であるが、長崎県壱岐原の辻遺跡や同カラカミ貝塚遺跡上層で各種鉄器類とともに発見された板状・棒状の地鉄は、鍛冶が存在したことを示す具体例のひとつである。カラカミ貝塚上層出土の地鉄はともに鍛造品で、そのうち棒状品は断面が方形ないし長方形を呈し、長さ約五―一〇センチ、板状品は長さ一三・五センチ、幅六―七センチの不整形の品や、長さ五センチ、幅四センチ、厚さ一センチ以下の矩形の品などである。このような地鉄が前期から入手されたかどうかは不明であるが、鍛冶技術の経験の中で、地鉄から鉄器を製作する技法はむしろ容易なものであったろう。(1)

しかし、修繕・再生にいかほど長じても、増大を続ける人口にみあう鉄使用量の増大に追いつくことはないから、不断に製品または地鉄を求めたに違いない。弥生時代当初以来、その入手先は、当時すでに自前の鉄器時代に入っていた朝鮮であったと考えられる。その量は、斧を大形品として、多くは細部加工用の小形品であったとしても、相当な量にのぼったはずである。しかも人口は刻々と増大し、集団分岐があいついでいた時期である。鉄器の見返りとして何が供給されたかは不明であるが、交換にあたって媒介の役を中心的に果たしたのは北部九州の諸集団であったに違いない。前・中期を通じての北部九州諸集団と朝鮮との間の交流の事実は、磨製石鏃・磨製石剣に始まり、銅剣・銅矛・銅戈・多鈕細文鏡・小銅鐸等々に至る朝鮮製品の存在、朝鮮無文土器の到来と前期末――中期初の弥生式土器の朝鮮南部への搬出などの事実から明らかに類推できるが、鉄器発見量もまた北部九州が他にはるかに抜きんでていることも確かなことである。北部九州諸集団はにぎった鉄の一部を他集団へ配布することを通して、ほかの物資を集積したと思われるが、それらは、北部九州の諸集団が右に挙げたような青銅器類を含む朝鮮製品ないし中国製品の入手を実現させる折の交換品となったであろう。直接の生産用具でないものが大部分を占める青銅器類が、鉄器よりもややおくれて前期後葉以降に出現することの背景には、大すじとしてはそのようなことがあったに違いない。もちろん鉄以外の、たとえば銅鐸に使用された青銅素材も、北部九州集団が入手し、他へ配布することもあったかもしれないが、生産と直結する鉄器・鉄素材がやはり中心であったろう。いっぽう弥生時代の石器には、伝統的な打製石器類のほか、農耕とともに渡来した木器・木材加工用の磨製石斧類や穂摘み具としての石庖丁があるが、それらは鉄器の供給が著しく増大しない限りは、鉄器と別に、あるいは鉄器と分担・結合して使用されたから、その製作はおとろえることはなかった。

さてこの鉄器は、その実物の遺存例の増大が示すように、弥生時代前期から中期へと、しだいに増加していった。とくに、北部九州においてその遺存例がずばぬけて高いのは、甕棺(かめかん)埋葬の副葬品という特殊な状況の場合が多いという理由のほかに、鉄入手の拠点にあったその土地が、普及度においても他にぬきんでた高さを保っていたことのあらわれであろう。その種類も多く、中期末の長崎県壱岐原の辻遺跡では、手斧・鉇(やりがんな)・刀子(とうす)などの工具だけでなく、鍬先・鎌・鏃(やじり)・銛(もり)など武器・農具・漁具に及ぶ鉄器が発見されている。しかし、鉄器の増大をいっそう雄弁に語るのは、石器が減少・衰退していく現象である。弥生時代中期において石器がいぜんとして盛んに製作されていたことは、北部九州を含めた全国的な現象としてよく知られている。鉄と石の共存は続いていた。しかし中期も後葉になると、北部九州ではまず片刃石斧類の、畿内では大阪府池上(いけがみ)遺跡などで知られるように太形蛤刃石斧の減少傾向がおこる。瀬戸内地方でも中期末の太形蛤刃石斧は少ない。各地における石器の器種ごとの消長は今日なお充分にはとらえられていないが、大づかみにみて、中期末から後期初頭にかけての時期には、南部九州など一部地域を除く西日本において石器類はほとんど消滅し、あってもその量・種類は激減し、出土遺跡は限定されてくるのがふつうである。東日本でも、たとえば後期初頭の静岡県登呂遺跡において、発見された住居址約一二軒に対し扁平片刃石斧四および石鏃二であり、あるいは神奈川県新羽(にっぱ)大竹(おおたけ)遺跡の後期中葉の住居址一五軒から出土した石器は打製石斧一、磨(す)り石一、石錘(せきすい)一にすぎない、というように、衰退は明らかである。ただし、石鏃などのような消耗品的打製品や先にみた(四〇ページ参照)飯田地方などの土掘り用「打製石斧」などは、一部では後期を通じて残存製作されることがあったが、大勢は決定的となった。石器の衰退・消失が鉄器の代替進出を物語ることはいうまでもない。この転換は、中期後葉から後期初頭を中心に多少の地域的遅速をもって進み、多方面に大きな影響を与えたに違いない。

まず工具類の鉄器化であるが、木材・石などに対する工作は、弥生時代の当初から鉄石併用でおこなわれており、とくに細部加工における鉄器使用の普遍化が少なくとも西日本において存在したと想定されるので、技術的作業体系を根底からゆりうごかすほどの変化ではなかったと思われる。しかし、大形工具を含めた鉄器化が、作業能率・作業精度・作業範囲の多方面において威力をふるい、量産・分業の条件をいっそうととのえていたこともまた確かであろう。このことはある意味では、伝統的な自給体制を強化するとともに、地域的な集団間の分業をいっそう推進する力ともなりえたものである。

農・土木具の刃先の鉄器化は、それが基幹をなす生産の用具であるだけにさらに重大な影響を与える。すでに北部九州の諸集団では、木製鍬・鋤の先にはめこむ鉄刃ないし青銅刃が、少数の例ではあるにしろ中期にあらわれていた。しかしこれは新たに付加されるものであって、石器の場合と違い、駆逐する相手がないためその普及度の判定はむずかしく、鉄器化全体の中で評価していかなければならない性質のものである。

それに対して、石製穂摘み具(石庖丁)の鉄製品への転換は明らかである。つまり鉄製の刈り鎌ないし摘み鎌との交替である。鉄製の刈り鎌・摘み鎌の遺存例は中期以降少数ながら存在し、前期古墳からも同型式のものがひろく出土することから、ともに石庖丁にかわるものとして出現したものであることは、ほとんど疑いない。

工具類の鉄器化や、のちにふれる武器、さらに漁具に至るまでの全般的鉄器化が進行していた時、もっとも基幹的な生産活動の面、つまり開田・耕作・用水施設・災害復旧といった農・土木作業の面に、ひとり鉄器が採用されなかったはずはない。単にはずがないというだけではなく、すでに記したように、中期中葉以降にはその実例が北部九州を中心に知られているのであるから、全般的鉄器化進行の中にあって、農・土木具だけが足ぶみを続けていたとはとうてい考えることはできない。もちろん、鉄刃を装着しない旧来の木刃のままの農・土木具が、湿潤地水田の耕作、水路開設などにいぜんひろく使用されつづけていたことはいうまでもない。登呂遺跡発見の木鍬に鉄刃装着の跡がないことはそれを示している。むしろ、いったん造成された水田作業においては、木製鍬・鋤でしばしば作業が遂行されたかもしれない。そのいっぽう、弥生時代中・後期において堅い岩盤を削りとって竪穴住居を掘りくぼめている例がときにみられるが、そこには石鍬が想定しにくいとすれば、なんらかの鉄刃を装着した土木具としての鍬の存在を考えないわけにはいかない。弥生時代に直結する古墳時代初頭の古墳が、山を削りとのえ、しばしば堅固な岩盤さえ整形してつくられていることも、鉄刃装備の土木具の威力を示すものといえるのであって、それが古墳成立と同時に装備されたというよりも、弥生後期における全般的な鉄器化の中に、あるいはそれに先立って準備されたと考えるべきであろう。さらに、なお一例であるが、岡山県上東遺跡にみるような鉄刃装着部の痕をよくのこす木製鋤の出土例もある(図6)。このように鍬・鋤への鉄刃装着が、おそくとも中期に開始され後期において進んだことは単なる推定ではない。

この鉄刃装着の鍬・鋤の採用は、のちにふれるように(六六―六七ページ参照)、当時ようやく進みつつあった表面水型の――灌漑が必要な――水田の開発と結合して、水稲農業生産力の高まりをみちびく力となったことはいうまでもない。壌土地帯の開拓と、人

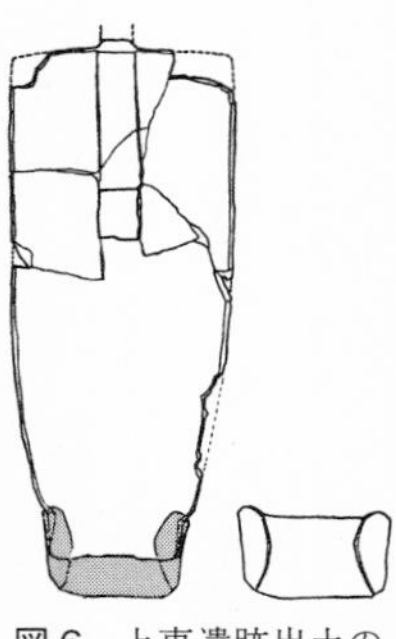

図6　上東遺跡出土の鉄刃装着用の木製鋤（「上東遺跡」『岡山県埋蔵文化財発掘調査報告書』2, 1974, 一部改変, 鉄刃は想定復原）

工的用水溝等の掘削が、鉄刃をえて効果的に遂行されていったことは、当時の人口圧と湿潤低地栽培の矛盾を打ち破る上で重要な一要素である。すでに栽培の当初以来、用水路掘削の経験は洪水や滞水の際の排水の経験とともに蓄積されていたから、鉄刃鍬・鋤による新しい開田と人工用水路の開発が実現された時、その生産力の上昇は目をみはるものとなったに違いない。しかしいうまでもなく、湿田(しつでん)のことごとくが乾田(かんでん)に交替したわけではない。諸集団をとりまく自然的・社会的諸条件、さらに加えて鉄器の入手ないし生産における優劣の諸条件の下で、湿田になお有利さを見出す集団、乾田に立ち向かう集団、その間の無数の中間形態を派生させ、むしろ農業生産力における不均等をさらに生みだすことにもなったろうと推定される。

当時の製鉄に関しては、汎列島的に石器を駆逐した背後に列島自前の製鉄を推定するほかはないが、ここに一つの[1]例を示し、検討の素材にしよう。

まず、岡山県山陽町［現、赤磐市(あかいわ)］門前池(もんぜんいけ)遺跡第二地点で近年発見された一括の褐鉄鉱(かってっこう)塊(かい)がそれであるが、そこは低い山の頂に近い斜面で、長径二・七メートル、短径一・三メートルのごく浅い楕円形のピット内に、焼土部分一個所、褐鉄鉱塊二群、炭、棒状の鉄製品、砂岩礫(さがんれき)三個、弥生中期末とされる土器片数片が発見された。褐鉄鉱塊が製鉄原料としてこの場にもちこまれたものであることは確かである。長さ十数センチ、幅六、七センチの小塊が多いが、鉄分の含有は一般に良好で、定量分析された二試料では、鉄七七%および二八・八九%という数値を示した。同時に発見された焼土が熔鉱炉(ようこうろ)の残痕であるかどうかは確かめられていないが、もし熔鉱炉であればきわめて小規模なものである(図7)。

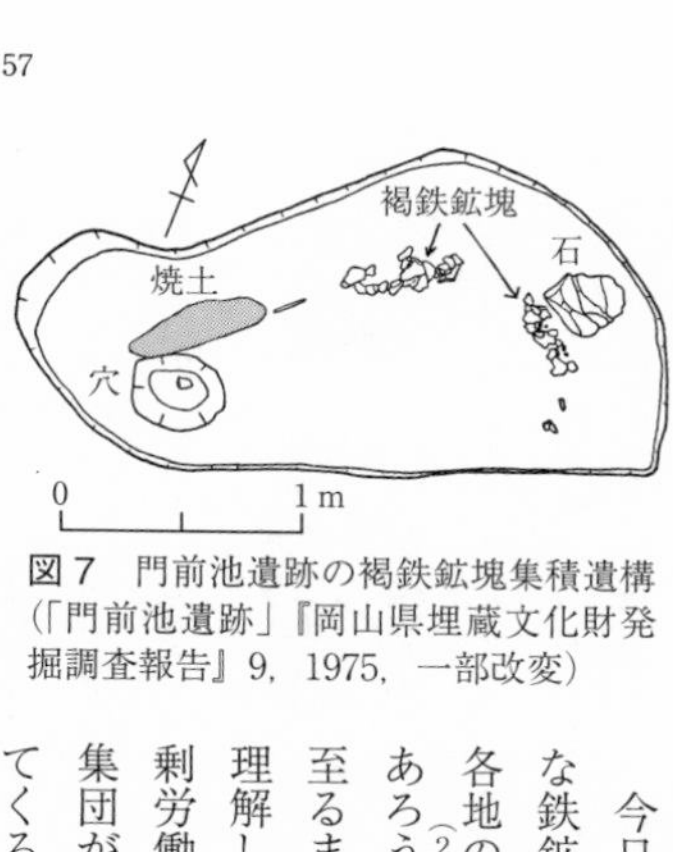

図7　門前池遺跡の褐鉄鉱塊集積遺構(「門前池遺跡」『岡山県埋蔵文化財発掘調査報告』9, 1975, 一部改変)

今日推測できるのは、低品位なものを含めたこのような鉄鉱石による小規模生産であるが、そうであるならば、各地の集団において多分に自給的な形でおこないえたであろう[(2)]。弥生後期において、東日本を含め、山間地域に至るまで石器のあらかたが駆逐された背景をこのように理解したい。もちろん、原料の採取に恵まれ、しかも余剰労働の多くをいち早く積極的にこの生産分野に投じた集団があり、その中からのちに製鉄の中心地が形成されてくることはいうまでもないが、同時に、一般的にみて鉄鍛冶の経験と原料の普遍的な存在とは各地において結びつきうることも確かであろう。このような多くの地域での自給的な生産が、その後、長期にわたる地域の相対的自立を支える基盤の一つとなったと考える。

二　灌漑水田の普及

このような全般的な鉄器化が農業生産に大きな影響を与え、また農業生産力の発達に基づく余剰労働の一部が、鉄の生産ないし入手にむけられたことは明らかであるが、ここでは、おそくとも弥生時代中期末葉から後期にかけて、ひとつの画期を迎える水稲農耕発達の具体的な姿を、石庖丁から鉄鎌への移行の問題を手がかりとしてながめておこう[3](図8)。

石庖丁は、関東など東日本の一部地域では当初から稀または皆無であって、貝庖丁その他かわるべきものが想定されているが、西日本の多くの地域にあっては、中期末まで盛んに製作・使用されていた。しかし後期には、磨製品も打製品も一部の地域を除いてほとんど姿を消す。このことは、すでに述べたように、おもに鉄鎌と交替したことを示し、稔熟期を異にする条件の下で成立しはなはだ労働の生産性を無視したものとして継続した収穫法が改変されたことを物語る。鉄鎌の実例はごく少量ながら、中期中葉に発

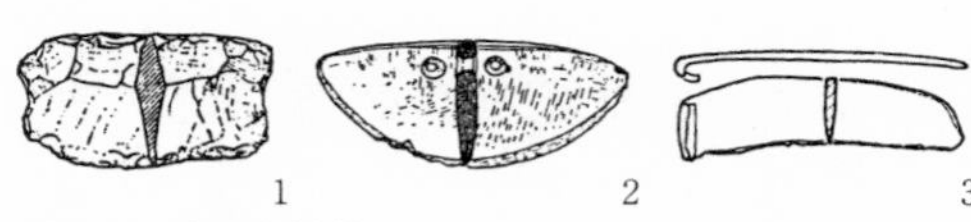

図８　石庖丁と鉄鎌
１打製石庖丁（小林行雄・佐原真『紫雲出』1964），２磨製石庖丁（中山俊紀『京免・竹ノ下遺跡』1982），３鉄鎌（川越哲志「金属器の製作と技術」『古代史発掘』4，1975，講談社）

見されているので、一部地域ではやや先立って鉄鎌による収穫がおこなわれていたことは確かである。

　鉄鎌による収穫は、しばしば誤解されているような根刈りでなく石庖丁の場合に似て穂首（ほくび）刈りであったと考えられる。それは単に石庖丁による収穫の伝統をのこした方法というよりも、当時にあっては貯蔵・脱穀処理において根刈りよりも有効かつ便利であったからである。しばしば弥生後期の貯蔵穴などに納められたまま発見される稲が穂首刈りであることは、その実例である。当時の収穫稲はただちに脱穀されたわけでなく、またその貯蔵施設は、高床倉庫にせよ貯蔵穴にせよともに根刈り稲の収納には小規模にすぎるし、また腐りやすく不適当であった。しかも当時の臼（うす）と竪杵（たてぎね）は、脱穀と脱稃（だっぷ）（穀粒から殻をとること）を同時におこなう道具と考えられるので、その点でも根刈り稲は適当なものでなかった。そのうえ、藁（わら）の利用は当時ほとんどおこなわれず、「無用の長物」とみなされ、むしろ水田で立ち腐れさせ翌年の肥料とすることに意義が見出されていたと考えられる。したがって、鉄鎌は何本かの穂首を同時に刈り取るのに使われたと考えてよい。このことは稲の稔熟期の不揃いがほぼ克服されたことを前提とするが、それはたまたま品種淘汰に成功したというだけでなく、その土台ともなった水田条件の改善＝肥培管理の充実という農業経営向上の賜物でもあったと考えるべきであろう。また稔熟期の統一は、当時の水田面積の増大化傾向とあいまって取り入れを敏速におこなうことを要求したであろうから、その面からも石庖丁による穂摘み収穫法は過去のものに押しやられたであろう。もっとも、弥生時代後期末にも石庖丁の使用が続く地域もあり、また蛭鎌（ひるがま）とよばれる小形鉄器が古墳時代前期までときにみられ、石庖丁的機能をもつ摘み鎌と考えられているので、一般的な鉄鎌使用に併行して一部に穂摘み収穫がおこなわれていたことは否定できない。このように鉄鎌への一般的転換の背景に、稔熟期を統一させるような良好な水田条件と水田の拡大があったことを考えたが、それは収穫期における労働の集中を必要とし、したがって共同労働を強化することにもなった。

　弥生時代前・中期を通じて、農業人口が西日本はいうまでもなく東日本をもまきこんでしだいに増大を続けていったことは、すでにふれたが（三三ページ参照）、この勢いは中期後葉から後期にかけてさらに急速に進んだ。この時期には、山間の僻地（へきち）とみられるところにまで集落がその分布を拡大する。中国山地帯を例にとると、小盆地や小埋積谷（しょうまいせきこく）

の周辺、あるいは標高二〇〇メートルをこえる高原といった、今日多少とも水田が経営されているほとんどの地域に弥生集落が分布するようになる。関東地方でも中期後半から集落が激増し、分布が拡大し、また一部集落が大規模化することが知られている。河川流域のやや大きな沖積平野では、遺跡数の増加にまして遺跡規模の増大も急速に進み、平野単位にいくつかの拠点集落ともいうべきものが顕著となる。

静岡県登呂遺跡は(図9)、東海地方において水田農耕が大きく前進を始めていたことを示すものであり、弥生後期初頭の集落と水田・水路の遺構を世に明らかにした稀有な例であって、その良好な保存度において今日なお弥生遺跡として他に例をみない。その状況を調査者の一人和島誠一の観察によって示すと、(4)集落は安倍川の自然堤防上に営まれ、水田は集落に接した隆起三角州の湿地性の微高地に開かれている。水田の一区画は最大七二六坪、最小二五五坪で、四〇〇坪前後のものがもっとも多く、計五〇区画が発見されている。平均的な一枚の水田の畦畔のために打ちこまれた矢板や杭の数は一〇〇〇をこす。用水施設としては、集落の乗る東西方向の一段高い自然堤防から供給される地下水をその南縁を走る水路に集め、さらにそれをうけて北から南に水田地帯のほぼ中央を貫流する水路が建設され、しかもその途中で水路を横断する堰が一五〇メートルを隔てて二個所にみとめられた。堰の上流の水路は浅く、下流は深く掘られ、水路の西側

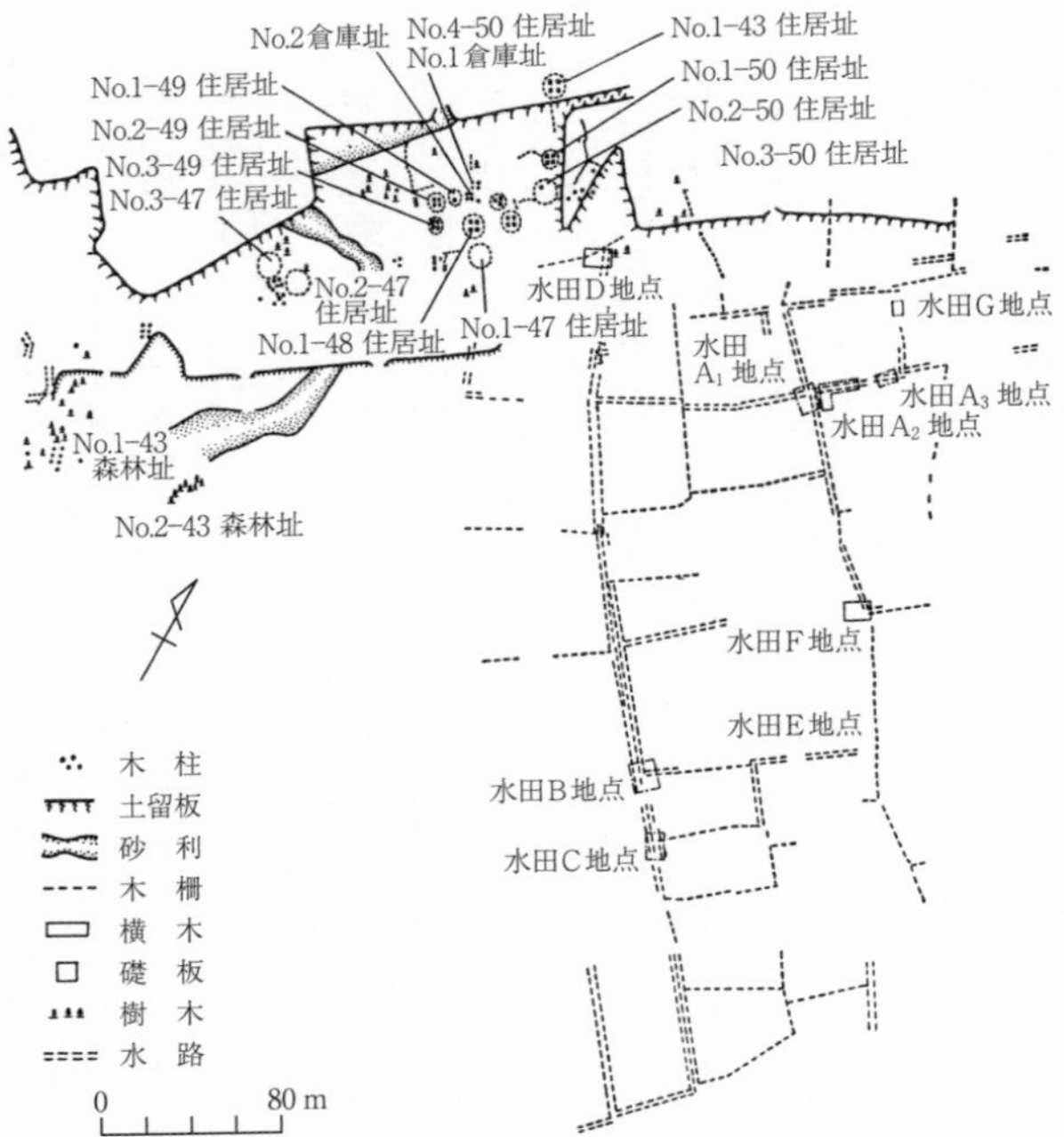

図9　登呂遺跡の集落と水田・水路(日本考古学協会編『登呂 本編』1954，および静岡県教育委員会編『登呂遺跡南部東名高速道路通過予定地域の発掘調査中間報告』1965，一部改変)

には併走する副水路があり、また下流の堰から主水路と直角にのびた副水路が水田の畦と交わる個所では、板でかこった下樋によって流水が確保されていた。和島は「おそらく田を干す時には、この副水路から主水路への水の落し口の板をとれば、上流の水位は下流の主水路に抜け、この落し口をふさげば、水は水路の上流にみたされて、両側の田に注水できる」と考え、「自然湧水を野放しにせず一定の水路に導いて低い水温をぬるめてから田に注水し、不必要な時には適当に放水するような水の統御が……水田地帯を一貫して行なえるような規模で」おこなわれていたことから、「世帯共同体」による何枚かの水田の経営はあったとしても、自然堤防の上に連なる二群あるいはそれ以上から成る集落による「統一的な経営が不可欠」であり、「その統制は族長の指導下にあった」と述べる。

この登呂の水田・水路遺構は、それが後進地域とはいわないまでも、西日本先進地域外の周辺地において達成されたものであって、すでに西日本を中心に概観した中期から後期にかけての農業経営の発達と集落の拡大・分岐の著しさから考えると、のちに岡山県百間川遺跡群などの例で示すように（六七―七一ページ参照）、登呂の水田を上廻る規模と構造の水田の開発・経営がおこなわれていたことは、想像にかたくない。

当時なお続いていたと考えられる緩慢な海進と沖積作用とは、沿海低地帯の一部を海没させるとともに、隣接地域にあっては、壌土地帯を不安定に形成し続けていた。このことは、前・中期の遺跡がしばしば深い沖積堆積の中に埋没し、登呂遺跡もまた安倍川の氾濫によって潰滅したと考えられているように、時には後期の遺跡でさえ埋没していることから明らかである。こうした沖積の進行は、それまでの沼沢地だけでなく、低湿水田をも埋め立て、平野の水準化を指向するものとしてあらわれたが、また同時に、低湿地にみられた分解不良な有機質を多く含んだ粘土性の水田土壌基盤を、砂やシルトとともに肥料分を多く含む壌土に変えていった。

人々がこの自然の作用に適応していったことを何よりも雄弁に示すものが、右に述べた沖積平野における集落の拡大であった。人々は、埋没するたびに土壌構造が多少とも変化する水田を経営し続ける努力を通じて、しだいに低湿田の限界を克服し、ようやく普及してきた鉄刃装着の鍬・鋤を武器に、新しく形成された堆積壌土の開発に向かった。

沖積地の集落遺跡は、最近の道路・鉄道などの開発工事によって盛んに破壊されているが、そうした遺跡の内外において、しばしば用水路と考えられる中小の溝が発見される。それらのうちのあるものは、自然の小流路に改変を加えたものであろうが、明らかに人為的な掘削によったものも少なくない。後者の一例を岡山県津島遺跡についてとりあげ、それを通じて沖積低湿地の埋没と新しい水田の構造について検討してみよう。

津島遺跡においては、すでにふれたように(一一五—一一六ページ参照)、低湿地に前期の水田が、その側方の微高地に集落が形成されていたが、以後の洪水・沖積化などによる土砂の堆積が、沼沢地を含めて前期低湿水田を埋没させ、後期には少なくとも水準の点ではかつての微高地との差がほとんどなくなり、その一角には住居さえ営まれていた。そこに至る間には、中期前葉における激しい洪水を示す流木群、中期後葉につくられた人工の水路、さらにその埋没など、自然の災害に抗した人々の努力が刻みつけられた堆積層が介在する。その後期後葉の時期に一筋の水路が穿たれた。その幅は上縁で約一・四五メートル、深さ約八五センチ、両側には土どめと思われる杭の痕跡がハの字状にのこっていた。これが灌漑用の人工掘削の水路であることは、ただちに推定されたが、その側方にひろがる堆積層の構造はさらに重要な事実を伝えた。溝側方のこの堆積層には酸化鉄層＋マンガン層のサイクルがみられたのである。図10によって説明すると、下からグライ土壌・マンガン土壌・酸化鉄土壌、ふたたびマンガン土壌・酸化鉄様の土壌となる。この土壌構造を調査した地質学者と水田土壌学者は、そこに灌漑水の供給を必要とする水田が存在したことを指摘した(5)。そのうち、下方のサイクルは、水路によって切断または遮断されており、水路以前すなわち後期後葉以前に形成されたことを示した。残念なことに、武道館建設の工事強行によって最上の酸化鉄様の土壌の上方と水路上端は

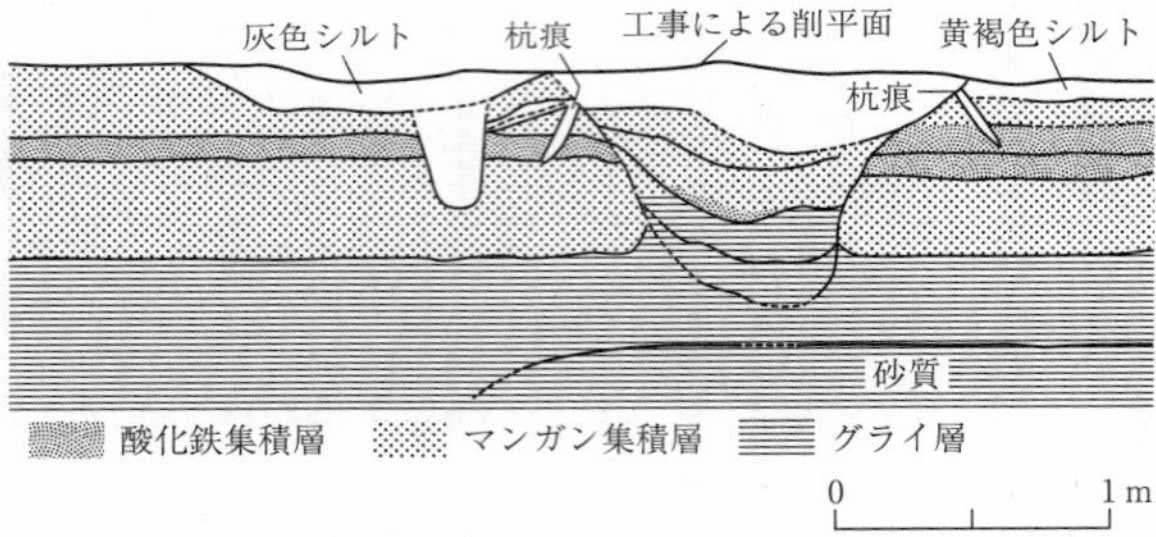

図10　津島遺跡弥生時代後期の水路と水田土壌(津島遺跡発掘調査団近藤班作成)

ともに破壊除去されていたため、上方サイクルと水路との関係は明らかにされなかったが、水路と併行してその部分が水田であったことはほぼ確かである。すなわち、図10でみるように、上方のサイクルは水路が廃棄されてのち、その中に堆積した土壌中にもみられるが、水路自体および両側の杭は上方サイクルが示す土壌の存在を前提としてのみ存在しうると考えられるから、今日みられる上方サイクルは仮に水路埋没後に形成されたとしても、それに先立ってその部分が水田であったことはほとんど疑うことはできない。

一般に、水田はおもに地下水と灌漑水との関係から、三ないし四種にわけられる。第一は、下方の地下水がグライ層(含水層)を通して絶えず影響を与えるため、灌漑による上方からの水の供給を必ずしも必要としない地下水型の水田(湿田)、こうした水田は下方がグライ層であるため、右記した土壌斑紋のサイクルは生成しない。第二は、下方の地下水の影響をまったくうけないため、灌漑水の供給を不可欠とする表面水型の水田(乾田)で、この場合は右の土壌サイクルを耕土下に生成させる。第三に、両者の中間型として、下方の地下水から多少の影響をうけるが、同時に灌漑水も必要とする中間型水田で、その程度の多少により半地下水型(半湿田)とも、半表面水型(半乾田)ともよばれる。津島遺跡の右にみた水田は、下方からの地下水の影響があれば明瞭な生成を示さないマンガン層が鮮明に認められるので、表面水型、少なくともそれに近い中間型の水田と考えてよい。すなわち、灌漑水の供給が不可欠な水田であることは確実である。

このようにして、おそくとも弥生後期には、灌漑なしでは存立しえない水田の経営が実現されていたことが明らかとなった。ところが最近になって、弥生時代の水田址の実態をいっそう具体的に示す例が、いくつかの遺跡において発見されるようになった。そのうちから、二、三の実例を示そう。

岡山県百間川遺跡群は、いくつかの沖積微高地とその間にある低地とを包括する大遺跡群であるが、その微高地と低地の双方に弥生時代後期の水田址が発見された(図11)。改修工事に伴なう調査のため、発掘は百間川の河床に限られたが、ほぼ一キロメートルにわたって当時の水田址が検出され、その規模の大きさは我々を驚かせた(6)。まず「第二

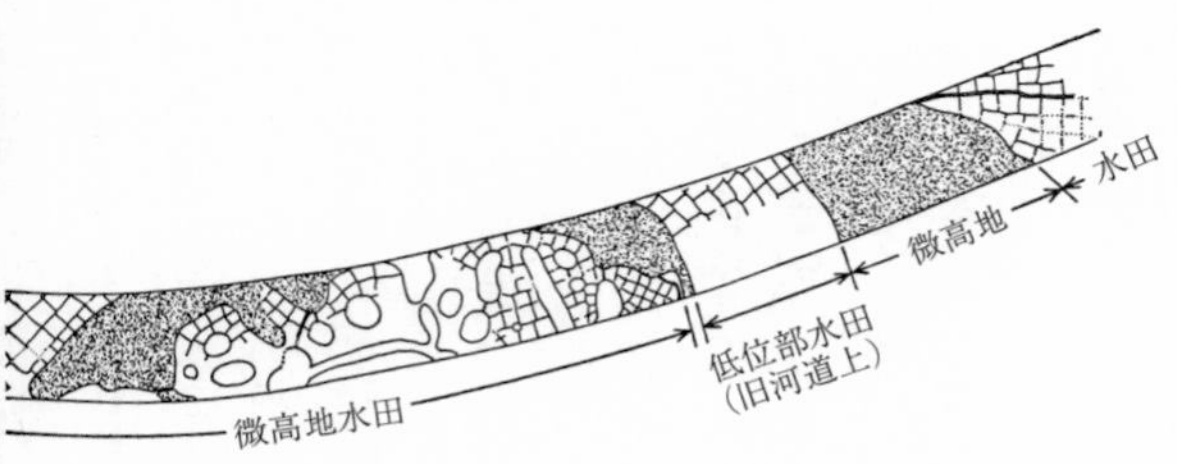

図 11　(上)百間川遺跡第 1 微高地(左側)―第 2 微高地(右側)と水田[『岡山県埋蔵文化財発掘調査報告』59, 1985 を一部改変], (下)百間川遺跡第 1 微高地―第 2 微高地間水田址の拡大図[『岡山県埋蔵文化財発掘調査報告』10, 1980]

微高地西区」の微高地水田についてみると、水田土壌は暗灰色粘土層で、その下方には鉄分およびマンガン集積層があり、乾田、少なくとも半乾田の状況を示していた。畦畔は幅二〇センチ前後、高さ五―一〇センチの断面台形の高まりで、それによって「区画された水田址は多少不整形ながら全体として方形で格子状に配置され……」、いくつかの「小ブロックに分かれている」。「……ブロック内での規格性は畦畔の主軸や各水田の面積の広狭に認められるものの、全体の画一的な方向性はない。これは……北側には居住区が想定され、南あるいは南東、南西方向に微高地が徐々に下がるという地形に規制された結果であろう」。各ブロックの水田面の高さは「それぞれ五cmく

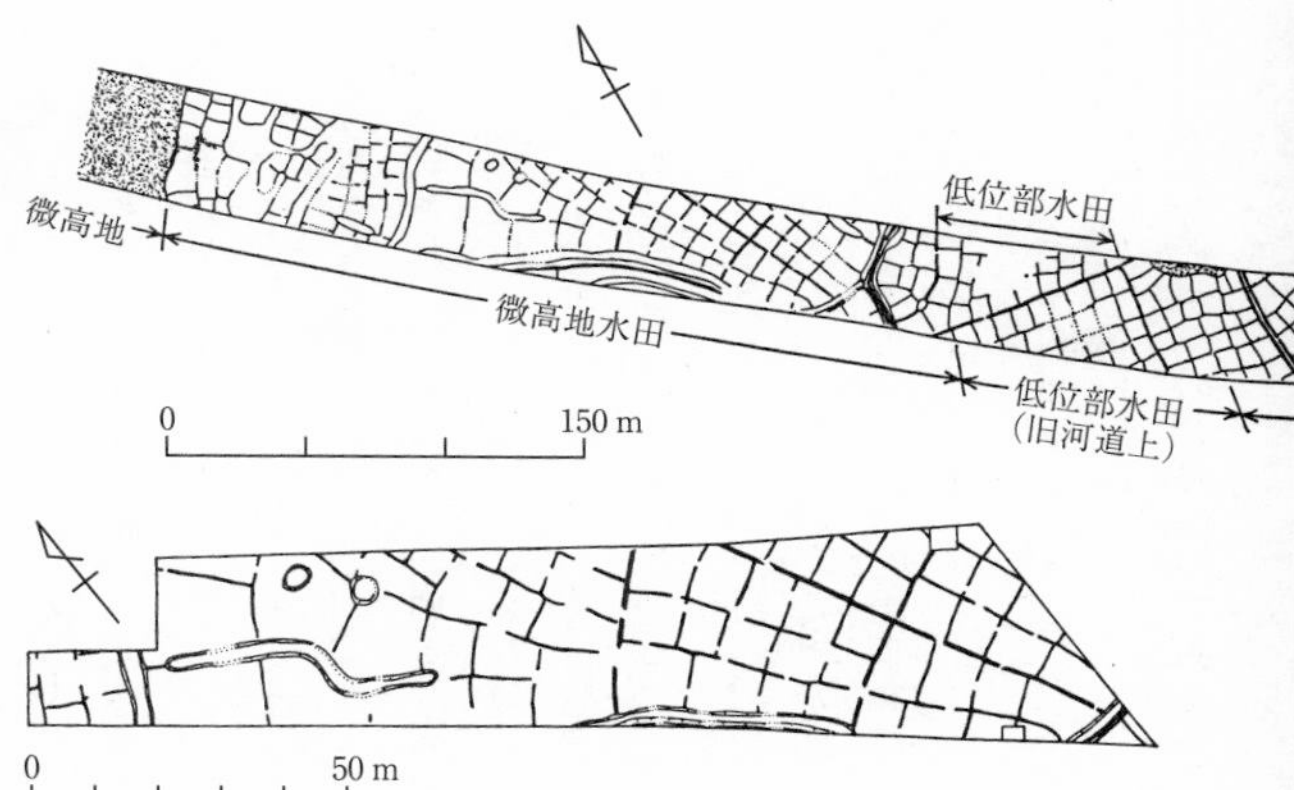

らいずつ低くなっている。……畦畔の交差する部分の交点」などに「水口と思われる畦の途切れるところが何か所か認められる」。畦畔によって区画された一枚の水田は、「一〇㎡から三六㎡のうちにあり、平均面積が二五㎡程度である」。この微高地水田は、やや高い居住地区を除いて、ほぼ微高地全域にひろがっているらしい。

ついで微高地間の低地に形成された水田についても、同じ調査担当者の記述に従ってみてみよう。「耕土の厚さは現状で七㎝、その下に二〜三㎝の灰白色粘土層が存在するが、……鉄・マンガンの集積層は未発達で」、「半湿田の可能性がある」。「畦畔の遺構は、現状で幅八〇㎝、高さ二〇㎝の畦とそれより小規模な幅二〇〜三〇㎝、高さ五

cmくらいの二様がある。……水田址の広さは、畦の間隔が七〜一〇mであることから、約五〇㎡程度の規模かと推測される」。さらに右の二者との中間形態と思われる水田も検出されている。

また、第二微高地の西側にある小さな微高地上と、同じく第二微高地東区には、「水田を埋没させたものと同一の砂で埋まった幅約二m、深さ約一mの水路と考えられる溝が」発見され、ともに「水田面より高い部分に位置し、水田への用水路と推定されるから、乾田土壌との関連」を考えなければならない。付近から最近になって、弥生時代中期中葉に属す水路と堰(図5)が発見されているので、中期においても、ほぼ似た水田の形成があったことがうかがわれる。

このように延々一キロメートル——おそらくはさらに広大であったと推定される——にわたる営田がおこなわれたことが明らかとなったが、重要なことは湿田・半湿田と並んで、用水を不可欠とする乾田または半乾田が、しかも相当広範な微高地上に開田されていることである。

この広大な水田を開拓・経営していた集団を具体的に指摘することは困難であるが、微高地の高みすなわち自然堤防上に発見される同時期の竪穴住居をもつ集落や土器などの遺物包含地がその有力候補であることはいうまでもない。それらの集落ないし遺物包含地はいま三、四個所ほどに散在してみられるが、それらあるいはまだ知られていないいくつかの集落も加わっての緊密な協力による開田、拡大、用水掘削・維持を考えるほかはない。先にみた登呂についての和島の記述をほうふつとさせるものがある（六三ページ参照）。

群馬県日高遺跡(7)は高崎市北東部〔現、中東部〕に位置し、「谷地状に入り込んだ一段低い現在の水田地帯と、それを取り巻く……低台地から成」り、「北方がやや高く、次第に南方に向かってゆるやかに下っていく傾斜地形」で、「幅二〇〜四〇mほどの旧河川状の湿潤地を利用した谷水田で、……畦畔の走向も方位を異にし、モザイク状に区画されている。検出された水田は四十数面、……一面は約六〇〜一八〇㎡ほどの小規模なもので、その平均面積は九〇〜一二〇㎡である」。発掘地内にあらわれた全延長は約一六〇mになる。畦畔には「幅一・〇〜一・五m、高さ約二〇cmほどの幅広い畦畔と、幅〇・三〜〇・五m、高さ五〜一五cmほどの細い畦畔があ」り、後者は「水田の間仕切りを示すものと考えられる……水田コーナーの要所には水口がみられ、……水田址中央部分に流れる比較的大規模な旧水路と……台地縁辺を走る数本の小規模な旧水路が検出され」ている。

この弥生時代後期の日高の水田は、先に中期に山間・丘陵地帯に向かった集団について想定した谷水田の一つの典型で、土壌構造からみても、明らかに湿田である。

この日高遺跡から直線距離にして約三キロメートルほどはなれた同じ高崎市熊野堂遺跡の場合は、かなり様子を異にする。(8) それは「北方の榛名山麓よりつづく扇状地上にあり」、その西側と南側を浸蝕している「井野川にそった狭い氾濫原は現在水田となっているが、この水田面と熊野堂遺跡のある扇状地上面とは三~四mほどの比高差があって、……扇状地上は現在桑畑となっていて、いわば高燥の地である」。発見された弥生時代後期水田の「耕土層の下には酸化鉄の斑文がみとめられ、水はけの良好な水田であったことが知られる」ので、「この水田を灌漑するためには、かなり遠方からの大がかりな用水施設が必要とされた」と考えられている。これは明らかに乾田ないし半乾田であり、東国においてもまた、先進的な栽培法が、ふるい水田経営の中にあらわれていたことを示すものである。

三　土地生産性の向上と共同労働の増大

しかし、単なる用水技術の進歩や沖積化の進行というだけでは、こうした灌漑水田成立の事態の理解は困難であろう。それは技術的な、もしくは自然的な条件であって、主体的な、換言すれば社会的な条件そのものではない。当時は、すでに述べたように前期以来人口圧が拡大再生産を続けていた。それは、移動、集団分岐、あるいは湿田・半湿田の拡大による集団の許容人口の増加としてあらわれてきたが、ようやくにして一定地域に集中あるいは拡散して居住した諸集団の労働人口の増大が、低湿地水田の限界を認識し、眼前にひろがる未開発の沖積微高地に莫大な労働力を投じて人為的な水路をつくる仕事を、ひきあう仕事として人々に自覚させるに至ったのである。人口稀薄な頃には及びもつかなかった展望が、諸集団の中に形成されてきた。諸集団の労働力の結集をもってそれを実現させるほかないという社会的な要求と、労働力結集の社会的条件が成立しつつあった。自然的条件は、この社会的要因をはぐくみ、技術的条件はまさにそれによって触発され整えられ、堆積を続けつつあった壌土地帯に拡大された灌漑水田を実現させていった。たまたま鉄器が普及したから乾田や人工水路の開発ができたのではなく、乾田開発への集団の要求と条件が、鉄刃装着の鍬・鋤の普及をかちとったのである。

中期末から後期にかけて新たに水田化された多くの土地は、先の岡山県津島遺跡や百間川遺跡の例でも明らかなように新しい肥沃な堆積土壌であり、そこは沖積平野の中でも土地生産力のもっとも高い部分であったと考えられる。すなわち、人工的施肥（せひ）がなお不充分な段階では、河川流域、一般的にはとくに下流域の刻々堆積する土壌は、肥沃の点で圧倒的に有利な条件をもっていたからである。そしてそれはまさに灌漑水の供給を不可欠とするすぐれて計画的な水田でもあった(9)。そこでは先の百間川遺跡群の一キロメートルに及ぶ水田址にみられるように、水のかけひきを通じて、水田が相互に結びつけられるという状況が生まれていった。集団の力が結集して立ち向かった時、それは新しい労働の編成と余剰生産を、さらにはふたたび人口の増大をもたらすものであったが、同時にまた、先の群馬県の例が示すように、生産性の高い土壌をひかえてその開発に成功した地域とそうでない地域等々との格差を生みだし、地域的・集団的結集の中にこれまでにもまして不均等をもたらすことにもなったし、集団の内において、分割耕作＝個別経営相互の矛盾を拡大するとともに、開田・水利・田植・収穫などの共同労働の比重の増大がそれを上廻る共同体規制を発動していった。

図12に示したのは、岡山県百間川遺跡群の弥生後期水田址の一部にみられた稲株の残痕である。そこには一定間隔で横に並ぶいくつもの条痕がみられるが、今日のように整然としたものでなく、間隔もやや狭いが、明らかに田植を思わせるものである。

沖積壌土地帯における新造成の水田においては、主として水の供給の事情から、籾の直播(じかまき)をひじょうに困難にする。もともと直播は、苗代(なわしろ)育苗にくらべて籾量こそ多く必要とするが、初期の発育が良好なうえ移植による一時的な成長阻害もうけないので、一般にその成育はより順調で収穫の点でもすぐれているとされる(10)。それにもかかわらず、早くから苗代による田植法に転移したのは、水田雑草との競合の阻止という理由もあったであろうが、主として直播田に配する用水の絶対的不足によるものと考えられる。現在の研究成果では、幼時に湛水することは、水稲の性質としてとくに湛水を必要とするからというより、むしろ水層によって地温の低下・変化を防ぐことに重点があるとされている[11]。したがって、日中の気温上昇による水分蒸発量の増大の割には降雨量が少なく、比較的乾燥した四月下旬から五月上旬といった季節に、温度調整のための発芽期の管理に累積的に大量の水を必要とするため、水稲栽培は自然の状態では、湛水の容易な低湿地以外ではほとんど不可能というほかはない。いまや拡大されつつあった表面水型ないし中間型の水田の全体に、貯め池が未発達と考えられる当時、梅雨期ならぬ発芽期に湛水し続けることはほとんど不可能だったといってよい。

図12　百間川遺跡の稲株痕

　これに加えて、沖積地水田にはもうひとつの困難な条件が存在した。それは、北限とはいえモンスーン地帯に属する土地の特徴のひとつとして、梅雨期にしばしばおこる集中豪雨によって稲苗が冠水し、水中で腐敗するという危険である。抵抗力の弱い品種では、七日で半減、強い品種でも十日で半減といわれるように、冠水の影響は著しい。直播した分蘗（ぶんけつ）［茎基部から枝分かれした苗］初期のものが長期に冠水すれば、収穫皆無となる怖れは充分ある。河川統御の未発達な当時において、想像を上廻る混乱が沖積平地を訪れたと考えるべきで、すでに繰りかえし述べたように、主として河川下流域の弥生前・中期遺跡の多く、さらに後期の水田すらもが砂層下に埋没していることは、冠水をこえる苛酷な災害が繰りかえされたことを物語っている。したがって、梅雨期の集中豪雨による氾濫の危険がすぎるまで、安全な場所をえらび、苗代田で集中的に稲苗を管理する必要が、経験の中から自覚されてくるのは当然であろう。

このように自然の湿潤地をこえての水田の拡大は、日本の気候的・風土的条件――主として水の問題――に加えて河川統御の未発達と貯め池用水網の未熟という歴史的条件の下では、どうしても苗代育苗の方法を採用させずにはおかなかったろうと考えられる。その田植法の開始は、先進諸地方にあっては、開田の進行と気候的・風土的条件の如何によって、早くも中期のある時点にさかのぼって開始されたかもしれない。

苗を一植え一植えうめこんでいく田植は、苗代育苗とともに土地の生産性を増大させ、集約的性格をつよめることになったが、適期における集中的な労働の必要と水の供給の事情は、個別の分割経営単位の共同体への依存をつよめることにもなったと思われる。

田植技術に関連して問題になるのは、施肥である。東海地方の後期の遺跡から、他の木製農・土木具類などとともに時に発見される縦長の板状品がある。長さは約四〇―八〇センチ、幅約九―一四センチほどの杉板で、両端にえぐりこみまたは一、二の孔をあけ、中ほどに下駄の緒どおしのような孔があけられている(図13)。今日でも、ほぼ同大同巧のものが木枠にとりつけられて、青草や刈敷を緑肥として、本田や苗代に踏みこむために用いられている。大足または代踏み下駄とよばれ、考古学的資料としてはこれまで静岡県下のいくつかの弥生後期遺跡から発見されているにすぎないが、民俗例としての分布はほとんど全国的である。文献の上でも、早くも建久三年(一一九二)編述の『皇大神宮年中行事』にその存在が述べられている。大足を研究した木下忠・岡本明郎によると、その機能として、(1)青草・残桿・堆肥などを踏みこんで肥料とする、(2)代の土をこねて代の調整をする、という二点が指摘されている[12]。とくに残桿の

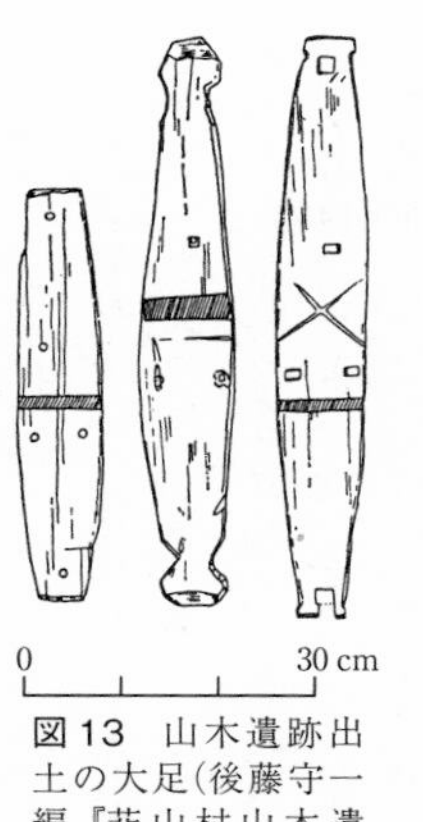

図13　山木遺跡出土の大足(後藤守一編『韮山村山木遺跡』1962)

踏込みは、「土壌構造の改良という予想もしなかった結果をもたらしたにちがいない」。すなわちそれによって土壌の団粒化を促進するという効果があった。肥料としても堆肥にまさるとも劣らない効果があり、「ことに堆肥にはみられぬ肥効持続の特性と、水稲には特に必要とする土壌中の有効珪酸含有率が高くなることが指摘されている」。また代つくりについては、大足を用いて「踏みこむ操作によって細かくくだかれ、柔らかく練られた泥をしろいの表面に沈澱させ、苗しろの場合は種が芽ばえる素地を、植えしろの場合は苗が根を張る素地を作ることなどがあげられ、〈おおあし〉が、しろ作りと施肥の機能をそなえた……重要な農具の一つであった」ことが知られる。

施肥を効果的におこなうためには、いうまでもなく耕耘が必要であるが、それは耕具の形態的機能分化から考えたように、すでに早くからおこなわれていたので、両者が結びつく基盤そのものは当然存在していた。残桿と根株のすきこみは、前者に火を放って灰とするかどうかはともかく、水稲栽培の当初からおこなわれていたと考えてよい。したがって、残桿や根株が単なる邪魔物でなく、肥料としての役目を果たすことが認識されれば、積極的な施肥の技術が、単位面積における生産性の向上＝集約的増収をみこむものとして、現在東海地方で大足が発見される後期をさかのぼって、少なくとも先進地の一部でおこなわれた可能性は強い。

さて、大足を用いて残桿・根株を踏みこむためには、本田が耕起され水がひかれていなければならないから、その点で田植に関して述べた直播時の湛水の可否と同じ問題が生じる。直播田の場合、水の豊富な梅雨期にはもはや大足の使用はほとんど不可能である。さらにその出土量は、静岡県韮山町「現、伊豆の国市」内中遺跡で三八枚、同山木遺跡では二〇〇枚に達する多量である。斎藤宏はその出土量の多い点に注目し、「単に苗しろ専用のものとしてかたづけられないものがあり、広大な本田のしろかき、しろならし、施肥のための青草うめにも使用されたであろう」と述べている[13]。苗代田にのみ使用されたとするには、桁はずれに多いので、斎藤の推定のように、その使用はおもに本田に、あるいは本田にもなされたと考えるべきであろう。本田に水をひいて大足で残桿や青草を踏みこむことは、大量の水がえがたい時期に播種がおこなわれる直播田においては、まず不可能とみなくてはならない。したがってこの点からも、田植法のこの時期における実施はほとんど確実である。

以上のように、おそくとも弥生時代中期末から後期にかけて、人口増に発する集団的・社会的関係の発展を牽引車・土台として、河川流域平野の壌土地帯の新しい開発は、鉄器化、なかんずく鉄刃装着の鍬・鋤の普及、それによる開田と耕耘の技術的進歩、ならびに用水路の人工的掘削と小規模流路の統御、田植農法による水の「解決」と災害回避への努力、大足による代つくりと施肥による生産性の向上、これらがもたらした水田条件の良好均質化と品種の淘汰の結果としての、石庖丁から鉄鎌への収穫法の転換等々、相互に関連する種々の技術的進歩に支えられ、あるいはそれらを促進・発展させながら、拡大していった。それは、大・中の河川下流域の沖積平地だけでなく、丘陵や山地が卓越する諸地域の集団の中にも、さまざまな程度において及んだとみえて、そこでも鉄器化をはじめとする技術的発展を促し、その結果、群小の集落が、丘や山腹だけでなく、小盆地や埋積谷の自然堤防にさえもあらわれるという状態を招来させたのである。

第三章　手工業生産の展開

一　余剰の形成

自然からその恵みを直接にそのままの形でうけとる狩猟・採集と違って、農業は人間集団が自然の一部を占取・加工し、そこで自然(植物)を集中的に管理し、そのエネルギーを培養・増大させてのちに収穫する。しかもそれが、当初から集約性を指向する本格的農業であるとすれば、加工・管理の技術的進歩と投入労働の組織化と増大が結びついて、生産力を持続的かつ累積的に発達させる。そこでは、自然の再生産のふところにおしこめられるという限界は踏みこえられる。この生産力発達の仕方における相違が、狩猟・採集に終始した縄文時代と弥生時代以後を決定的に区別する。それは何よりも余剰生産＝余剰労働を恒常的かつ累積的に生みだすことの中にあらわれる。

狩猟・採集経済の下にあっても余剰は確実に生じたし、余剰労働もひろくみとめられる。ただその余剰は、豊凶が完全に自然の手中にゆだねられているという狩猟・採集における生産の性質から、一時的・偶発的という一般的な性格を脱することがむずかしい。さらにそれとかかわって生産をはなはだしく左右する自然への怖れから、自然の背後の呪霊を想い、それをしずめるための各種呪的行為が盛んにおこなわれ、余剰が生じてもその多くはそれに吸収・拡散される。そのため拡大再生産に投ぜられる余剰は、集団成員自体の再生産にも、食料生産にもきびしく限定され、その面からも進歩はきわめて緩慢とならざるをえなかった。

いっぽう弥生農耕においては、自然の恵みは、多少なりとも自然への人間集団の積極的・組織的な対処の賜物である。どこを切りひらいて水田とするか、水をどう処理するか、洪水・埋没をどう効果的に避けうるか、いかにして幼苗を守り育てるか、いかにして嵐の前に収穫するか等々は、人間集団が自然を認識し、それに逆らうことなく、しかも自然への介入としておこなわれる対処である。自然への対応は組織的・積極的におこなわれるから、余剰労働は拡大再生産に投入され、農耕をはじめとする分業諸生産の発達と労働人口の増大としてあらわれる。しかしそれは、この時代に呪的行為が失なわれたことを意味しない。第六章にもふれるように、農耕社会にふさわしい新しい呪的行為が農耕霊＝生成霊＝祖霊崇拝を中軸として前代にもまして展開する。すでに前期末にあらわれたと考えられる銅鐸祭儀はその重要な一つであったろう。それにもかかわらず、いやむしろそれと結びつきそれに鼓舞された自然への働きかけが、社会的な余剰の累積的な増大を急速に進めた。それは、何よりも⑴人口の増大、⑵農耕生産と生活の諸条件の改良・発達、⑶手工業など分業諸生産の前進という諸事実の中にうかがうことができる。すでに人口の増大、農業生産の発達についてはふれたので、ここでは分業諸生産の発達とその性格についてふれてみたい。

二　男女分業

はじめに自然的性別の分担を、分業諸生産との関係でとりあげよう。縄文時代における性別の分担は、両性ひとしくかかわりあう分野も多かったに違いないが、一般に考えられているように、狩猟や一部の漁撈(ぎょろう)は主として男、採集・育児などは主として女という分担関係が、ごく自然に成立していたものと思われる。およそ同じようなことは先土器時代についてもいえるだろう。縄文社会にあっては、狩猟・漁撈、植物質食料を主とする採集の生産部門が密接に結合しており、たとえ地域的に、あるいは一時的に特定の一つの部門が卓越することはあっても、他の部門がまったく放棄されることはなかった。実際、山間部などで漁撈の占める役割が低いと考えられる集団があるいっぽう、海岸部で漁撈が狩猟に卓越する集団も存在するが、その場合でも採集は必ず併行しておこなわれている。しかし右に想定した分担がおこなわれた証拠は、一般的な男女の体質的な差異という点を除いて、今日までほとんどないにひとしい。ただ縄文時代における男の四肢骨の骨折度が女子のそれにくらべて五倍も多いこと[(1)]は、別な骨折原因を考慮に入れても、なお山野をかけめぐる狩猟活動や闘争における男の役割を示しているように思われる。

仮に漁撈の多くが両性の共同でなされたとしても、狩猟による獲物と採集による収穫とは、相互に補いあって食生活を主軸とする生活の体系を支えるものであるから、右の両性の分担——ゆるやかな分担——をみとめるとすれば、男女は生産労働において基本的に対等の立場にあったということになる。その生産の性質も、一方は主として動くものを停止させる活動、他方は主として静止するものに接近する活動という差はあっても、自然物の獲得という点で同じである。これは、男女の社会的平等の経済的な面からする保証であった。

水稲農耕が生産の主要な部門にとってかわる弥生時代になると、両性間の分業に変化があらわれはじめる。狩猟・漁撈と採集という相互に補いあって一つの食料獲得=生産体系をつくってきた二部門が、ともに従属的な位置に転じ、水稲栽培という新しい部門が生産活動の主要な位置を占めるに至るのであるから、この農耕部門をどちらが主導するかは決定的な意味をもってくる。一般に農耕の初期は女に担われたといわれ、また民族例などにおいて女性による「原始農耕」が報告されているが、それらはすべて原始粗放な農業であるか、あるいは男による牧畜または豊かな狩猟が一方において存在していたかなどの場合である。弥生水稲農耕は、すでに述べたように、大陸における長い発達の歴史を背景にもって集約性を当初から強く指向しており、しかも自然災害との激しい闘いの中でその定着を獲得していったのであるから、その過程で狩猟・漁撈・採集が急速に補助的生産部門の位置に転じていったことは当然である。男女ともに農耕にしたがったことはいうまでもないが、ひとつの生産部門における異なった肉体上・生理上の差異をもつ二者の共同は、そのうえ片方が出産・育児を主軸とする「家事」労働に大きな時間をさかざるをえないのであるから、いうまでもなく一方のすなわち男の主導としてあらわれるほかない。また、農業生産の遂行にふかくかかわる石器生産・鉄鍛冶・木器生産などもまた、その労働ならびにその成果をもっておこなう労働の性格からみて、男が主導する分業労働として成立していったであろうし、やがて青銅器鋳造・製鉄などの発達につれて、男は分業＝生産諸力の主導的な担い手になっていったと考えられる。それに対して女は、副次的に農業生産に参加するほか、主として土器・織物・採集などのほか、ようやく活発となった人間の再生産に付随する諸事に、その労働の少なからぬ部分をふりむけるようになったと考えられる。やがて成立する家父長制形成の萌芽は、さかのぼって水稲農耕が開始され定着するこの時点に求められるであろう。

三　縄文社会の分業と交換

縄文時代において、石器原石・アスファルトなどが、遠く数十キロはなれた他の地に運ばれている事実はよく知られているが、これが果たして交換としてもたらされたものか、あるいは各集団がそれを現地に赴いて採取したものか、それ自体からは不明というほかないが、単なる原料でなく、特定の集団が製作のため労働を投下したことの明らかな製品の場合は、交換を考える以外にその流布を理解することはほとんどできない。この時代にしばしばみられる土器の移動、遠隔地からの搬入がそうした交換の何がしかの意味を担ったものであることは、早くから推定されているが、その交換の内容と対象の具体的な点となると、まったく不明というほかない。

しかしここで交換を問題にしうる例のひとつに塩がある。器形も単純で文様もない、特殊に機能化した製塩土器(図14)によっておこなわれる製塩は、関東では後期末に始まり、晩期前半でほぼ消失し、東北では逆に晩期後半に盛行する。(2)これら関東・東北の土器製塩は、明らかにそれぞれの製塩集団——同時に狩猟・漁撈・採集を生産の基本としておこなっていたことは、他集団と同じであった——の日常的需要をはるかに上廻っていたと考えられるので、製品が他集団に塩のままあるいは塩漬け食品として供給されたことはまずまちがいない。海辺からはなれた仙台平野や北上川流域に、松島湾岸の集団が製作した製塩土器が発見されることも、そのことを裏書きする。しかし、流通の範囲が一定の部族的つながり、たとえば亀ヶ岡式土器の分布圏が示すような範囲に限られていたかどうかは、不明である。西日本においては、このような例は今日なお明らかでないが、すでに縄文時代においてこのような分業と交換の経験が存在していたことは重要である。しかしそれを支える余剰生産が、当時の諸集団において恒常的かつ累積的でなく、それら集団自体の存立すら常に不安定なものであったと考えられるから、食料生産からはなれて自立する方向をとることはとうていできなかった。関東においてこの土器製塩は、諸集団の全般的衰退化の中で晩期前半で衰微または廃絶するが、このことは、よく右の推定に根拠を与えるものであろう。東北松島湾では

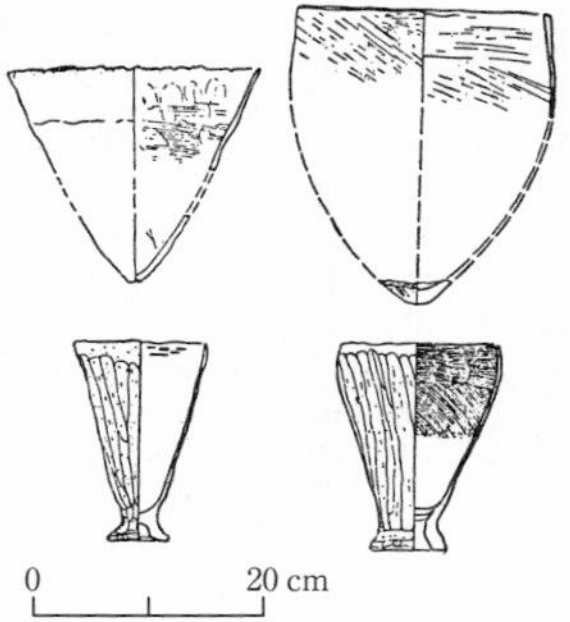

0　20 cm

図14　製塩土器　(上)縄文時代〔右　関東，左　東北〕，(下)弥生時代〔備讃瀬戸〕(『日本塩業大系』原始・古代・中世(稿)，1980，一部改変)

関東の土器製塩を引きつぐかのように晩期後半に盛行するが、その時点には北部九州、ついで西日本において弥生農耕が開始されていた蓋然性が高いので、仮に極言することが許されれば、松島湾の塩が、はるか西日本または中部山地にまで運搬された可能性すらあるかもしれない。この推定は、縄文土器の広範な流布にみられる一般的な交流の広さや、弥生前期末の東海地方西部の土器が中部山地や伊豆諸島の一部、さらには東北の一部に、また鉄器が弥生中期後半には東北にまで運ばれていることによっても、必ずしも荒唐無稽なこととはいえない。東北地方縄文晩期の一部集団に、西方の弥生文化の少なくとも間接的な影響が浸透しつつあったため、関東では廃絶した土器製塩が東北においてはその後も生きのび、その地の弥生諸集団にも引きつがれたことは、その背後にこのような事態があったからであるかもしれない(3)。

塩のほかにも、局地的な生産物の交換ないし贈答があったと思うが、その多くは、分業というにはあまりにも不安定かつ貧弱な条件＝余剰の非恒常性の下において、一時的かつ偶然的たらざるをえなかったと思われる。

このように、獲得経済の社会では、社会的な分業、したがって恒常的な交換の累積的な発達はのぞむべくもなかった。しかし、それでは農耕社会に入れば、ただちにそれは発達するのであろうか。すでに、弥生農耕の成立・発達の姿については概観してきたが、その発達は急速であり、また生産諸力の累積的前進は明らかである。それは、労働力の増大＝集落の拡大および集落数の激増となってあらわれたいっぽう、鉄鍛冶、青銅器鋳造、やがて製鉄・製塩等々の開始・発展および交換の活発化としてあらわれた。これらのことは、一時的なあるいは局所的な凶作や災害をこえて、農業生産力の持続的な上昇が一定の恒常的余剰生産物を保証するに至ったことを、明らかに示すものである。余剰労働や余剰生産物の一部が、獲得経済社会の場合と同じように、しかしその内容を異にする祭祀的呪的行為として拡散されたことは、銅鐸や武器形の青銅製祭祀品や分銅形土製品などの存在によって明らかであるが、なおその多くが、労働力＝人間の拡大再生産および生産諸力の拡大再生産に投ぜられたことはいうまでもない。

分業の成立・発達を考古学的に追究する手がかりは、その多くが分業の結果として生まれる交換の事実であろう。しかしそうはいっても、交換の事実を直接に証明できるものはそう多くはない。

四　交換の不均等的拡大

鉄は弥生時代の当初においては列島内で生産されなかったという仮定がすでに述べたように(五〇—五一ページ参照)正しいとすれば、鉄器は、農具・土木具などの仕上げ加工に必要な道具として、当時もっとも重要な交換の対象であったと考えるほかない。その実物遺存例は少ないが、木材への加工痕などから見て、前期以来、細部加工用に限っても、その普及は拡大し続けた。各地の集団が直接に供給先と考えられる朝鮮から入手したとは思えないから、少なくともその初期においては、おもに北部九州諸集団を媒体として交換がおこなわれたものと考えられる。交換は、北部九州諸集団と朝鮮、おそらく南部朝鮮の諸集団との間、北部九州諸集団と直接・間接に他地域諸集団との間、という基本的に内外二つの関係で成立していたと推定される。しかも、累積・増大を続ける各地域の人口増＝集団分岐の下において、その交換が一時的・偶発的なものであったとはとうてい考えられないし、また鉄器・鉄地金配布のルートが固定していなかったとしても、列島内において鉄生産がおこなわれるまでは、持続的にしかも、しだいに拡大する方向をとったに違いない。列島内における原初的な鉄生産は、おそくとも弥生後期までには開始されたと考えられるが、その場合でも、条件に恵まれなかった集団は他集団に供給を求めたであろうし、またその段階でも、朝鮮からの鉄地金および製品の流入＝交換がことごとく停止したわけでもなかったろう。鉄器は、農業生産を遂行し発達させるうえで基幹となる木製の道具を作る際の工具として、あるいはそれ自体が直接の農具・土木具またはその一部として必要不可欠のものであったし、また武器として威力を発揮するものであったから、その入手は、諸集団にとって死活にかかわる問題の一つであった。

このような交換の事実は、青銅製品についても指摘できる。移入青銅器の大部分は、農業生産遂行上に不可欠なものでなく、保持する集団ないし人物の原始的権威を単に表現するためのものであったということを根底の理由に、その「貴重さ」や武器や鏡という性質も手伝って、広範な交換の対象とはならず、多くは朝鮮・中国と北部九州諸集団、さらに後者と北部九州縁辺諸集団との間の交換にとどまった。しかし青銅の地金あるいは列島内生産品となると、事情は大いに異なって、西日本を中心に広範な流通を考えなければならない。列島内での銅および錫の生産の有無については不明であるが、仮に列島内での生産を否定した場合、青銅器鋳造遺跡が北部九州と畿内を中心にすでに六〇個所余り発見されていることを考えると、先に移入鉄について述べたのと同じように、原材料の広範な流布を考えないわけにはいかない。また青銅祭器については、よく知られているその分布状況、とくに同笵製品の分布から、広範な流布はすでに確実である。

塩もまた交換・流布の対象となった。西日本における製塩土器による塩生産は、瀬戸内の児島を中心に弥生時代中期中葉に始まる。東日本では、縄文時代晩期以来の土器製塩が、宮城県松島湾岸においておそくとも弥生時代中期末葉まで継続しておこなわれているから、弥生時代中期中葉—末葉の間に、東西に少なくとも二つの製塩地域があり、そこから、配布がおこなわれたことになる。あるいはさらに朝鮮と密接な交流関係にあった北部九州を中心とする地域では、今日なお未知の、土器製塩に似たある種の方法によって朝鮮で生産された塩を入手していた可能性もあるので、そうした面からの流布も考えに入れなければならないかもしれない。弥生後期になると、製塩地は備讃瀬戸の沿海各地にひろがり、大阪湾岸さらに紀伊においても加太瀬戸から田辺湾にかけて現われてくる。それらは、特殊化した土器の存在や廃棄土器量からみて、自給製塩とはとうてい考えられないから、親縁関係にある他の諸集団はもとより、少なくとも西日本の多くをおおうような広範な地域にわたって、流通がおこなわれたことであろう。

さらにまた、南海産のゴホウラガイ製の腕輪が北部九州を中心に兵庫県にまでもたらされていることもよく知られているし（図15）、日本海側のグリーンタフ地帯「島根から北海道南部に至る緑色凝灰岩地帯」の一部において生産された管玉などの碧玉製装身具が、その地帯を遠くはなれて流布している事実や、特定地に産する朱丹が広範に各地で使用されている想定も、衆知のことである。

交換にあたっては、受けとる側もとうぜん何かを出さなければならない。それが人間労働力を第一としてでなかったら、食料その他、諸地域諸集団の余剰生産物であったに違いない。田畑の収穫物という普遍的な物資、魚・貝などの海産物、鳥獣・山菜など山地の産物、布帛、石器、骨角器、木器、漆器、弓矢その他の武器、挙げればきりのないほどの品々が想定される。しかし、これらは単に想像できるだけでなく、すべて弥生時代の生産のレパートリーの中に現実に見出されるものである。

したがって、生産と武器とにかかわる鉄素材および鉄器、祭祀と首長権威にかかわる青銅素材と青銅祭器、穀類依存と人口増加につれてますます必要となる塩、これらの重

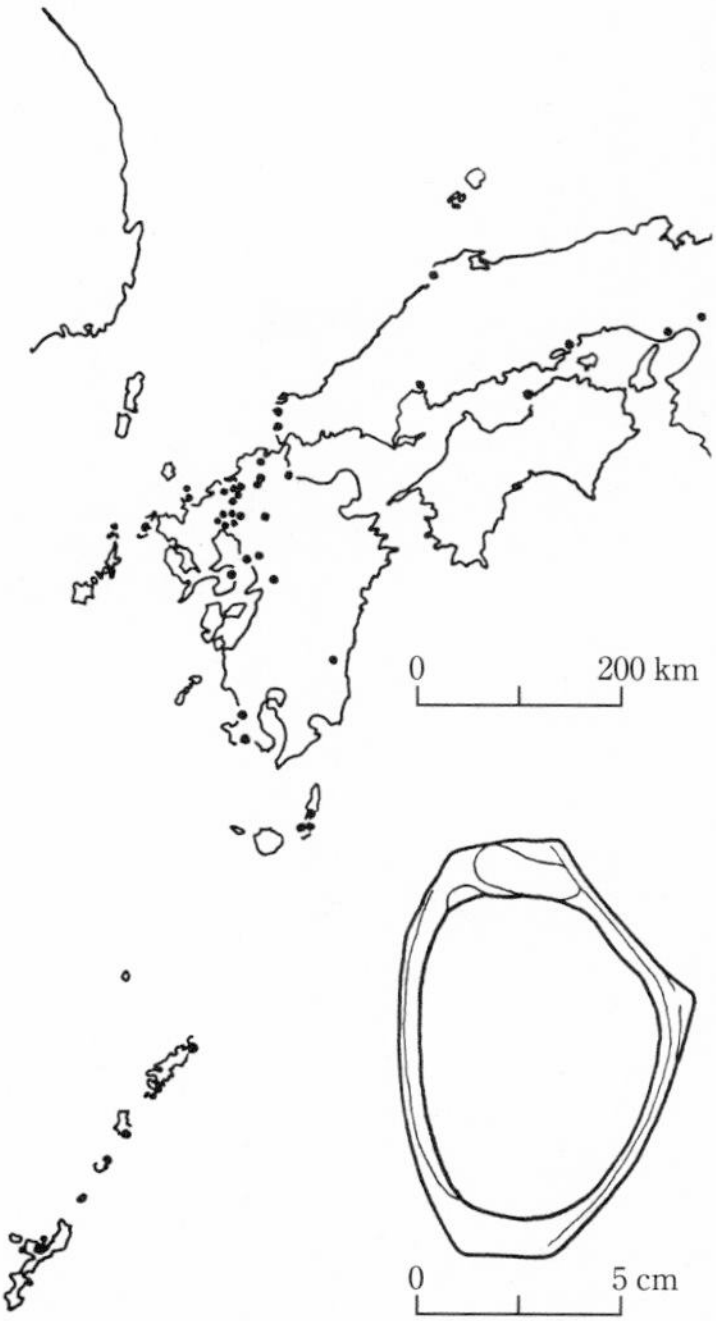

0　200 km

0　5 cm

図 15　ゴホウラガイ製腕輪の出土地分布とゴホウラガイ製腕輪（立岩遺蹟調査委員会編『立岩遺蹟』1977，河出書房新社，一部改変）

要物資の生産・流通を主導契機として、各種の自然物の採取・加工、手工業生産のそれぞれの地域における分業的展開が進み、全体として広範で複雑な交流＝流通の網が、形成されていった。もちろん、ある生産物は、主として瀬戸内沿岸に、あるいは北部九州を中心に、また畿内を中心にというように、一定地域に流布の中心は限られていたし、またそれよりさらに狭い流通圏にあった生産物も、より広い交流がなされた物資もあった。そのうちの大動脈ともいうべきものとして、対朝鮮・対中国との交流、つづいて列島内における青銅器生産の二つの拠点、北部九州および畿内とそれぞれの近隣諸集団との交流を挙げることができよう。後者は備讃瀬戸の塩や南海産ゴホウラガイや日本海側の碧玉製品が示すように、さらに遠隔諸集団と直接・間接に交流の動脈をのばしていた。

これらのことは、諸集団の経験が相互に交換されることを意味しただけでなく、諸集団の相互認識、したがって自己認識を育てることに大きな影響を与えるものであったし、さらに優位的に交流の主導を握る集団とそうでない集団との間に不均等を生みだすことにもなった。

すでに指摘したように(七三―七四ページ参照)、弥生水稲農業の普及および発達の過程において、西日本と東日本、さらにまたそれぞれの内において、生産性の高い肥沃な平野をひかえ現実にその開発を実現するに至った諸集団と、山間僻地や自然災害の頻発する地域の諸集団との間に、優勢・劣勢の差が、固定的とまではいえないにせよ、生じていた。このような水稲農業遂行の上での地域的・集団的な不均等の不断の形成と併行して、すなわち余剰生産形成の不均等の上に、右に述べた分業的生産と交流が進むわけである。青銅器・鉄器あるいは塩などの重要物資生産の条件に恵まれ、その生産を実現する余剰労働を備えた諸集団は、汎列島的にも、また一定の地域においても、優位に立つ。このようにして、交流における不均等は、農業生産上の不均等に重なり合って、集団間にも、地域間にも加速され拡大されることになる。

五　分業生産の在り方

この分業と交換の活発化は、たしかに諸集団をむすびつける役割を果たし、優位集団の析出に力をかし、集団内外の関係に大きな影響を与えたが、いっぽうただちに、自由な商品交換の方向をとらせ、分業集団を自立化させ、その私的所有の発達を進め、原始共同体的共有と血縁性を打ちやぶるものとして現われたであろうか。この点を考えていくために、交換の母体となった分業生産そのものの実体を以下検討してみよう。

分業生産の実体を考古学的資料に求めることはなかなかむずかしい。とくにもっとも重要な鉄器・鍛冶・製鉄については、先に少しくふれたように、今日ほとんど実体が不明であるといってよい。青銅祭器製作についても、原材料の問題はおろか、鋳型の多くも断片で、しかも生産工房なり遺構なりと切りはなされたわずかな例が発見されているにすぎない。せいぜい石器・塩・玉などの生産遺跡を、それもきわめて不完全な姿で垣間みることができるだけである。まず石器生産についてみよう。

集落遺跡の発掘で、竪穴住居址内・ピット内・包含層から製作途上の未成品・石屑が出土する事実は、各地においてよく知られている。その場合、必要な原材がどこでも入手できたわけでないから、原材をめぐる解決困難な問題に逢着することとなる。大阪府二上山(にじょうざん)のサヌカイト原石は打製石器の材料として適し、縄文時代から利用されてきたが、これがその地から半径約三〇キロの範囲でおよそ淀川以東の弥生集落に及んでいる。二上山にサヌカイト石器を製作する集団がいて、製品を他集団と交換したのであろうとする考えは、二上山に製作址はみとめられておらず、かえって各集落遺跡に製作の痕を見出すので、まず成り立ちがたい。ある集団が原石を排他的に確保してそれを交換に供給したかもしれないという意見も、純粋には成り立ちうるであろうが、交換の当時の在り方からみて、自然資源そのままを独占的に保有して利を得ようとする経済段階ではなかったと考えられるので、これまたとうてい成り立ちにくい。とすれば、やはり右にみたように、周辺各集団はおのおの原材を適宜の剝片にしてもちかえり、あるいはその一部をさらに親縁他集団に配布し、集落内で加工したものであったろう。このことはおよそ二〇センチ角大の原石塊がしばしば遠隔の集落遺跡から発見されることによって論証されており、単なる想像ではない[4]。その場合、その地ないし通過地を領域内にもつ集団の容認ないし黙認があったことは当然であろう。

磨製石器の場合も多くがこのように自給的になされていたことは、大阪府池上遺跡・四ッ池遺跡・勝部遺跡、兵庫県田能遺跡、奈良県唐古遺跡など広範な地域にわたって発見される磨製石庖丁の結晶片岩系の原材が和歌山県紀の川流域から運ばれ、それぞれの集落で加工・成形されていることや、岡山県野田遺跡の緑泥片岩製石斧類が、南方数キロの原産地から運ばれた原材をもって竪穴住居の内で製作されていることからも、明らかである。このように石器は一般的に、原材を居住地付近に求めるか、それが不可能な場合は一定の遠隔地まで赴いて採取し、あるいは親縁関係にある集団から配布をうけ、集落にもちかえって加工するという製作形態をとったと考えられる。その場合原材地をめぐって、集団相互の血縁的ないし親縁な集団関係がなんらかの媒体を果たしたであろうとは想像できる。

ところがごく少例であるが、原材地で製作された品が広範な地域に発見される事実が北部九州で知られている。早くから著名な福岡県今山遺跡・同立岩遺跡がそれである。

そのうち、太形蛤刃石斧を製作した今山遺跡は、それ自身が玄武岩の原材産地であって、製品・未製品・失敗品・石屑などが多量に発見されている。この地は当時その周囲のほぼ一帯が海に囲まれ、わずかに砂地で糸島平野北端と結ばれていたらしく、周囲では農業不能といわれている。したがって今山の石斧は、その付近に住んだ専業的集団によってその地で製作され、他集団に配布されたと古くから説かれてきた。事実その分布は北部九州一円、熊本県から佐賀県に及び、約二〇キロはなれた福岡県嘉穂平野の石斧の九二%、福岡平野で九五%、約四〇キロはなれた八女・山門で一〇〇%が今山製の石斧といわれる[5]。その配布は前期末から始まり、中期の前・中葉に盛行し、以後鉄器化とともにおわりをとげた。先の石器製作の一般的な状況をこれにあてはめると、北部九州各集団が今山に赴いて石器をつくり、もちかえったということになる。小形・軽量の石器と違って、太形蛤刃石斧をつくり出すための一個の原材の重量は相当なものであるから、原材をもちかえるかわりに、製品をそこでつくってもちかえったと考えるわけである。しかし中期前・中葉という時期における北部九州の部族的集団間の関係は、戦闘の激発を思わせる武器の発達からも、青銅器・鉄器の流通をめぐって想定される対抗関係からも、そのような状況は認めがたい。またそのいっぽう、今山に居住する特定の一集団が北部九州はおろか熊本県・佐賀県にまで及ぶ範囲に分布する今山産石斧のすべてを専業

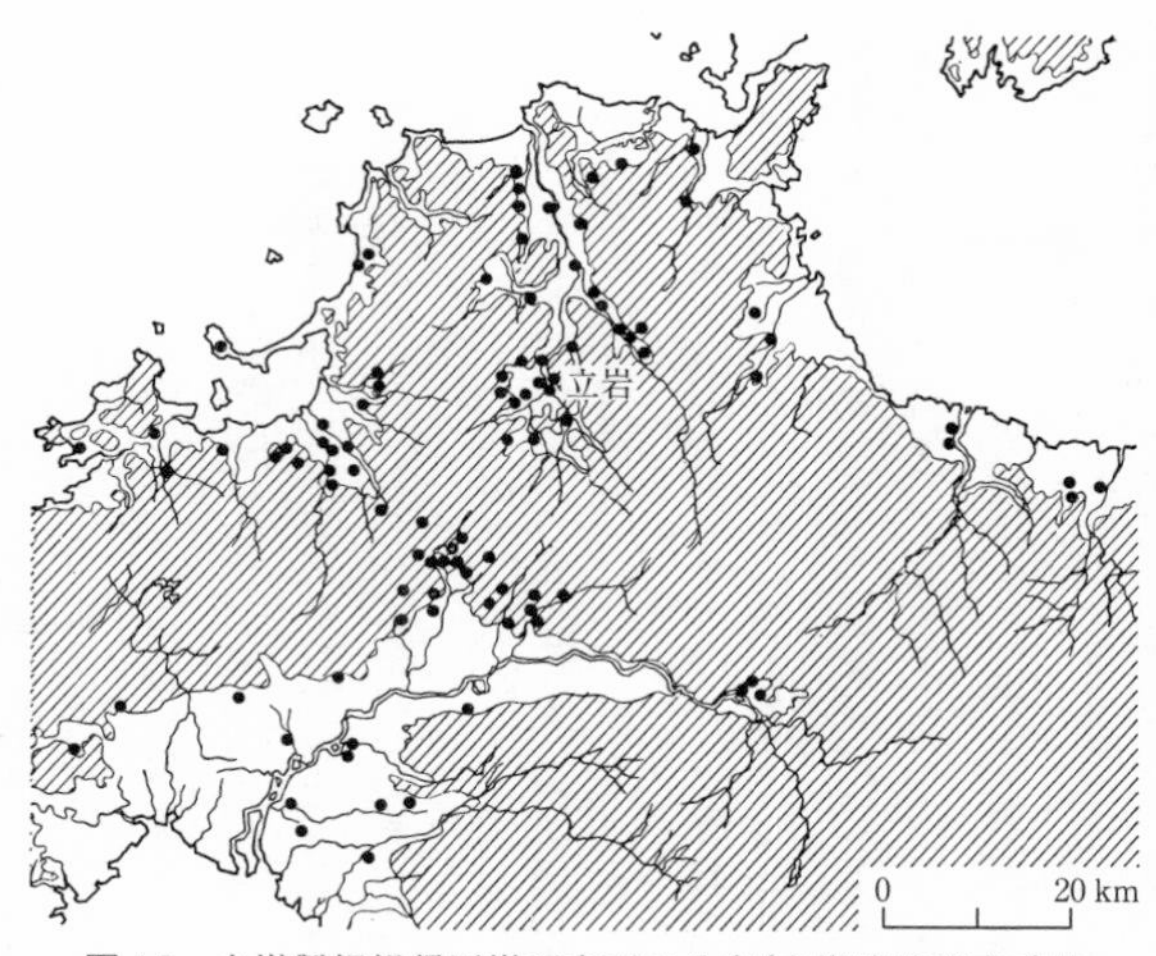

図16　立岩製輝緑凝灰岩石庖丁の分布（立岩遺蹟調査委員会編『立岩遺蹟』1977，河出書房新社，一部改変）

的に製作し独自に配布したと考えることも、当時の経済段階から考えがたい。とすれば、周辺に居住し農耕に従事する親縁な氏族的諸集団がなんらかの部族的統制の下に共同に利用し、製品を域外に搬出したものと考えざるをえない。(6) その場合、のちにふれる高地性集落が示す「見張り通報」の小集団が、「部族的集団の一構成単位として、全体の要請の下に山頂居住の役を果した」(7) のに似て、一、二の小集団が今山に常時居住したことはありうることである。

立岩の石庖丁製作も、前期末

に始まり中期に盛行する。約六キロはなれた笠木山がその主要な原材産地であるが、八個所以上においてその製作がおこなわれている。また福智山からも同じ石材を出しているので、いくつかの原材地に立岩付近の諸集団が赴いて、原材を採取し製作に当たり、また遠隔他集団の要求にも応じたとみるべきであろう(8)(図16)。こうした石器の交換・配布は、鉄器の入手と配布に大きな役割を果しまた朝鮮からの各種青銅器その他の交換・入手についいて先進的な経験を蓄積しつつあった北部九州において、他地域よりも積極的な発達を示したことは確かである。

今山の太形蛤刃石斧製作地や立岩の磨製石庖丁製作地でつくられた製品はたしかに他とくらべて莫大で、おそらく何千あるいはそれ以上に達したかもしれない。今山遺跡についていえば、先に示唆したように、一集団の排他的占拠による専業生産ではなく、近隣の親縁諸集団による共同の製作場であったと考えられるから、製品の推定される総数はたしかに莫大であろうが、中断はあったとしても、二、三〇〇年間にわたる複数集団の生産としては、決して大規模なものとはいえない。立岩についても、現在知られているところでは、下ノ方(しものかた)遺跡をはじめいくつかの遺跡が示す集落において、輝緑(きりょく)凝灰岩を原材とする磨製石庖丁の製作がおこなわれ、それぞれが同時に、というより自給的に農業をおこなっていたと推定されている。すなわち、農業生産と未分離の石庖丁製作がおこなわれていたのである。大阪府池上遺跡その他の石庖丁も、おそらく付近の他の集団へその若干が供給されていたと考えられるが、その農耕集落としての大規模さから考えて、その生産は必ずしも多量とはいえず、農業から自立した専業者集団であったとはとうてい考えられない。

鉄と石製工具によって木製農・土木具などがつくられるが、領域内に適材を産する限り、原則として集団内で作業されたと考えてさしつかえない。黒崎直のいうように「母村」で製作し「子村」へ配布ということもありえたかもしれない(9)が、その場合も、「母村」「子村」は別々な集団ではなく、むしろ居住区を異にした同一集団と考えるべきであろう。

土器・織物などの日常生活に必要な物資も、基本的に集団内で製作されたと考えられる。織物については、少例とはいえ、各地で出土するチキリ・チマキの長さとそれから推定される布幅が、遺跡によって多少の差異をもっている点や、「一婦は麻の栽培から紡績し織りあげるまでに年に二衣くらいをえたにすぎず」とされる原始的な織機が想定されている(10)ことなどから考え、一般に自給と考えていい。

土器は破損・消耗する度合の高い日常生活必需品として多量に使用されるから、適合した粘土さえ得られれば集団ごとに自給したものと考えられる。土器の「胎土の特徴から区別される範囲は、技法の共通する範囲よりも狭い[11]」といわれるように、共通技法範囲内の集団差は存在するに違いないと思われるが、今日なお明確には指摘できない。むしろ、胎土とともに、それにまして、技法ないしくせの微細な差異が今後はいっそう問題になると思われる。その場合も、木器や石器の場合と基本的に同じように、遺跡に示される集落ごとというよりも、それを含めた一つのまとまり＝集団を単位として考えるべきであろう。

原則として自給をたてまえとする石器・木器・土器生産の場合と異なって、製塩はどうであったろうか。弥生中期後葉に属する岡山県仁伍遺跡や同池尻遺跡では、前者からは打製石庖丁九、石槍一、石鏃三が採集され、また鹹水性の小貝塚を伴なっている。後者からは石庖丁四、スクレイパー状のもの九、その他石鏃・柱状片刃石斧・石匙・石槍が発見され、この地方の通例の農耕集落遺跡と大差ない状況を示している。その立地も、仁伍遺跡が海抜約四〇メートルの山麓に、池尻遺跡が海抜約二〇メートルの山裾にあり、ともに推定される旧海岸線からややはなれ、むしろその地点で製塩の作業をおこなうには不適当な位置にある。これは、彼等が同時に農耕をおこなっていたことによるだろう。すなわち農耕の片手間に、製作した製塩土器をもって付近の海辺で塩をとっていたものと思われる。弥生後期においても基本的に同じであって、岡山市津島遺跡・倉敷市上東遺跡・邑久郡〔現、瀬戸内市〕門田貝塚遺跡などでは、明らかな農耕集落の内部でささやかな土器製塩がおこなわれている。そのうち上東遺跡では、いくつかの小河道によって分断されている四つの地区それぞれに製塩土器を出土し、小集団ごとの「副業的」生産を示唆している。いずれも、のちの古墳時代後期の瀬戸内地方土器製塩にみられるような、農耕地から隔絶した土地における多量の土器廃棄ではなく、その生産の規模は、構造的にも小さく時間的にも短かったと思われる。

日本の土器製塩法は、海水を原料として使い、濃縮・加熱する方法であるから、海辺ならどこにおいてもなしうるはずであるが、それにもかかわらず、今日までのところ、弥生時代においては特定の地域、備讃瀬戸から紀伊にしかあらわれない。これは次に述べる玉生産が、グリーンタフ地帯に属し、良好な原石が採集しうるならば各地でおこなえるはずであるにもかかわらず、北陸ないし山陰の一部などの特定の地域にしかあらわれなかったことと通じた現象である。すなわち可能であったが実現されなかったというところに、当時の分業の限界＝余剰労働の貧困がうかがえる。

弥生時代の玉作り遺跡は、新潟県・石川県など北陸地方を中心に長野県・滋賀県・京都府・鳥取県・島根県などに及んでいる。必ずしも原材を産する地帯のすべてにあるわけでなく、また原材産地が付近に知られていない土地に原材を他からもちこんで製作したと考えられる場合もあり、特定の土地に発達することは、土器製塩の場合と同じである。これら玉作りの遺跡のうち、新潟県佐渡郡[現、佐渡市]国中平野において細形管玉を主とし硬玉の勾玉も製作した諸遺跡についてみてみると、[12] そのほとんどが、平野および周辺の低丘陵あるいは平野内に営まれ、立地のうえで他の農耕集落遺跡と変わるところがほとんどない。玉材の主要な原産地は、碧玉が畑野町[現、佐渡市]猿八、鉄石英とよばれる赤色の石材が両津市[現、佐渡市]赤玉、メノウが両津市[現、佐渡市]河崎で、そのいずれも玉作り遺跡と数キロないしそれ以上はなれている。もっとも河川の転石も原材として採取・利用されているので、いちがいにはいえないが、恰好な転石がないとされている河川沿いにも、多くの玉作り遺跡が存在する。これらの遺跡においては、しばしば石庖丁など農耕用の石器が発見され、その技術がかなり熟練を要したとはいえ、また立地のうえからも、その他の遺物遺構からみても、農耕からはなれた専業集団であったとはとうてい考えられない。これらのうち佐渡の玉作り諸遺跡は弥生時代中期中・後葉に盛行するが、その後は急速に衰退し、他地方の生産地にとってかわられたと考えられること、すなわちただ農耕集落として存続しつづけたと推定されることも、右を示すであろう。長野県栗林遺跡など千曲川水系の碧玉ないし鉄石英の細形管玉を製作する集団もまた、弥生中期の農耕と未分離の集団であったことは、よく知られている。

これら弥生時代の玉作り遺跡では、今日までのところ工房などの設備は必ずしも明らかでなく、またその農耕生産との具体的なかかわりあいについても知られていないが、竪穴内に未製品や石屑があるなど、個々の遺跡が示すところからは、集団として大規模生産をおこなっていたとはとうてい考えられない状況にある。しかしそれにもかかわらず、製作された玉類がひろく流布されていることのなかに、当時の分業と交換の性質をみることができるであろう[13]。

青銅器の生産は、上記したものとくらべ、いっそう高度な知識＝経験と技術を必要とする。今その鋳型の出土遺跡をみると、銅鐸九遺跡（うち二遺跡は北部九州）・小銅鐸二遺跡（ともに北部九州）・銅戈(どうか)二二遺跡（うち二遺跡は大阪府東奈良(ひがしなら)遺跡と瓜生堂遺跡）・銅矛一九遺跡・銅剣五遺跡（うち一つは兵庫県田能遺跡）・銅釧(どうくしろ)三遺跡（うち一遺跡は大阪府鬼虎川(きとらがわ)遺跡）、計六〇遺跡となる（図17）。その範囲は今のところ、北部九州地域と畿内から播磨にかけての地域を出ていない[14]。鋳型の出土が知られていない平形銅剣は、おそらく摂津を含む瀬戸内沿岸で製作されたと考えられ、また銅鐸の型式学的・分布的研究から、中国地方・東海地方においても製作がおこなわれた可能性の強いことが指摘されているので[15]、鋳型出土遺跡の分布は将来さらに拡大すると考えられるが、それにしても北部九州と畿内の二つの中心は動かないとみてよい。

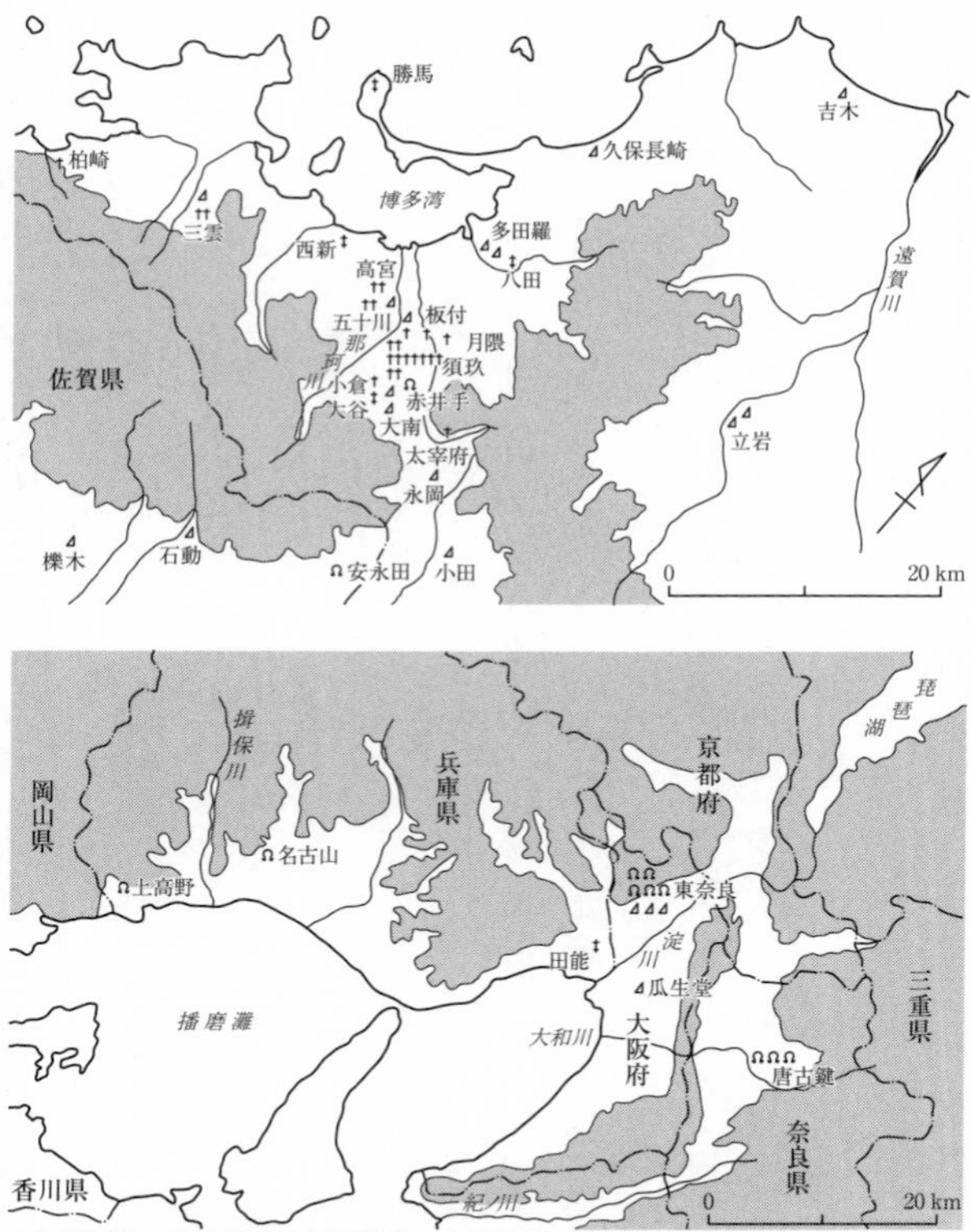

‡ 銅剣鋳型　⊿ 銅戈鋳型　† 銅矛鋳型　Ω 銅鐸鋳型

図 17　(上)北部九州の鋳型の分布，(下)近畿地方の鋳型の分布(上下とも九州歴史資料館編「日本青銅武器出土地名表」『青銅の武器』1980，一部改変)

まず銅戈鋳型の出土遺跡をみてみると、福岡県から佐賀県北部にかけて、ひじょうに分散した状況がみとめられ、また各遺跡とも鋳型出土数は少ない。あたかも各集団が自前で製作していたかのようでさえある。銅剣鋳型は、北部九州では福岡市内の三個所と春日市大谷、銅釧鋳型は福岡市香椎と春日市須玖岡本というように、福岡平野において、若干の距離を隔てて発見されている。銅矛鋳型は須玖岡本の各地点から計八個分、福岡市南区の各所から計七個分が出土し、そこが鋳造の中枢であったことを示しているが、なお佐賀県唐津から福岡県糸島郡［現、糸島市］にかけても散在的に発見されている。北部九州における銅鐸の鋳型は、福岡市から一例、佐賀県鳥栖市から一例が発見されているが、それらの鋳型で製作された銅鐸は未発見である。

近畿地方の銅鐸鋳型は今のところ、大阪府茨木市東奈良（弥生中期）、同東大阪市鬼虎川、奈良県唐古・鍵、京都府向日市鶏冠井、兵庫県姫路市名古山（弥生中期）、同赤穂市上高野、同姫路市今宿丁田の七遺跡であるが、鋳型のうちのあるものは、それから鋳出された銅鐸が指摘されているが、多くの鋳型はそれから鋳出されたはずの銅鐸がみつかっていない。そうしたことを、現在出土総数四〇〇余個という銅鐸の実数とくらべて考えると、おそらく銅鐸鋳造地は、とうてい右の七遺跡におさまるものでなく、さらに多く存在したに違いない。

右の七遺跡のうち、断片が発見されたにすぎない鬼虎川・鶏冠井・名古山・上高野・今宿丁田を除く他の二遺跡からの鋳型出土数はかなり多い。東奈良遺跡では一五個体分の銅鐸鋳型と十数個の鞴の木呂の羽口が、唐古・鍵遺跡でも三個体分が出土している。一つの鋳型から仮に三個の銅鐸が鋳出されたとして、東奈良では少なくとも四五個の銅鐸が生産されたことになる。

ところで、これら青銅祭器などの鋳型を出土した遺跡において、工房と確認された遺構は発見されておらず、一種の棄て場のような個所から発見されることが多いため、その生産がどのような条件の下におこなわれたかは必ずしも明らかではない。しかし先の東奈良にせよ名古山にせよ、付近の他の農耕集落との間に立地・遺物・遺構の面で異なるところはほとんどない。東奈良や唐古・鍵あるいは銅釧鋳型も出土した鬼虎川の諸遺跡の場合、強いていえば、農耕集落の一角に鋳造所が存在したといえる程度であろうか。

北部九州においても、銅矛・銅戈鋳型の出土地の多い福岡県春日市須玖岡本の諸遺跡が青銅祭器生産の中枢地であったことは明らかであるにしても、これまた農耕集落遺跡の内にかかえられた在り方を示していることも否定しがたい。その他の銅戈鋳型出土遺跡についても、判明している限りでは、農耕集落と基本的に変わるところはない。

このように、青銅祭器生産はたしかに高度に熟練した作業を含むとはいえ、農業から分離した特定の少数中枢工房において専業的に経営されたものでなく、畿内およびその周辺、あるいは北部九州において、分散する多数の集落において、おそらくは自己および親縁集団の要求に応じて、生産がなされたものと考えられる。その集落は、須玖岡本の諸遺跡や東奈良遺跡が示すような大形集落であった場合も、名古山遺跡のような小集落である場合も、いずれも青銅祭器生産を専業とする自立的な集団であったとは考えられず、日常的には農耕を営む集団の季節的ないし随時的な作業、あるいは農耕集団の内にかかえられた専業工人集団の作業と考えるべきであろう。ただし青銅祭器生産を、しかも東奈良や須玖岡本のように一定の規模をもっておこないえた集団は、原料の入手や鋳造の技術における卓越はもとより、労働編成の複雑化に伴なう集団構造の変化や他集団への製品の配布を通じて、集団間における優位を確保する条件にあったことはいうまでもない。

六　集団間交易

このように、分業生産は、それぞれの土地の自然的・歴史的条件におうじて多方面的に展開され、その製品あるいは産出品は、縄文時代をはるかに上廻ってひろく頻繁な交易の対象となっていたことが、明らかとなった。しかしそのいっぽう、生産そのものが、農業生産から分離・自立した専業集団の手でおこなわれることはほとんどなかったことも、ほぼ明瞭となった。すなわち分業生産をおこなう集団自体が、同時に農業をおこなっていたか、あるいは農業集団の中でそれに支えられそれと未分離に専業的ないし半専業的に生産をおこなっていたかであって、少なくとも集団全体としては食料自給の原則を保持していたと考えられる。熟練度をさして要しない手工業・塩などは、大部分が前者すなわち同時に農業を営むかたわらにおこなわれたであろうし、青銅器鋳造・鉄生産・鍛冶などの一部などは、後者すなわち農業集団の中での未分離な専業ないし半専業としておこなわれたと推定される。いずれにしても、基本的には農工未分離という状況の下で遂行されたものとみてよい。いうまでもなく分業生産の拡大は、弥生時代を通じて余剰生産をてこに展開してきたのであるが、右の性格は、農業生産が急速に高まっていく中期から後期を含め、全期間を通じて変化することがなかったし、さらに古墳時代の分業の展開を根本で規定するものとなった。

こうした農工未分離の在り方は、農業と牧畜という基本的生産における分業をもつことなしに、自給自足的で集約性を指向した水稲農業が、一律・急速に、しかも小地域ごとに分散して展開したことを歴史的前提とし、すでにみたその後における農業生産発達の性格、具体的には集団性を拡大再生産する灌漑的・集約的発展という性格によって、基本的にもたらされたものである。またそれとともに、余剰生産がなお微弱で、しかも増大し続ける人口および農耕儀礼を軸とする呪術に吸収されることが多かったことによるものである。

したがって分業生産は、集団全体に奉仕するものとして共同体的規制の持続的な発達の下におかれ、その交換も集団を代表する首長を通しておこなわれ、その面でも首長の規制力を強化させていったものと思われる。

しかしこの分業生産は、同一の規模と程度と質において弥生諸集団のうちに展開したわけではない。すなわち、生産や祭祀と直結する鉄・鉄器・青銅器のような、重要で技術的にも高度な物資の生産をにぎり、あるいはその生産について優位を占めていた集団と、そうでない集団との違いもある。したがって同じ農工未分離といっても、その内容には大きな違いがあったろう。この不均等は、すでにふれた農業生産における不均等とからみあって、親縁集団内にも、また地域ごとにも、優位と劣位を析出させ、列島内諸集団間の関係を大きく変えていく力となった。そこではもはや、交換はひとつの強制力とさえなりつつあったと考えられる。

第四章　単位集団と集合体

一　単位集団

弥生時代における集団構成は、のちにふれる墳墓関係の遺跡を除くと、集落遺跡からわずかにうかがわれるにすぎない。

遺跡としての弥生時代集落はさまざまな在り方を示し、一見とらえどころがないようにみえるが、基本的には相互にかかわりあう二つの形態として現象している。一つは数戸でひとまとまりをみせる遺跡、他は十数戸ないし数十戸の群をなす遺跡である。後者は、単に大規模であるというだけでなく、そのうちに前者の複数を含んでいる。だから現象に即していえば、前者を単位集団、後者をその集合体とよぶことができる。ただしこれらは集落の形態であって、本質ではない。一定地域に分散する単位集団遺跡の群が、集合体と同じ内容をもちえたろうし、また集合体はほかの単位集団の単数または複数あるいは他の集合体をかかえこんで、一つの共同体たりえていたかもしれない。

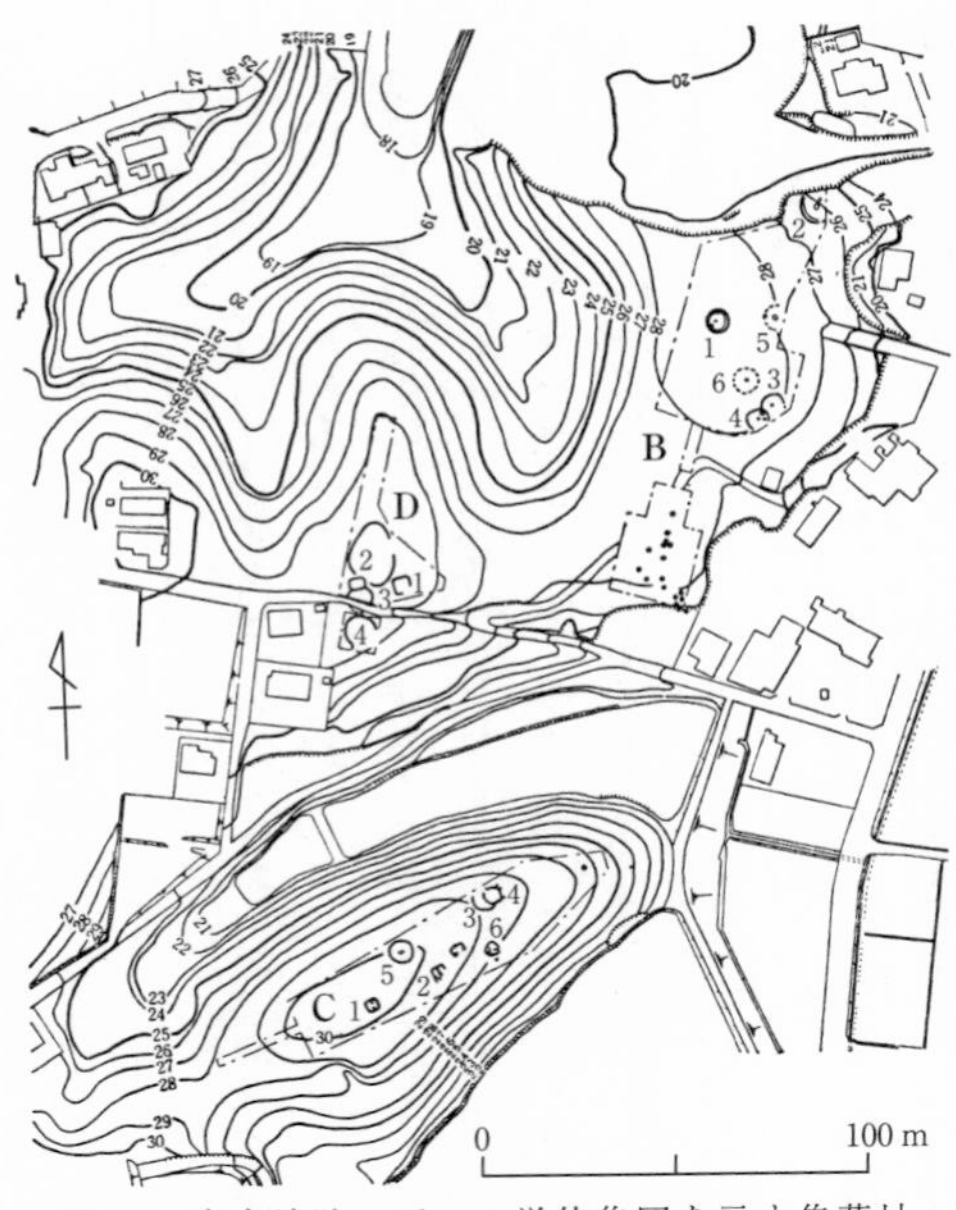

図18　宝台遺跡の三つの単位集団を示す集落址
（高倉洋彰編『宝台遺跡』1970，一部改変）

弥生時代前期の集落については、この点に関する充分な調査がなされていないので、しばらく措くとして、中期・後期の例を挙げてその実体をみることにしよう。

福岡県宝台（たからだい）遺跡は、分岐する尾根上に立地する中期中葉のいくつかの集落遺跡の総称であるが、B区の尾根では六戸の竪穴住居址が発見され、うち五戸が同時存在と推定されている。C区では六戸が知られ、一時最多戸数は四ないし五戸、D区では全掘ではないが四戸発見、うち三戸併存と推定されている。各区は谷で隔てられているとはいえ、尾根道は通じており、相互の直線距離は約一〇〇ないし二〇〇メートルにすぎない。土器型式は同じであるから、その型式が示す期間内での頻繁な移動を考えない限り、三者は併存したと考えられる（図18）。しかしこのことは、これら遺跡自体からは証明困難であって、確かなことは、数戸から成る集団が一つの単位をなし、一定の居住区を確保・占居していることである。その集団は、独自にあるいは他の同じ単位集団とともに、「前面に拡がる駄ヶ原川流域の狭隘な平地」の開発・経営に当たっていたものと考えられる。(1) 各単位集団は、竪穴の規模・数・構造・出土遺物からみて大差なく、等質的なものとみられる。

岡山県津山市沼遺跡は、中期後葉に属する丘頂の集落遺跡であるが、五戸の竪穴住居址、そのほぼ中心にあって作業小屋と推定される長方形遺構、一ないし二棟の高床倉庫址から成り、竪穴住居址と長方形遺構は溝で画された内にあり、高床倉庫址は溝外方にある（図19）。五戸のうち一戸はとびぬけて大きく、鉄鉇・ガラス小玉も発見されている。五戸は同時併存の可能性が強いと考えられる。付近には、南にも北にも似たような

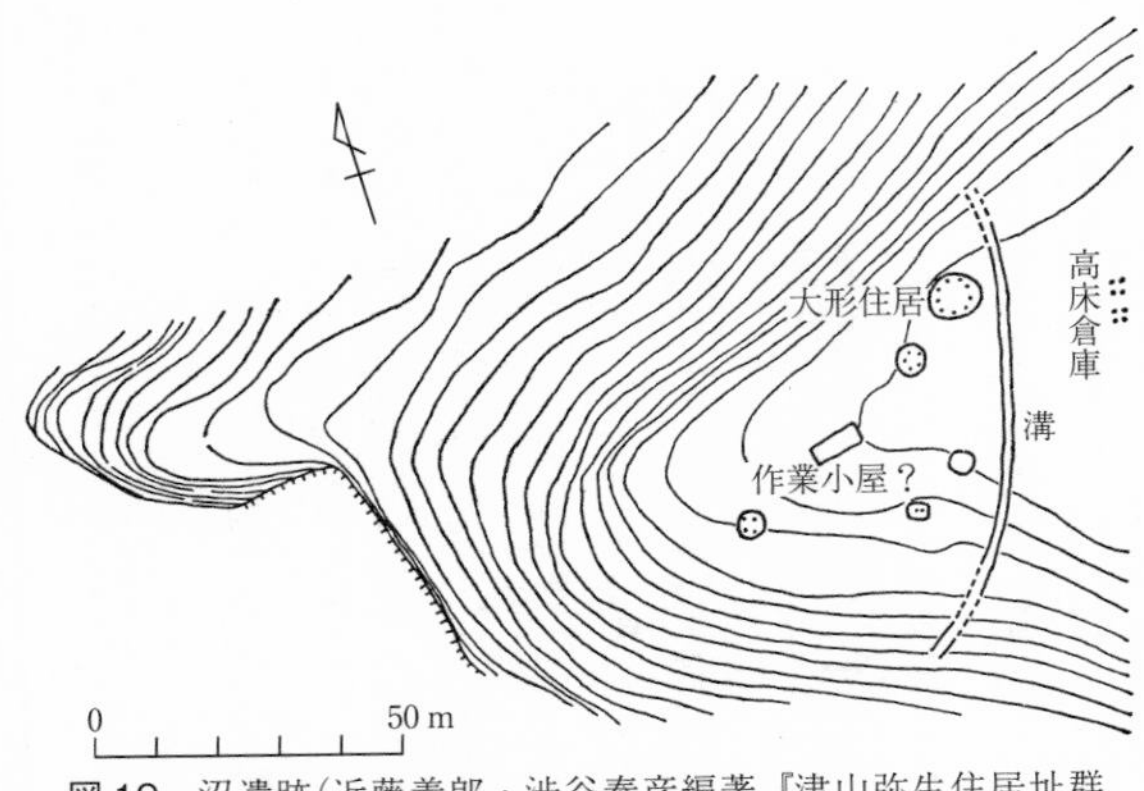

図19　沼遺跡（近藤義郎・渋谷泰彦編著『津山弥生住居址群の研究』1957，一部改変）

構成をもつと推定される集落遺跡がいくつか発見されている。また沼遺跡を含む美作の丘陵山間地帯においては、弥生集落遺跡の多くは、戸数の多少の違いはあっても、ほぼこのような在り方を示している。

沼集落の住人は、いくつかの竪穴に分散・居住しているが、一つの共同の世界の中にいたことは確かであろう。一定の広場、一つの作業小屋、一ないし二の倉庫をもち、溝を穿って居住区を画している。その限りでは、この集団は相対的に他から自立した生活を送っていたと考えられる。したがって、かつてこれを単位集団とよんで、水田経営の単位であろうと考えた。彼等は、その居住地および家屋さらには水田等のそもそもの選定・開発・建造にあたっては、血縁関係にある他集団の応援を必要としたかもしれないが、少なくともその使用にあたっては排他的にそれを占有していたと考えられる。それは、この単位集団による「独自な」一定の経済活動がなければ、保証されえないことである。先の福岡県宝台の単位集団についても同じように考えられる。弥生時代の少なくとも中期以降、このような単位がひろくみとめられることは、この集団が経済活動すなわち水稲栽培における分割経営の単位であったことを示すものといえるだろう。こうした遺跡に、しばしば稲籾を貯蔵したと推定される高床倉庫址または貯蔵穴がみられることも、右を支持するだろう。(2)

このような単位集団の成立が、弥生時代前期にさかのぼってみとめられるかどうかは必ずしも速断しがたい。福岡県板付遺跡は、径約一〇七×七八メートルの環溝をめぐらした洪積低台地上の生活区と、その側方の湿潤地に存在したと推定される水田址とで構成されている。環溝内の一部から、貯蔵穴と推定される数十の穴が群集して発見されているほかは、大部分が未発掘であるため、集落構成は不明であるが、その環溝内部の規模、貯蔵穴群の集中からすれば、一つの分割不能な経営体の存在をそこに想定したくなる。(3)この板付遺跡の環溝の範囲は、先に挙げた津山市沼遺跡の溝で画された範囲と大差ない。

岡山県津島遺跡の微高地上の前期集落は、現在判明している限りでは住居址二、高床倉庫址らしいもの二であるが、前期弥生式土器包含層の分布からみて、その範囲は広いものでないし、仮に水田が先にみた帯状地に限られているとすれば、やはり一つの経営単位を想像するほかない。しかし両者とも集落構成の全貌がつかめていないので、単なる想定を出るものではない。

これまた部分的発掘であるが、福岡県筑紫野(ちくしの)市野黒坂(ののぐろざか)遺跡の前期後葉—末の遺跡の状況も、単位集団的在り方を想わせる。遺跡は二つの丘陵にまたがるが、前期後葉では、そのうちの南丘陵にだけみとめられ、約半分の面積の発掘で、住居址二・貯蔵穴二六が発見されている。前期末ではこれと逆に、北丘陵にだけみとめられ、住居址七・貯蔵穴七が知られている。前期末住居址の中には、隣接していて同時併存が考えられないものがあるいっぽう、発掘はごく一部にすぎないので、明言はとうていできないが、一つの少数の住居群から成る一団が、はじめ南丘陵、ついで北丘陵へと移った可能性は高い。以上のように、数戸から成る単位集団的集落は弥生時代の当初から存在した可能性が高い。(4)

二　単位集団の構造

単位集団とよんだ宝台や沼の小集団は、それではどのような構成をもっていたのであろうか。まず、宝台遺跡群を例にとって、構成各住居址出土の遺物を検討してみると、B区では五戸のうち砥石を出土した住居址三戸、C区では六戸のうち四戸、D区では四戸のうち二戸である。これらの砥石が鉄器用かどうかについては報告書では必ずしも明らかでないが、いずれにせよおもに刃物の研磨に用いられたものと考えてさしつかえないであろう。それに対して、鉄器は皆無。石庖丁・石斧は合わせても二、三の住居址からしか出土していない。これは、移動時に搬出された可能性もあるので、ここでは存在するほうに注目しておこう。そうした眼でみると、砥石の各戸への普及度は相当に高く、半ば以上に達している。つづいて土器であるが、壺・甕セットを基準としてみると、B区では六戸のうち四戸、C区では六戸のうち三戸、D区では四戸のうち一戸となる。D区では著しく少ないが、B区では三分の二が壺・甕セットをもっている。壺・甕セットの存在は、いうまでもなく、消費生活の存在を可能的にもっともよく示すものである。

岡山県奈義（なぎ）町野田遺跡は、五戸以上の竪穴住居址と高床倉庫址一、その他貯蔵穴などから成るが、壺・甕のセットは各住居址に存在し、サヌカイト片の散布＝打製石器の製作痕は半ばにみられ、また各住居に紡錘車があり、石斧類の出土も一般的である。高地という特別な立地を占めて、その性格も平地性の集落とやや異なると考えられる弥生後期の兵庫県会下山(えげのやま)遺跡では、中央尾根に三、東尾根に四、計七の住居址が発見されているが、各住居出土遺物は表1にかかげたように、石鏃をもたないもの一戸、石製利器をもたないもの一戸、砥石をもたない住居址二、サヌカイト片をもたないもの一、鉄器のないもの二、ガラス小玉のないもの二、となり、各住居址の装備の種類はきわめて似通っている。中でも、壺・甕・鉢・高坏(たかつき)の土器セットがすべての住居址にそろっていること、打製石器製作を物語るサヌカイト片およびハンマーストンと考えられる河原石の両者がL住居址以外のすべてにそろっていること、鉄器・ガラス小玉の普及が著しいこと等は注目すべきことである。

住居址出土遺物表

石器その他	サヌカイト片	河原石	鉄器	銅鏃	ガラス小玉
?	6	1	無	無	無
?	10	4	5	無	無
磨製石鏃 1	7	4	7	1	4
丸石 6	91	9	2	無	2
石斧 1 丸石 1	無	2	1	無	1
丸石 1	42	3	無	無	1
丸石 1	18	3	1	無	2

岡山県貝殻山(かいがらやま)遺跡は、会下山遺跡と同じ高地性集落遺跡で、発掘はなお全体に及んでいないが、現在までに六戸が発見されている(図20)。表2にみるように、すべての住居址に剥片・石屑が、ごく一部をあらわしたにすぎない一号お

表1　会下山遺跡各

		平面形	規模(m)	土器セット	石鏃	石錐刃器	砥石
中央尾根	C 住居址	円	8.5×7.5	有	1	3	3
	E 〃	円	6.5×5.5	有	2	1	2
	F 〃	長円	9.8×8.2	有	2	2	2
東尾根	J 〃	円？	7.0×？	有	6	5	9
	L 〃	円	8.0×7.0	有	無	無	2
	N 〃	円	5.6×4.6	有	4	1	無
	X 〃	円	6.5×5.0	有	1	3	無

（村川行弘・石野博信『会下山遺跡』1964）

よび四号住居址を除くと、すべての住居址に石鏃と、石庖丁ないし石槍あるいは両者がみとめられる。土器も五戸に壺・甕・高坏のセットを、部分発掘にとどまった一戸に壺・甕が知られている。

各竪穴住居址はしばしば炉をそなえているが、宝台遺跡や貝殻山遺跡などのように、炉が未発見の住居址ばかりから成るものもある。後者の場合には、共同の炊事場が住居外に設けられていると考えるほかはない。もちろん前者の場合でも、炉即炊事場とは必ずしもいえない。なお貝殻山遺跡では、小貝塚が南斜面に一個所だけみとめられ、共同の棄て場が存在していたことを示している。

類例はなお列挙できるが、右の諸例からみて各住居には、壺にものを容れ、甕で炊事し、高

遺構遺物一覧

遺		物	
土　器	石　器	鉄　器	土製品
壺 2 甕 4 高坏 10	石屑・剝片（少量）		
壺 34 甕 87 高坏 85 鉢 1 製塩土器 1	石鏃 15 石庖丁 9 石槍 3 砥石 2 台石 若干 たたき石 1 石屑・剝片（多量）	破片 5	分銅形土製品 1
壺 5 甕 7 高坏 2 小形壺 1	石鏃 8 石庖丁 1 石槍 1 石屑・剝片（少量）		
壺 4 甕 5	石鏃 1 石屑・剝片（僅少）		
壺 4 甕 20 高坏 12 製塩土器 1	石鏃 5 石庖丁 7 砥石 2 たたき石 1 石屑・剝片（少量）	鉄鏃 1	
壺 4 甕 6 高坏 2	石鏃 5 石槍 2 石屑・剝片（少量）		紡錘車 1
壺 8 甕 67 高坏 22 製塩土器 4	石鏃 5 石槍 1 石屑・剝片（少量）		紡錘車 1

1979, 学生社）

表２　貝殻山遺跡

住居址	遺		構			
	平面形	周　溝	柱 穴	炉	床 面	備　考
1　号（部分掘　弥生中期後半）	隅丸方形（3.5×3.5 m）	3方で確認	未確認	未確認	確　認	廃絶後の埋没状況覆土断面に認む
2　号（全掘　弥生中期後半）	不整6角形（6.3×5.8 m）	全周を確認	6	確認できず	確　認（堅くない）	
3　号（部分掘　弥生中期後半）	隅丸方形に近い円形（4.5×4.5 m）	4方で確認	3+(1)	未確認	確　認	
4　号（部分掘　弥生中期中頃）	円　形（4.5×4.5 m）	北西端のみ認む	2+(α)	未確認	確　認	
5　号（全掘　弥生中期末）	不整円形（6×5 m）	全周を確認	4	確　認	確　認	
6　号（部分掘　弥生中期後半）	隅丸方形に近い円形（3.5×3.5 m）	2方(南・西)で確認	3+(1)	確　認	確　認	火災の痕跡を認む
貝　塚（弥生中期中頃～後半）						

（近藤義郎・小野昭「岡山県貝殻山遺跡」『高地性集落跡の研究』

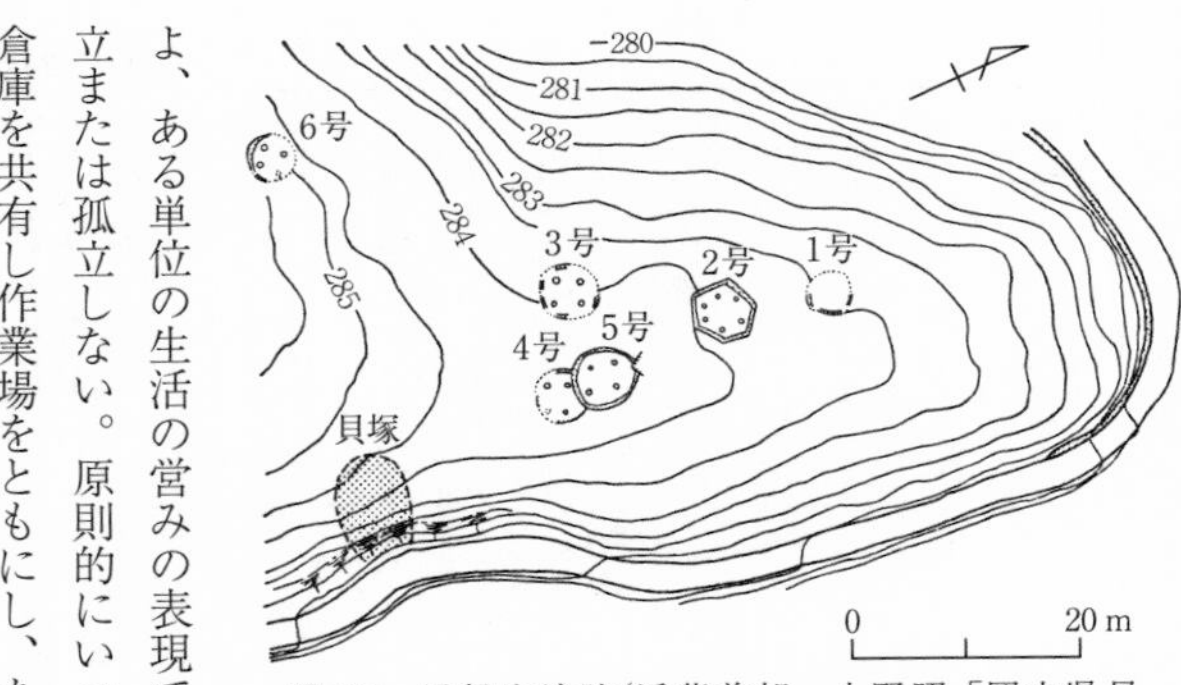

図20　貝殻山遺跡(近藤義郎・小野昭「岡山県貝殻山遺跡」『高地性集落跡の研究』1979, 学生社, 一部改変)

坏にもりあげ、石器を製作あるいは修繕し、生産用具の一部をそなえた人々、すなわち労働人口がそこに生活していたことは明らかである。すなわちその程度は不明としても、住居址単位の消費生活・生産活動が存在したと考えてよい。さらに類推して、そこに労働力の再生産の営みを想定しても、荒唐無稽ではない。もちろん、知られているすべての竪穴がことごとくそうであったというわけではなく、物置き的なもの、集会ないし共同作業場的役目のものもあったかもしれない。しかし、一般的には竪穴は、流動的で不安定であったかもしれないにせよ、ある単位の生活の営みの表現であったことは確かであろう。しかし、この単位は独立または孤立しない。原則的にいって、常にいくつか集合してのみ存在する。すなわち、倉庫を共有し作業場をともにし、あるいは貝塚を共有し、一定の居住地を占有する単位集団の一構成分子としてのみ存在する。このことは、これら個々の竪穴住居が、各々に労働人口をもっていたにもかかわらず、自立することのない、相互に強く結ばれた一個の集団に包括されるものにすぎなかったことを示している。すなわち、単位集団は個々の竪穴住居に示される諸成員の結合体として、一つの共同の世界に生きる共同体としての集団である。その共同性の前提としては血縁による紐帯があり、その規模と構成を規定するものとして、分割経営における共同労働の編成があったと考えられる。

三　単位集団の「自立性」

こうした単位集団が、各戸ごとに分散・居住する諸成員を統轄するなんらかの中心、それを代表する「家長」をもたなかったとはとうてい考えにくいが、集落遺跡の上では必ずしも明確には指摘できない。一群の竪穴住居址の中に、きわだって大形の住居址や特殊な六角形状をもつやや大形の住居址がしばしばみられ、さらにそうした類の住居址において、遺物のセットが他とやや異なり、ガラス玉・鉄器・青銅器などを含む率が高いことは、早くから知られている。沼遺跡のA号住居址(鉄器一・ガラス小玉一)・貝殻山遺跡二号住居址(鉄器五・分銅形土製品一)・会下山遺跡F住居址(磨製石鏃一・鉄器七・銅鏃一・ガラス小玉四など出土)・千葉県田子台(たごだい)遺跡の大形住居址(ガラス玉一一七・青銅品出土）などはその例である。しかし、とくに大形の住居址を含まない構成も知られているし、大形即「家長」とはいいがたい面もあるので、この点だけで決しがたいことはいうまでもない。しかしのちにふれる方形周溝墓（ほうけいしゅうこうぼ）や墳丘墓（ふんきゅうぼ）では、単独あるいは中心に埋葬される人物とそうでない人々との差がしばしばみられるので、おそくとも弥生時代中期後葉以降は、単位集団における家長的中心の顕在化を想定してさしつかえないと思われる。それは第三章第二節で述べたように男であったろう。

さて、農業生産への転換、その発達がもたらした余剰は、上記した単位集団にどのように蓄積されたのであろうか。先に例示したように、しばしば貯蔵穴群あるいは高床倉庫が単位集団に付属して発見されることがあるが、このことは、収穫物の少なくとも一部が単位集団に蓄積されたことを示すようである。それは、沼遺跡などにみられるように、単位集団が他と区画され、一定の耕地を排他的に経営していると推定されることと関係するであろう。

このことはまた、単位集団を示す集落においてしばしば石器が製作された跡が見出されること、すなわち労働用具の少なくとも一部が、単位集団ごとに製作・保有されていたと推定されることとも関係する。これらのことは、単位集団が分割経営の主体であった場合の当然の帰結としてよい。もちろんこのことは、すべての余剰生産物の保有を意味しない。余剰生産物の一部は余剰労働がそうであるように、全体のために蓄積あるいは消費されたろう。これまた、相互扶助＝相互依存と不可分な血縁的共同性と、生産手段＝土地の共有と共同労働からして、当然であるとしなければならない。

四　集合体

単位集団を一つの共同の世界に生きる共同体と述べたが、これまた単独で自立した存在とは考えられないことは、すでに宝台遺跡や沼遺跡について述べた時に示唆した。実際にこのような単位集団が群在して、一つの集落をなす例を少なからず挙げることができる。

福岡県比恵(ひえ)遺跡は、標高約五メートルの沖積低台地に形成された大がかりな中期集落遺跡であって、その一部が調査されたにすぎないが、濠(ほり)によって他と区画されたいわゆる「環濠(かんごう)集落」であり、五、六戸と推定される竪穴住居址が濠でかこまれたもので、しかも井戸、さらにおそらくは炊事場と倉庫をも共有している(図21)。個々の竪穴住居址内には炉址がなく、戸外の一個所に「皿状のくぼみ」の「中に焼石を持ったものがあり、又灰や焼土の認められるものもあった」といわれる[5]。そしてこのような「環濠集落」が少なくとも四以上集合し、また共同と考えられる墓地を背後の丘上にもっているらしい。

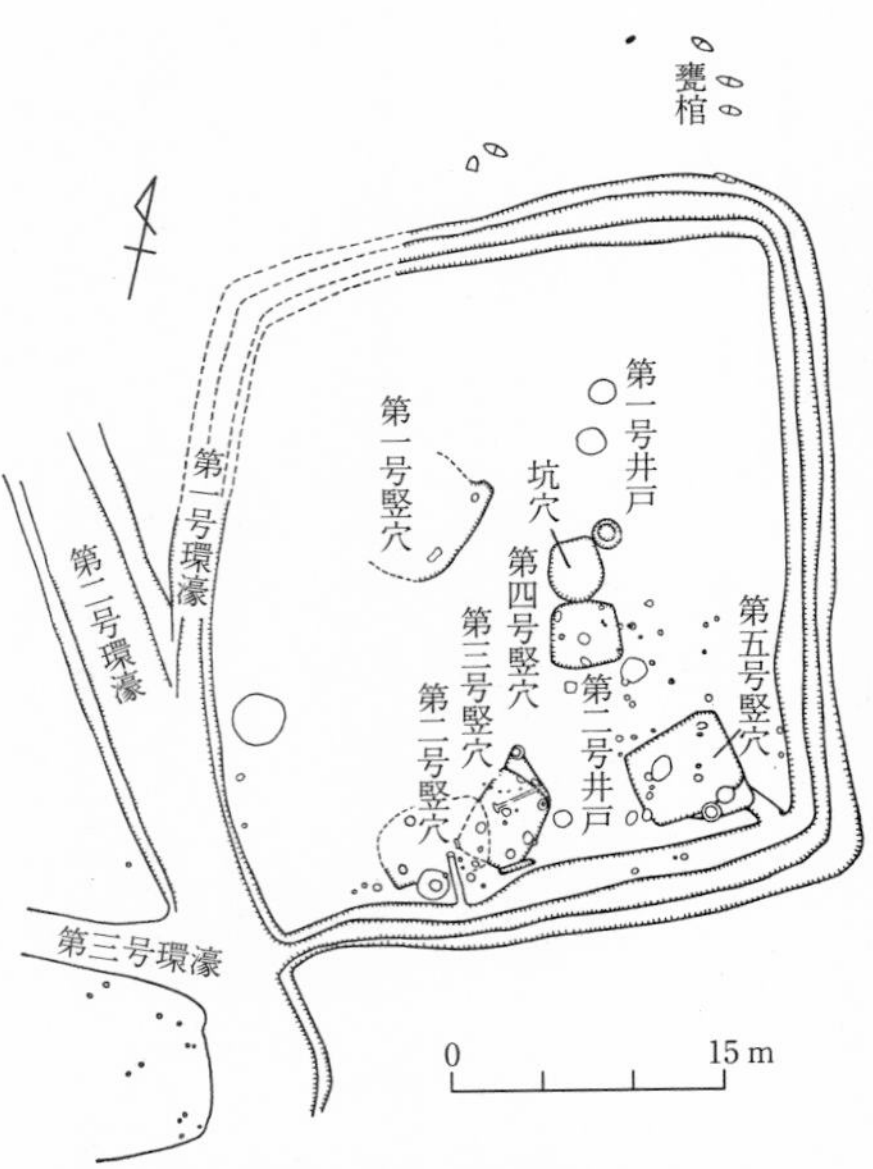

図21　比恵遺跡第1環濠住居址群(鏡山猛『九州考古学論攷』1972，吉川弘文館)

他と濠で画された数戸の住居から成るこの単位は、先に挙げた諸例と同じく、まさに単位集団に当たるものと考えるべきであろう。異なる点は、個々の単位集団が散在せずに、他の同質の単位集団ときびすを接してともに一つの集落を構成していることである。なぜここでは大形の集合的集落となり、沼遺跡や宝台遺跡群の個々は単位集団の分散居住の形をとったかについては、さまざまな条件が作用したに違いないが、那珂川・御笠川の広大な沖積平地を眼前にひかえたこの土地では、耕地・用水の開発・維持、それに居住地の安定的確保そのものが、一単位集団の力をはるかにこえたものであり、個々の単位集団が分散・居住することなく、一つの集合体として結集し、水田と用水施設はこの集合体の管理と運営の下におかれ、耕地自身は各単位集団によって分割・経営されたということが、根底にあったとみてよいであろう。

岡山県山陽町［現、赤磐市］東高月遺跡群の用木山弥生遺跡は、標高約八〇メートルほどの山頂近くから南斜面にかけて営まれた大規模な集落であって、時期は中期末（第Ⅳ様式期）である。そこでは、山の傾斜面が数段の台状部に造成され、竪穴住居が建設されている。住居址は四ないし六戸ほどが一群として密集しているが、その部分は半円状ないしゆるい弧状に山の斜面を切りこんでつくられた台状をなし、明らかに他と区別されている（図22）。こうした数戸から成る住居址群は、ここだけで一三群が発見されているほか、隣接する丘陵（あたご山・さくら山）にも、数群ずつが散在する。この一つの区画群が先の単位集団に当たることはまずまちがいないと思われるが、ここで重要なことは、これら区画群が一定の計画的とさえみえる斜面造成の上に整然と配列・存在していることである。個々の区画において、住居の建てかえは少なくとも二、三回にわたって

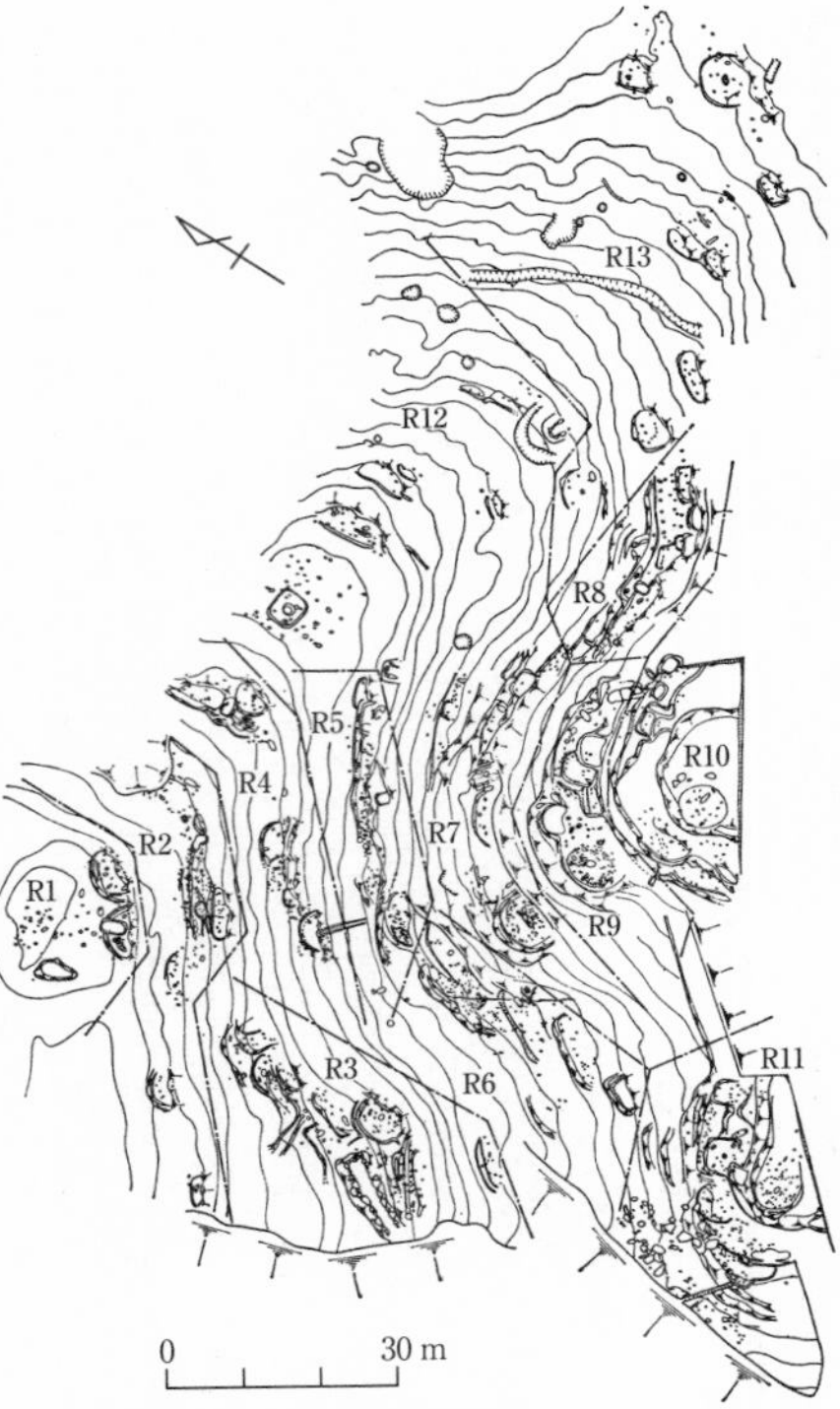

図22　用木山遺跡(神原英朗『用木山遺跡』1977)

おこなわれているが、半円形ないし弧状に区画されたテラスからほとんど逸脱していない。このことは、単位集団の「単位」性＝「自立性」を示すとともに、それ以上に、この集合体全体の強力な規制が個々の単位集団の上に及んでいたことを物語るものといえるだろう[6]。片方は低台地における環濠、一方は山の斜面のテラスというように、立地の状況は異なるが、集落構成としては基本的に同じである。その背後には、比恵集落と同じく、この用木山集団による集団的な耕地・用水の開発・維持・利用があったと考えられるが、そうした共同労働実現の前提として、土地に対する共同の所有が存在し、相互が血縁的紐帯に結ばれていたことも確かであろう。したがってこれらの集合体も、単位集団がそうであるように、一つの血縁的共同体であったと考えられるが、単位集団の共同性と決定的に異なるところは、それが集団性との矛盾を不断に生みだす要因である分割労働を担う単位を、内に含んでいる点である。単位集団の内部は、労働・分配、おそらくは消費においても厳密には分割されないが、集合体の内部では、少なくとも労働の一部は、分配・消費において分割されている。個々の竪穴住居を単位とよばず、その沼遺跡的集合をもって単位集団とよんだのは右の理由である。

五　集合体と単位集団

福岡県比恵遺跡・岡山県用木山遺跡では、生産の場が集落との関連において発見されていないため、分割労働の単位としての単位集団と集合体との関係についての具体的な姿を画きえないが、すでに第一章でふれたことのある、中期前葉の滋賀県大中の湖南遺跡[7]について、この点を考えてみよう(図23)。

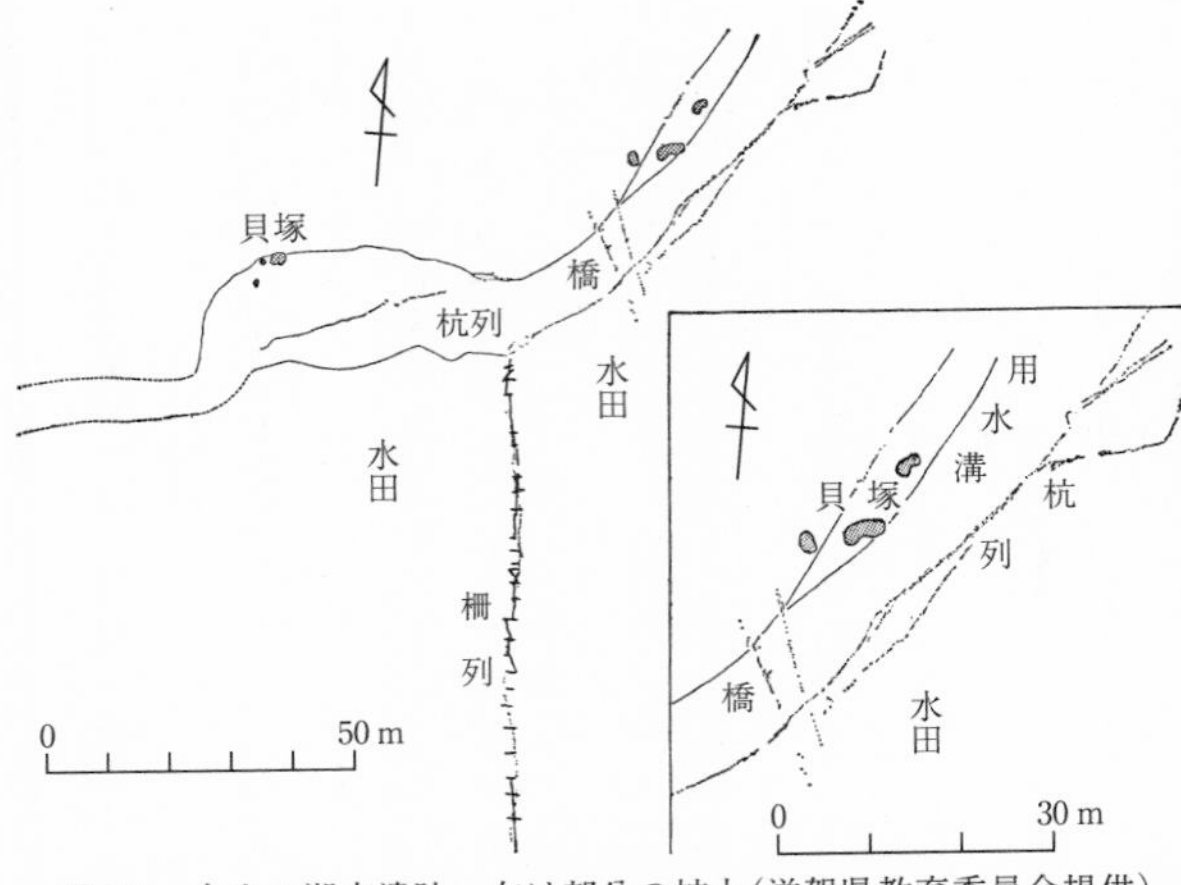

図23　大中の湖南遺跡．右は部分の拡大（滋賀県教育委員会提供）

ここでは、自然の流路を若干加工して利用したと思われる灌漑用水溝が東西に走り、その北に住居・貝塚など居住区、南に水田という単位が「東西に六〜八単位つらなっている」という。[8] 住居は一単位に「一〜二棟」が調査者によって推定されているが、削平や流失も充分考えられるので、さらに多かったであろうし、その数は沼遺跡や宝台遺跡にほぼ相当するものであった可能性がある。しかしまた住居の数＝居住人員の数は、生産規模に応じた労働編成をとるものであるから、二、三戸で一つの単位集団が形成される場合もあったかもしれない。この遺跡の場合、全体の配列の計画性や灌漑用水溝の構造——「溝底はかなりの深浅があり、隣りの単位の用水溝に接する部分は浅く、住居に向い合う中央部が最も深い事実」——に加え、「東から西にのびる水路全体が同じ材質の杭を使って統一的計画のもとに造成されていたこと」などから、各単位少なくともそのうちのいくつかの単位の併存は、ほぼ確実である。すなわちここでは、単位集団の分割耕作による水田経営がみられる。

それではこのような単位集団と、それらが集まって構成している集合体、言葉をかえれば前者を統一している上位の集団との関係はどうであろうか。調査者の水野正好は、「もちろん、このように整然とした平面構成を単位とする計画的な集落である以上、家族の上に、集落全体としての規制が働いていることは否めないし、全体的な用水、営農＝集落の意志のあることは当然であろう」としながらも、「大中の湖南遺跡の示す初期農村の形態は、用水権・耕作権が、〈家族にあること〉を示している」と述べ、ここにいう単位集団の「自立性」を強調している。またこの遺跡の木製農具の検討をおこなった黒崎直は、「同一集落内にあっても水田耕作作業はより小さな単位——単位集団〔家族〕の個別的労働で行なわれ、開墾・土木作業はより大きな単位——集落全体の協同労働で行なわれたこと」を推定している。(9)

単位集団の居住区には、一号地域・二号地域にそれぞれ獣骨を含む小貝塚各一が形成されており、居住に伴なう生活空間の一定の拡がりを各々が保有することと合わせて、食生活を含む生活の一定度の「自立性」が存在したことを示している。このことはいうまでもなく、用水路の構造と区画された水田の両者の対応関係に一致する事態である。しかし水路の造成・維持・利用、水田の計画的造成と配列は、すでに水野・黒崎が述べているように、より上位の集団＝集合体によらなければ、実現はとうてい不可能であると考えねばならない。すなわちここでは、上位集団＝集合体の存在が単位集団の分割耕作と相対的「自立性」の前提であり、それへの帰属のみが分割労働を保証するものであった。そうした意味で、この地の営農をこのように実現したのは少なくとも集合体であり、一見各単位集団に帰属しているかにみえる「用水権・耕作権」はおそらく「居住権」とともに、集合体としての「上位集団」に帰属したものと考えるべきであろう。ただ実際の行為として、そうした用水利用・分割耕作が集合体の規制の下に単位集団にゆだねられているにすぎないのである。

先にみた(六七―七一ページ参照)岡山県百間川遺跡群では、弥生時代後期において、いくつかの微高地の高い部分に竪穴住居址を含む居住部分があり、微高地の低い部分および微高地間の低地に水田がひらかれていた。一枚の水田の広さは、大中の湖南遺跡の場合と違い、――あるいは大中の湖南の場合でもその水田はもといくつかに区画されていたかもしれないが——平均的に二五平方メートルないし五〇平方メートルと、はなはだ狭い。やや幅広い畦畔と細い畦畔があり、幅広い畦畔に画された範囲と最小単位の水田範囲とは意味の違いがあり、前者は経営にかかわり、後者は湛水など技術面にかかわると考えられるが、それらはすべて連絡してほぼ一キロメートルに及ぶ広範な水田地帯を形成していたと考えられる。それらの水田は貫流するいくつかの用水におそらく結合しているのであろうが、その用水自体がおそらくより上流において結合あるいは関連しあっているとみられるから、ここにあらわれた個々の水田は、全体に結びつけられたもの、その開発にせよ営みにせよ、相互の関連の中に、そしておそらくは上流の同じような水田群ともかかわりあって実現されていたと考えてよい。住居群はおそらく単位集団としていくつかの自然堤防の高まりに分在していたとしても、水田の開発・維持において、それらは相互に緊密な関係にあったことは疑いない。

六　「自立性」と共同体規制

大中の湖南遺跡や百間川遺跡群における水田・用水・居住区の関係の形態が他の遺跡にそのままあてはまるとはいえないかもしれないが、単位集団を内に含む集合体における営農は原則的にはこのようなものであり、共同労働と分割耕作、共同体的規制と相対的「自立性」の、おのおの前者を規定的要因とする統一として遂行されていったものと思われる。

このように述べてもそれは、単位集団の分割耕作と生活の相対的「自立性」を軽視・否定することではない。むしろそれと反対に、分割耕作に基づく単位集団の相対的「自立性」＝生産用具・生産物の一部の私的所有の指向こそが、かつての縄文共同体とこれとを区別し、集合体を発展・強化させるテコとなったと考えざるをえない。すなわち土地・水路の共同体的所有およびその共同開発・共同利用と、分割耕作との矛盾、すなわち集合体が示す共同体的性格と単位集団が示す家族体の矛盾が、生産力と社会を伸展させる不断の契機となる。

分割耕作は、個別的な関心と能力と努力が結合する機会を増大させ、個別的な利害が客観的に生じ、また収穫物の少なくとも一部＝労働力の再生産に必要な量を上廻る単位集団的所有も当然ながら生じたと思われる。単位集団がしばしば倉庫をもつことはそれを示している。共同所有に対する一部動産の単位集団的所有、共同労働に対する分割労働との矛盾は、こうした共同体にあって不断に再生産される。しかしこの矛盾は、血縁的紐帯およびそれを前提とする土地の共同所有および共同労働の前に、これまた不断に抑圧される。したがって、この矛盾は、個別単位集団が自己を主張すればするほど、生産用具・生産物の私有化をつよめ、分割耕作における利害を自覚すればするほど、個別に対する全体の規制をいっそう強化するものとしてあらわれる。すなわち単位集団の「自立性」への客観的な動きは、先に述べてきた水稲農耕の性格と分業の未熟の下に、また強固な血縁的紐帯とそれに基づく土地の共有、さらに共同労働の下に、集団全体の共同体的規制を、したがってそれを代表する首長の権限を強化する方向に作用する。そもそも単位集団の形成自体、狩猟・採集とくらべて異なった労働形態とははるかに高い生産力を発揮する水稲農業に応じた労働編成であったし、その「自立性」の伸張は、農業生産力の進展とともにあらわれる。しかし生産力の発達はそれだけであれば、原始共同体を「解体」しないし、個別単位集団を自立化させるものではない。原始共同体は本来的に血縁関係であり共有の組織である。したがって、その中での単位集団の形成・伸張は、血縁関係の保持と土地共有の内においてのみ許され、分割耕作は共有・共同労働を前提としてのみ実現された。開田・水利等々の共同労働と共同利用は、それを通じて土地共有を不断に確認する。したがって血縁・共有という集団性の前提は、一方は婚姻により、他方は共同労働・利用の不断の存在によって保証される。このような状況の下での単位集団の「自立性」＝私的所有への胎動は、かえって集合体としては逆に個別を抑圧しその共同性をつよめる作用を促すものとしてあらわれる。対立する矛盾を拡大しながらも、共同体的規制がつよまり、集団的機能としての首長権威が増大する方向をとる。

それでは、個別分散居住の形態をみせる沼遺跡集団や宝台各区集団の場合はどうであろうか。すでに指摘したように、宝台の場合は三集団が同時併存していた蓋然性が高いし、沼の場合も南北に近接しまたややはなれて同時期・同内容のいくつかの他集団があり、少なくともそのいくつかは同時併存と考えられる。この在り方は、直接的には相互にいかなる関係があったかを「実証」するわけではないが、後にも述べるように水稲農耕の定着および発展がもたらした人口増大は、集団分岐を生み、血縁的関係をもつ母集団・子集団あるいは兄弟集団が各地に誕生・拡大を続けていた。この集団分岐が血縁的脈絡を保持し、ほんらいの領域にかかわる一定地域内においてなされたことは想像に困難ではない。美作津山盆地の開発を開始した、三、四の弥生前期集落遺跡から発したに違いない中期諸集団は、単位集団としてあるいは小規模な集合体を形成しながら、沼遺跡がその一角に所在する盆地北部の開発をおこなっていった。宝台諸集団もまた、それが同時併存という先の推定であれば、福岡平野西部の水田開発に分岐していった相互に血縁的つながりをもつ兄弟の集団であったことはほとんどまちがいなかろう。

彼等が経営に当たった水田の在り方には、大きくわけて二通りが考えられる。ひとつは、単位集団独自で経営しうる、狭小なそして他と隔絶したいわば自己完結的な水田、他は三者あるいはさらにいくつかの集団が共同して開発し、共同で維持しつつ同時に各単位による分割経営がおこなわれた水田であるが、今その何れとも確定する資料はない。中期前葉の大中の湖南遺跡の例に加え、京都府森本遺跡、岡山県雄町遺跡などの場合、早くも弥生時代中期前葉において、たとえ自然の流路を利用したものとしても堰を伴なうような用水路の建設に莫大な労働を投じつつあったことからみて、北部九州中期中葉の宝台遺跡にあって、調査者が指摘するように、「前面に拡がる駄ヶ原川流域の狭隘な平地」への共同開発に向かっていた可能性は高いというべきであろう。

水田を各々が経営している前者の場合、そして純粋にそのことだけをもって考えれば、独自の経営に基づく「自立性」は、たとえ相互の血縁的紐帯の中にあっても、いっそう伸張するはずである。しかし水田栽培の発達とこの地における単位集団の拡大ないし分岐が進むならば、いきおい第二の形態の水田経営を指向することになるだろう。しかしいずれにせよ、集落が岡山県用木山集団や福岡県比恵集団の構成をとらず分散居住をなしていることは、その居住条件や水稲以外の生産条件とかかわる自然的諸条件にもよるところがあったにせよ、集合体をなして居住するほどの日常的な共同労働が必ずしも必要とされなかったような営農の形態が基礎にあったと考えるほかはない。しかしこの場合もまた、集団的結合の前提としての血縁関係と土地共有の原理は貫かれていたはずであり、また営農における共同労働のほかにも、祭祀・交換等における共同体的結合関係の絶えざる再生産も考慮しておかねばならない。さらに指摘しておかなければならないことは、これら単位集団がただ同質のものの集合としての共同体的関係の中にあったのかどうかの点である。おそらくそのようなことはなかったろう。というのは、血縁的関係に基づく一定の拡がりは、そこに必ず祖集団、母集団、ないし中心集団があったはずである。それが中心となって祭祀をおこない、交換の媒介者となり、他単位集団と関係する。そこは本来的にはおそらく首長を出す単位集団であった。この中心的母集団と他集団との関係、中心的母集団自体の構成如何が、該共同体の性格を大きく規定するものである。中心的母集団が多くの単位集団から成る集合体で、その共同体的規制の強化からする首長機能の複雑化・強化があり、その首長機能が他の分散する単位集団に有効に及ぶ場合、あるいは、中心的母集団もまた単位集団あるいはやや大形の単位集団であり、共同労働からする共同体規制の強化が相対的に未発達であり、したがって首長権の強化もまた未熟である場合、その中間のさまざまな形態が存在したに違いない。これら諸形態はそのまま移行するわけではないが、やがて共同体間の矛盾・対立・闘争、さらにはその結果としての共同体間の優劣・上下の関係に結びつくものと思われる。

今まで述べてきたところをまとめれば、宝台集団にせよ、沼集団にせよ、その「自立性」は、同じ他集団との血縁的・共同体的関係とその共有の下で保証されていたのであって、彼等は近隣の諸集団とともに一つの血縁共同体を形成していた。その共同体の構成は個々には画きえないが、そこには規模の大小や構成はともかく、中核的ないし母村的集団があり、それを中心とする共同体的結集があったことは確かであろう。このことは、用木山集団や比恵集団が示すごとき集合体も、近隣に分散居住していたと推定される単数または複数の単位集団、あるいは他の集合体さえも包括する共同体の一部であった場合もあることをも意味する。南関東大岡川あるいは鶴見川の本流域や支流域においても、「内部に小グループを包括する大規模な集落」とその周辺にある小集落とが、「低湿地を耕地として開発・経営することを通じて結び合った姿」が想定されている⑽(図24)。ある場合には一大集落即一共同体であり

大岡川
0 15 km
⊙ 拠点型集落　• 周辺型集落

図24　神奈川県大岡川流域における集落分布(田中義昭「南関東の弥生時代集落」『考古学研究』25-4, 1979, 一部改変)

えたかもしれないが、今日知られている遺跡分布状況からすれば、一般的に一共同体はそのうちに考古学でいう集落遺跡の複数を包括していたと考えられるのである。

第五章　集団関係の進展

一　氏族共同体とその急速な集団分岐

第四章において述べた諸集団ないし諸集落が示す現象を、——集団分岐との関連において——氏族概念をもって理解しようとすると、どうなるであろうか。

氏族共同体は、近親婚排除による成員の再生産確保の組織として、早くも旧石器時代後期までには成立していたと考えられ[1]、列島先土器時代においても、「放浪」し、ときに集結するいくつかの単位群のまとまりが、それに当たると考えられる[2]。縄文時代においては、とくにその前期以降に、狩猟・漁撈・採集の生産力の進展とともに深まることとなった地域的適応——定住生活と多様な生産活動——の下に、一集落ないしいくつかの集落の結合が、氏族共同体としての定着と一定の領域占有をより明確にするに至ったと考えられる。いっぽうまた、氏族は他の親縁氏族とともに、同祖意識や婚姻関係や物資の交流を主軸とする部族的関係を構成することが多かったと思われるから、氏族といえども、他と無関係に存在していたとは考えられない。縄文時代における呪的遺物の特定の特徴や微細な文様の共通性が一定の地域にみられることは、右の部族的結合関係を示すものであるかもしれない。

いま弥生時代における第四章の集団現象についてみれば、ある集合体を中核とし一定地域にひろがる単位集団を包括した一群、あるいは有力な単位集団を中心とした同じような一群、ある場合には単一の集合体等々をもって、氏族共同体と考えるほかはない。単位集団も一つの共同体であることはすでに第四章第二節においてふれたが、それは氏族共同体を構成する家族体とみるべきであろう。氏族共同体は何よりも血縁をもって成員相互が強固に結ばれた集団であるとともに、弥生時代にあっては元来、一定の領域の内に主要な生産手段としての水田を排他的に占有し、分業を統轄する一個の経済整体[自立した経営の全体]でもあった。しかしこの氏族共同体も孤立・閉鎖の集団だったわけではなく、血縁的同祖同族関係、婚姻関係その他によって他の氏族共同体と親縁な関係に結ばれていたに違いない。ここではこの関係を部族あるいは部族的関係とよんでおこう。

ところで弥生時代を通じて、この氏族共同体は分岐を重ね、増大を続けていた。そのことは集団分岐の現象として先にふれたが(一三八ページ参照)、農耕の初期においては、その社会的・技術的経験の下で開田可能な土地は、一般的にいって、段丘・微高地・沼沢地等々の間に分散する狭小な湿潤地に限定されていた。この狭小な湿潤低地水田を克服して、増大する人口を包摂しようとすれば、より乾燥した壌土地帯を灌漑施設とともに開発していかなければならない。しかしそれは、技術的に著しく困難であったばかりでなく、増大したとはいえなお稀薄な人口をかかえるにすぎなかった集団にとって、まったく引き合わない作業であった。湿潤地を脱しての水田経営は、開田の困難さに加えて、用水路の開発と維持、水源の確保というしばしば大がかりで恒常的な営みを必要とする。なお稀薄な人口で分散して小経営に従事しつつ、一定の余剰と相対的な安定をかちとっていた集団には、このようなことを遂行する社会的な要求も条件も存在しなかったと考えるべきであろう。社会は、一足とびに高度で豊かな生産に対する現実的な展望を抱くことはできなかったのである。

もうひとつの点として、いかに集約化の方向を歩んでいたとしても、増大する人口をそのまま投入して単位面積あたりの収量を急増させるほどの生産技術的発達は、ただちにはのぞめなかったことが挙げられる。このようにして、増大する人的余剰＝人口圧の解決は、一つには同じ土地での耕地の拡大、他方では相似た条件の土地を求めての他の地域への集団分岐＝移住とならざるをえなかった。このことはまた、集約的指向と結合した労働編成とも関係する。すでに述べたように、限定された狭小な湿潤地での集約性を指向した水稲栽培は、それ自体一定の分割労働の対象であり、実際にその経営を担った集団の労働編成を条件づけるものであった。弥生前期集落は、いくつかの遺跡の部分的な所見から先にふれたように(一一七―一一八ページ参照)、その規模は概して小さい。もっとも条件に恵まれたところでは、たとえば大阪府池上遺跡では、弥生前期後半の時期に数十メートルないし一〇〇メートルを隔てて三、四の単位がみとめられているが、その場合でもそうした単位集団が一個所に群居することなく、分散居住していることは、むしろ、それぞれが土地条件に応じて分散的に開発した水田の経営をおこなっていたことを示すものであろう。こうした小集団単位の分割労働としての水田経営の性格が、人口増加にあたっての右に挙げた諸条件もさることながら、別な新しい分割労働の単位としての小集団を再生産する要因となったと考えるべきであろう。分岐の単位としては、氏族共同体の中の単数もしくは複数の家族体の場合も、一家族体の一部世帯の場合もあったろうが、実際の分岐にあたっては、選地・住居区・開田・水利その他のすべてがもとの氏族共同体全体の課題であり、当然その共同作業の下になされたと考えられるし、血縁的結合はいうまでもなく、その後の物資・経験の交流、婚姻、祭祀に至るまで、緊密な結合関係を維持し続けることになったであろう。このようにして、家族体においても氏族共同体においても、また部族においてさえ、母集団と子集団、あるいは兄弟集団等々の関係が、一定地域に急速に形成されていった(図25)。

縄文時代の集団領域が、原則として常に一定の少ない人口しか受け入れなかったこと、あるいは急増・激減の間を不安定に繰りかえしていたことにくらべ、水稲耕作のもつ優位的性格、すなわち水田という小範囲が生みだす土地生産性の高さは、単なる自然的一地域を、いくつかの、あるいは幾十かの均質な生産の場に分解した。一つの全体としての有機的自然の中に、人力の加わった基本的に均質な生産の場が分散して形成されたのである。自然対人間集団という基本的な関係の下に、限定された水田を基軸に営まれる集団相互の関係が生じていた。

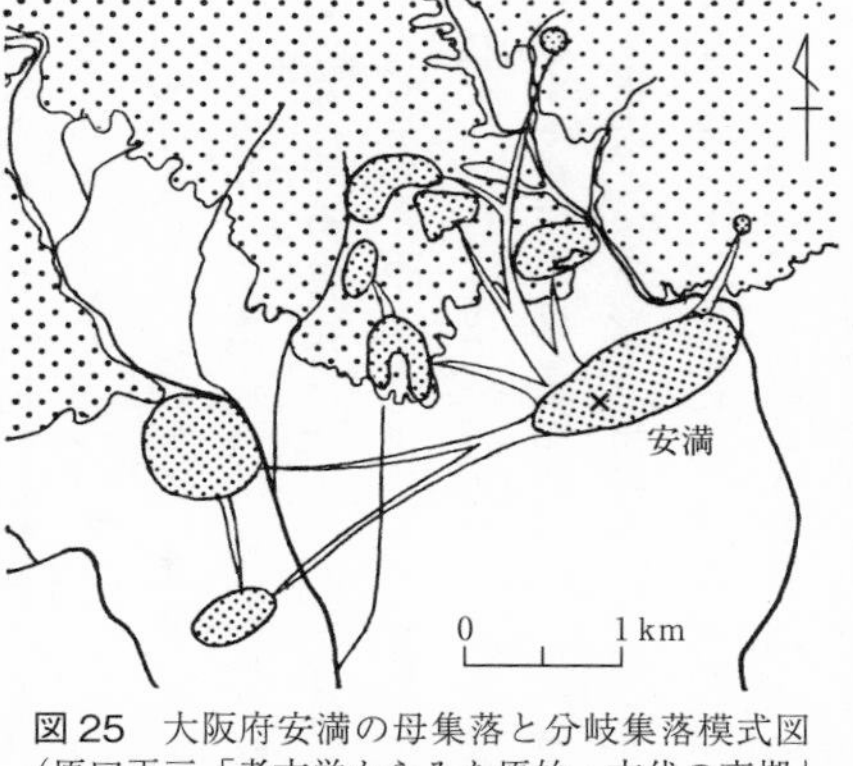

図25　大阪府安満の母集落と分岐集落模式図
(原口正三「考古学からみた原始・古代の高槻」『高槻市史』第1巻本篇, 1977, 一部改変)

なかには、母集団をはなれて遠く人影稀な地域に移り住んだ分岐集団もあった。

こうした遠隔地や新開地に移住した集団が、もとの母集団との間にその後いかなる関係をどう持続させたかについては、具体的には不明というほかはないが、遠隔地や新開地といっても、多くは氏族的・部族的領域の内であったろうから、その間の同祖同族関係はもとより、一定の経済的交流関係は維持されたものと思われる。そのことと矛盾することなく、ある場合には、こんどは分岐集団自体が所を得て一定の母集団の役割を担うこともあったろうし、継続して移住してくる新しい分岐集団との兄弟の関係を維持する中核となることもあったろう。

弥生時代における集団関係は、このように一定地域の中での血縁的集団の累積的な分岐・拡大という形で、相互の血縁的・共同体的関係を拡大再生産していった。弥生前期末葉に始まり、中期に入ってからいっそう明瞭な形をとる土器その他における地域的特色は、基本的にはこのような集団関係の一定地域ごとの拡がりと、そこでの適応を土台として、相互の密接な交流と同祖意識の下に生まれたものと考えるほかはない。しかも、それは何千年にわたる長期の所産でなく、きわめて短期間における形成であった。それは、数百年間に単位集団数が数倍ないし十数倍あるいはそれ以上になるというかつてない活発な増大であり、刻々の拡大＝集団分岐といってよいものでさえあった。したがって一定地域にひろがった諸集団間の同祖同族的紐帯は鮮烈に自覚されており、隣接地域に分岐した諸集団との間にも、さまざまな程度において同族的親縁さを維持していたと考えられる。このことは、のちに形成される政治的結合の性格に大きく影響を与えていったものと思われる。

二　氏族と部族

畿内地方の弥生土器の地域性の展開について佐原真は、前期弥生土器の畿内一円における同様式性にふれたのち、前期末に至ってほぼ河内・摂津といったほどの範囲で地域色が生じはじめ、中期中葉において地域色はさらに狭い範囲にうかがわれ、またいっそう明瞭となることを述べている(3)。すなわち中期中葉においては、西摂津・東摂津・北河内・中南河内・和泉・大和等々の比較的狭い地域の特色が土器その他に多少とも反映している。このことはこの時期までに一定の集団分岐が進み、右のような地域あるいはさらに小範囲の地域を単位に部族形成がおこなわれていたことを示すものであろう。さらに小範囲の地域性は土器に関してもなお明白でないが、仮にその小範囲に部族が形成されていたとすると、土器の地域色圏には複数の部族、すなわち母部族と子部族、あるいは兄弟の部族が存在していたということになろう。

集団分岐の状況を示す一例を奈良盆地について挙げよう。石野博信によると(4)、そこにはまず、湿潤地水田を経営したと考えられる二、三の前期初頭の集落がみられるが、前期末には十数遺跡がみられ、中期にはおもに中・小河川沿いに拡大し、後期には濃淡の差はあれ、東南部を中心にほぼ盆地全体にひろがった。その遺跡数の増大の仕方は、約一〇倍ないしそれ以上に達した(図26)。これに加えて遺跡規模と廃棄遺物、とくに土器の量を考えるならば、その人口増と集落、したがって耕地の拡大の実際は、さらに大きかったものと思われる。

この奈良盆地の諸集落のすべてが、かつての盆地内の二、三の前期初頭集落からの分岐集団であったか、あるいはその一部は周辺地域からの移住によるものであったかは、必ずしも明らかでないが、中・後期の土器は共通の大和としての地域色をそなえているといわれるので、集団移住が中南河内など盆地外からもおこなわれたとしても、親縁な部族的結合にあった氏族からのそれであろう。すなわち盆地内諸集団のほとんどは、かつての少数の集団が示す氏族から分岐したものか、あるいは部族的結合にあった中南河内の諸集団などの分岐・移住がそれに加わったかのいずれかであろう。その分岐の過程で部族もまた分岐し、仮にたとえれば、大和A部族、大和B部族、南河内C部族等々として分岐し、それぞれそのうちにいくつかの氏族を包括していったと考えられる。これをさらに広く畿内全般について推していくと、摂津・北河内・山城を含む北部畿内と、

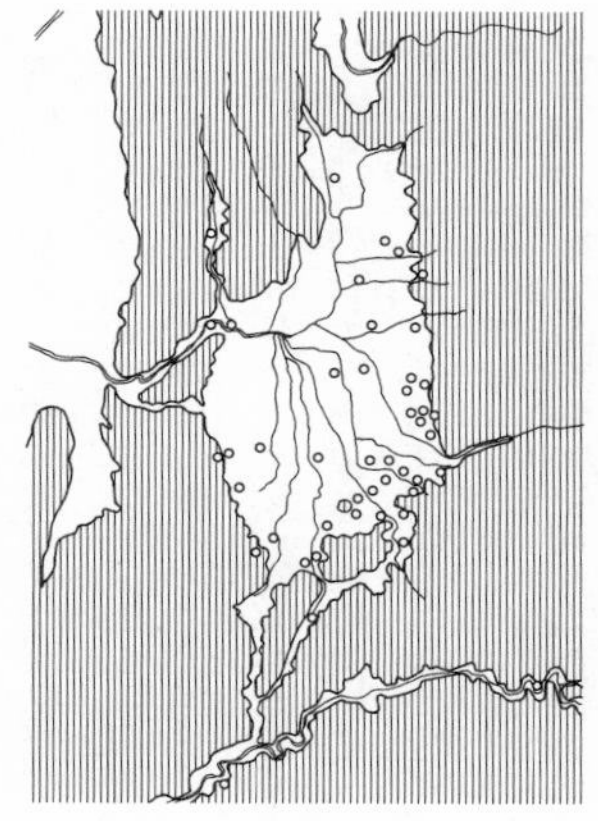

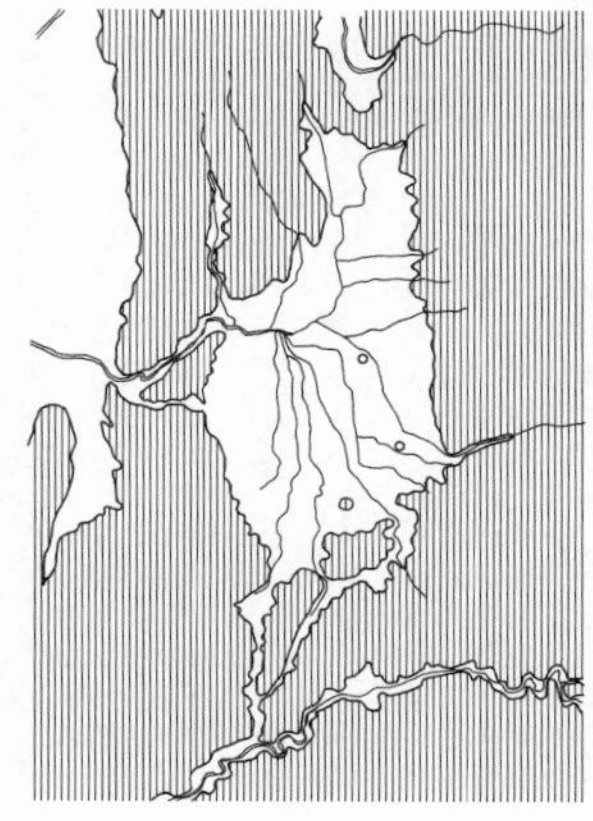

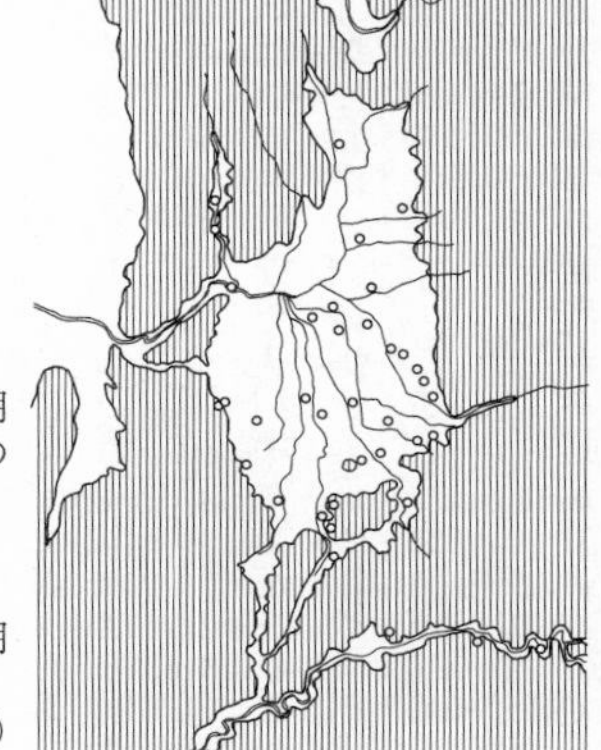

図 26　奈良盆地における弥生前期以来の遺跡増加(石野博信「大和の弥生時代」『考古学論攷』2, 1973, 一部改変)

(右上)前期(古段階)

(右下)古段階を除く前期と中期(但し時期不明は除く)

(左上)後期(但し時期不明は除く)

中南河内・和泉・大和から成る南部畿内との関係、その共通性と相違性は、この地方における弥生社会誕生の時点において存在あるいは形成されていた、南北二者の部族あるいは部族群が、その後の農耕生産の発達→人口増大→集団分岐をへて形成されていったものであり、全体として畿内的共通性をもつとともに、北と南の違い、さらに各々における小地域の特色を現象させたということになる。

銅鐸に示される共同体祭祀の範囲については、その機能とともになお不明な点が多いが、その実際の保有主体は部族内の特定氏族にあったとしても、その祭祀はこのようにして形成された部族を単位としておこなわれたものと思われる。田中琢（みがく）は、銅鐸祭祀集団の範囲を大和・河内・和泉において指摘し、その集団範囲の不均等性を農業生産力の差に基づく集団差に帰している(5)。この指摘を参考にして紀伊中部の銅鐸出土地を検討してみると、山または海に画され、小河川が貫流する狭小な平野を単位に、二ないし四の銅鐸出土が知られている。これらの狭小な地域は、のちに前方後円墳が築造されなかったほどの地域であることが多いが、それらの地域における銅鐸出土地点の分散傾向は、各地域が一個の氏族というより、いくつかの氏族から成っていたことを想定させる。同じことは、徳島県における銅鐸分布状況からも想像できる。しかしすべての氏族がこれを保有していたわけでないらしいことは、畿内の銅鐸発見状況から推定できるのであって、部族内の特定氏族による保有ないし保管の下にあったと考えてよいであろう。

岡山県柵原町［現、美咲町］東部の吉井川・吉野川合流点を中心とする埋積谷および周辺の山間部は一つのまとまった地域を形成しているが、ここには六ないし七基の大形・中形の円墳が示す首長系列がみられ、古墳時代には一人の首長をいただく一つの政治的単位があったことを示している。この地域では、弥生時代前期の遺跡は一例も発見されていないが、中期から後期にかけての弥生遺跡は、図27のように地域全般にひろがって約五〇個所において知られている。平野部においては埋積のため、たとえば周匝地区［現、赤磐市］のある遺跡が数メートルの沖積土中に埋もれているように、未発見のものもあり、山間地域の場合も偶然的な遺物発見地として知られるに至ったものが大部分であるから、約五〇の遺跡も、実際よりもはなはだ少ないと考えてよい。いっぽう、これらの遺跡は年代的な差をもち、すべてが併存していたわけではないことはもちろんであるから、同時に存在したものは、後期においてさえ一〇遺跡をそれほど上廻るものではなかったに違いない(6)。

これらの遺跡が示す集団は、その規模からみて大部分が単位集団であったと考えられるが、おそらく前期から中期にかけてのある時期にこの地に分岐・移住してきた一、二の集団に端を発し、あるいは続いて来住する同族集団を迎え、あるいは集団分岐をおこ

図 27　吉井川・吉野川合流点付近の弥生時代遺跡の分布（近藤義郎編『月の輪古墳』1960，一部改変）

ないながら、増大を続けていったものと思われる。彼等は、いま仮にたとえれば、黒本［現、赤磐市］の吉備高原を中心とする諸集団＝氏族共同体、飯岡［現、美咲町］を中心とする諸集団、北和気［同上］の諸集団、英田町［現、美作市］の諸集団といったように、分散居住をなしていたであろう。しかし同時に、来住・分岐の事情から、諸集団が分散・孤立していたとは考えがたく、おそらく全体が一部族として結合し、あるいは他の近隣の同じような構成諸集団と複雑にからみ入りくみあって、いくつかの部族を形成していたのかもしれない。しかしのちにくわしく述べるが、このような一定地域の諸集団の結合を単位に、首長権の強大を示す首長古墳の系列的築造がみられることは、弥生時代後期を通じて、諸氏族共同体が自然的な血縁的・同族的結合としてだけでなく、同時に政治的な結合の単位としても関係をもちはじめつつあったことを物語るであろう。

この新たな結合を考えるため、ふたたび農業生産の発達と諸集団の結合との関係の問題に立ち帰り、氏族・部族間の矛盾・対立を考えてみよう。

三　氏族・部族の規制力の強化

当時の日本の沖積地は、おもに海と山丘によって、また大中の河川とその氾濫原、あるいは沼沢地などによって、無数の小地域に分割されていた。そこには、大は南北約二五キロ東西約一三キロに及ぶ奈良盆地、小は山間部の方二、三キロにみたない小埋積谷平野が示すように、規模の大小の差があったことはいうまでもないし、土壌・水利・気象・自然資源などの諸条件もさまざまな違いを示していた。

こうした相互にわけへだてられていた小地域は、自給をたてまえとする集団にとってはいわばある意味での小宇宙のようなものであった。この小地域の各々において、農耕技術の発達と人口＝労働力の増大にささえられて大小の規模の開田が進み、集落の大形化とならんで集団分岐も盛んにおこなわれ、さまざまな規模の経営集団が分散居住し、相互がいくつかあつまって先述したような氏族的および部族的関係に結ばれていた。先に例示した吉井川・吉野川合流点付近の地域は、こうした小地域のうちでももっとも小規模なそれであった。

自然湿潤地や谷水田ごとに分散し、ごく小規模な経営をおこなっていた初期の段階では、繰りかえし述べたように、そのもつ自己完結性の点で、営農遂行上の集団間の直接的な対立・矛盾は一般的に弱く、その限りでの各集団の営農上の相対的自立は保証されていた。もちろん、諸集団の間には土地条件の優劣や労働力の多少その他の点で不均等は存在し、また偶発的な争いも生じていたであろうが、ひとしく血縁的氏族共同体の本源的な結合の中にあり、その前提の下に一定の耕地の分散的な分割経営をおこなっていた。

しかし、人口増とともに水田が適地をめぐって拡大され、あるいは集団分岐による新しい開発が進み、用水路の確保、一定量の鉄器の入手などが不可欠となってくる中期以降の段階になると、一定範囲の水田の分割経営は、それぞれ居住区を確保する家族体にゆだねられながらも、分散した低湿地の小規模水田経営にくらべ、全体からの規制が各家族体の上に強く及ぶことになる。しかし遺跡に示される一集落が、そのまま氏族共同体であったとは限らず、――ある条件の下ではそうしたこともあったかもしれないが――むしろ諸遺跡の分布状況からみれば、すでにふれたようにいくつかの大小の集落が農耕適地の分散性の下に、一氏族共同体に包括されていたと考えられるから、土地条件・災害その他に起因する集落相互あるいは家族体＝単位集団相互の不均等性およびそれに発する矛盾は、全体としての生産力の上昇の中で、たえず拡大する条件をもっていた。

そのいっぽう、氏族共同体は血縁的同祖同族関係によって結ばれ、耕地はもとより山林・原野に至るまで集団的所有であり、単位集団は血縁的氏族共同体の一員としてのみ分割経営の主体たりえたのであるから、生産を効果的に進め、氏族共同体全体の統一と発達をはかろうとすれば、氏族のもつ規制力は、土地の割替・相互扶助等々の形をとり、不均等や矛盾を抑圧することになる。しかも氏族の領域における水田の拡大、用水の利用・維持において、ますます共同労働と共同受益の側面が増大していたから、また農工一体という手工業の農業集団からの未分離、すなわち分業諸生産の共同体への埋没という、同じ根から発した別な事情によっても支えられて、共同体の統一的な規制はこれまでにもまして強くなり、氏族共同体の有機的一体性はかえって強化され、氏族を代表する長の権限は高まる。

しかし先に述べたように(一四三―一四四ページ参照)、氏族共同体はそれが単独で存立していたわけではなく、他の諸氏族共同体とともに部族的世界に生きていた。一氏族共同体が隔絶性の強い狭小な地域を占居している場合でさえも、分岐する血縁的関係と分業=交流が他氏族との結びつきを保証した。先に岡山県吉井川・吉野川合流点を中心とする埋積谷平野の場合について例示したように、多くの場合、一地域には複数の氏族共同体が分立していたと考えられるが、その場合、領域の領有主体が氏族にあったか部族にあったかについては、必ずしも明らかな実証はない。ただし、集団分岐と拡大が血縁的同祖同族関係と婚姻を基にした部族的結合の中でおこなわれ、娘氏族としての新しい氏族の分岐はもとより、新しい部族的結合や再編さえおこなわれたと考えられるから、部族的領有が本源的・上位的であり、各氏族は部族=諸氏族の結合体との相互関係の下に、歴史的に長年の労働投下を通して特定地域を占有し、その開発・利用に従っていたものと思われる。

氏族は他氏族と部族としての結合の中にあったけれども、ほんらい、現実の諸生産の遂行にあたってはひとつの経済整体であったから、その生産を進める上で、他氏族との間に利害が対立する機会は常にあったし、それは、人口の増加および新しい開田・用水路の発達とともに、それがかかえる内部的矛盾の増大とともに盛んになった。未開発の土地自体はなお広大であっても、当時の技術条件において開発可能な土地は限られていたし、他方において用水の進歩は相互をわかつ以上に結びつけた。各氏族間には、その内部においてそうであったように、耕地・水利・山野・労働力などの自然的・歴史的条件の相違その他に発する、不均等性と矛盾・対立が早くから不安定的に存在した。この不均等性は、一方においては、部族的連帯の相互扶助によって緩和され、また自然災害などによって変動したであろうが、他方においては生産諸力の一般的上昇の中で、その内部におけると同様に、生産拡大の要求と結合して拡大再生産されていた。

不均等性と生産遂行の上での利害の対立は、こうして氏族共同体間のたえざる争いと協調＝相互扶助を繰りかえさせ、その過程で、ほんらいは地域の全氏族の共存のために利害を調整するものとして形成された部族機関に、しだいにより大きな権限を与えることになった。すなわち部族的強制力の強化なしには、生産を確保し、諸氏族共同体の存立——したがって部族自体の存立——をはかることができなかった。部族は、血縁的な同祖同族的結合として完結体であったから、原則として他部族は、その歴史的親縁性の有無・疎密は別として、別個な世界であり、異部族であった。その面からも、部族的結合は氏族間の対立・矛盾を抑圧し、部族領域の統一を確保し、他部族に対峙していかなければならなかった。諸氏族の合議機関が相互の矛盾・対立のため無力となれば、部族的強制力を維持するため、特定・有力の氏族が部族結集の結節点に立ち、利害対立を調整するほかない。現実には特定・有力の氏族を代表する首長に、全氏族の統一＝全氏族への圧力と生産遂行上の機能がゆだねられ、しかも諸生産の発達とともに利害の対立が氏族間において深まれば深まるほど諸機能の集中がつよまり、部族機関＝それを代表する首長は、全氏族の組織＝生産力の唯一の体現者となる方向に向かう。各氏族の経済整体としての機能および祭祀的機能もまた部族機関＝部族長に集中されるとともに、対他部族との平和的交流・武力的敵対関係においても、その権限は強化される。

四　北部九州首長墓の示すところ

北部九州には、西から唐津・伊都(いと)・早良(さわら)・福岡・飯塚などの諸平野が、前節にみた小地域として併立しているが、その多くにおいて、早くも弥生時代中期前葉から中葉の時期に、朝鮮・中国から直接あるいは間接に入手した鏡・青銅利器・装身具類などの数々を集積した集団があらわれていた。たとえば三〇面以上にのぼる前漢鏡を出土した須玖岡本の首長墓を生みだした中期中葉の福岡平野をみると、おびただしい集落・埋葬遺跡が示すように、集団分岐の結果として、この平野の一帯はおろか周辺の山丘地域にさえも集落がひろがっていた。それらの諸遺跡について氏族的・部族的群別をおこなうことは、今日なお不可能であるが、これら大小の諸集落が示す集団の各々が、多少とも他と関係をもつことなしに、もっぱら狭小な自然湿潤地や谷の出口の分散的な小水田の自己完結的な経営に終始していたとはとうてい考えられない。すでに弥生文化成立時においてさえ、一種の用水施設を機能させていたこの地において、中期前―中葉ともなれば、いっそう効果的かつ大規模な用水溝が機能し、人口圧とともに低湿地を中心に水田の拡大が、刻々と進んでいたと考えられる。この平野の中小の水系の流路は現在とはずいぶん異なり、中・下流域の各処に沼沢地をのこして分流していたものと思われる。増水に際しても渇水に際しても、水系の上・下流や隣接の土地は相互に影響をわかちあっていた。洪水や埋没となればなおのことである。水田の新しい開発や拡大は、こうした中で、小流路の利用＝用水路化と結びついて進行したのであるから、氏族内外での諸集団の共同労働、および各種の武器の出現発達が示すような氏族間の緊張関係を、しばしばもたらしたに違いない。また生産力が進むほどに、諸家族体や氏族の間に、土地条件・埋没などによる災害、分業の適不適などからする生産物と労働力における余剰の不均等がひろがり、その点での集団間の矛盾もまた進んでいたことは、副葬品の有無・多少・質にうかがわれる集団墓地間の、あるいはその中でのグループ差の存在が明らかに示している。このような家族体相互の、そして氏族間の不均等が不断に生みだしてくる矛盾・対立が、他部族との対抗関係も加わって、部族的強制力を強化させることになった。したがって部族首長は、すでにみたように、他部族、さらに対朝鮮・中国との直接・間接の交流・交換においても、部族を代表するものとして対処し、その部族首長としての原始的権威を、渡来の「宝物」によって飾ることができたのである。

北部九州の各小地域において、中期初頭から中期末にかけてあらわれる副葬墓の量質ともに不均等な出現の背景には、ほぼおしなべてこのような動きがあったとみたい。ただこれら小地域が単一の部族領域であったかどうか、諸地域の部族間の関係がいかなるものであったかについては、後者の点はなおきわめて不安定な状況下にあったろうという推定のほか、ここでは立ち入らない。

北部九州でみた以上のような状況は、多少時間的に前後はあったかもしれないが、集落の拡大、農耕の発達、分業諸生産の一定の展開からみて、畿内や瀬戸内沿岸その他の地域において、そこでは「宝器」を入手する機会はなかったかまたは少なかったという相違はあるにせよ、弥生中―後期を通じて進んでいたに違いない。

五　高地性集落と武器の発達

不均等と矛盾の結節点に立ち、共同体的機能を首長＝部族機関に集中させつつあった部族は、それぞれ完結体としての独自な運動をもつ小世界であった。その領域は、小盆地や小河川流域の小平野の場合には、自己完結的にその地の全体に及び、名実ともに小世界をなすことが多かったと思われるが、大盆地や大形の河川流域平野の場合には、親縁関係にあった複数の部族によって、種々の人為的・自然的境界のうちに、分割占居されていたと考えられる。しかし、歴史的に親縁ではあったとしても、部族相互の関係は、それぞれ完結体として必ずしも平和的であったわけではない。部族内の諸矛盾は当然部族間に作用し、平和的関係とともに対立・抗争がくりひろげられることがむしろしばしばみられたであろう。

対立・抗争や平和的交流は、単に農耕生産の遂行をめぐって生じただけではなく、ようやく盛んになった手工業生産品の交流においてもあらわれたに違いない。すでにみたように、共同体規制のつよまる中で、手工業諸生産は、農業経営ないし農業集団と未分離の状態で展開し、氏族共同体の規制はもとより部族機関の強い規制をうけるものとして、とくにその部族外への物資の搬出も、したがって他部族からの搬入も、諸集団を代表する首長＝部族機関によって掌握された。前期以来、鉄器ないし鉄素材、つづいて青銅器、さらに塩、玉類等々の地方的ないし汎列島的な交流を牽引力とする、諸地域の自然的条件、諸集団の社会的条件に基づく産物の広範な交流が、時期を追って拡大し、それがまた諸集団間の不均等をたえずひきおこしつつあったことはすでに述べたが、それは、諸部族相互の接触と関係をさまざまな形と程度において形成した。

そうした交流の当時における大動脈のひとつは、西に北部九州、東に畿内をひかえ、その沿岸に先進的諸部族をかかえる瀬戸内海であった。間壁忠彦は、瀬戸内海をのぞむ島々や沿岸の高所に居をかまえた高地性集落について、「友好的な関係を生じたときもあろうし、敵対関係の発生することもあったであろう」が、「眼下を行き来する舟の状況に応じて、手段こそ異なるであろうがなんらかの方法で、入手し難い物資〔間壁は鉄と銅を有力な候補として挙げる〕を得るための集落であった」と推定する。これらの高地性集落は、中期中葉に明確な形で出現し、中期後葉に盛行し、後期を迎えてまもなく減少・衰退する。これについて間壁は、「後期になりある程度の勢力圏が確立してくれば、……監視そのものは統合されつつある力、つまりかなり強い生産力を持った地域集団によってなされるようにな」ると、説明する。(7)

当時、畿内・瀬戸内沿岸地方、さらにその以東においては、石製武器をはじめ石器類がなお盛んに製作されていたにせよ、鉄器の要求は、北部九州、あるいは直接に朝鮮ないし中国へのルートを切りひらいて、熾烈であったに違いないし、また青銅器の素材を外に求めていたとすれば、青銅器製作の東の中枢としての畿内の集団にとって、素材獲得ないし搬入の路としても、また製品配布の道としても、瀬戸内海のもつ意義は大きかったろうと思われる。

沿岸諸地域の部族は、平和的な交換にせよ、武力的な奪取にせよ、その交流の一翼を担っていたと考えられるから、高地性集落は、その眺望を利用する監視・通報を通じて、交流に関与した部族の尖兵となっていたともいえるだろう。

このような交流は、すでにその内部において諸氏族共同体の矛盾を抑圧する機能を集中しつつあった、部族機関の対外折衝の面での機能を強化する方向に働いた。すなわち部族機関を代表する首長は、部族内生産物の交流においても、搬入物資の配布においても、諸氏族を優位的に規制する立場を保持するようになる。

争いが縄文時代からおこなわれていたことは、愛知県伊川津(いかわづ)貝塚の例のように、埋葬

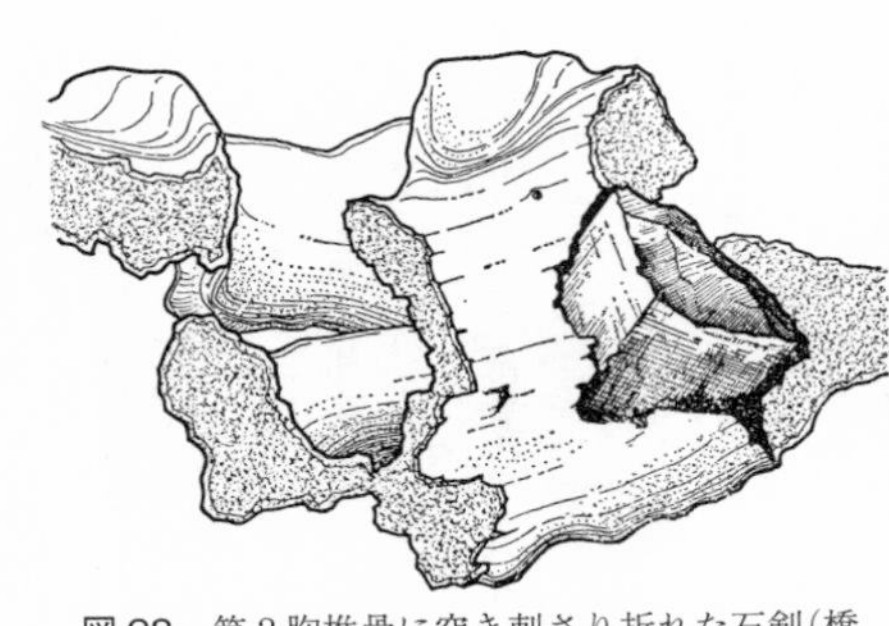

図28　第2胸椎骨に突き刺さり折れた石剣（橋口達也編『スダレ遺跡』1976，写真から作図）

された遺骸のうちに、稀に傷害をうけたものや石鏃が射込まれたままのものが発見されることからも推定されるが、弥生時代になると、発見遺骸のうち鏃や剣先が嵌入したことを示すものの割合が増大する。前期末に属する山口県土井ヶ浜遺跡の集団墓地で発見されたある遺骸には、その胸部や腹部に牙鏃・石鏃計一四本が打ちこまれていたし、中期に属する大阪府勝部遺跡では、発掘された八埋葬のうち、石鏃五本が打ちこまれていた遺骸一、石槍がつきささった遺骸一があった。

　縄文時代においては、武器は狩猟・漁撈などの生産用具から分離した発達を示さなかったが、弥生時代には明確な姿をとってあらわれる。前期から中期にかけてあらわれる磨製石剣や青銅製の剣・矛・戈は、えがたい「財宝」という側面をもっていたにせよ、先の勝部遺跡例や福岡県スダレ遺跡出土の中期中葉に属するK―三号人骨（熟年男性）の第二胸椎に石剣尖が嵌入していたことから（図28）、武器として使用されたことはほぼ確実である。橋口達也は、北部九州において埋葬に伴なうこのような銅剣・銅戈・石剣・石戈の切先の例は二十数例にのぼり、戦闘における刺突時のショックで切先部が折損したものであると考えた(8)。またその時期は前期から中期前半にほとんど集中し、中期以後になってそれらの「出土がほとんどなくなることは、鉄器の普及によって銅、石製武器が減少するとともに、鉄器は刺突時のショックによる折損がほとんどないということと、戦闘に弓矢が多く使用されるという事と符合する」と述べている。とすれば、青銅利器をたずさえうるような人物もまた、直接に闘いの先頭に立ったこともあったことを意味するだろう。

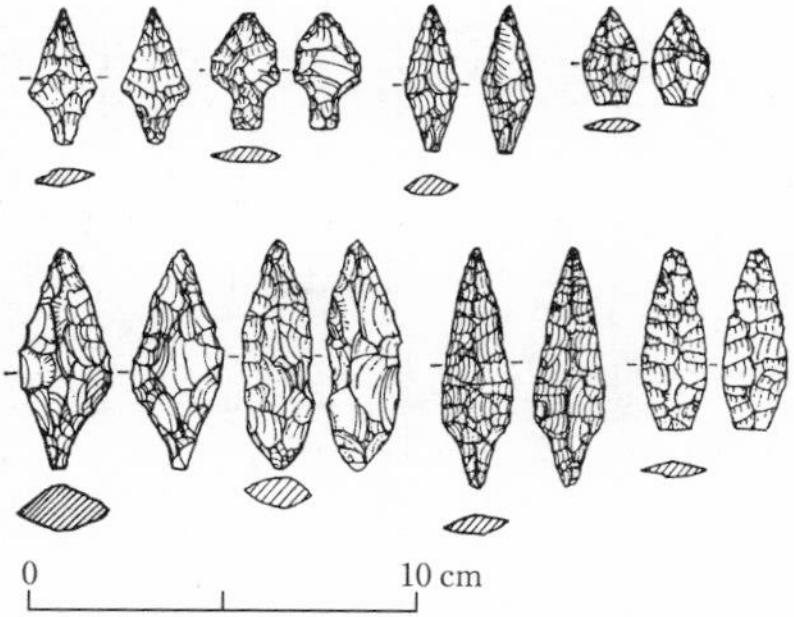

図29 小形石鏃(上)と大形石鏃(下)(瓜生堂遺跡調査会編『瓜生堂遺跡』Ⅱ, 1973)

弓矢はその飛道具としてのすぐれた性質から、縄文時代における狩猟具の中心であったが、弥生時代になっても各地で盛んに使用されていたことは、普遍的な石鏃の出土からうかがうことができる。個々の鏃が狩猟用か対人用かその共用かは弁別しがたいが、弥生時代に弓矢が戦闘用に使用されていたことは、石鏃が打ちこまれた先の二例のほか、佐賀県三津永田一〇二号人骨に刺入した鉄鏃、長崎県根獅子の人骨頭部に打ちこまれた銅鏃などによって明らかである。佐原真は、おもに畿内の石鏃を研究し、次のように述べている。(9) 弥生時代前期新段階に「三角形(茎端が平ら、あるいはややくぼんでいる。平基式・凹基式)で、長さ三センチ未満、重さ二グラム未満の小型品」とならんで「三センチ、二グラムをこえる大型品が出現し……中期に入ると……凸基式とよぶ菱形に近い形の石鏃が登場し、これにも三センチ・二グラムをこえるものが多くなる。……中期中ごろには菱形の身に茎をとりつけた凸基有茎式の石鏃が加わ」る(図29)。この凸基の二群は深く突きささるにふさわしい形をもち、弥生時代の鉄鏃・銅鏃の重さに匹敵し、石鏃の主流をなすに至るが、後期をむかえて鉄鏃にかわる。畿内ではこの大形石鏃発達の時期に石槍も大形化・大量化し、鉄剣式磨製石剣もふえるので、大形石鏃の盛行も武器の発達の一環としてとらえられる。しかし石製武器の発達は、同じ畿内でも発達の度合に差があり、「大和・河内では凸基式の石鏃八—九に対し凹基式が一—二であるが、摂津では前者が二—三に対し後者が一の割合」というような状態を示している。同じような凸基式出現の現象は、瀬戸内沿岸でもややおくれてあらわれる。

鉄製武器は、銅剣・銅矛・銅戈がその使命を終わり武器形祭具に昇華するのとほぼ交替して、北部九州を中心に中期中葉に出現し、以後石製武器と併用されつつしだいにそれにとってかわる。種類としては鉄戈・鉄剣・鉄刀・鉄矛・鉄鏃があり(図30)、疎密を問わなければ、後期におけるその分布は中部・関東にまで達する。

鉄製武器の出土量はたしかに北部を中心に九州地方に多く、しかも早く中期中葉にさかのぼり、また船載とみられるものを含むなど、その限りでは九州の先進性を示しているが、それは同時に出土条件にも左右されるもので、後期においては、畿内・瀬戸内などはもとより、東日本の多くの地方で石製武器が姿を消すか、著しく衰退することを、先に推定した製鉄の各地での開始とあわせ考えれば、その時点において鉄製武器は、そ

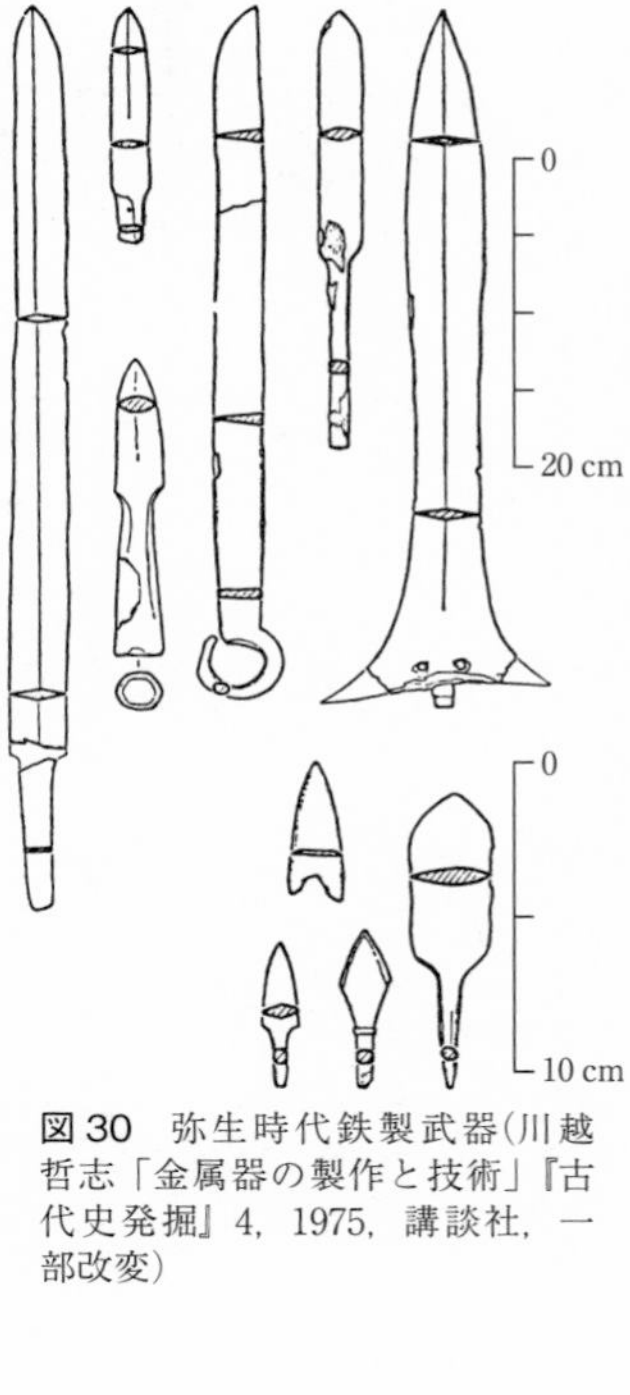

図30　弥生時代鉄製武器(川越哲志「金属器の製作と技術」『古代史発掘』4, 1975, 講談社, 一部改変)

のうちに量質の不均等をもちながらもひろく普及していたと考えられる。

このように弥生時代において、その背後に戦闘を想わせる武器の発達が、前期から後期までその鉄器化を中心に刻々と進んでいったことは確実である。そしてそのことが示す戦闘が、主として先にふれた氏族間・部族間（あるいは部族連合間）の生産および交流をめぐっての対立・抗争に根ざすものであったこともまた確かなことであろう。とすれば、これらの争乱・戦闘を通じ、部族機関とその中枢にあった首長による集団規制は、いっそうつよまらざるをえなかった。こうした争乱の結果が集団間の関係をどう変えたかについては、それを示す直接の資料はない。また抗争の単位にも大小があり、時期や地域によっても抗争の内容や契機に差があったと思われる。しかしそれらを通じて考えうることは次のとおりである。部族の内部の抗争にあっては、氏族間に有利不利な条件が抗争の結果生じても、全体として部族機関、したがって交替の有無はあっても、有力氏族の長としての部族長の規制力の強化をもたらす方向にとどまり、その限りでは血縁的同祖同族関係を共有する完結体として、原則的には構成各氏族の平等な結合を破壊するものではなかったと考えられる。

しかし、部族相互の間にあっては、各々が完結体であるため、その抗争は、不安定ではあったにせよ、しばしば優劣ないし上下の関係となってあらわれたと思われる。優劣上下の関係は、激烈な抗争を経るほどに、物資・労働力の収取関係の設定となってあらわれたに違いないが、その場合でも多くが、先にふれたような急速な集団分岐によって成立してきた同祖同族的関係にあり、またそれぞれの内部の構造的均質性のため、関係はゆるやかな上下の結合としての部族連合としてあらわれ、諸部族の構造が解体されることはなかったものと思われる。

しかし優位に立ち、部族連合の中心となった部族が生産・交易・武力・祭祀等々において優位をもち、その連合の長としての部族長の権威が強力なものとなっていったことはいうまでもない。

六　大和における強大部族連合の成立

こうした諸部族間の経済的不均等と上下の系列関係は、東日本と西日本、それぞれにおける先進・後進、大平野と小平野、山地と平野においてきわめて跛行的に進み、交流の増大とともに、平和的あるいは武力的な関係を通じてしだいに相互の関係を深めていった。先にふれたように、自然的境界によって遮断されることの少ない状態で複数部族が併存していたと考えられる大平野のうち、のちに畿内部族連合の盟主となる奈良盆地をとりあげ、考えてみよう。

この盆地は、のちに前期前方後円墳の主要な分布が複数の地域にみられるようになることが示すように、少なくとも二、三あるいはそれ以上の勢力集団によって分居されていたと推定される。いっぽう、弥生時代遺跡の分布をみると、先にみたように（二四九―一五〇ページ参照）、現在知られている限りでは、前期前葉の二、三の遺跡に対して、後期には数十遺跡に拡大している。実数は前期・後期とも、この数字よりはるかに多かったに違いないが、その急激な人口増加＝集落分岐には、眼をみはるものがある。現状では分布の疎密があるが、遺跡は盆地の東南を主として北部にははなはだ稀薄であるとしても、ほぼ全域に分布し、その発見数は逐年増加している。これら諸遺跡に示される諸集団が単一の部族を形成していたか、いくつかの部族に分岐していたかについては、直接それを証明することはできないが、弥生土器において地域による微妙な違いが指摘されていることや、先にふれた前期前方後円墳の系列的な築造が少なくとも二、三の地域にみられること、同じく前期前方後円墳の系列をもつ盆地外の単位地域が、奈良盆地にくらべて一般にはるかに狭小であることなどから、弥生時代後期においては少なくとも二、三ないしそれ以上の部族の併存があったであろうと予想される。田中琢が推定するように、(10) 大和における銅鐸分布を三グループの存在として認めうるとすれば、これもまた一つの傍証になるかもしれない。

奈良盆地は、盆地底に向かって流下するいくたの小河川が、盆地底沼沢地に集まり、河内に通ずる峡谷を一筋の大和川となって流れ、その間は一望の平野であり、周囲は、高低はあっても、他地域と隔された広大な自己完結的地域をなす。そこでは、まず初期の大形前方後円墳が東南部に築造され、その後しばらくして他地域その他に及ぶのであるが、そのことは、古墳時代初頭において、盆地内諸集団が一個の統一的な首長の下にあったことを示すものである。この統一がどのような過程を経てなされたかは不明であるが、先に想定したいくつかの部族——しかも歴史的に親縁な、おそらく血縁的部族関係にあり、早くからその間の平和的あるいは武力的交流が活発におこなわれていたと思われる——の連合が、東南部の部族の長を盟主として、おそくとも弥生時代終末＝前方後円墳成立直前までには形成されていたことは、ほぼ確かなことである。おそらく先にふれたような（一五九—一六〇ページ参照）、内に諸氏族および諸家族体の不均等的矛盾をかかえる部族相互の不断の対立・抗争が、その歴史的・血縁的親縁性にも、また盆地外諸部族との交流に対する優位獲得の要求にも支えられて、一個の統一的な部族連合機関と、その長をつくりあげるに至ったものと思われる。各部族・氏族が、この機関を支えるため物資と労力を負担したことはいうまでもない。これと併行し、あるいはやや遅れて、土器様式のより大きな共通性にみられるように、弥生前期以来親縁関係にあった中南河内や和泉の諸部族、さらに北接し木津川から淀川を経て奈良盆地を瀬戸内に結ぶ諸地域に分散する、相互に対立と交流の中にあった諸部族――あるいはこれらもまたいくつかの部族連合体をつくっていたかもしれない――が、この大和部族連合に加わるか、あるいは少なくともなんらかの関係をもつに至ったものと思われる。淀川水系における古墳時代前期首長墳の系列は、都出比呂志によると、(11)一六の小地域が単位としてみとめられ(図31)、それぞれの規模には多少の差があるにせよ、おしなべて奈良盆地東南部の大古墳にくらべると小さい。これら摂津・山城・河内に及ぶ諸地域は、佐原真の弥生土器その他の研究によると、(12)いくつかの地域性を指摘できるいっぽう、そのほぼ全体は、畿内的特質ともいうべき共通性をほぼ持続的にもち、また中期以来、程度の差はあれ土器の相互搬入が示す交流の中にあった。したがってここでは、相互の部族的親縁性は、二、三の部族から出発した分岐親縁部族群といってよいほどに、深かったと思われる。しかし先にも述べたように(一六三ページ参照)、親縁性は必ずしも平和性を意味しないから、相互扶助とともに相互の抗争も、隣接の土地や用水や物資の交流をめぐって頻発したと思われる。そのことは、すでにこの地方における中期中葉以降の武器の著しい発達、高地性集落の形成その他によって示されている。

諸部族間の不均等、交流における優劣、対立・抗争を経ながら相互に、また大和との間に形成された関係について、弥生時代の資料からは類推至難であるので、次に出現してくる前期前方後円墳を手がかりにするほかない。

第一に、右の諸地域において、広狭の差や出現の若干の時間的差異はあっても、おしなべてすべての地域に前方後円墳が築造されていること、ついで、奈良盆地東南部のそれを最大とし、地域ごとのそれに墳丘規模の大小、あるいは墳形の差さえあることが指

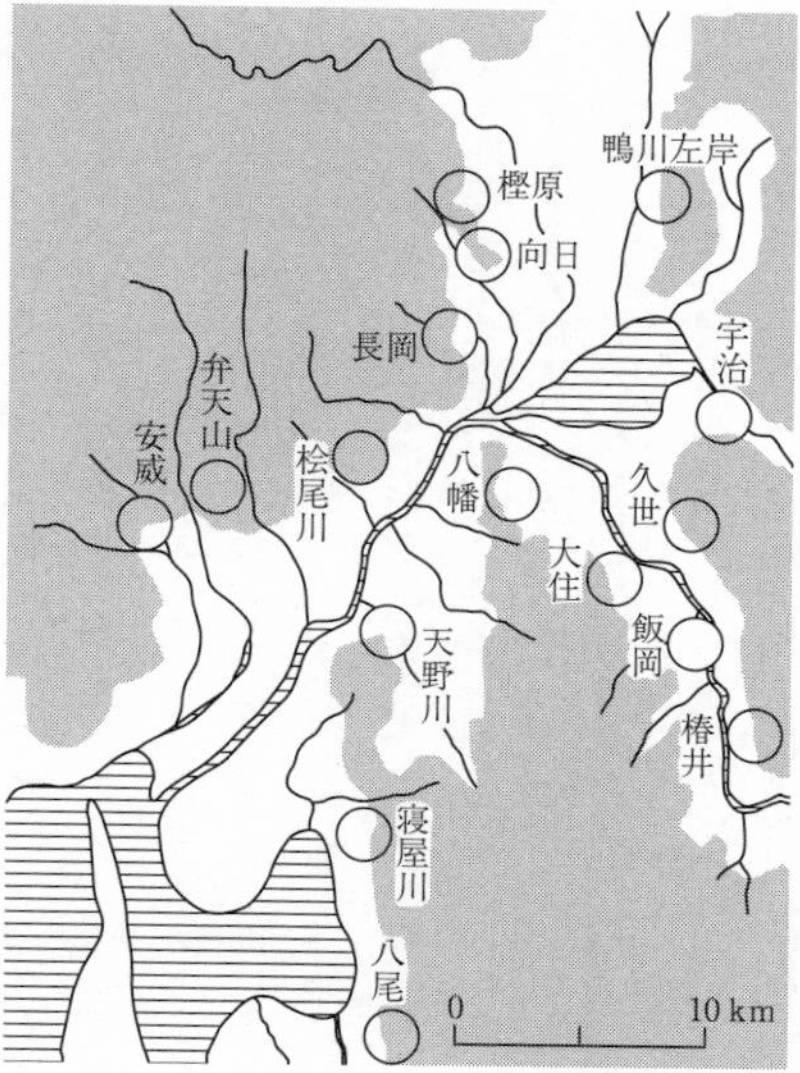

図31　淀川水系における前期古墳系列群（都出比呂志「島本のあけぼの」『島本町史』1975，一部改変）

摘できる。この事実から復原的に考えうることは次のとおりである。⑴その関係は部族組織を潰滅させるような関係の樹立ではなく、部族が首長を頂点とする部族組織をそのまま保持した上での関係であったこと、⑵大和部族連合とその他の部族との関係は、優劣・上下の系列関係にあったこと、⑶後者相互間にあっても勢力の大小があり、またその時点で前方後円墳をもたないような後背地の部族に対する優位の関係があったらしいこと、である。しかも墳形と内部構造・副葬品などの点で、のちに述べるような画一性が示す埋葬・祭祀型式の共通性として表現される関係であるから、前方後円墳祭祀が、亡き首長の霊を祀り、祖霊に加え、またその霊力を引きつぐ首長霊の継承、したがって首長権継承・宣揚の儀礼の場であるとすれば、それは祖霊祭祀の型式の共有として、一種の再生された同祖同族関係であるともみられるのである。

したがって、この大和部族連合への諸部族の参加は、部族の解体をなんら伴なうものではなく、それへの関係が、各部族に領域と部族首長の位置を保証し、交流における一定の役割と保証を与えるかわりに、必要な物資・労働力を盟主たる大和部族連合の首長機関に提供する関係、実はそれまでに各部族や部族連合の中に形成されてきた上位集団と下位集団という関係が拡大されたものであったと考えられる。この関係は、弥生後期なかんずくその後葉を通してしだいに形成されていったと思われるが、その頃すでに畿内諸部族の中で優位を占めていた大和部族連合は、列島内において東西の中心として物資の交流に優位を占めていたばかりか、独自にあるいは近隣諸部族をも包みこんで、朝鮮および中国とさえ交流を進めていた。一群の初期前方後円墳に副葬された漢中期鏡・後漢鏡、さらには魏晋鏡とされる三角縁神獣鏡の、すべてとはいえないにしても大部分は、直接的なこうした交流によって入手されたものであろう。鏡だけでなく、優良な鉄製品その他、生産と武力にかかわる物資の渡来、あるいはまた先進的な技術能力をもつ渡来人の将来もあったに違いない。それらは大和部族連合の武力・生産・呪力に関する優位をいっそうつよめ、その中枢にある首長の権威を著大にさせることになった。すでに早くから部分的な交流によって相互を熟知していた各地の諸部族・部族連合は、大和部族連合と結ぶことによってえられる物資・技術・呪的権威を通じてそれぞれの地域での優位をうることを願い、大和連合もまたその利益およびそれと分かちがたく結びついた権威を、畿内外の諸部族に及ぼすことをはかった。他地域諸部族の大和連合への参加は、物資交流の把握をいっそう容易にさせ、参加部族によって提供される物資・労働力の蓄積、その対外交流への投入による利益をもたらすことになる。

すでに瀬戸内海に面する高地性集落の大半がこの当時姿を消していることからみて、沿海諸部族との同盟関係も成立していたと考えられる。それは、この対朝鮮・中国交流ルートの確保とともに、以前からの銅鐸や銅剣・銅戈形祭具の畿内からの優位的な配布・交流にみられた瀬戸内沿岸諸部族ないし部族連合との関係が、相対的に安定したものに変わっていたことを示すものであろうし、さらに山陰・北陸・東海・東山の諸部族に対しても、物資の優位的な交流を通して、関係をつよめつつあったと考えられる。

こうした畿外諸部族は、古墳時代の前夜からその初期にかけて、大和連合を盟主とする畿内諸部族連合と何らかの関係をもつことになる。

弥生時代を通じての北部九州と畿内との関係、その優劣については古くから論じられているが、前方後円墳の成立・波及、その規模と内容からみて、古墳出現前夜において、畿内大和勢力の優位は動かない。それだけでなく、青銅祭器によって、弥生時代中・後期における北部九州勢力の影響範囲を畿内を中心とする勢力の影響範囲と比較すると、図32のごとくであり、畿内勢力は、その西方・東方にわたるはるかに広い範囲、すなわちいっそう広範な諸集団と関係をもっていたことが判る。その西の境界はほぼ山口県東部から四国中央部である。製品の種類も、畿内は銅鐸や祭器としての銅戈・平形銅剣・中細幅広銅剣と多彩であるのに対し、北部九州はおもに祭り用の銅矛・銅戈で、そのうち銅矛は北部九州沿岸と対馬・東九州沿岸・四国八幡浜(やわたはま)付近・高知沿岸に集中し、海洋交通の要衝や海路沿いに分布を示し、農耕集団に深くくいこんだ様子を示さない。さら

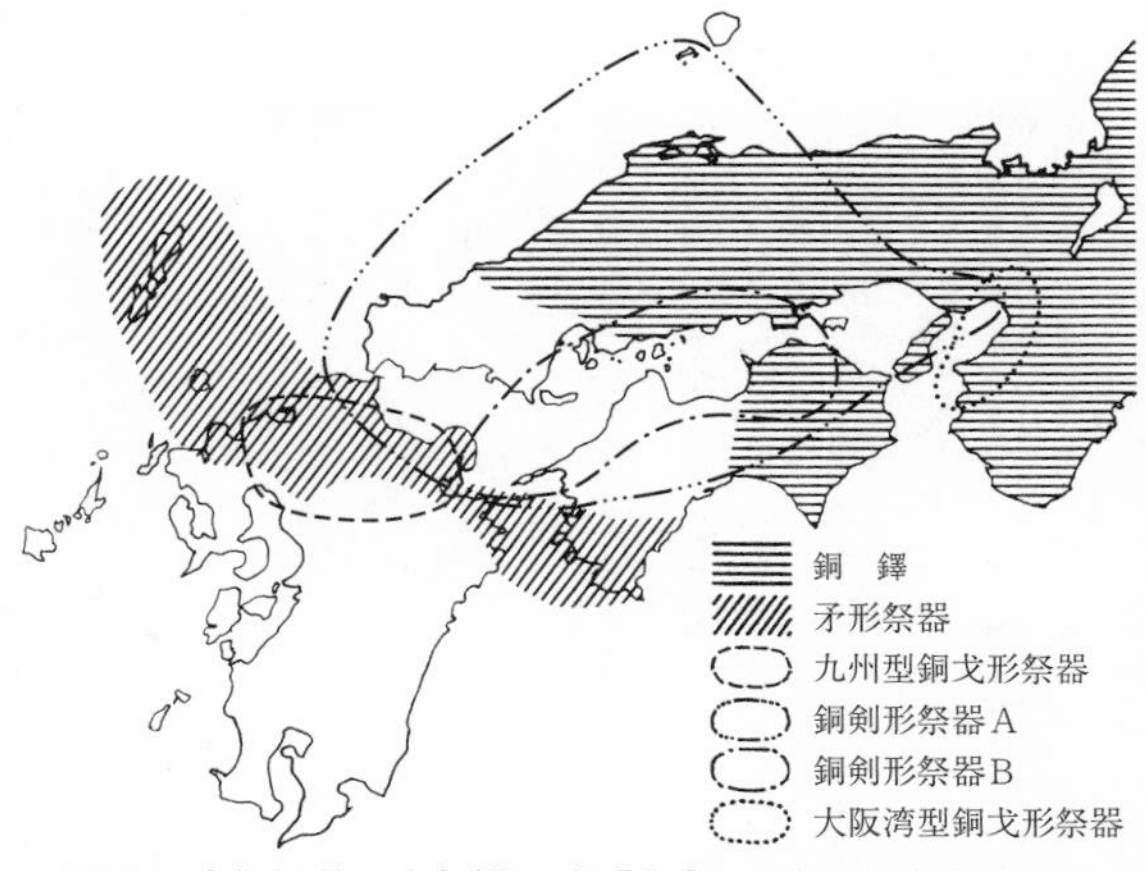

図32　青銅祭器の分布（佐原真「農業の開始と階級社会の形成」岩波講座『日本歴史』1, 1975, 一部改変）

に銅鐸さえも北部九州に影響を与えている。

また、弥生時代前期末に畿内にあらわれた方形周溝墓は、中期を通じ、東海から関東へ、また山陰・四国・山陽の一部に及び、弥生終末期には北部・南部九州にも及ぶ。それに対して北部九州を中心とする甕棺墓は、本州では山口県西部に及んだのみであった。製塩もまた、弥生時代中・後期を通じて備讃瀬戸を中心に、ややおくれて大阪湾―紀伊に発達した。

これらのことは、少なくとも弥生時代中・後期において、畿内や瀬戸内東部を中心とした東西の諸部族の交流が、北部九州を軸とするそれを、規模においても内容においても上廻っていたことを示すようである。北部九州は対馬における莫大な銅矛の埋納が示すように、その主要な関心は、朝鮮・中国との交流にあったらしい。北部九州における鏡をはじめとする舶載品の首長墓への副葬には、このような背景があったものと思われる。

したがってその限りにおいては、青銅製品の分布に示されるように、より広範な諸集団の要求に応え、したがってその交流の上に優位をえた畿内・東部瀬戸内の集団を軸とする部族結集体の優位は、時を経るとともに確かなものとなった。

北部九州には、西から唐津・糸島・早良・福岡・飯塚・京都(みやこ)・宇佐(うさ)などいくつかの単位小地域があり、それぞれの部族的統一が、争乱を経て形成されていったことは、各地域における豊かな副葬品をもった墓の存在から知られ、またそれら全体ないし大部分の地域に卓越した部族首長もあらわれたことは、三雲(みくも)や須玖などにとびきり豊かな副葬品をもつものがあらわれたことや、「漢委奴国王」の印の発見などによって確かである。しかし、他方において、豊かな副葬品をもつ首長墓が、一定地域に継起的に営まれることなく、中期前葉には糸島郡[現、糸島市]の三雲、中期中葉には福岡平野の須玖、中期後葉には飯塚市の立岩、中期末には糸島郡の井原鑓溝(いはらやりみぞ)、佐賀県桜馬場(さくらのばば)、三津永田(みつながた)と、変転を重ねた(13)(図33)。対朝鮮・中国との交流の主導をめぐる激しい争いが、内部での部族どうしの争いや台風などによる洪水その他の自然災害時の困難とからみあって、激発していたことを暗示するかのようである。金印が、奴の中枢とはなれた志賀島から出土したことも、あるいは東方の部族連合との争乱時であるかどうかはきめがたいが、北部九州における右の状況に関係をもつだろう。

図 33　北部九州における宝器類副葬墓の分布
1 桜馬場，2 宇木汲田，3 三雲，4 井原，5 板付，6 須玖，7 立岩，8 三津永田

したがって対朝鮮・中国との交流関係が、その地での争乱あるいは政治的方針あるいは偶発的要素によって変化をみせると、北部九州の混乱はいっそう激化することになる。後漢の滅亡（二二〇年）、黄巾の乱（一八四—一九二年）、朝鮮諸族の漢郡県に対する攻撃（一八〇年代）などはその候補に挙げうる事件であろう。

七　首長と成員

首長への集団的諸機能の集中化が進むにつれて、さらにまた部族連合として部族機関が大形化・複雑化するにつれて、首長はもとより、部族機関に属する一部の人たちも労働から部分的または全面的に離脱するようになったであろう。その生活は各氏族の成員によって支えられ、労働および物資が供給されることになる。

こうした労働および物資は、本来、部族の長という集団的機能＝職務に提供されたものであったが、職務と現実の人格とはしばしば結合したものとしてあらわれる。いっぽう首長は、余剰・分業・交易を掌握していたから、あたかも部族の財産は、彼みずからの財産であるかのようにあらわれる。しかも彼は、生産労働からはなれ、そのことによって生産物＝余剰に対して特殊な立場に立つことになった。生産労働に加わることなしに生産的諸機能を体現する首長も、諸機能を首長にゆだねる集団成員も、首長の職務と首長自身を一体のものとみなすようになることは避けがたいことであったろう。

部族首長もまた一個の家族体の長であり、その個別的利害は他に優るとも劣ることはなかった。生活における彼の個別利害の欲求は他と変わることはない。とすれば彼は、彼をとりまく集団諸成員にあらわれつつあった個別利害をも集約して体現する立場にあったといってよい。生活上での部族首長の成員からの卓越を示す資料は、死後の埋葬の隔絶さを別にすればごく断片的であって、確たる証拠に乏しいが、弥生墳丘墓に時にみられる、硬玉・碧玉から成る玉類の佩用（はいよう）、おびただしいガラス玉、呑口（のみくち）式などの特別な剣、あるいは最近西日本各地で発掘されている掘立柱（ほったてばしら）建物遺構や寄棟（よせむね）式の屋根をもつ家形土器が示す竪穴住居からの脱却などがその片鱗を示している。

しかし、彼の私的利益は、集団に奉仕し、集団内の個別利害の調整をも含む首長としての職務において、また集団結合の血縁的同族の中心として、はじめて保証されるものであった。彼は首長として、生産・分業において、祖霊祭祀において、集団を代表し集団に奉仕する限り、特別な職掌の特別な存在として、集団成員によって畏敬され、絶大な権威をもちえたのである。したがって、首長が成員に卓越した生活をおこなうという不平等があっても、それは成員にとって、血縁的同族の中心としての位置と職掌に伴なうものであり、当然なこととみなされ、かえってそのことによって、集団統合の象徴と観ぜられたであろう。個別的利害の矛盾・対立は進んでいたとはいえ、なお集団成員は、集団の一員であることによってのみ分割耕作が保証され、物資や集団労働の成果が与えられ、集団性の中に半ば没していた。彼等は集団からはなれては、自立はおろか分割耕作も私的利益の追求もできず、交流によって集団にもたらされる物資の入手もできない。

首長は、この集団性を人格的に体現するものとして、成員にとっては集団そのものの威力と権威を表わすものであった。したがって成員は、集団そのものである首長に対し、人格的に依存し隷属した存在であった。

この人格的な依存・隷属は、首長への奉仕・讃仰としてあらわれるとともに、その権威の物的表現として生活上の不平等が容認され、むしろ助長され、そのことによって成員はますます集団性を確認し、それに依存する。この首長はまた集団の祭祀的機能を掌握し、集団の祖霊の呪力を体現するに至るが、それについては第六章においてふれたい。

首長はこうした成員の人格的な隷属・依存の上に、みずから一個の家族体の家父長として存在する。首長は集団性に立脚することによってのみ権威が保証され、生活の不平等＝私的利益を保持しえたのであり、後者を保持しようとすれば集団への忠実な奉仕者たらざるをえないという関係にあった。その性格は、より古い原始社会と違って個別利害にいろどられるに至ったが、なお首長を首長たらしめ、全体と首長を律する原理は、血縁的な同祖同族的原理であった。

このような部族を律する原理は、部族間においても貫かれたものと思われる。部族間の結合の直接の契機も、部族相互の利害の衝突であり、戦乱を伴なう場合もそうでない場合もあったに違いないが、いずれの場合も、部族自体の構造原理が反映し、擬制(ぎせい)的あるいは事実的たるを問わず、血縁的な同祖同族関係として表現され、優位に立ち連合の核となった部族の首長は、血縁的な同族の祖とされる。しかし劣位に立った部族は、部族連合機関に一定の参加——物資と労働力——を求められ、また祖霊の重層化がおこなわれる。そしてここにおいて、たとえ同族関係の拡大であったとしても、劣位に立った部族の成員にとっては、事実上部族外への物資・労働の提供という負担が課せられることになる。

第六章　集団墓地から弥生墳丘墓へ

一　弥生集団墓地

弥生時代の埋葬は、集合墓地を構成しておこなわれるのが通例である。もちろん集合墓地における埋葬の数には多少があり、またそれと関連して埋葬継続の時期の長短もある。前期末から中期前半にかけての山口県土井ヶ浜遺跡は埋葬数の多い墓地の一例であるが、そこでは約四二〇〇平方メートルの範囲から二〇七体の埋葬遺骸が発見されている。金関恕（ひろし）は東区と北区との差を指摘しているが、それ以上の群別はむずかしいようである。(1)それに対して、福岡県石ヶ崎（いしがさき）遺跡では前期後葉から中期前葉にわたる二七の埋葬施設が知られている（図34）。調査に当たった原田大六は、相互の切り合いと甕棺土器型式の差異からそれらを四時期にわたる所産ととらえ、第一期に四、第二期に一一、第三期に四、第四期に八の埋葬があったことを指摘し、「この墓地を単一家族四世代のものとすることが出来るかも知れない」と推定している。(2)このような単一の「家族」を背後に予想させる墓地としては、福岡県伯玄社遺跡における前期前半から中期前半までの墓地その他において知られている。

また佐賀県宇木汲田遺跡では、墓域のほぼ全体が発掘・調査され、前期から中期末葉に至る一二九基の甕棺埋葬が発見されているが、少なくとも前期末から中期前半までの間は、五、六の小群として形成されたことが推定されており[3]、五、六の家族体によって構成された集団墓地であった可能性が高い。この墓地には副葬品が特別に集中された埋葬はないが、鏡一、銅剣七、銅矛四、銅戈二などが分散的に発見されており、優勢集団の氏族墓地であったことを示している。このような数家族体によって形成されたと考えられる集団墓の例は、前期から中期前半にかけての山口県中ノ浜遺跡の墓地や福岡県金隈遺跡の中期前半から中葉の墓地、あるいは伯玄社遺跡の中期中葉の墓地などにおいても知ることができる。しかし、集落人口・定着期間・死亡率その他不定な要素も多いので、大規模墓地といっても先の土井ヶ浜遺跡のように、小群の的確な弁別はむずかしいことが多い。

このように石ヶ崎遺跡や伯玄社遺跡の初期の例が示すような小群の墓地、宇木汲田遺跡その他の例のような小群が集合した墓地は、先にふれた集落の二つの形態——単位集団と集合体——にほぼ対応するものとみてよいであろう。いずれの場合においてもそれぞれの集団性を強く保持した墓地であることは明らかである。

しかし、こうした集団墓地の中にも、前期末おそくとも中期に入る頃には、先にもふれたように、副葬の有無あるいは多少、また時として埋葬施設における相違が、墓地相

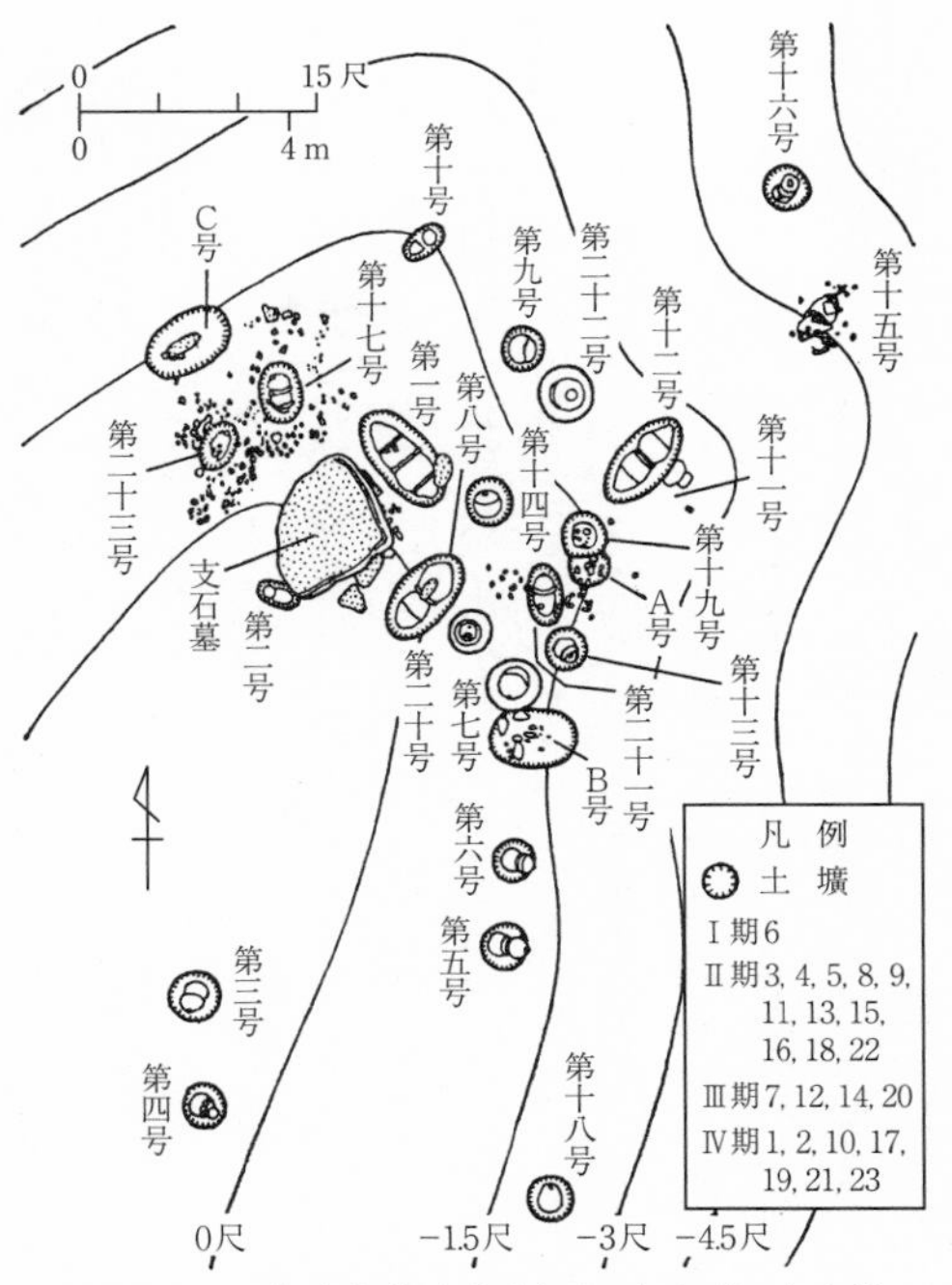

図34　石ヶ崎弥生墓地遺跡(原田大六『日本古墳文化』1975, 三一書房)

互間にも一定墓地内の小群間にも、さらに個別にもみられるようになる。先の石ヶ崎遺跡では、「第四期」の八基の埋葬施設のうち七基は甕棺をほりすえたものであったが、それらの中心にある一基は長さ二・二メートルをこえる撐石［支石］でおおわれた［支石墓構造をもつ］配石土壙墓で、そこから本墓地唯一の副葬品である計一一個の碧玉製管玉が出土している。この特別な埋葬は、石ヶ崎家族体のある時期における家長的存在の卓越を示している可能性が高い。あるいはその人物が属する氏族の長でもあったかもしれない。宇木汲田遺跡では、五、六の小群のうちに青銅器副葬の有無および多少による不均等がみられる。福岡県立岩堀田の中期後半に属する墓では、男性墓のほとんどに鉄製武器の副葬がみられたが、一般にはこうした現象はみられない。

またよく知られているように、多数の鏡や青銅器・玉類などの特別に豊かな副葬品をもつ埋葬が、福岡県三雲（中期前半）・同須玖岡本（中期中葉）・同立岩（中期後葉）・同井原鑓溝（中期末）・佐賀県桜馬場（中期末）・同三津永田（中期末）などの集団墓地遺跡の中に知られている。それに対して、副葬品がまったく知られていない墓地――たとえば先の宇木汲田遺跡から約一キロほどの位置にある葉山尻の中期甕棺墓地など――や、あっても鉄器一といった貧弱な副葬品をもつ埋葬が唯一の副葬墓であるような墓地も、数多く知られている。これはすでに述べたように、家族体・氏族・部族間にさまざまな度合であらわれた不均等的発達の反映である。それに対して埋葬施設においては、石ヶ崎遺跡における支石墓構造のような差をもつものもあり、須玖岡本のように多量の船載副葬品をもつ墓の付近には一品副葬の墓が、さらにそのまわりには副葬品のない墓が存在する、という構成をとるものもあるにはあるが、副葬品の有無多少にかかわらず、多くはほとんど一般の埋葬との間に明瞭で際立った差異を示さないのが普通である。そのうえ重要なことは、これら副葬品をもつ埋葬も、他の埋葬とともに集合墓地を構成し、少なくともその一角に存在するという点、および副葬品をそえられた埋葬を含む集団墓地とそうでない墓地との間に、埋葬施設・群構成その他においてほとんど差を見出しえない点である。いかに豊富な副葬品をもつものでも、隔絶という名に値するような区画や墳丘は知られていない。

畿内・瀬戸内その他の地方においても、弥生時代の前・中期を通じて、さらに後期のある時期まで、埋葬は集団墓地が原則であり一般であることは九州の場合と同じである。しかし畿内では、墓域を溝で画し、しばしば若干の盛土(もりつち)でおおわれる方形周溝墓が前期末以来知られている。大阪府和泉市池上遺跡のそれは前期末にさかのぼる例であるが、溝はコの字形で、八・四×七・〇メートルの規模をもち、三個の土壙が発見されている。ほかに堺市四ッ池などにも前期末の例が知られている。中期になると類例が増加すると

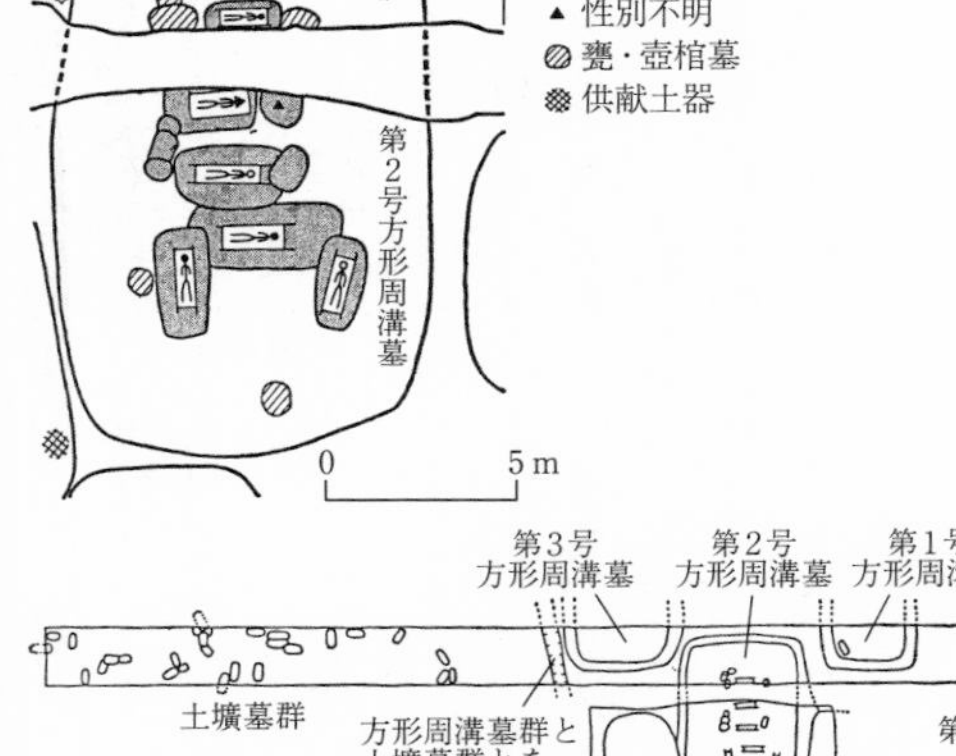

図35　瓜生堂遺跡の方形周溝墓群と土壙墓群(甲元真之「弥生時代の社会」『古代史発掘』4, 1975, 講談社, 一部改変)

ともに、少ない場合には数基から、多い例では数百基が群をなし、また別にしばしば土壙墓群を伴なうことが知られている。たとえば大阪府宮の前遺跡(中期初―中葉)では、方形周溝墓二〇基と土壙墓一〇〇基未満が集合墓地をつくっている。大阪府瓜生堂遺跡(中期中葉)では、溝で隔てられた一方の側に九基の方形周溝墓が、他の側には二〇基以上の土壙墓(発掘は一部についておこなわれたにすぎないので、実際はそれよりはるかに多いと推定される)が発見されている(図35)。また滋賀県南滋賀遺跡(中期中葉)では、一基の方形周溝墓と一〇余りの土壙墓が一群をなして発見されている。方形周溝墓には単数埋葬のものと多数埋葬のものとが知られているが、南滋賀の例では周溝内への埋葬が推定されている。(4)一つの集合墓地における方形周溝墓と土壙墓という関係は、北部九州ではみられない種類の関係であるが、方形周溝墓ないしその群が土壙墓と必ずしも隔絶・分離していないことや、南滋賀遺跡の一群のような構成が一つの単位で、それがいくつか集ったものが宮の前遺跡や瓜生堂遺跡の構成となるとすれば、都出比呂志がいうように、方形周溝墓が「家長とその世帯」、土壙墓が「家長世帯以外の世帯員」と理解できるかもしれない。(5)しかし滋賀県服部遺跡のように三〇〇をこえる方形周溝墓が相隣して営造されたものもある。上部削平のため埋葬の実体は周溝内を含め大部分について明らかでないが、「大型の方形周溝墓とその回りに散在する中・小規模の方形周溝墓という形で小群を形成する傾向」(6)があるようで、図上でみると十数グループないし二十数グループが考えられ、一グループは何世代かの家族体に当たる可能性がある。

個々の埋葬施設については、木棺墓・土壙墓(この場合も木棺に納められた可能性は多少ともある)・土器棺墓などの相違があるにしても、木棺墓が方形周溝墓埋葬に限られることもないし、土壙墓や土器棺墓が方形周溝墓の埋葬施設とされることもあり、大きな差異がそこに示されたとは考えにくい。また方形周溝墓内の複数埋葬——上部が削平されていることが多く、必ずしも埋葬のすべてが、あるいは一部ですら知られていない例も少なくない——の間にも著しい差異は指摘できない。北部九州と違って副葬品をおさめる習慣に乏しかった前—中期の畿内では、これ以上の差を墓地間ないし個々の埋葬間に指摘することは今日ではむずかしい。ただ後期になると、方形周溝墓の発見例が少なくなり、またおびただしい群在の例も知られず、特定の人物ないし集団が選別されつつあったことを示すかのようである。

方形周溝墓は畿内だけでなく、西方の一部、さらに東方へも及んでいる。関東では中期後葉に出現するが、その一例を近年発掘された横浜市歳勝土(さいかちど)遺跡にとると、次のごとくである。

それは同じ時期の大塚(おおつか)環濠集落遺跡に近接した台地上に相接して営まれた二五基から成立している(図36)。周辺に土壙墓などの埋葬はみとめられないので、大塚環濠集落の住民の墓地がこの方形周溝墓群であったとみてよい。周溝墓内の埋葬は知られているものでは各一であるので、少なくみつもっても同時併存の住居は二、三〇軒に達するとみられる大塚環濠集落の墓地としては、著しく埋葬数が少ない感がある。しかしここでは、

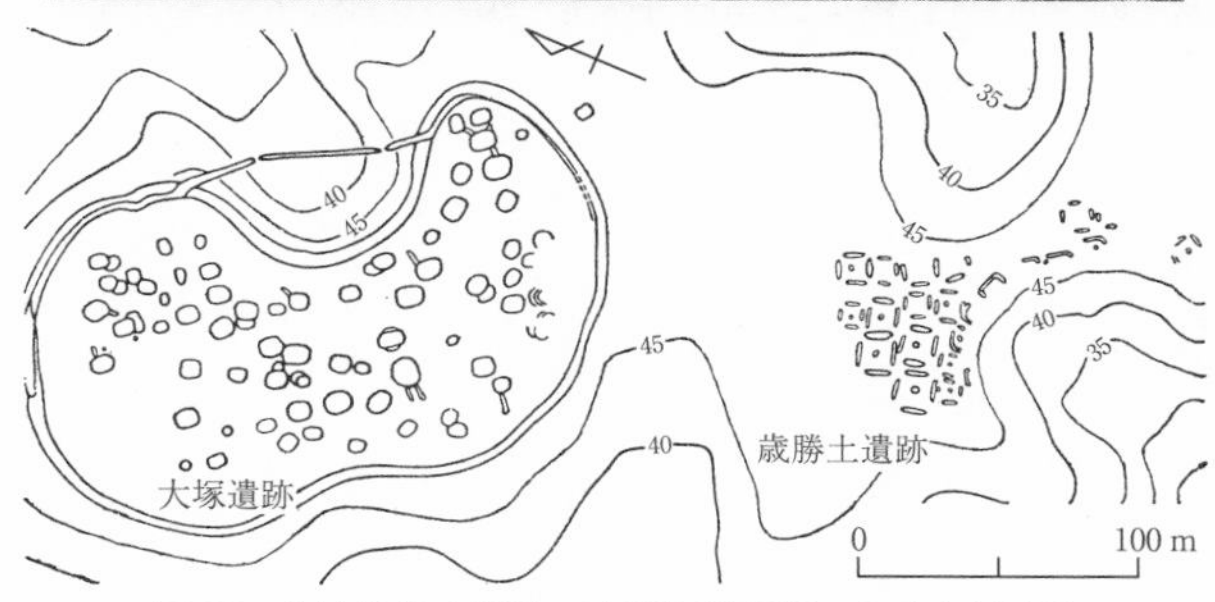

図 36　(上)歳勝土遺跡の方形周溝墓群，(下)大塚遺跡と歳勝土遺跡(弥生時代中期後葉)[上下とも公益財団法人横浜市ふるさと歴史財団埋蔵文化財センター提供]

周溝内に土壙墓および土器(壺)棺埋葬あわせて三〇ほどが発見され、ある周溝墓のごときは三辺の周溝に五基の土壙墓が検出されたという。調査に当たった小宮恒雄は、周溝内埋葬を含め一基の方形周溝墓を「墓地を構成する最小の単位」「血縁的な紐帯で結ばれた最小単位」ととらえ、形態や位置関係、周溝の重複、中心埋葬の方向の差などから、「いくつかの単位で構成された系列」があり、「さらにいくつかの系列を含んだ1つの墓地としてのまとまり」が歳勝土遺跡であると指摘した(7)。おそらく「単位」が単位集団を構成する「世帯」、「系列」が単位集団と思われるが、とすれば、ここでは最小単位における中心埋葬と溝内埋葬という差はみられるにしても、「単位」相互間、「系列」相互間の差はほとんどなく、その限りでは、集落成員の平等な結合関係があったことを認めないわけにはいかない。一団をなして併列造成された歳勝土の方形周溝墓群は、あたかも全成員の出席の中での「世帯」長会議の場の投影であるかのようであり、畿内で理解しようとした前—中期の方形周溝墓と土壙墓との関係が示すところとも異なり、単位集団内の、あるいは単位集団間の不均等はこの点に関する限りほとんどうかがうことはできないといえるだろう。

北部九州・畿内・関東の集合墓地構成上の以上の差異は、前—中期から後期の一部にかけての三地方の習俗の違いおよび社会発展の差を示すものと思われる。

二　弥生墳丘墓の成立

弥生時代の埋葬は、以上のように、その中に不均等をかかえながらも、前期以来集団墓地を形成してきたが、やがてその中に他と隔絶される埋葬があらわれる。今その動きをまず、今日の岡山県と広島県東部を含む吉備について述べてみよう[8]。

吉備地域において、集団墓地の中またはそれと分離して、特別に区画された一群の埋葬がみられるようになるのは弥生時代中期後葉で、岡山県山陽町［現、赤磐市］四辻・四辻峠・宮山などの諸遺跡にその実例が知られている。四辻遺跡は七二基の木棺土壙墓と少数の壺棺とから成る丘頂の墓地遺跡であるが、そのほぼ中央に地山を台状に削り出したいわゆる方形台状墓が設けられ――一辺約一四メートル、高さ約〇・六―一・〇メートル――、ここに多数の土壙墓埋葬がおこなわれている(図37)。集団墓地内に設けられた区画墓で、その墓地が示す氏族の中枢にある特定家族体を示すものか、あるいは有力な複数家族体の家長世帯を示すものであろう。

四辻峠台状墓(図38)は同じく中期後葉ないし末葉に属する、径約一五×一二メートル、高さ約一メートルの不整形、宮山台状墓は後期初頭、辺約一九×一三・五メートル、高さ約一メートルの方形台状を呈し、ともに、その間に較差のみとめられない土壙墓七基

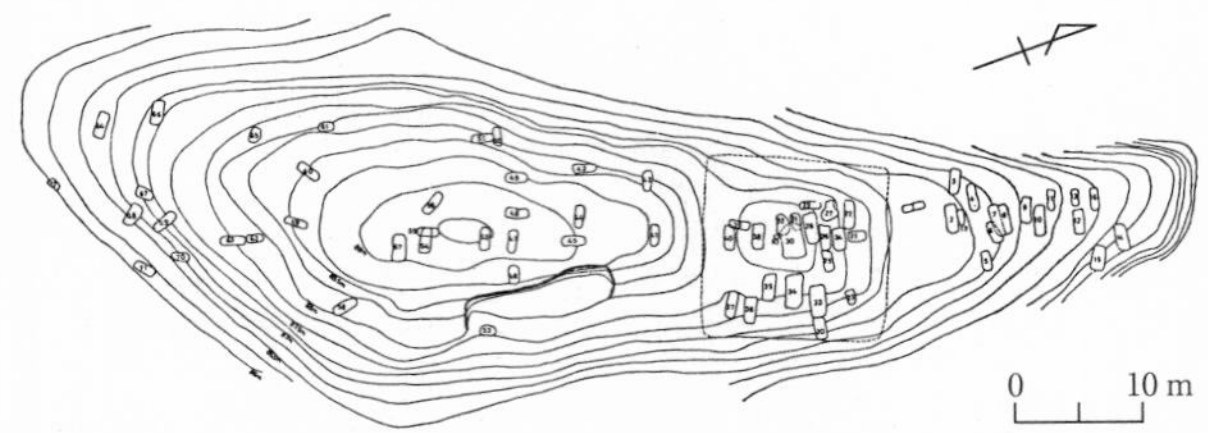

図 37　四辻土壙墓群遺跡〔方形に画された部分が四辻台状墓〕(神原英朗『四辻土壙墓遺跡・四辻古墳群』1973，一部改変)

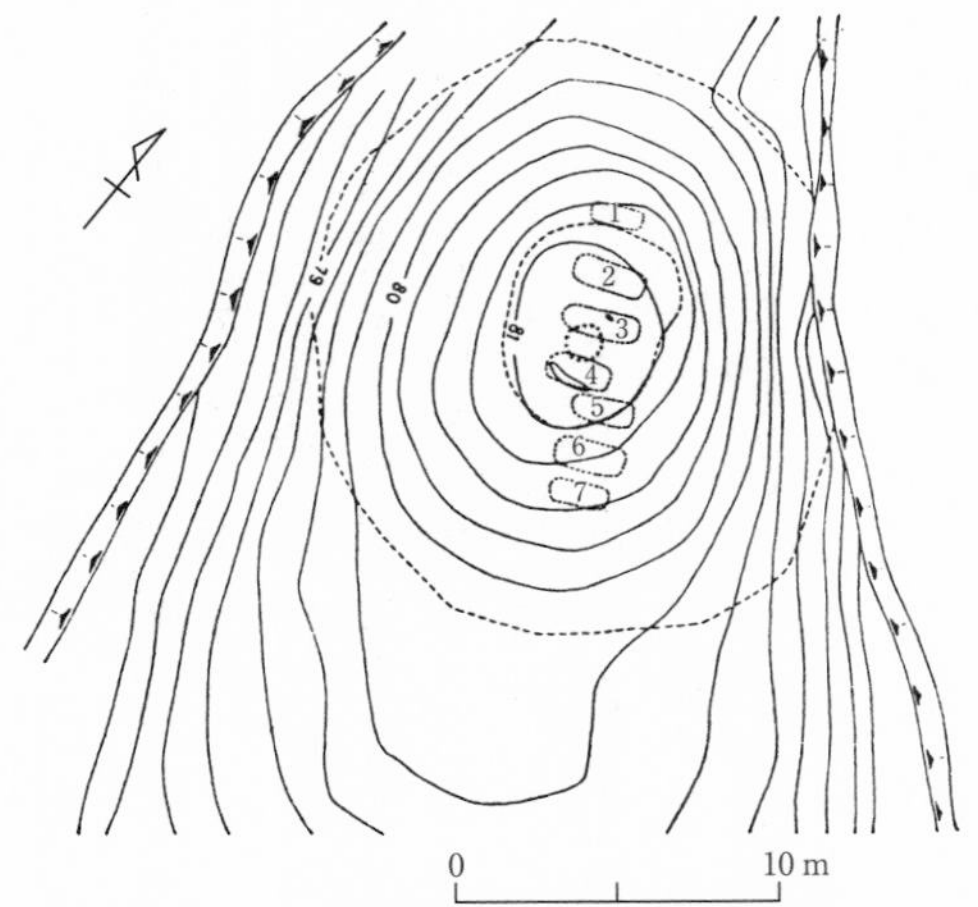

図 38　四辻峠台状墓(神原英朗『四辻土壙墓遺跡・四辻古墳群』1973)

をもつ。周辺部の調査結果から、集団墓地を離脱しつつあった状況を呈しているので、特定家族体ないしそのうちの家長世帯の墓地である可能性が強い[9]。類例はなお少ないが、おそらくこのような動きをうけて、後期中—後葉ともなると、台状墓といわれるもののほか、盛土をもって立体的に墓域を画す墳丘墓が出現するようになる。一方を弥生台状墓といい、他方を弥生墳丘墓とよぶことが多いが、墳丘の形成としては基本的に同じで、周囲をなにがしか削り出し、またなにがしかの盛土をして墓域を画したものであって、用語があらわれた時点での強調の仕方によったものである。

さて吉備地域にあらわれた弥生墳丘墓の特徴を概観してみよう。

それらはしばしば墳端に、あるいはそれに近く列石あるいは石垣状の石列を配していることが多い。周囲ぐるりに配置される場合も、一辺あるいは相対する二辺にだけ置かれる場合もあり、また二列(二段)に配される場合もある。立地はのちの前期古墳と同じように、集落からはなれ、山や丘陵の頂上や尾根といったところに築造されることがほとんどである。墳丘の平面形には方形・円形・長方形・楕円形などがあり、なかには古墳前方部に似た突出部を一つまたは相対して二つもつ類もある。規模は小は径または辺数メートル、大は径四〇メートル強に達するものもある。集団墓地の一角に築造されるもの、集団墓地から離脱して築かれるものがあるいっぽう、それ自体が十数体に及ぶ多人数埋葬の場であるもの、少人数埋葬のもの、単独埋葬のものなどがある。埋葬にあたって飲食物共食儀礼がおこなわれ、埋葬主体の直上または付近に、壺・台付坩・高坏の土器類が発見されることが多い。なかでも特殊に発達し、大形化・装飾化をとげた壺と器台——特殊壺・特殊器台——が顕著な存在を示す。埋葬施設には木棺直葬、木棺のまわりに配石したもの、木棺を収める竪穴式ふうの石槨ないし竪穴式石槨あるいは木槨を築いたものなどがある。副葬品をもつ例は必ずしも多くはないが、鏡、僅少な鉄製武器と玉類、あるいは玉類だけをもつものなどが知られている。

ここで特殊器台・特殊壺とよんだものについて若干説明を加えよう(図39)。それは弥生時代後期中—後葉において、それまで農耕集落において農耕祭祀行為に使われていたと推定される器台形土器とある種の壺形土器が、特殊的に発達して埋葬儀礼に使用されるようになったものである。壺をのせる器台はとくに大形化・装飾化(呪化[呪術化])され、その全高は七、八〇センチから一メートルを優にこえるものがあり、その筒部は箍状隆起帯によっていくつかに区切られ、その間を曲線直線の帯状文、あるいは綾杉文・鋸歯文などが飾る。壺は、外方に強くひらいて立ち上る口縁部をもつ長頸のもので、胴のほぼ中央に二ないし三本の箍状隆起帯をもち、その間に鋸歯文が施されるのが一般である。両者とも、ひじょうに丁寧な作りで、製作途上においてさえ丹を繰りかえし塗った例も知られ、完成時は全表面が丹塗(にぬ)り仕上げとなる。

その分布は、岡山県南を中心に備前・備中・美作・備後などほぼ吉備全域にひろがる。現在までに約四十数遺跡から発見されているが、その出土状況からみて、その使用は、墳丘墓などにおける埋葬祭祀儀礼に限られたものとみてよい。その使用数は、少ない場合は一、二個、多い場合は数十個に達する。「例外的に」山陰から二例ほど知られているほかは、現状では、東は播磨に及ばず、西は安芸・周防に達せず、南は瀬戸内海をこえていない。したがって、これが吉備地域において発達し、吉備地域の諸集団の主として首長埋葬にあたって製作・使用された、きわめて独自で特徴的な葬祭具であったことは明らかである。ということは、とりもなおさず、このような独自な器台・壺を葬送祭祀

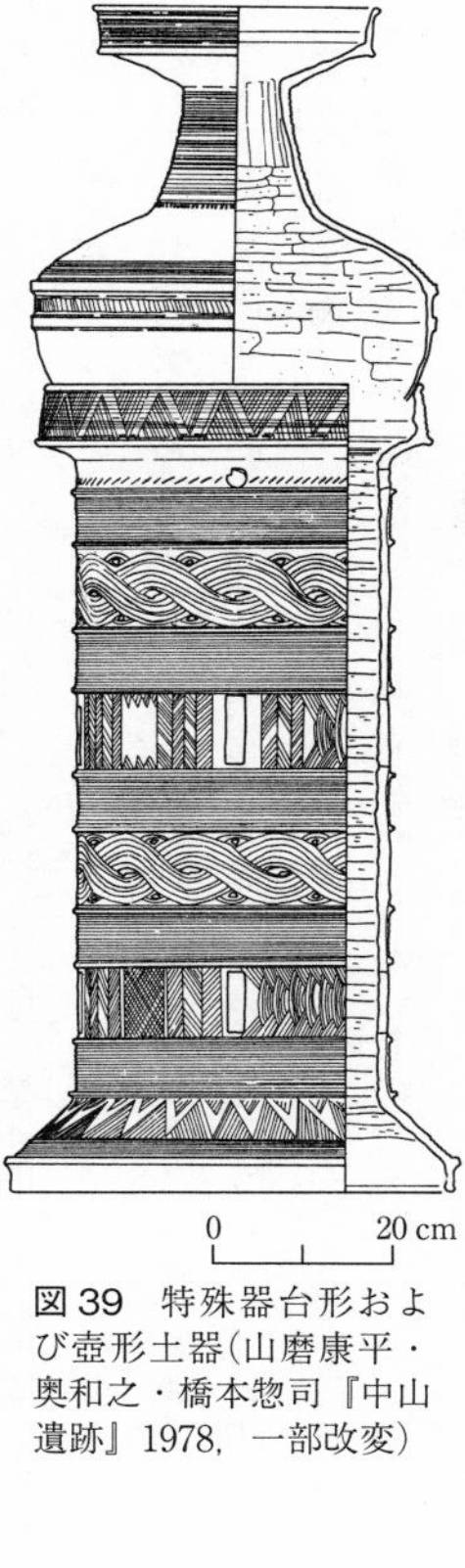

図39　特殊器台形および壺形土器(山磨康平・奥和之・橋本惣司『中山遺跡』1978, 一部改変)

に共通に使用するという点で結ばれた、吉備の諸集団の祭祀的・同族的結合があったということである。

これら墳丘墓における埋葬状況をみると、いくつかに区分できそうである。

(1)先に挙げた山陽町四辻・四辻峠・宮山の諸墳墓にみるように、とくに中心がないか、ほとんど識別しえない多人数埋葬である類である。他から立体的に区画されている点では特殊であるが、埋葬間にほとんど差異がみられないものである。

(2)一つの墳丘に多くの埋葬がおこなわれている点では右と同じであるが、中心ができかかっている類である。岡山県総社市立坂(たてざか)墳丘墓がその一つで、発掘によって知られた墳丘内の八基ほどの埋葬施設のうち、深い位置にやや丁重に作られた二基が中心をなし、その埋葬の過程で円形の墳丘が築かれ、他の埋葬はその後に墳丘に掘り込みを加えておこなわれている(図40)。同じく総社市伊与部山(いよべやま)一号墓では、石垣状の石組み、石積みの溝状部分、自然の岩などで囲まれた方六×七メートルの中心に、大小二基の埋葬設備があり、その縁辺に一、二、さらに付近に数基の埋葬痕跡が知られている。清音村(きよね)[現、総社市]鋳物師谷(いぶしだに)二号墓は、長方形らしいが定かでない墳形をもち、竪穴式ふうの石槨三基のほか土壙墓らしい施設若干がみとめられたという。

(3)中心となる埋葬が明瞭となる類である。岡山市都月坂(とつきざか)二号墳丘墓は一辺約二〇×一

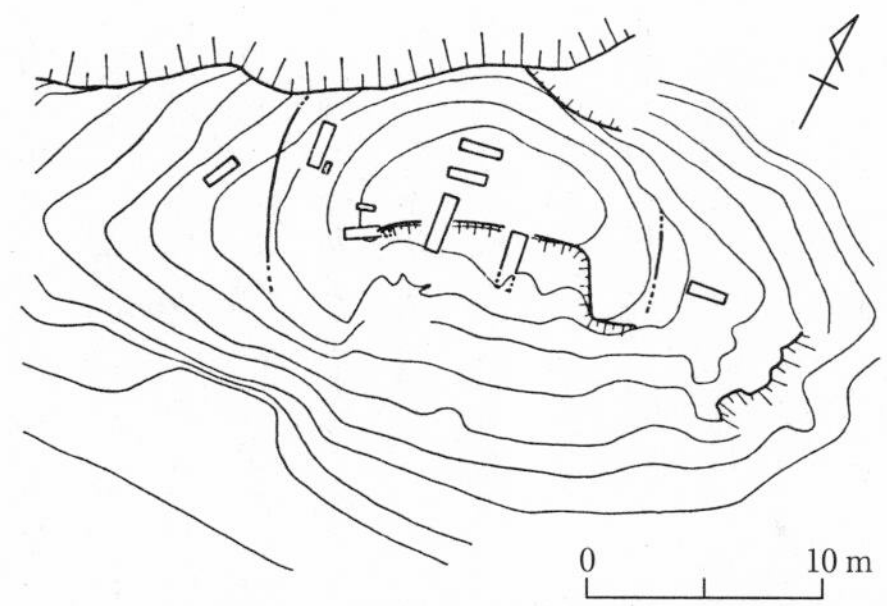

図 40　立坂墳丘墓(岡山大学立坂墳丘墓調査団作成)

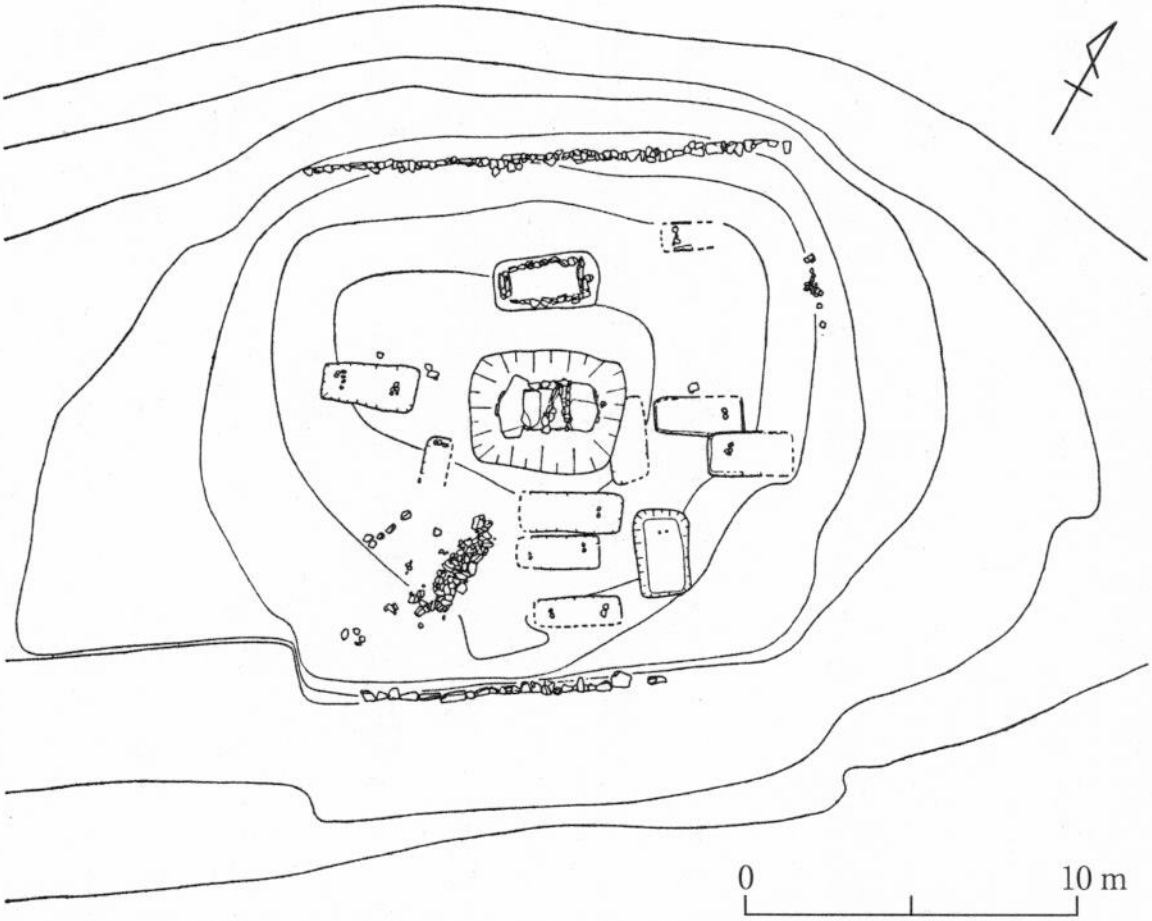

図 41　都月坂 2 号墳丘墓(岡山大学都月坂 2 号墓調査団作成)

七メートル、高さ約二メートルの方形墓であるが、墳丘のほぼ中央部に深く大きい墓壙が掘られ、その中に短小ではあるが整然とした竪穴式石槨が作られ、その他十余体は、墳丘築成後に周囲の浅い個所に木棺直葬ないし若干の配石がおこなわれて埋葬されている(図41)。両者の差は、その位置・構造・順序からみてきわめて大きい。倉敷市楯築(たてつき)墳丘墓はその点がいっそう顕著にあらわれているものと考えられるが、主丘である円丘は径四三メートル、北東部と西南部に突出部をそなえた稀にみる大形の墳丘墓で、その中央には長径九メートル、深さ一・八メートルの墓壙が掘られ、朱を厚く敷いた木棺とそれを囲む木槨が設備されている(図42)。棺内の副葬品として、ヒスイの勾玉を含む一連の首飾り、細小の管玉およびガラス小玉から成る玉類一括、鉄剣一が発見されている。墳頂周縁部では、発掘がごく限られた範囲にしかおこなわれなかったためか、U字形底面をもつ一基の木棺埋葬をみとめたのみである。

倉敷市女男岩(みょうといわ)墳丘墓は、後世の損傷による変形が大きいが、その中心、長さ約四メートルに達する大形の墓壙の中に、U字形の粘土床をもつ埋葬施設一が発見されている。さらに総社市宮山(みややま)墳丘墓の場合には、小高い円丘部には長さ二・七メートル、幅約一・〇メートルの蓋石(ふたいし)を欠く竪穴式ふうの石槨一基がみとめられただけであって、他のより簡略な多数の埋葬は、突出部の側方や前方あるいは主丘後方などになされている。

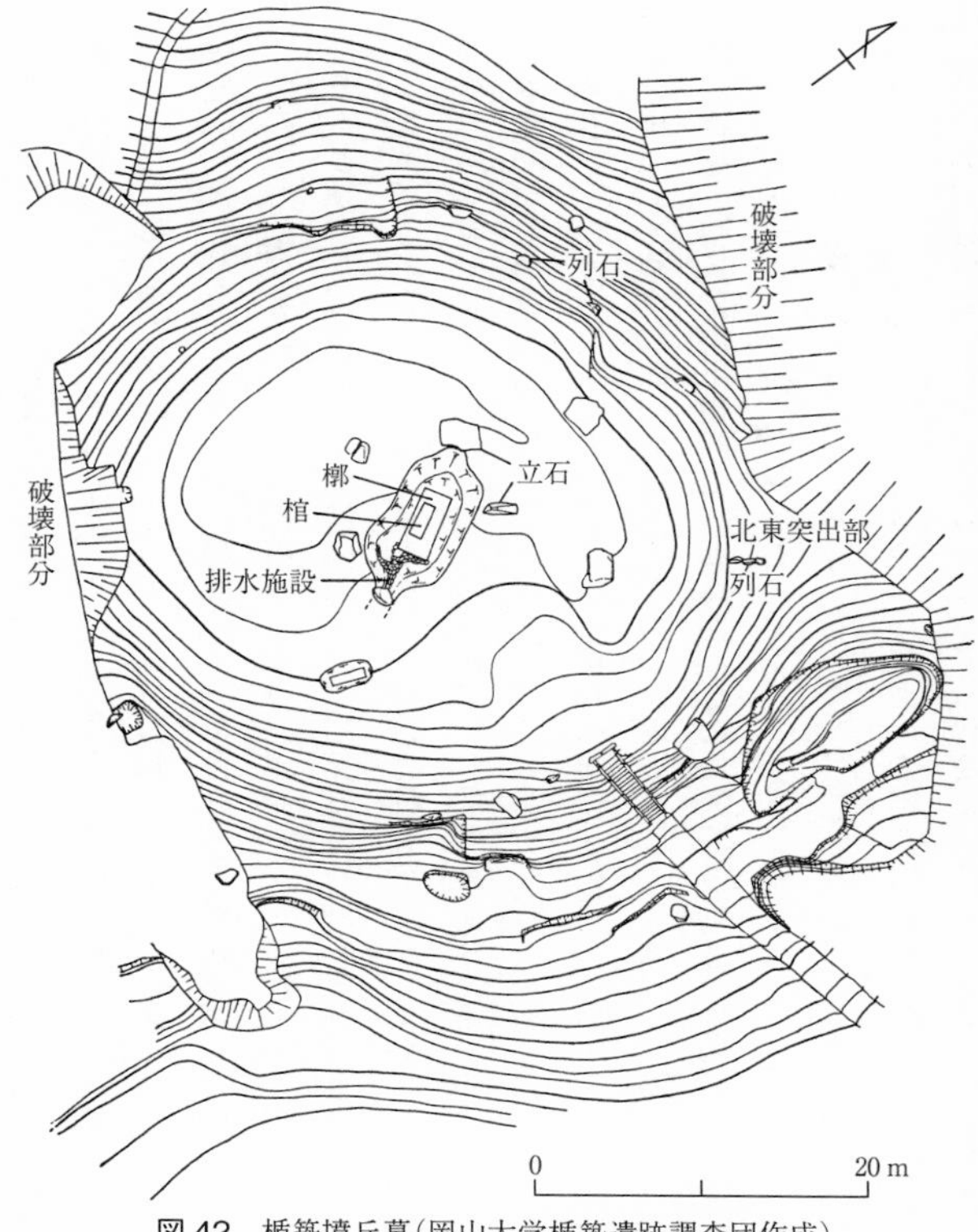

図 42　楯築墳丘墓(岡山大学楯築遺跡調査団作成)

発掘例がなお少ないので、これら各類が地域ごとにみられ、時期的にも順次入れかわりながら推移したとは限らないが、大づかみにみると、一般に(3)に、より新しい時期のものないし大形の類が多くみられるように思われる。すなわち集団墓地とは別に、あるいはその一部に削り出しあるいは墳丘によって画された特定墓域をもつ集団墓があらわれ、その中心的埋葬がしだいに顕著に形成され、卓越し、やがて一つの中心埋葬が墳丘をほとんど独占し、ほかの埋葬は周辺または墳丘外方に排除されるという推移の一般的図式を指摘できるようである。もちろん、これは研究の現状において類型を発展的に図式化したものであって、限定された小地域ごとに推移がこのとおりおこなわれたことが実証されているわけではない。事実はおそらく、弥生時代後期とくに後半において、少なくともいくつかの地域において、中心埋葬の規模・位置・構造における卓越→隔絶がさまざまな形と程度において進みつつあったということであろう。集団墓地の均等性の中に台状墓・墳丘墓が出現したこと自体、そこに埋葬された特定の結合単位にある人たちがその所属する共同体から析出してきたことを示すものであるが、出現後まもなくその人たちの間にさえ埋葬較差が生ずるに至ったようである。その後の中心埋葬の形成→隔絶の過程は、特定の結合単位の中におけるさらに特定人物、すなわち集団の首長の卓越化の過程であったと考えられる。それはまた、のちにみるように首長の特別身分化＝祭られる対象としての神霊化への歩みを示すものとみることができるであろう。

中国山地を隔てて、吉備と隣接する山陰の状況を次に紹介しよう。

ここでは中期後葉ないし後期初頭に早くも独特な形態をもつ墳丘墓があらわれる。平面形から四隅突出型（よすみとっしゅつ）とよばれるもので、方形ないしやや長方形に削り出すか、または盛土を加えた墳丘の各隅に、外に向かう突出部をつくり出し、墳裾部（ふんすそ）にしばしば溝状となる石列をめぐらし、その上方斜面に古墳葺石様（ふきいしよう）の貼石（はりいし）をおこなうという共通性をもっている。類例はなお二十数例にすぎないが、山陰出雲を中心に、石見（いわみ）・伯耆（ほうき）・因幡（いなば）、それに飛んで越中（えっちゅう）に及んでいる（図43・44）。その規模は、突出部を除いて、小は一辺一〇メートル前後、大は、突出部を入れると、出雲西谷（にしだに）丘陵の三号

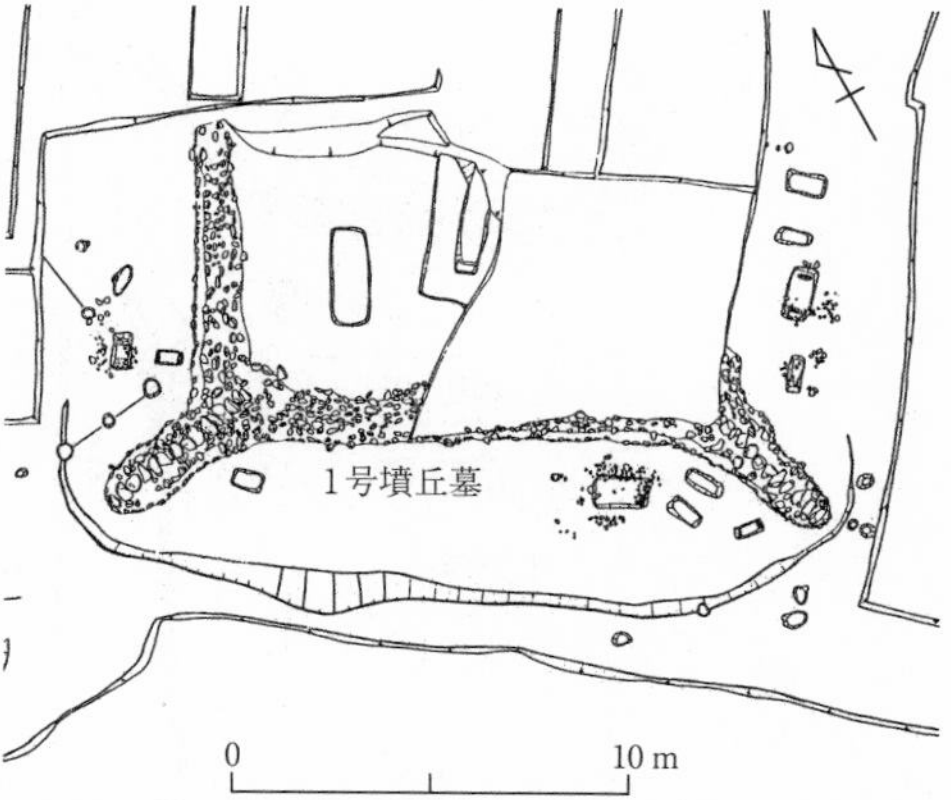

図43　鳥取県阿弥大寺1号墳丘墓（上米積遺跡発掘調査団『上米積遺跡群発掘調査報告』Ⅱ，1981，部分）

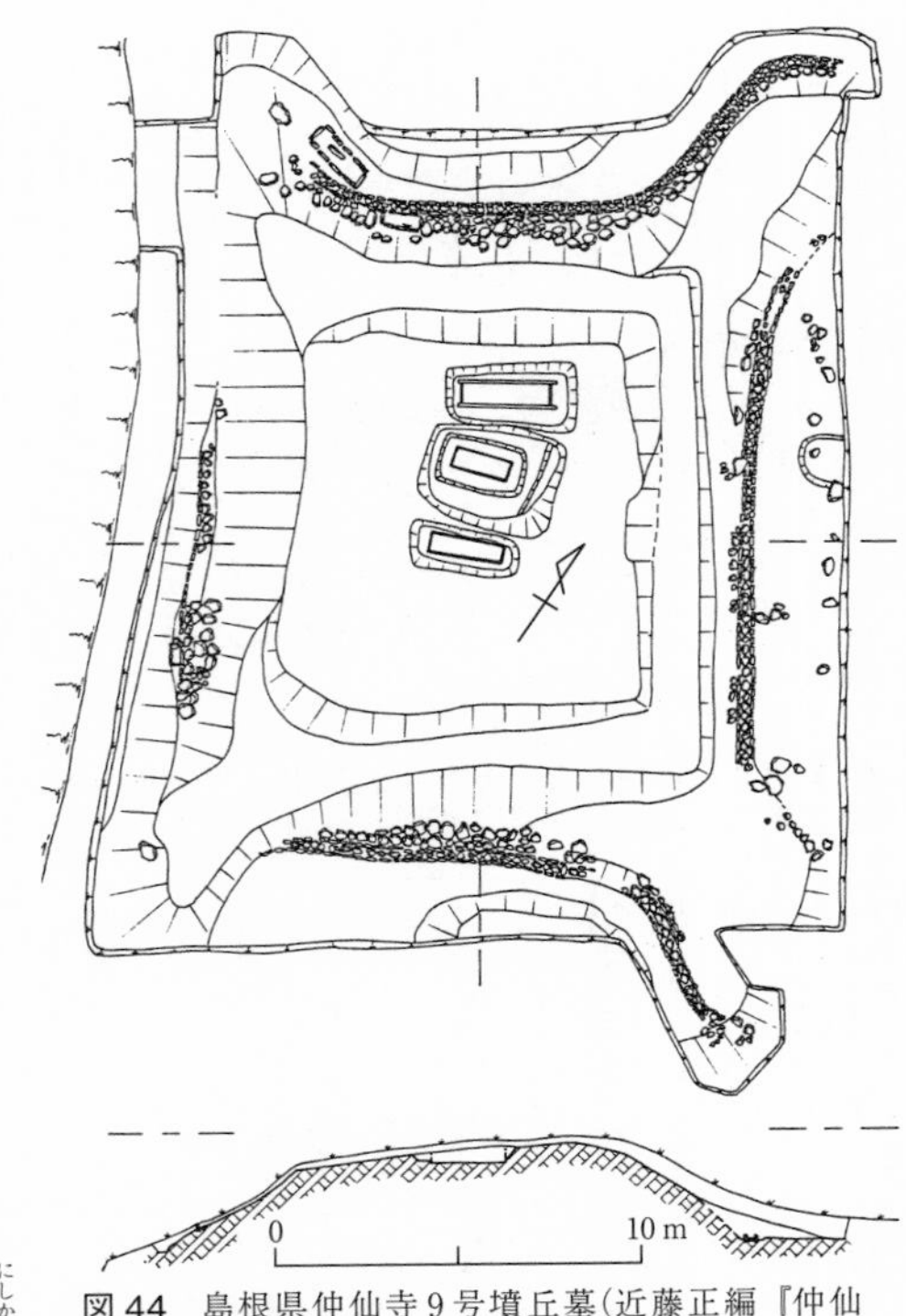

図44　島根県仲仙寺9号墳丘墓(近藤正編『仲仙寺古墳群』1972，部分)

墓で長さ約四七×三九メートル、高さ三・五メートルをはかり、因幡西桂見(にしかつらみ)墳丘墓では、一辺約六十四、五メートル、高さ五メートルに達する。

埋葬は木棺土壙墓を主とし、二、三基ないし一〇基程度の複数埋葬であるが、調査例が少ないため、中心埋葬の卓越過程については必ずしも明らかではないが、時期が下るにつれ吉備と同じように埋葬数が少なくなる傾向がみられる。副葬品をもつものはほとんどなく、あっても管玉やガラス玉若干、一、二の鉄器にすぎない。供えられる土器類は、この地域に特有な鼓形器台（つつみがた）・壺・高坏、稀に壺と器台が合わさって一個となったものなどであり、吉備の特殊器台・特殊壺のような極端な大形化・装飾化を示さない。築造される位置は眺望のよい丘や低い山の頂ないし尾根で、吉備の弥生墳丘墓とほとんど変わるところがないが、吉備の場合と違って、二、三基ないし数基が群在することが多い。

時期的な推移が突出部にみられ、はじめは主丘に対して小さいか、細長いが、漸次大形化し、シャモジ状に大きく伸び拡がるようになる(図45)。古式の例のうち、突出部上

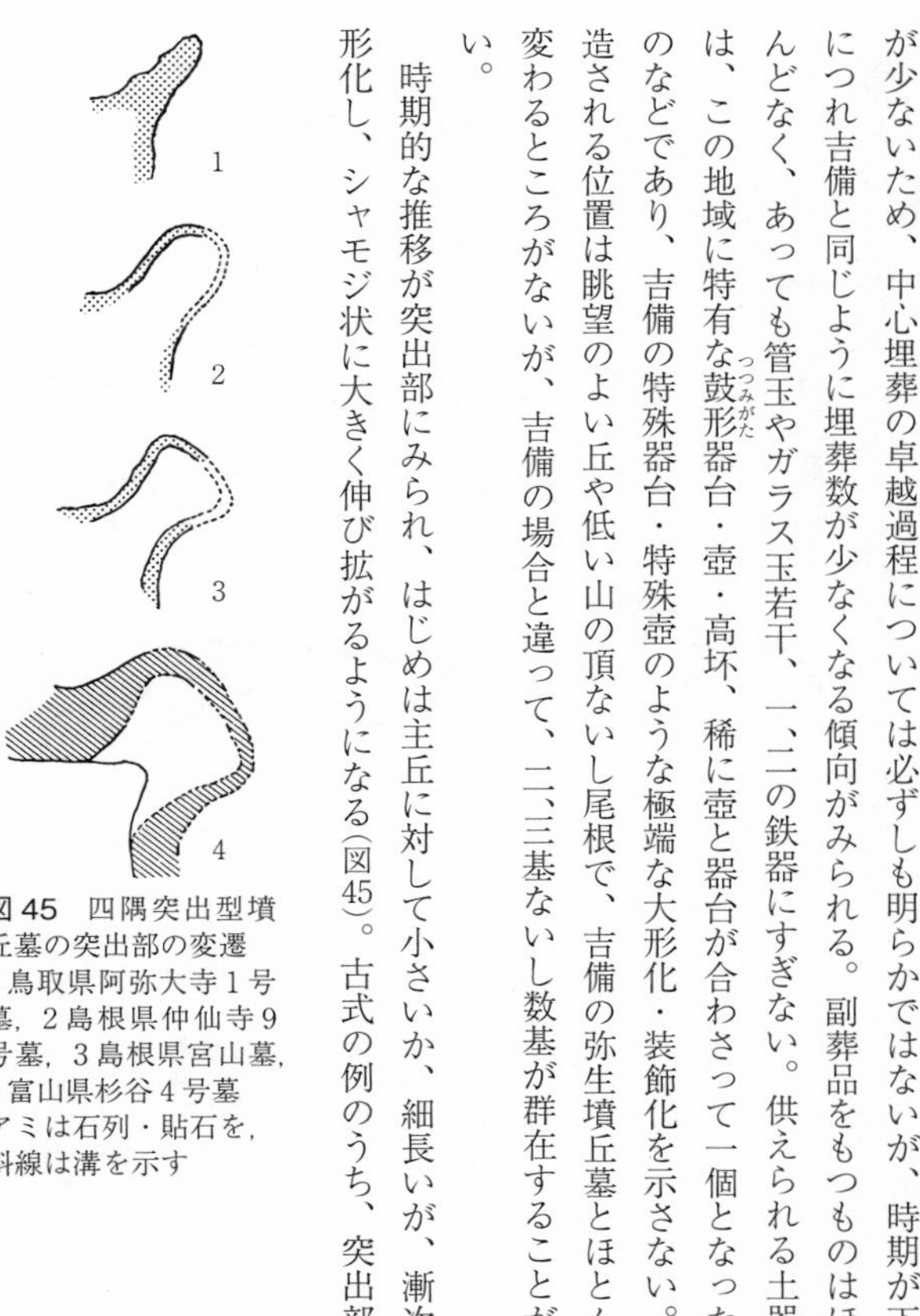

図45 四隅突出型墳丘墓の突出部の変遷
1鳥取県阿弥大寺1号墓，2島根県仲仙寺9号墓，3島根県宮山墓，4富山県杉谷4号墓
アミは石列・貼石を，斜線は溝を示す

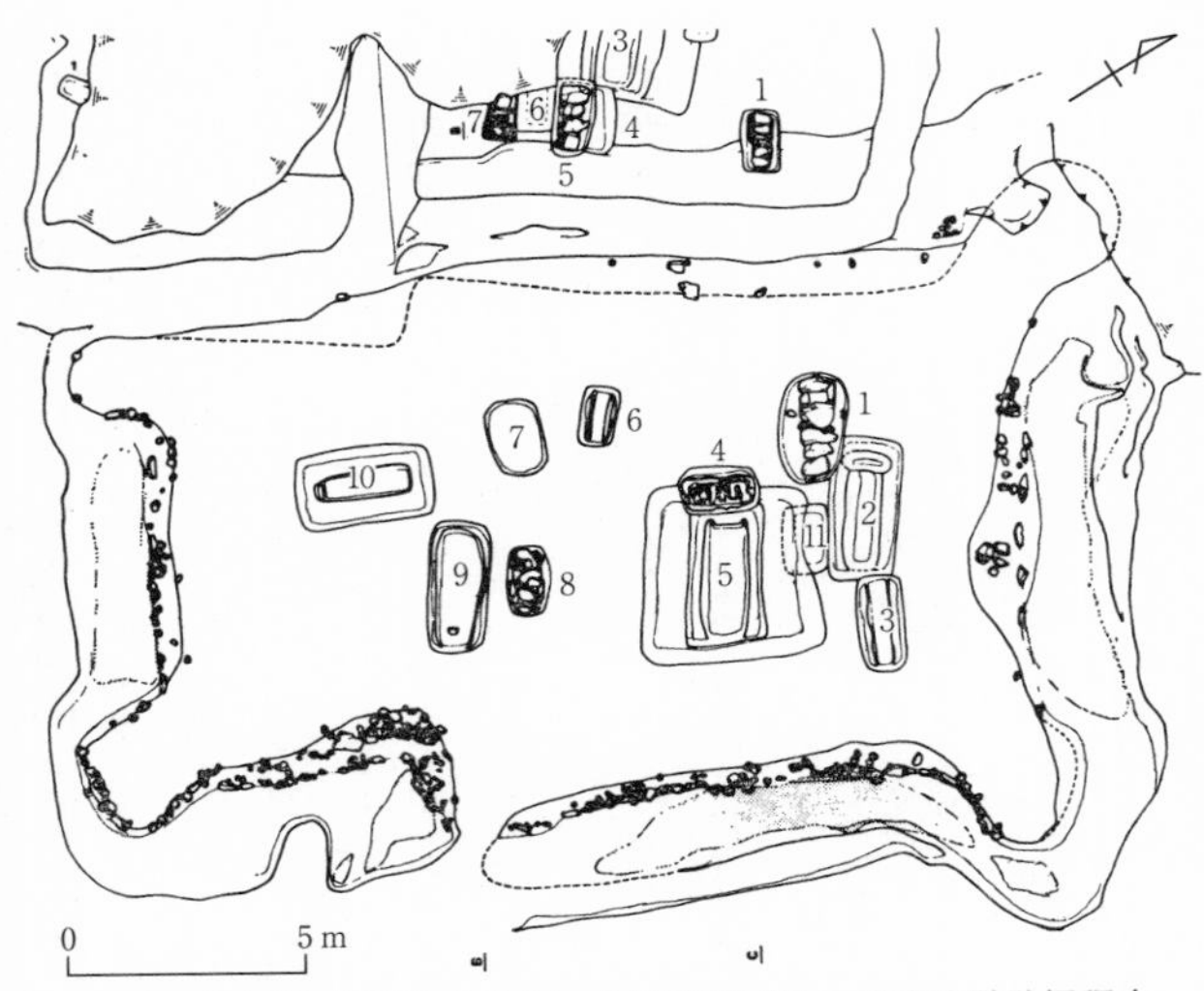

図 46　矢谷墳丘墓(金井亀喜・小都隆編『松ヶ迫遺跡群発掘調査報告』1981，一部改変)

面に石だたみ状に配石がおこなわれているものがあり、都出比呂志が四隅陸橋の方形周溝墓から推定したように(10)、一種の「道」である可能性が強い。

四隅突出型というような独特な墳形が、一つの型式として山陰地域の弥生後期に形成されていたことは、先にふれた吉備の特殊器台・特殊壺の共通性に似て、一方は土器、他方は墳形という違いはあっても、埋葬祭祀の共通性によって結ばれた山陰諸集団の緊密なつながりがあったことを示すものである。もっとも四隅突出型墳丘墓は、そのいくつかが中国山地をこえた吉備地域にも営造されている。また他方、吉備の特殊器台・特殊壺が逆に山陰に運ばれている少数の例もある。しかしその場合でも、四隅突出型でしかも別に突出部をそなえる広島県三次市矢谷墳丘墓はまさに吉備の特殊器台・特殊壺をもち(図46・47)、また山陰の特殊器台・特殊壺は、たとえば西谷丘陵四号墳丘墓のように四隅突出型墳丘墓から発見されていて、部分的相互乗入れの形をとっている(図48・49)。したがって、両者がそれぞれに入りこんでいることは、両者を特徴とする陰陽の集団間の交流を示すことはあっても、両地域諸集団の相違を解消することにはならない。すなわち中国脊梁山脈をほぼ境として、南北に異なった埋葬祭祀圏が存在した。

北部九州では後期に入ると、特別に豊富な副葬品をもつ埋葬がみられなくなるが、そのいっぽう、せいぜい一、二の、おもに内行花文鏡などの舶載後漢鏡や小形倭製鏡に僅

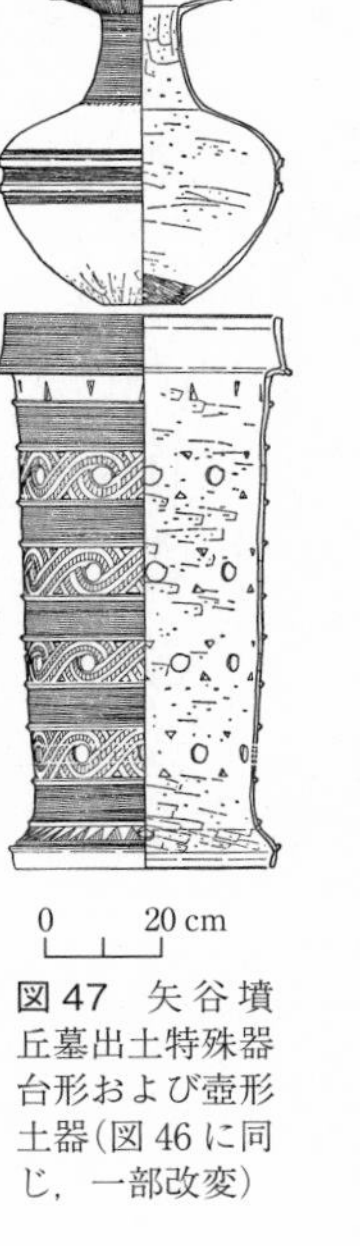

図47　矢谷墳丘墓出土特殊器台形および壺形土器(図46に同じ，一部改変)

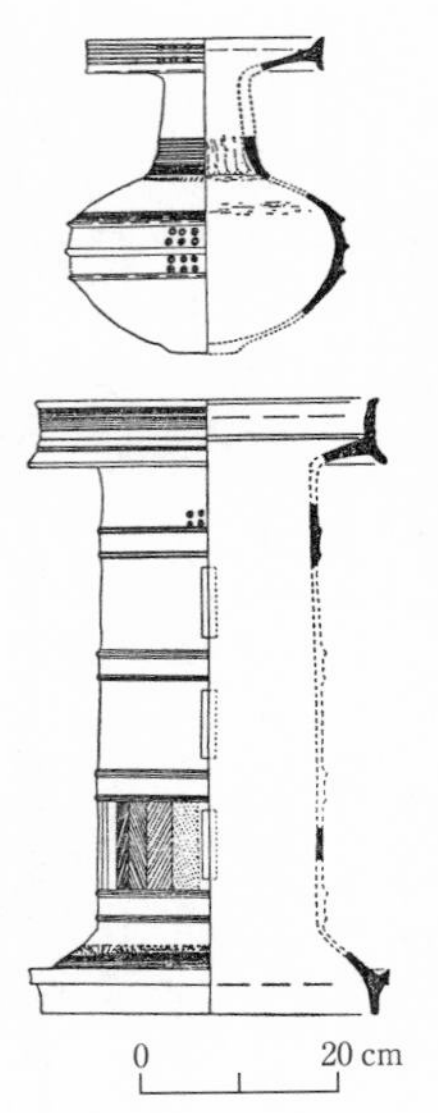

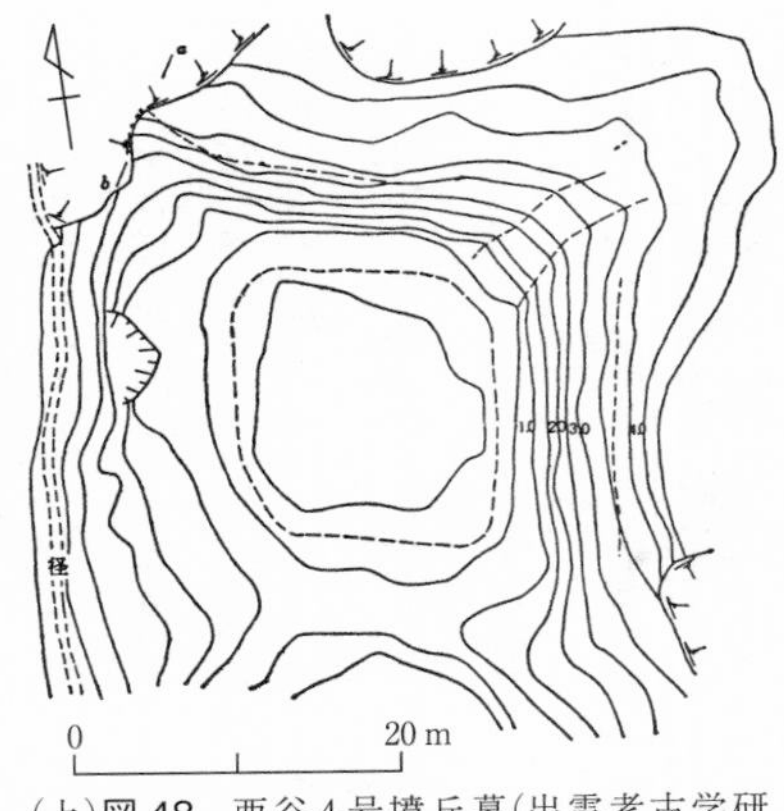

（上）図 48　西谷 4 号墳丘墓（出雲考古学研究会編『西谷墳墓群』1980，一部改変）

（左）図 49　西谷 4 号墳丘墓出土の特殊器台形および壺形土器（同上，一部改変）

少の鉄器が加わる程度の副葬品をもつ、箱式石棺ないし木棺土壙墓の埋葬はむしろ数を増してくる。そうした墓も——ときとして福岡県曰佐原（おさばる）第七号箱式石棺墓のように小盛土をもつものも含め——、前—中期と同じように集団墓地の中にあるのが一般である。

ところが後期も終わりに近づくと、特定の少数の墓が集団墓地からはなれ、独自な墓域を形成する動きがみられる。福岡県酒殿（さかど）遺跡および同採銅所宮原（みやばる）遺跡では、ともに低丘陵上に他から分離して大小各二計四基の箱式石棺墓から成る墓地が知られ、それぞれ二基の大形箱式石棺に舶載鏡・小形倭製鏡の副葬がみられた。福岡県夫婦塚は、低丘陵上に三方に列石を配して一辺約三〇メートルの区画を設けたもので、その内に五基の、外方に二基の箱式石棺墓が発見されている。福岡県宮の前一号墓は、丘陵の小さな高まりを占め、盛土若干が施されたもので、墳形はいま不整で円とも方ともいいがたいが、その規模は径およそ一五メートル、高さ約三メートルをはかる(図50)。頂部のほぼ中心に大形の箱式石棺一が築かれ、墳裾に当たる部分に大小三基の箱式石棺墓がつくられているほか、溝状遺構とよばれる不整の穴や供献の土器群などが中心をとりまくように配置されている。また推定径一七—一八メートルの墳丘をもち、その中央近くに大形で整美な箱式石棺が築かれ、管玉一七と長宜子孫内行花文鏡が採集された福岡県粕屋町の平塚もまた、弥生時代終末のものと推定されている。

高倉洋彰は、後期中葉以降にあらわれるこの種の墳墓を三段階に区分している(11)。すなわち、(a)類——「特定有力者集団」が集団墓地から分離したもの、例　夫婦塚、(b)類——「特定有力者集団の中から特定有力者があらわれ、彼とその近親者とで墓地が構成される」もの、例　酒殿遺跡、採銅所宮原遺跡、(c)類——「近親者に対してすら格差をもつ突出した特定有力者」の墓で「小規模の封土をともなう」もの、例　宮の前一号墓、平塚、とする。

資料はなお充分とはいえないが、先にみた吉備の場合と同じように、集団墓地から特定少数が分離・隔絶化の動きを示しつつあったことはほぼ確実といってよい。

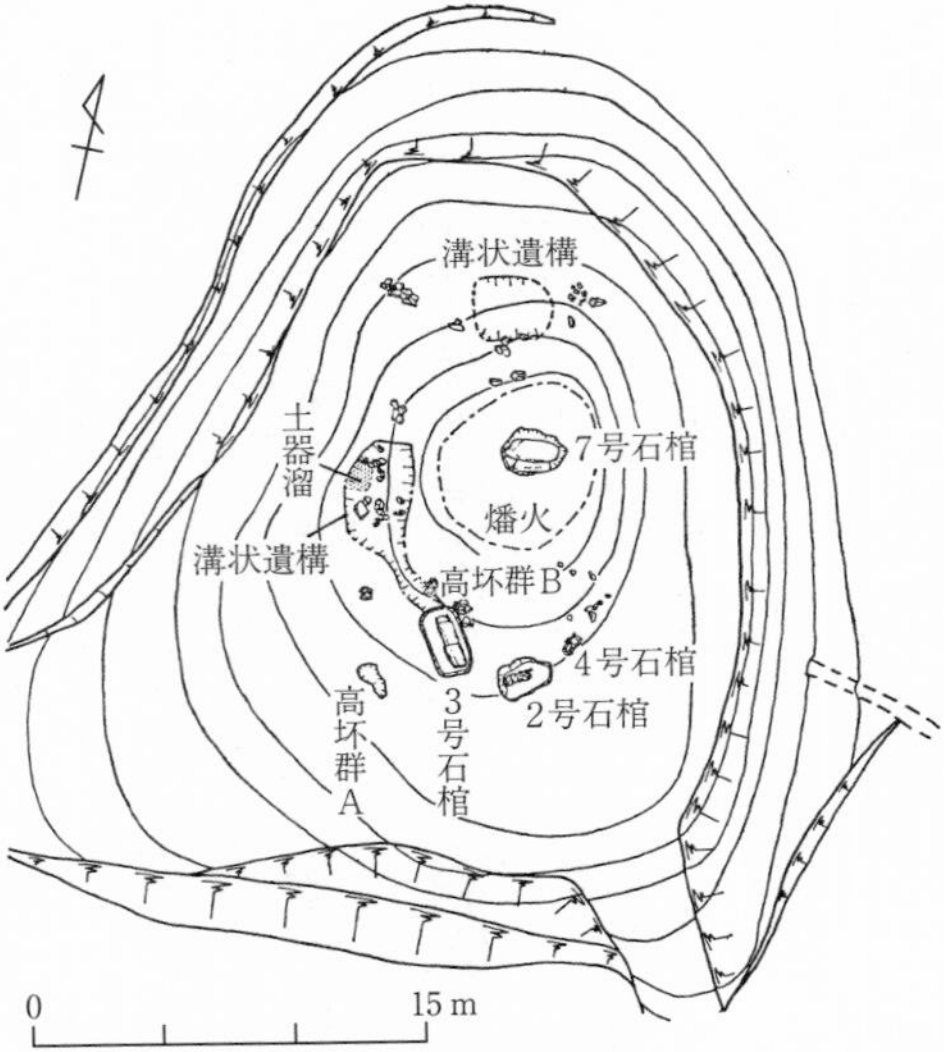

図50　宮の前1号墳墓(亀井明徳ほか「1号墳の調査」『宮の前遺跡』1971，一部改変)

福井平野を一望する、福井市原目山の北端の尾根に継起してつくられた弥生時代後期末に属する三つの方台状を呈する墓地は、調査者によって、首長埋葬の卓越・隔絶の過程を示すものとしてとりあげられている(図51)。尾根の最高所を占める第三号丘はまわりを一辺約三〇メートル強の不整方形に削り出されたもので、その広い平坦面に三基の方形周溝墓を含む多数の土壙墓が群在する集団墓地である。隣接して次につくられた第二号丘は、尾根を削り出した一辺約三〇メートル、高さ約三メートルの方形台状墓で、土壙墓五がみられた。さらにこの二号丘と連接する一号丘は、尾根を削って形を整えた上に盛土を施したもので、埋葬は中心に掘られた大形土壙の中の木棺ただ一つで、おびただしい玉類と鉄製武器が副えられていた。甘粕健はこれについて「……山頂の祭祀の対象が、集団墓地に葬られた多数の共同体メンバーから、特定の少数者に限定されるようになり、最終的には一人の首長にしぼられていく過程」

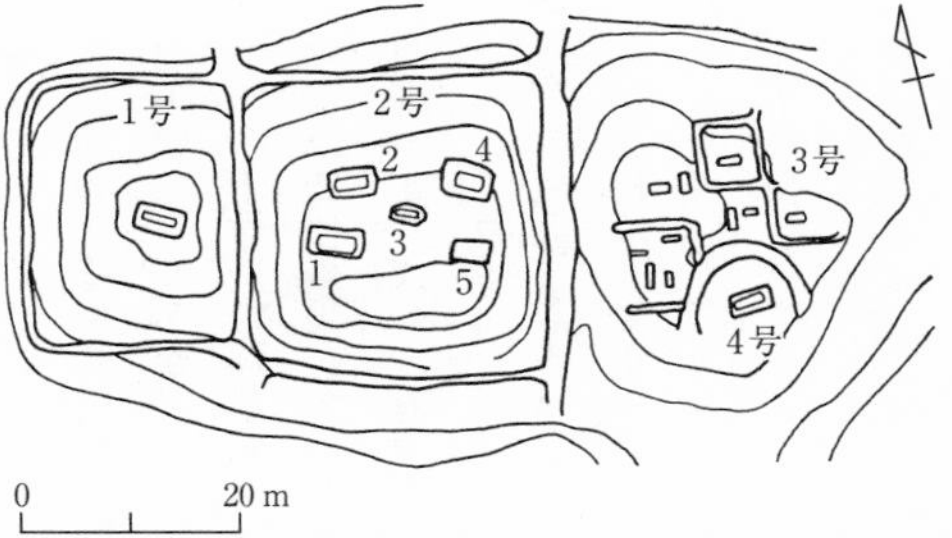

図51　原目山墳墓群(大西青二「原目山古墳群とその危機」『考古学研究』17-1, 1970, 一部改変)

を想定している。[12] しかしまた、原目山が属する福井県、さらに石川県・富山県など北陸地方において弥生時代終末期に出現する小規模な方形台状墓・墳丘墓の性格については、なお不明なところが多いが、それが鯖江市王山、同長泉寺山などのように、しばしば数基ないし十数基の群集を示すところからみれば、優位にあった部族の中の中心的氏族に属する家族体の集合墓地とみることができるかもしれない。

関東においては、後期になると、中期後葉の横浜市歳勝土遺跡でみたような方形周溝墓の均等的大群集という在り方は姿を消し、同じように集落に接し、あるいは付近に営まれながらも、多くが一時期に二、三基あるいは数基という限られた存在を示すようになる。これは一集団において、方形周溝墓に葬られるものが選別されるようになったことを示すものと考えられ、その有無・大小といった現象とともに、部族間・氏族間の不均等が首長の卓越化とともに進みつつあったことを示唆するものであろう。

こうした状況が、西の四国地方においても、また東の東海地方においても生じつつあったことは、後期における台状墓・墳丘墓の点在的出現によってうかがわれる。

いっぽう、やがて到来する前方後円墳時代にその中枢の役割を担う畿内地方においては、これまで、弥生後期の台状墓・墳丘墓はほとんど知られていなかった。しかし最近になって、奈良盆地東南隅に当たる榛原町[現、宇陀市]で二基の墳丘墓が発見された。

その一つは一辺一〇×九メートルの方形で、厚さ約一メートルの盛土をもち、幅約一メートルの周溝がめぐるキトラ山墳丘墓で、墳丘内に木棺埋葬三がみられ、墳頂や周溝から壺形・手焙形・高坏形の土器が発見されている。

他の一つは、一辺二一×一五メートル、厚さ約〇・八―一・〇メートルの盛土をもち、最大幅二メートル余りの周溝をめぐらした大王山長方形墳丘墓で、中心に設けられた墓壙中に長さ約二・五メートルの木棺がおさめられ、鉄器と土器三個が副葬されていた(図52)。

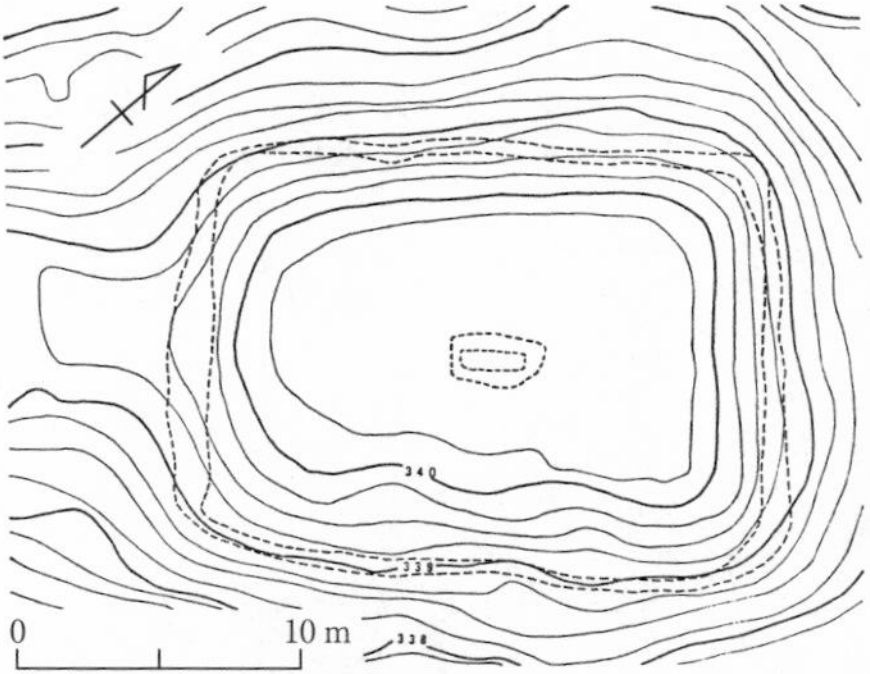

図52　大王山墳丘墓(伊藤勇輔編『大王山遺跡』1977)

この両者が位置する宇陀川・芳野川の合流点付近は、奈良盆地といっても、盆地の平野部から七、八キロメートルもはなれた山間の小平野であるから、盆地中枢部の動きをそこからうかがうには必ずしも適当ではない。それに対して、これまた最近になって、性格が明らかにされつつある奈良県桜井市石塚「纒向石塚」を注目したい(図53)。それは奈良盆地

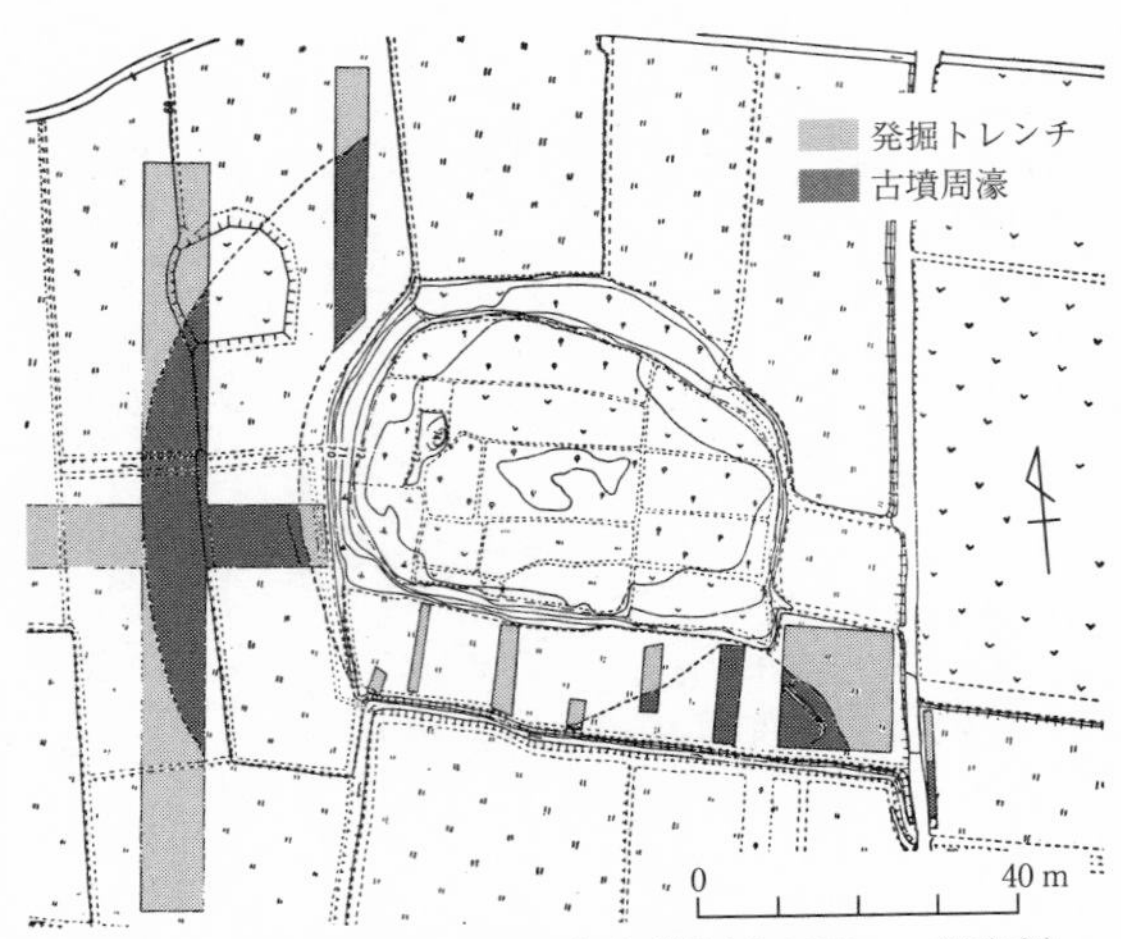

図 53　石塚(石野博信・関川尚功『纒向』1976, 一部改変)

における最古の前方後円墳の一つと考えられる箸墓古墳に程近い位置にあり、幅約二〇メートル内外の濠と覚しきものをめぐらし、一方に前拡がりの短い突出部をもつ径約八〇メートルの円丘である。墳頂部一帯は土取りや耕作によって削平され変形しているが、濠内の深い個所から弥生時代末と考えられる土器が多数出土し、さらに吉備地域に分布する特殊器台形土器や楯築墳丘墓の弧帯石〔図64参照〕の文様と類似する入組み曲線帯文様をもつ丹塗りの木製「弧文円板」が発見され、前方後円墳成立前の大形墳丘墓の可能性を強く示している。(13) なお類例は他にほとんど知られず、畿内における問題の前進は今後の調査にかかっているとはいえ、これら三例は畿内における古墳出現前夜の状況の片鱗を示唆するものといえよう。青銅器鋳造とその配布、石製武器のいち早い発達、大形の継続型集落の存在などによって、中―後期を通じてその先進性が疑いない畿内地方が、ひとり例外とは考えられないからである。なお、畿外ではあるが、西接する播磨や丹後などにおいては、集団墓地から分離した弥生末の墳丘墓が知られている。

以上、各地において見られた弥生時代後期ないし終末期の墳墓造営の新しい動きから推定される事柄を概括すれば、およそ次のようになる。

⑴集団内のある特定のグループが、大多数の集団成員から区画・分離された墓域に、一定の儀礼行為を伴なって埋葬され、しかも特定の人物がグループからさえ隔絶される一般的傾向を示している。この特定の人物が集団を代表統率する部族ないし部族連合の長、すなわち有力氏族の首長であることは先にみた集団関係の進展からみて疑いない。ただし、これには東西日本およびそれぞれの地域間に展開の不均等がみられる。

⑵一定地方の諸集団が、一定の埋葬祭祀の形態を共有することによって、祭祀的同族というべき関係に結ばれている場合が指摘できる。これは吉備地域における特殊器台・特殊壺のセット、出雲など山陰における四隅突出型墳丘として知られているが、北陸に

おける小形方形墓、関東における方形周溝墓、北部九州における鏡の副葬と箱式石棺埋葬などは、地方的祭祀同族集団の指標として将来この問題解明の手がかりとなるかもしれない。このように、今日では吉備地域と山陰地域にだけ明確に知られているにすぎないが、首長埋葬の祭祀の型式を共通にする結合が、地域的に形成されつつあったことは、きわめて重要なことで、それは、ひきつづいて出現する前方後円墳の波及が示す広範な――右の「地域」をはるかにこえた――各地諸集団にわたる祭祀的結合の前奏である。

三　祖霊祭祀

弥生時代の祭祀の実体については、よく判らないところがあまりにも多いが、農耕にかかわって豊饒を祈念する祭りは、当初からおこなわれていたとみてよい。銅鐸祭祀は、その特異な埋納状態から地霊(ちれい)を鎮め迎える祭りであった可能性が強い(14)が、それは早くも前期末から畿内や中国地方などで使用され、後期のある時期まで継続使用されている。銅剣・銅矛・銅戈などの武器形祭器の祭りも、少例であるが銅鐸と伴出したり、銅鐸に似た埋納状態を示すことなどから、少なくとも集団の繁栄や安全を呪霊に祈念する折に使用されたものであろう。

こうした祭祀は、集団が働きかける自然＝大地や稲や太陽や水などの背後にあると観じた霊に対するものであり、現実の生産力の保持・発達、あるいは集団の安穏と不可分のものとみなされていたに違いないから、ほんらい集団成員がこぞって参加し祈念する祭りという性質をもっていたと考えられる。しかし農耕の発達の中で首長が集団の現実の生産力と統一を体現してくるようになると、それが生産力と密着する性質をもつものであるから、個々の祭祀行為は巫女などがおこなったにせよ、首長が祭祀全体を優位的に司祭するようになるのは当然である。祭祀は呪霊に対する祈念という形の対話であり、当然呪霊の霊力が前提とされるものであるから、そうした祭祀を司祭することを通じて、首長は霊威に働きかけのできる人格として、現実の生き身でありながら、同時に霊とも通じあえる力をもつものとみなされるようになる。

いっぽう、人間を肉体と霊から成るものとみて、霊への怖れや霊の鎮めをおこなうことも早くからおこなわれてきたと思われるが、自然の生成力の背後に霊力を見——農耕の発達とともに、それが森羅万象ではなく、地・水・太陽・穀物など農耕にかかわるものに集中される——、それとの対話を進める中で、集団は自己の生成・存在の背後にある祖霊を想うようになる。大地に地霊がひそみ、穀物の発芽・成長の背後に穀霊（こくれい）があるように、先祖の霊は現実の集団の背後にあってことあるごとに回帰し、集団に働きかけると観念されていったものと思われる。しかしはじめは、漠然とした祖霊の世界がえがかれるにすぎなかったであろうが、首長の超越性と部族集団の統一性が高まるにつれ、それは祖霊の世界にも反映し、各氏族の祖霊は部族の祖霊の下に統一化されるようになる。部族首長は、部族を代表して部族祖霊に祈念してその霊威をうける立場に立つ。したがって首長が祭祀を通じて自然の呪霊に働きかける霊力は、集団自体の根源である祖霊からうけついだものとみなされるから、農耕祭祀は同時に祖霊祭祀と交錯しあうものとなる。祭祀を通して自然の生成力としての呪霊と集団の生成力としての祖霊は、共感し相互に重なり合うようになる。そうなると、もともと祖霊は人格化される霊であるから、呪霊の人格化も進み、たとえば穀霊が祖霊でもあるというようなことになる。このような農耕祭祀・祖霊崇拝を通じて、部族首長の現実の規制力は呪的霊力に包まれて神秘性をおび、集団成員からしだいに超絶した性格をもつようになる。しかもその超絶は、集団の再生産の外部にあるのではなく、集団の生産力を代表して集団に豊饒をもたらしうる、特別な呪的霊力の保持者のそれとしてあらわれる(15)。

ところで、農耕祭祀と祖霊祭祀とがどのように区別され、また合一するに至ったかとなると、遺跡・遺物の上では手がかりはほとんどない。しかし人里はなれた山腹などに埋納されて発見される銅鐸が示す祭祀と、のちの前方後円墳を代表かつ典型とする古墳祭祀との違いは、一つの示唆を与えるかもしれない。銅鐸の祭祀は、司祭するものが首長であったとしても、また祖霊の霊威とともに祈念するものであったとしても、祖霊そのものを祭祀の対象としたものではなく、地霊なり穀霊なり、ともかく農耕霊への祭祀であったであろう。武器形青銅祭具による祭祀もまた、矛形祭器が海神への祭祀にも使用されたと推定されているように、同じく呪霊＝神への祭祀であったろう。もっとも、広形銅矛のあるものが埋葬にも副えられた例があるから、亡き司祭者の霊威と神々の霊威が混然とした場合もあったのかもしれない。

前方後円墳を代表とする古墳が示すものは、のちにも述べるように、単なる埋葬でなく、一定の型式をそなえた首長霊を祀る祭祀行為である。そこにくりひろげられる盛大な祭りは、首長を霊威をもった存在として鎮め祀ることが集団にとって必要と観ぜられたからであり、したがって亡き首長が担っていた祖霊から引きついだ霊力を、集団すなわちそれを体現する次代の後継者あるいはその候補が引きつぐための祭式であった。すなわち亡き首長を祖霊に加え、祖霊の霊威がふたたび集団に回帰することを願う祖霊祭祀の場でもあった。

この時代には銅鐸など青銅器祭祀は全土から廃絶しているが、そのことは、もちろん自然神への祭りがなくなったことを示すのではないが、自然の呪霊に発した神々のある部分がその人格化とともに祖霊と重なり合い、祖神の中に包括されるに至ったことを示すものと思われる。少なくとも自然の呪霊の祭祀が日常的におこなわれ、人々の心を大きく占めていたとしても、現実に人々が労働の限りをつくし築きあげたものは古墳であった。

この古墳祭祀に際し、亡き首長に副えられた品々と同じ内容のものが、福岡県沖ノ島（おきしま）では神々に捧げられている。舞台装置はまるで異なるが、このことは、神々と祖霊が実は同じ世界に住んでいたことを人々が信じていたことを示しているのかもしれない。

亡き首長の霊威を祀る行事が、おそらく当時においてもっとも盛大に、もっとも大規模におこなわれたことは、集団にとって祖霊こそ、そしてその霊威をうけついだ亡き首長の霊こそ、祭るべき何よりも大切なもの、祖霊を祀ることが神々を祀ることにも通じると観ぜられていたからであろう。もっとも、これはことの半面であり、後継首長ないし候補が、そうした祭祀を通じてのみ集団成員を優位的に規制しうるという自覚の下にあったとすれば、古墳祭祀は、祖霊の霊威継承の儀式を借りた首長の権威発揚の場として、重大な政治的闘いの場でもあったろう。

ところで、祖霊＝首長霊の祭祀は古墳の出現とともに成立したのであろうか。それとも、先にみた弥生墳丘墓の中にその初現がみられないものか。そこでふたたび、比較的に材料に恵まれた吉備地域の弥生墳丘墓における首長埋葬祭祀を検討してみよう。

そこでは首長の埋葬にあたり、墳域が平面的にも立体的にも区画され、のちにそこに追葬がおこなわれようと、首長が特別に扱われていたことは明らかで、首長の霊が特別な扱いをうけるにふさわしいものであったことを示している。この首長の霊に対して、特別に製作された器台に、これまた特別に作られた壺がおかれ、捧げられる。

器台形土器は、吉備地域においては弥生時代中期後葉に、壺(やある種の甕)をのせる台として集落内で使用されるものとして出現する。農耕の発達期を迎えて出現すること、一集落遺跡において他器種にくらべ出土量が少ないこと、しばしば飾られていること、そして何よりも、飲食物を容れる壺を安置する台であることなどから、特別な祭事に用いられたものと考えられる。農耕集落における飲食物奉献の祭事といえば、収穫祭における神々との共食儀礼を考えるほかにない。したがって、この器台が弥生時代後期後葉に、極度に大形化・装飾化・呪化して首長埋葬の場に使用されるようになることは、亡き首長の霊との共食儀礼が、神々との共食儀礼にもまして集団にとって重大な関心事となったことを示している。[16]

壺が捧げられただけではなく、いっしょに高坏・埦(わん)・台付坩などが発見されるので、そこで飲食がおこなわれたことは確かである。それらの土器には使用後孔(あな)が穿たれ、もはや使わないものとして墓上に放置されるから、土器類をおくことに意味があると考えるよりも、それをもって亡き首長の霊前で、つまり霊とともに飲食することに意味があったに違いない。つまり霊とともに飲食することによって、霊を鎮め、霊と一体となることを意図したものである。霊に飲食物を捧げ、共食共飲したと思われる行為の痕跡は、首長墓だけでなく、この時期の成員墓にも、あるいはさかのぼって中期にも知られているので、早くから成員の個々の霊もまた鎮められ、集団の祖霊の世界に加わるものとみなされていたと思われる。しかし、特殊器台形・特殊壺形土器は集団成員のすべてに捧げられたものではなかった。それは特別に区画された墳丘墓でみられるか、集団墓地においてその一角にみられるにすぎない。後者の場合には数個が近接しておかれており、集団墓地の中の特定の、墳丘墓はもたないがおそらくは首長の埋葬に際して捧げられたものと考えられる。岡山県落合町［現、真庭市］中山集団墓地遺跡では、百数十の埋葬から成る集団墓地の一角にのみ、五個の特殊器台、三個の特殊壺形土器がおかれていた。楯築墳丘墓では数十個の特殊器台と特殊壺がおかれた。したがって特殊器台形・特殊壺形土器は首長あるいは首長に準ずるような特定の人物、あるいはそうした人物を含む共同墓地に捧げられたものとみてよいであろう。

この特殊器台形・特殊壺形土器は、単に大形で飾られているだけでなく、呪的効果を高めるような文様をそなえている。その文様の一つは帯が弧状に入り組んだ文様であるが、石や木板にも表現されてそのものに呪物としての性格を与え、のちには直弧文とよばれる呪文様としていっそう形式化し、古墳時代のさまざまな器物にあらわれる。製作過程も、輪づみごとに丹が繰りかえし塗布されることが示すように呪的行為そのものといえるものである。高さ七、八〇センチから一メートルをこえる器台の大きさも、当時の他の土器類にくらべて異常である。このようなそれ自体呪物であるようなものがつくられ捧げられることは、その霊が特別な威力をもっていたと観念されていたからに違いない。とすれば、もはやそれは農耕・祖霊祭祀を通じて特殊な呪的霊威をそなえるに至った首長霊を措いてほかにない。そこにくりひろげられた儀礼行為の個々については不明なところが多いが、楯築墳丘墓では、特殊器台形・特殊壺形土器とともに沢山の土製勾玉、土製管玉、人形土製品、鉇を主とする鉄器、破砕された弧帯石が、中心埋葬上に積み上げられたおびただしい円礫の中や上に存在し、その祭祀の盛大・複雑なさまを垣間見せた。首長の霊威を祀り鎮め、霊威を引きつぐ多彩な祭祀が神人共食儀礼とともにおこなわれたとみてよい(17)。

　のちに初穂祭とも新嘗祭ともよばれた秋の収穫の祭りは、新穀(穀霊の復活によってもたらされたもの)を神々=祖霊に供え、一年の区切りとして、次の新しい春を招きよせる復活・再生の祭祀で、農耕祭祀のうちでも中心的な役割をもったものである。そこでは、新穀を神々と共食することによって、人々は神々の霊威をうけ、新しい年を迎える新しい力を身につけることができると信じられた。特殊器台と特殊壺によって特別なものとされた、飲食物の墓前における共食共飲は、これと共通する観念のあらわれであろう。亡き首長の霊力が、集団の統一と生産力の体現者として祖霊からうけついだものであったとすれば、その霊威を鎮め引きつぐ祭祀を司祭する者は、後継者、少なくとも後継者たらんとする者であったに違いない。したがってそれは、亡き首長に体現された祖霊の霊威が、ふたたび集団へ復活・回帰し、生産の豊饒と集団の統一がもたらされることを願う祭祀であり、それゆえ司祭する者が次代の後継者であっても、祭祀自体の性格は右の共食共飲の実際例のように、すぐれて集団的なものであったとみるべきであろう。

第七章　前方後円墳の成立

一　成立期前方後円墳

前方後円墳はすでによく知られているように、当初、強い画一性あるいは統一性をもつものとして出現した。円形の主墳に前方部とよばれる台形壇部を付設したその墳形の造成は、何人かの研究者がそれぞれに指摘しているように[1]、一定の計画的地割＝設計図の存在を予想させるものである。個々の前方後円墳にあって、それ自体の規模、前方部と後円部の大きさや高さの比率、前方部の形状などにおける若干の差が存在することはいうまでもないが、そのような個々の差を越えて、前方後円形としての墳形は、出現の当初からその廃絶に至るまで一貫している。これ以外の以下に述べる諸要素が、時期の下るにつれ、また地域や同族関係における位置にもよって、著しく変貌をとげていくのに対し、この墳形は、確固として不動であって、まさにこの墳墓型式を前方後円墳と呼称するにふさわしい。この点は、前方後円墳とほぼ同時に出現した前方後方墳に関しても、後円が後方形につくられるという点を除いて、同じように指摘できるが、これは、前方後円墳にくらべて常に相対的に小規模で、またほとんどの地域において前方後円墳に先立って廃絶するなど、前方後円墳に対してその意義は二義的である。

成立時の前方後円墳についてみれば、統一性は、そうした墳造成後の視覚的な外貌にとどまらず、埋葬施設その他においても強く指向される。後円部のほぼ中央に大形の墓壙をしばしば地山を穿って深く掘りこみ、高野槇製の長さ数メートルに及ぶ長大な割竹形木棺に遺骸をおさめ、その棺を囲む板状割り石積みの竪穴式石槨を設ける。

副葬品としては、鏡、若干の武器――刀・剣・鉾・鏃・靫・甲など――と、農具・工具・漁具のうち二、三、ないし四、五種、ときに少数の玉類が加わるが、もっとも顕著なものは、鏡、なかんずく舶載の中国鏡である。古墳によって、副葬鏡の種類や数に多少の差はあるが、ほとんど後漢鏡と三角縁神獣鏡に限られ、多量副葬を指向するという共通性をもつ。そのうち後漢鏡は三角縁神獣鏡にくらべ少数で、副葬にあたり特別に扱われた形跡を示す例もあるが、後漢鏡を欠く例もあるらしい。

外表の墳丘斜面には、多くの場合、葺石がふかれ、墳頂その他に飲食物供献の象徴＝形式化した土器がみられるのが普通である。それらは底部に焼成前から孔を穿たれた壺、あるいはほぼ同形の壺形埴輪、器台形ないし円筒形埴輪であるが、京都府椿井大塚山古墳や岡山県備前車塚古墳のように、埴輪類を欠く場合も少なくない。また車塚古墳や兵庫県吉島古墳のように、高坏・甕などの小形土器をみる場合もある。

墳丘・埋葬施設・副葬品・外表施設にみられる以上のような画一的性格は、全体として前方後円墳として統一され、それが表現する埋葬祭祀行事とその観念の共通性と、それの果たした役割の均質性を示している。

二　弥生墳丘墓と前方後円墳

かつて弥生墳丘墓・台状墓についての研究が進展しなかった当時には、前方後円墳の起源を中国に求めようとする考えが有力であった。しかし、墳丘を大規模に築成するということ以外の諸要素は、墳形の前方後円形を含めて、中国の当時の墓制に類例を見出すことはできないので、中国墓制の影響あるいは継承をもって、ただちに列島における前方後円墳の成立を考えることは、とうていできない。朝鮮からの影響についても、前方後円墳成立時において、南部朝鮮における墓制は今日なお明確でないため、比較はほとんど不可能といってよく、北部の高句麗の墓制もまた、前方後円墳のもつ諸要素と著しく異なるので、これまた列島の前方後円墳の成立を、今そこに求めることはできない。

それに対して、すでに述べたように、弥生墳丘墓・台状墓の実態が近年しだいに明らかにされ、墳丘・外表施設・内部構造・副葬品などにおいて、前方後円墳に継承される諸要素が指摘できるようになってきた。以下、第六章でみた吉備・山陰の弥生墳丘墓を中心に、それと前方後円墳をその代表とする古墳とを対比しながら、前方後円墳の、ひいては古墳の成立についてもう一度考えてみよう。

まず立地であるが、弥生時代前期後葉に畿内において始まり、以後畿内を中心におもにその以東につくられている方形周溝墓は、平坦な丘頂や沖積微高地などにおいて、集落に近接して営まれることが多い。それに対して弥生後期の墳丘墓・台状墓は、集落からはなれ、低い山や丘陵の頂上や尾根といった個所に営造されることが多い。とくに、瀬戸内沿岸・山陰・北部九州などの弥生墳丘墓の大部分はそうである。人里はなれた高みに隔絶された墳丘を築くという点は、いくつかの巨大古墳を除く成立時の古墳の立地に著しく近く、ほとんど同じといってもよい。巨大古墳の場合でも、その頂部自体がきわだって高く、それ自体山頂・丘頂に相当するとみてよいから、結局同じ思想が貫徹していることになる。

弥生墳丘墓の規模は、径または一辺が一〇ないし二〇メートル前後のものが大部分で、これはなお巨大というには遠いが、島根県西谷三号墳丘墓は、すでに述べたように(二〇七―二〇八ページ参照)突出部を加えて東西四七メートル、南北三九メートル、高さ三・五メートル、墳頂平坦面は東西二三メートル、南北一六メートルという規模をもつ。同じく山陰の鳥取県西桂見（にしかつらみ）墳丘墓は、すでに破壊消失したが、その最大長は突出部を加えて約六五メートル、高さ約五メートルに達する巨墳である。

岡山県楯築（たてつき）墳丘墓は、径約四三メートル、墳頂平坦部の径約二五メートル、高さ約四ないし五メートルの円丘部を有し、南北に設けられた突出部を入れると、墳長八〇メートルに近い。先の西谷三号墳丘墓の示す墳域は、同じ島根県最古の古墳の一つとされる大成（おおなり）古墳の推定規模を凌駕し、楯築墳丘墓の墳域は、兵庫県最古の古墳の一つといわれる吉島古墳（後円部径一五メートル、墳長約三〇メートル）はもとより、岡山県備前車塚古墳（後方部幅約二三ないし二四メートル、墳長約四八メートル）よりも広大である（図54）。また、溝中発見の土器類から推定されるように、奈良県桜井市石塚が前方後円墳出現以前とすれば、その円丘部の径約八〇メートル強という規模は、並の前方後円墳後円部の及ぶところではない、ということになる。単なる墓域の区画をこえて、墳丘大形化の動きは、弥生時代に確実に進みつつあった。

埋葬に際して首長霊の鎮魂・継承儀礼をおこなう場としての墳頂の広い平坦部分も、弥生墳丘墓を通じてみとめられ、むしろ墳丘の高さ、したがって墳裾の径に対して、前方後円墳の場合よりも相対的に広い。

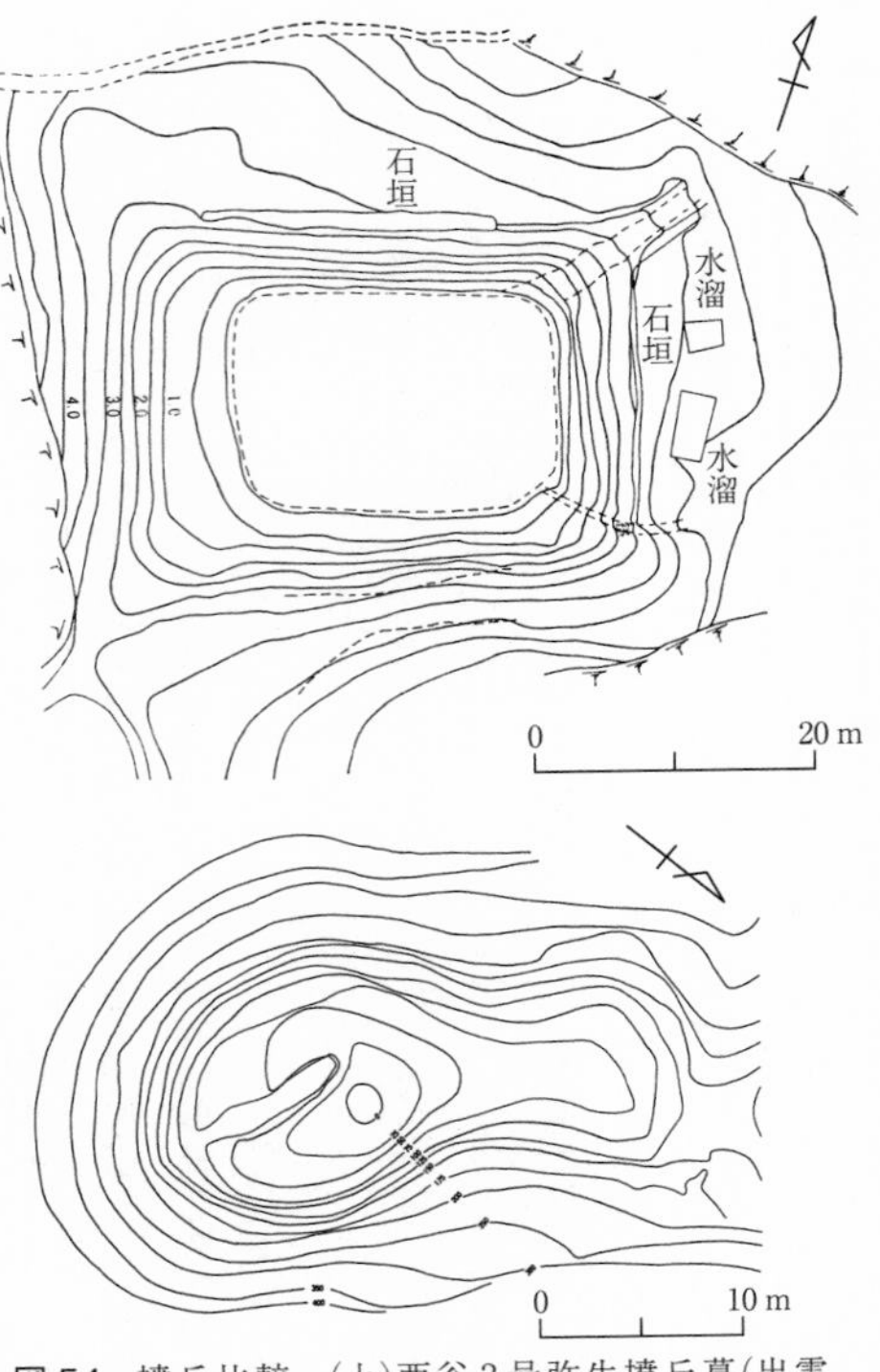

図54　墳丘比較　(上)西谷3号弥生墳丘墓(出雲考古学研究会編『西谷墳墓群』1980，一部改変)，(下)吉島古墳[近藤義郎編『吉島古墳』，1983]

弥生墳丘墓の平面形は、円・方・長円・長方など多様であるが、その基本形は方形と円形である。また中には突出部を付設するものが知られている。兵庫県加古川市西条(さいじょう)五二号墳丘墓では、径約一五メートルの円丘部をめぐる二段の列石が、竪穴式ふうの石槨の主軸の、しかも短側壁を欠く側の方向で屈折し、約一〇メートルほど外方に突出し、「一メートル程の幅をあけて東に並行してのびて[2]」いた。また同じく兵庫県養久山五号墳丘墓では、尾根上の相対する二方向に、長方形の主丘部からのびる二段の列石によって側方が画された、やや外びらき気味の突出部が確認されている(図55)。岡山県楯築墳丘墓でみとめられた二つの突出部のうち、辛うじてその一部が保存された一つは、推定長さ約一〇メートル、高さ二メートル余、その斜面は円礫帯と二重の列石によって区画され、その形状もまた整然としており、当初からの企画の内にあったものであることを示していた。

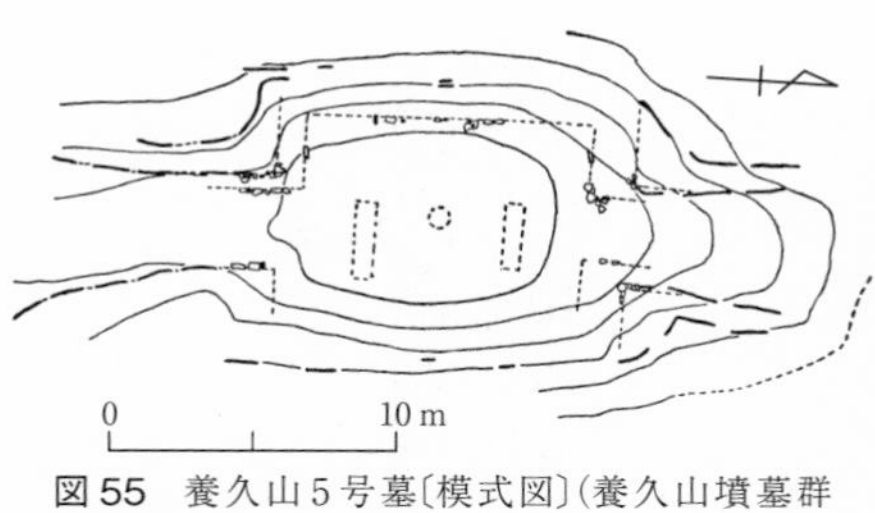

図55　養久山5号墓〔模式図〕(養久山墳墓群調査団作成)

さらに山陰を中心に分布する四隅突出型墳丘墓は、その名のとおり、方形ないし長方形の主丘の四隅に突出部を設けたものである。中には、倉吉市阿弥大寺一号墳丘墓のように突出部の上面に平石を頂部方向に敷き石のように配列しているものもある(図56)。

このように、突出部を一つ、二つ、あるいは四つもつものが、弥生墳丘墓にあらわれているが、それは四隅突

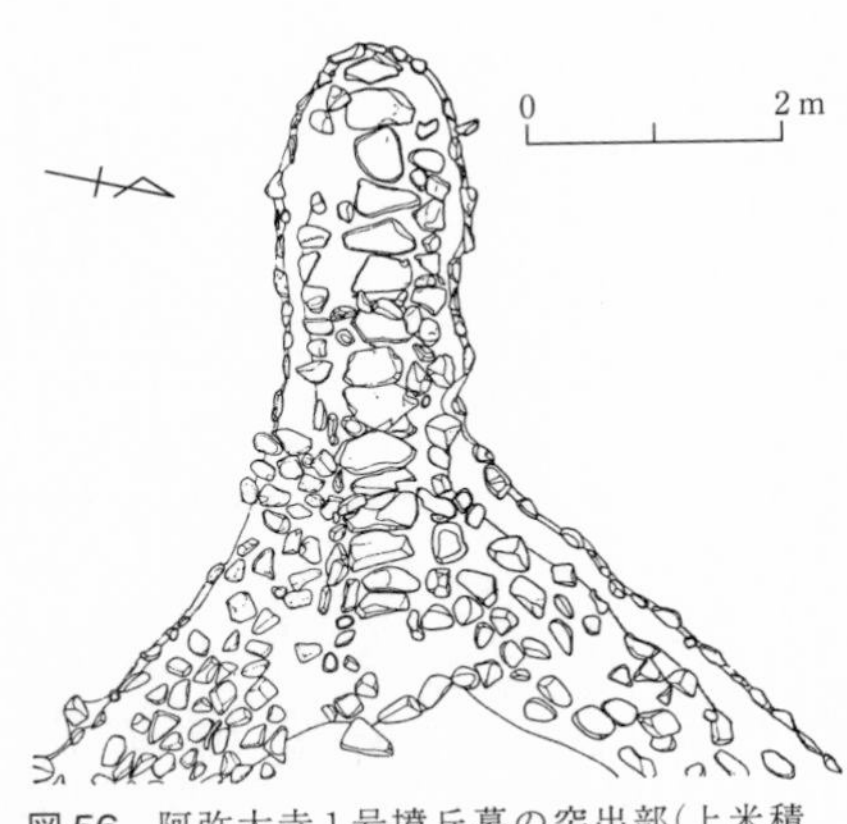

図 56　阿弥大寺 1 号墳丘墓の突出部(上米積遺跡発掘調査団『上米積遺跡群発掘調査報告』II，1981，部分)

出型墳丘墓を除き、なお定型化の有無は不明であり、またそれをもつものともたないものとの間の差異も明瞭でない。しかし、少なくとも右に挙げた諸例においては、突出部が主丘の付属物であることは明らかであり、また突出部上面がなお狭小であり、列石や平石の配列、礫の在り方などからみて、主丘に至る一種の「道」の役割を果たしていたことが推定できる。都出比呂志は、四隅突出型墳丘墓の突出部について、「溝が四隅でとぎれる方形周溝墓の陸橋部と共通の性格を有しているのではないかと考え」、突出部を墳丘と外界とを結ぶ「通路」と考えようとしている(3)。先に挙げた西条五二号墳丘墓の場合は、この道が至る方向の石室の側壁を欠き、あたかも遺体の搬入路、参列者の進入路のごとき、いわば、外界と聖域を結ぶかけはしともいうべき感すらも呈している。しかしここでいう突出部は単なる通路ではなく、その前面部分や、楯築墳丘墓の北突出部側方でみとめられたような側方の平坦部分なども含め、それらとともに、主丘頂を中心に展開される埋葬祭祀の一部ないし一過程を担う場であったとみるべきだろう。(4) 楯築墳丘墓の北突出部は、高さおよそ二メートル余の長方形台状に整えられ、盛土に加えて主丘をめぐると同じ列石と円礫帯をもち、側方に壺形土器を主とする土器の配列がみられるなどの点で、主丘に対するその関係を形式的に整備し、前方後円墳前方部にもっとも近接した姿を示した一例といえるだろう。

弥生墳丘墓には、しばしば石垣あるいは列石をなす配石が墳の裾をめぐって、あるいは墳の各辺または一、二の辺にみられるが(図57・58)、これは第一義的には、霊域としての墳域を画する役割をもったものと思われる。山陰の四隅突出型墳丘墓の多くは、墳裾に石をもって狭い溝状構造がつくり出されるとともに、その部分からひきつづき墳丘斜面に貼石がおこなわれ、古墳葺石への類似が著しい。溝状構造は霊域の象徴的区画であり、貼石は墳域の顕示であろう。楯築墳丘墓では、突出部を含め墳斜面に大形の立石とより小形の立石から成る二重の列石を掘りすえてめぐらすとともに、両列石間に円礫帯を配し、さらに墳頂には、中心埋葬部分をとり囲むかのように巨石を立てる。墳域の顕示、その霊域としての隔絶への努力にはすさまじいものがある。古墳の葺石や埴輪列の

図 57　順庵原 1 号墳丘墓の貼石と裾石(門脇俊彦氏提供[『順庵原 1 号墳の研究』島根県教育委員会，2007])

図 58　都月坂 2 号墳丘墓の列石

囲繞(いじょう)は、一面ではこのような霊域区画＝隔絶の形式的徹底の産物である。

前方後円墳をはじめ古墳にしばしば樹立される器台形ないし円筒形埴輪の原型は、すでにみたように、岡山県南部を中心に吉備地域で発達してきた特殊器台形土器に由来する。特殊器台形土器にみられた裾ひろがりの下縁部が、直立の傾向を顕著にして、あるいは直立し、口頸部は縮小し、文様は硬直化・形式化を示し、製作の入念さも減じ、全体として仮器的象徴化を進めている。そればかりでなく、象徴化とともにその量的な樹立が墳丘をとりまいて開始される。飲食物供献・共食共飲にあたり、特殊器台形土器とともにあるいは単独に用いられた壺形土器もまた、前方後円墳において、製作時の焼成前に底部に穿孔された象徴的な壺形土器ないし壺形埴輪として、装飾性を失ない、象徴化していった。

初現時の前方後円墳の棺は、長さ約五ないし八メートルという長大な割竹形木棺で、それをめぐってこれまた長大な竪穴式石槨が構築される。それに対して弥生墳丘墓では、このような長大な棺は知られておらず、通常二メートル前後、長いものでも三メートルを大きく越える例は知られていない。これは後に詳しく指摘するように、初現時の前方後円墳と弥生墳丘墓の間の顕著な相違のひとつである。

また、弥生墳丘墓では組み合わせ式木棺と推定されるものが大部分であるが、倉敷市

図59　都月坂２号墳丘墓の竪穴式石槨

女男岩墳丘墓や富山市杉谷（すぎたに）A九号・一〇号方形周溝墓のように、割竹形木棺を推定させる、断面がゆるいU字形をなす棺床の例や、岡山市都月坂二号墳丘墓例のように、前方後円墳の割竹形木棺材に通有な高野槇を選択したものもある。また箱式石棺の例も知られている。

棺を囲うまたは納める石槨としては、兵庫県西条五二号墳丘墓や岡山県総社市宮山墳丘墓のように蓋石を欠き上開き気味の竪穴式ふうの石槨、岡山県真備（まび）町〔現、倉敷市〕黒宮（くろみや）墳丘墓例のように蓋石を欠いた竪穴式石槨、岡山市都月坂二号墳丘墓のような明らかな竪穴式石槨などが知られている（図59）。いずれも、木棺がそうであるように、長大化していない。また、今日のところ稀有な例であるが、楯築墳丘墓では、長さ三・五メートル、幅一・五メートルの木槨がまず据えられ、その中に長さ約二メートルの組み合わせ式木棺が置かれていた。

これら棺や石室あるいは木槨の中には、古墳の場合と同じように、墳のほぼ中心に深く穿たれた墓壙に納められている例が少なくない。楯築墳丘墓の中心埋葬の墓壙は、長軸約九メートル、短軸約五・五メートル、深さ一・八メートルをはかった。また、そこで発見された、木槨南辺に発する石組みの排水施設は、前期古墳にしばしばみられる同じ施設にくらべ遜色のないものであった(図60)。しかも第六章で述べたように、吉備や北部九州などの弥生墳丘墓では、中心埋葬のきわだった卓越がしばしばみられる点、初現時の古墳と同様である。このように、埋葬施設に関しても、棺の長大化と割竹形木棺の一般化という点を除くと、前方後円墳のそれへ著しい接近を示しているといってよい。

図60　楯築墳丘墓の排水施設

弥生墳丘墓では、副葬品をもつ例は必ずしも多くないし、あっても少量にすぎない。たとえば、山陰の四隅突出型墳丘墓のうち埋葬主体が発掘された七基計四八棺の中で、副葬品がみられたものはごく少数で、その種類は管玉、ガラス小玉と管玉、鉄刀などの一、二の鉄器にすぎない。いっぽう山陽側でも、同じように副葬品は貧弱である。その中にあって、兵庫県西条五二号墳丘墓から、通常の副葬とは違った位置で発見されたにせよ、舶載内行花文鏡一面と鉄剣一が、岡山県清音村鋳物師谷一号墳丘墓では、竪穴式石槨礫床上から舶載虺竜文鏡一、硬玉製勾玉四、碧玉製管玉三八、ガラス小玉六六五以上が、同二号墳丘墓では、玉類と鉄刀・鉄鏃を副葬する主体、鉄斧副葬の主体などがみられた。また総社市宮山墳丘墓では、蓋石を欠く竪穴式ふうの石槨床面から、舶載の飛禽鏡一、鉄剣二、鉄鏃三、銅鏃一、ガラス小玉一が、楯築墳丘墓からは、硬玉製勾玉・太身の碧玉およびメノウ製管玉から成る首飾り、碧玉製管玉から成る首飾り、数百に達する小形細身の碧玉製管玉、一〇〇をこえるガラス小玉、鉄剣一が発見されている。また、九州の弥生墳丘墓では、少量とはいえ、弥生中期以来伝統的な舶載鏡の副葬や小形倭製鏡の副葬が注意されている。

これら比較的に副葬品の豊かな弥生墳丘墓は概して大形で、棺を囲む埋葬施設に石槨や木槨を構築するなど、首長のうちでも、有力集団の首長を葬ったものと理解されるが、ここでも、鏡の多量副葬の指向性を除くと、その組み合わせは、初現時の前方後円墳の副葬品にかなりの類似を示しているといってよい。

以上のように、墳立地・墳形・墳規模・周濠・外表施設・祭祀用土器類・埋葬施設・

副葬品などにおいて、弥生墳丘墓は前方後円墳を代表かつ典型とする古墳に著しい類似を示している。

しかしさらに重要なことは、このような個々の要素の対比だけでなく、それらの統一として首長埋葬の卓越と埋葬祭祀の儀礼的発達が弥生墳丘墓の展開の中にうかがえる点である。第六章で述べたように、弥生墳丘墓における首長霊の鎮魂・継承の祭祀としての性格はすでに明らかである。したがって、弥生時代終末期の首長墓は、個々の要素の点でも、またその総括的全体としての性格の点でも、やがて前方後円墳に継承され、あるいはそれに転化するものとしてあらわれている。しかしそれは、そのまま漸次的に前方後円墳に成長していったわけではない。

三　成立期前方後円墳の三つの特質

前方後円墳において、弥生墳丘墓にみられた先の諸要素は一つの飛躍をみせる。特殊器台形土器が器台形埴輪や円筒形埴輪に、壺形土器や特殊壺形土器が穿孔された仮器としての壺形埴輪や壺に象徴化し、石列や貼石が墳斜面全体をおおう葺石として徹底し、あるいは埴輪列として墳丘の全体ないし一部を囲繞する。棺・槨が長大化し、副葬品が豊かとなり、なかんずく鏡の量的副葬が始まる。突出部が前方部として定型化し、墳丘規模は一般的に巨大化する。その変化飛躍の方向は多量化・巨大化であり、その性格は形式化・象徴化である。

しかし、このように「飛躍」をみせた弥生墳丘墓の諸要素のすべてが、実は各地域あるいはどこか一地域において出揃っていたわけではない。たとえば、四隅に突出部をもつ墳形や墳斜面をおおう貼石は主として山陰にみられ、円丘ないし方丘の辺に一、二の突出部をもつ類は、吉備・播磨など山陽東部地域に限られ、特殊器台形・壺形土器は吉備に、竪穴式石槨およびその類似物はおもに吉備と播磨に、鏡の副葬は主として北部九州に知られているという具合に、諸要素は程度の差はあれ地域性の内にある。北部九州・山陰・吉備・讃岐・播磨において、そしておそらく北陸・東海・関東そして畿内においても、弥生首長墓をそれぞれに生みだし展開させながらも、なお地域ごとに個性的であり、地域性の内にとじこめられた成長であったと考えられる。残念なことに肝心の畿内では弥生時代終末期の墳丘墓の確かな類例はきわめて少なく、その内容の概括さえもなしえないため、右のような説明は無益と思われるかもしれないが、畿内以外においてさえ、以上述べたような展開があったことをこそ、今はいっそう重視したい。

これに対して前方後円墳は、はじめにみたように統一性・画一性をもってあらわれ、各地に波及するという普遍性をもつ。すなわち前方後円墳は、地域性を継承しつつ一つの飛躍をとげ、その中で地域性を切断する統一的祭祀としてあらわれる。それは、弥生時代に成立した首長霊の鎮魂・継承の祭祀の型式の新しい創出ともいえるものであった。

飛躍のうち、もっとも顕著であり、したがって成立時の前方後円墳をそれ以前の弥生墳丘墓と区別する特色のうちの主要なものとして三つを挙げれば、

(一)鏡の多量副葬指向(図61)
(二)長大な割竹形木棺
(三)墳丘の前方後円形という定型化とその巨大性

となる。

この三者を主とする諸要素の統一的な結合が示す埋葬祭祀の型式の出現が、まさに前方後円墳の成立であるのであって、以下各々の出現の意義について考えてみよう。

前期古墳に副葬された鏡には、(1)中国にも明らかな出土例をもつ長宜子孫内行花文鏡、方格規矩四神鏡、夔鳳鏡、平縁画文帯神獣鏡、盤竜鏡などの漢中期ないし後漢鏡の船載品と、(2)中国に出土した例がないことその他から船載か倭製かの議論のある各種三角縁神獣鏡、(3)明らかな倭製三角縁神獣鏡、(4)倭製三角縁神獣鏡以外の各種倭製鏡がある。小林行雄によると、[5] (1)の多くは古く将来され、世々伝世されてきたもの、(2)は「畿内の政治的勢力」から各地首長へ配布されたもの、(3)(4)は(2)よりも遅れて配布されたもの、

図61　大和天神山古墳の鏡出土状況(伊達宗泰・小島俊次・森浩一『大和天神山古墳』1963[奈良県立橿原考古学研究所提供])

とされる。

(1)の伝世という事象については、必ずしも証明されているわけでなく、またそれを認めたとしても、どのような状況のもとにいつ各地首長の手にわたったかについては不明なところが多い。それが、(2)(3)などの鏡を出土する古墳に、(2)(3)にくらべて少数副葬され、また副葬の場合に特別な扱いをうけているとみられる場合があり、さらに追葬者にそれが副葬されない場合にも、中心埋葬者にはしばしば副えられていることなどから、特別に重要視されたものであることは確かである。伝世の事象を示すとされる「手ずれ」についても、技術的にも解釈の点でも未解決な問題があって、また伝世を示すものとしても、中国での伝世か日本での伝世かという問題がある。したがってここでは、伝世鏡とされる(1)についてはこれ以上立ち入らない。

(2)については、その製作地は問わないとしても、その出土の諸関係や同笵関係からみて、大和連合から配布されたものであることは明らかで、その配布は一方の側からの優位的な「下賜」の関係であり、その示すところは大和連合と地域首長との政治的関係の設定である。(6)のちにふれるように、地域首長が大和連合と擬制的同祖同族関係に入ったことを示す証しの一つであり、大和連合を上位とする同族の霊威に連なることであった。その証しがおしなべて鏡一面に示されるのでなく、ある首長は三〇面をこえる鏡、ある首長は十数面、また数面、さらに二面、一面という、それぞれの副葬数が示すように、不均等な数をもって配布されている。このことは、配布鏡の数によって各地首長に差が設けられていることを示すものであるが、そのほか鏡式による差もあったかもしれないし、先にふれた(1)の鏡が同時に、あるいはやや先立って配布されたとしたら、先に述べた特別な性質から、その配布自体、並びに配布数もまた選別的になされたと考えてよい。擬制的同祖同族関係の設定といっても、大和連合としては、同族関係の強弱・親疎に基づく異なった扱いをおこなったことは明らかである。ただ強弱・親疎は、婚姻などを含む擬制的同族関係の内容、在地の勢力関係、貢納の程度などを含む、今日ではいずれとも判断の困難な理由によって規定されたに違いない。

いっぽう各地首長は、大和連合との緊密にして強力な関係を求めて、それを表示しさらに霊威を鼓舞する呪力をもつと考えられた鏡の配布数と種類が多いことを望んだに相違ない。そのことが、他集団に対する、また自集団における首長の権威・霊威を増大させることにつながっていたと考えられるからである。したがって鏡の多量副葬指向という古墳副葬品における顕著な現象は、地域首長に対する大和連合の評価であるとともに、地域首長にとっての願望の反映でもあった。弥生墳丘墓の副葬品がおしなべて被葬者の所持品ないし佩用品の一部にすぎなかったこととくらべると、副葬品の機能ないし性格における変化は著しい。その第一が鏡の量的副葬指向に示されたのである。しかも系列的に築造された複数の首長墳にこれらの鏡の副葬がみられることは、この鏡の授受によ る大和連合からの擬制的同族関係の設定が、首長一代ごとになされたことを暗示している。(7) とすれば、このことは、ある時点での同族関係の設定は長くその後の部族を規制するものではなかったことを示している。

(二)の棺の長大化については、割竹形木棺という形態と、右にみた鏡を含む副葬品の多量化とがかかわりあうであろう(図62)。弥生時代にあっては、割竹形木棺はごく一部で使われたにすぎず、しかもそれらはほとんど三メートル未満のものであり、木棺の大部分は木板六枚を組み合わせたものであった。いっぽう、先にもふれたように、弥生墳丘墓の副葬品は原則として被葬者の所持品・佩用品の一部であったが、前期古墳における副葬品はその種類とともに量も著しく増大する。すなわち、鏡の多量副葬指向に加えて、武具の量的副葬への指向、生産用具のセットまたはその一部の副葬、やや下って石製品の副葬などの諸現象もそれに加わる。これらについては、鏡、石製品、一部の武器など大和連合からの「下賜」品、亡き首長の使用品ないし佩用品、それ以外の武具類や生産用具が示す奉献品、さらに埋葬にあたって用意または製作された品などに分類でき[8]、その点で弥生墳丘墓における副葬品と性格を一変させている。性格だけでなく、それに関連して量も増大する。用田政晴はこの点に注目し、「奉献品であるところの刀剣あるいは鏃類を一時的にしろ旧首長と共に木棺に収容し……古墳に木棺を埋納する葬送儀礼の中で、棺外に取り出すべきものは取り出して棺外に副葬したと想定……こうした儀礼の一過程のために長大

図62　桜井茶臼山古墳の石槨と木棺(中村春寿・上田宏範『桜井茶臼山古墳』1961[奈良県立橿原考古学研究所提供])

な木棺を必要とし」たと述べたが、[9] これには「下賜」品である鏡も加わるだろう。つまり用田の考えでは、「下賜」品と奉献品、上下からの授受の品々を佩用品に加えて「一時的にしろ」納めるためには、組み合わせ木棺の幅や長さを増大させたり、特別に太い割竹形木棺を用意することよりも、すでに弥生時代末に一部において使用が始まっていた割竹形木棺の長大化をはかることが、より有効とされたというわけである。

用田の意見のようなことも充分ありうるわけであるが、それと関連しいっそう基本的な点は、やはり大和連合との同族関係の表示物としての側面であろう。すなわちそれは、集団の一般成員の棺はもとより、各地においてこれから始まろうとする古墳祭祀の圏外にあった、つまり大和連合への未参加の首長の棺との間に、長大さと形態の上で著しい較差を表現することによって、大和連合の威力と、それに連なる首長霊威の卓越性を示しえたものであった。したがってそれは、大和連合のうちで創設された擬制的同族関係表示の型式として、副葬品の相対的多少にかかわらず、また墳形の差異にもかかわらず、連合参加の各地の首長に受け入れられたものといえよう。長大な割竹形木棺のほか、箱形木棺・箱式石棺などの使用もありえたが、少なくとも前方後円墳成立時の首長棺としては、長大な割竹形木棺という点で強い斉一性があった。

㈢については、前方後円墳における前方部が、弥生墳丘墓の突出部から転化したものであることは明らかで、都出比呂志が述べるように、[(10)]その「突出部は方形周溝墓における墳丘と外界とを結ぶ「道」の中に源流を求めることができ、この「道」が祭祀行為の中で特別の意味を持つ段階で突出部としての発達を遂げたと考え」られ、「定型化した前方後円墳の前方部は突出部が、それ自体として独立化し、葬送祭祀の一過程において重要な役割を有する「方形壇」に転化したものであり、ここにおいては墳丘外とを結びつける「道」の意義は否定され」ている。すなわち、「道」を外部の世界から切りはなし、首長霊祭祀の儀式施行の場の一部として主墳と一体化させ、それに包摂・定式化させたものと考えられる。とすれば、それは一種の隔絶の強化であり、したがってこの墳形の創設は、首長霊継承祭祀の場の形式化と荘厳化であるとともに、集団成員の疎外化の第一歩でもあった。

楯築弥生墳丘墓においてみられたような、数十の高坏・台付小形坩・壺形土器――これらはすべて実用に耐える品である点において、前方後円墳上の底部穿孔(せんこう)壺形土器ないし壺形埴輪と決定的に異なる――の使用に示される多くの集団成員の加わった首長霊との共飲共食は、焼成前に穿孔され実用には供しがたい象徴的・儀礼的な壺形土器や壺形埴輪と少数の高坏などにとってかわられるが、そこには明らかに祭祀の形式化がうかがわれる。このことは、「道」が前方部に形式化され、主丘の不可分の一部となったことに通じるものといえよう。前方部を含めて墳丘が高丘化することも、これと関連して、隔絶と成員疎外がいちだんと進んだことを反映しているし、葬送祭祀の主要な場としての後円部墳頂平坦面の相対的な縮小もこれにかかわってくるだろう。奈良県箸墓(はしはか)古墳後円部の頂平坦面は、それが大和連合の最高首長の墳墓と考えられ、しかも全長二七八メートルという巨大墳のそれであるにもかかわらず、径四三メートル余の楯築弥生墳丘墓のそれとほぼ同じ広さであることは、まことに象徴的なことである。突出部の前方部への転化はまた、それが隔絶と疎外の産物であるが故に、その有無という較差となってあらわれる。

墳の巨大化もまた、首長霊継承祭祀の形式化と荘厳化——一般成員墓との巨大な較差——を意図した産物であり、その築造はたしかに全成員の参加を必要とし、また可能としたものであるが、同時に大和連合に対する諸部族首長の不均等な結合関係の表現としても意図されたものであろう。首長間の差は、なにより墳丘の規模の差として視覚的に示しうるが、大和連合の主導下に形成された諸部族の不均等な結合関係の表現は、大和連合の最高首長の墳丘を特別に巨大化することによって達せられたのである。

四　前方後円墳への飛躍の条件

成立時の前方後円墳にみられた右の三要素を主とする斉一的かつ均質的性格は、すでに強調したように、前方後円墳相互の均等性を意味するわけではない。以下その点をやや具体的に述べよう。

同じ前方後円形であるといっても、規模の点では格段の差がみられる。奈良県箸墓古墳は墳長約二七八メートル、京都府椿井大塚山古墳は墳長約一七〇メートル、岡山県浦間茶臼山古墳は墳長一四〇メートル、兵庫県吉島古墳は墳長約三〇メートルというようにその差は大きい。これを築造労働力の量と質の差におきかえると、その較差がさらに顕著となることはいうまでもない。もちろんことは前方後円墳にとどまらない。先にふれた(二二九―二三〇ページ参照)前方後方墳はもとより、方墳・円墳もまたほぼ同時に、あるいはわずかに遅れて、首長相互ないし首長と有力成員の較差の表現として出現したと考えられるが、規模・内容からみて、前方後円形こそが、当時の首長埋葬祭祀の中枢に位置するものとして、代表的かつ典型的であることは明らかである。前方後円形を基準に、他はその墳形が規制されたものと考えてよい。岡山県備前車塚古墳は、長大な木棺、竪穴式石槨、副葬品において、同規模あるいはそれ以上の前方後円墳に遜色ないが、その墳形は前方後方形であった。また、島根県造山三号墳は長さ四・七五メートルの竪穴式石槨をもち、舶載三角縁二神二獣鏡一、碧玉製管玉三〇、ガラス小玉三三その他を副葬していたが、その墳形は長方形に近い方墳である。

墳丘の規模、墳形の差は、右の二例でもうかがえるように、埋葬施設や副葬品にはそのままの形では必ずしもあらわれない。大きな墓壙、長大な木棺、竪穴式石槨という点では、墳長約一七〇メートルの京都府椿井大塚山古墳と、墳長約四八メートルの岡山県備前車塚古墳(前方後方形)、あるいは墳長約三〇メートルの兵庫県吉島古墳(前方後円形)との間の差は、必ずしも著大とはいえない。せいぜい、椿井大塚山古墳の竪穴式石槨が三メートル強という異常な高さをもつことや、備前車塚古墳の石槨が上方外側に擁壁(ようへき)ともいうべき石組みを伴なっていることなど、構造上の多少の差であるにすぎない。

副葬品の主座を占める鏡の場合も、椿井大塚山古墳三六面以上、備前車塚古墳一三面以上、吉島古墳六面以上というように、その差は歴然であるにしても、墳丘規模の差にくらべると、むしろ差幅は小さいとみられるかもしれない。しかし少なくとも、それらの鏡の大部分ないしすべては、大和部族連合中枢からの配布になるものであることは明らかであるので、その授受という対極的な立場の差は、それが副葬品の主座を占めている事実と考え合わせれば、決定的とさえいえる。そういう意味では、墳形、埋葬施設としての木棺や竪穴式石槨、さらには外表諸施設もまた、それらの型式が連合中枢からの一定の規制を伴なった波及によると考えられるから、やや異なった意味で、同様に対極的な関係にあったといえるであろう。

しかし、このことは、前方後円墳の成立が少なくとも西日本の諸集団と無縁に、大和連合の中だけで創設され、それが一方的に各地に与えられたということを意味するわけではない。すでに述べたように、前方後円墳の示す祭祀の型式は、特殊器台形土器が器台形埴輪に、突出部が前方部に、貼石が葺石に転化したことが示すように、大和連合を核とする同族的大連合に加わった各地諸部族・部族連合の伝統的墓制＝首長霊祭祀の一種の統合の上に創出されたと考えられるので、一元的な波及という要素とともに、共有という要素があらためて考慮されなければならない。このことが、出現時の前方後円墳のもつ斉一的性格と、その中での不均等的差異としてあらわれていることはいうまでもない。

さて、このように前方後円墳が弥生墳丘墓の一種の統合＝飛躍的な展開として成立したのであるとすれば、その飛躍を実現させ、そのような新型式を創出させ、それを普及させた条件はどのようなものであったろうか。

前方後円墳は、まず大和を中心に畿内およびその周辺、瀬戸内沿岸ついで北東九州、山陰にひろがり、おそらくやや遅れて岐阜から東海、東山から関東、北陸、さらに東北に出現する。しかし初現時の前方後円墳は、現在判明している限り、各地においてなおその営造数は少なく、右の諸地方の中に点としてあらわれたにすぎず、なお多くの部族首長は古墳築造の圏外にあったと考えられる。前方後円墳に規制される他の墳形の古墳にしても同じである。しかし、おそらく一、二代ないし二、三代を経る中で、前方後円墳を主軸とする首長墳の築造は、各地において拡大していった。たとえば、山陰には、鳥取平野・倉吉平野・米子平野・安来（やすぎ）平野・出雲平野といった、山丘によって相互に隔てられた五つの主要地域があるが、前方後円墳成立直後から、おそくみても一、二代を経るうちに、右の各地域に大小の首長墳の形成をみている。

このことは、前方後円墳の築造を通じて各地部族連合の首長と大和連合との擬制的同族的結合が一般的にはまず先行し、ついで部族連合を構成する部族首長と大和との結合が連合の首長を介しあるいは独自に広範に成立していったことを示すものである。その結合の内容は、いうまでもなく、畿内中枢としての大和連合を盟主とする一種の政治的かつ経済的交流であった。

しかし、この結合は、首長霊の鎮魂・継承、祖霊と一体のものとしての首長霊の継承祭祀の型式を共有する点において、諸部族社会の構造的均質性の上に成り立ったものである。この構造的均質性こそが、これまで諸地域に展開しつつあった相対的に独自な、しかし基本的にはひとしく首長霊祭祀儀礼として発達しつつあった弥生墓の祭祀形態を継承しながらも、それを切断し、新しい共通の祭祀型式を誕生させ、普及させえた基盤であったと考えられる。すなわちその結合は、共通の祭祀型式の採用として表現されるような結集である。

しかもその祭祀は、部族の生産力と統一を人格的に体現し、祖霊の霊威を一身に担ってきた亡き首長霊の鎮魂・継承の祭祀であるから、その型式を共通にすることは、各部族の首長霊、したがってその霊威の根源である祖霊の世界が共通になったこと、すなわち共通の祖霊の世界をもつという関係に入ると「観念」されたことの反映である。その祖霊の最高の位置を占めるのが、前方後円墳創出の地であり最大規模の前方後円墳を築造した畿内の中枢大和連合の最高首長の祖霊であったことはいうまでもないから、共通の祖霊の世界は、大和連合の祖霊を頂点とする祖霊の重層としてあらわれる。

五　古墳発生の意義

これまで繰りかえし述べてきたように、弥生時代を通じて形成されてきた部族首長の機能と権限、そしてその霊力は、究極的には部族の血縁的同祖同族関係に基づいたものであった。首長はそうした関係に基づいてのみ、集団を代表し、集団内の矛盾を抑圧し、生産の発達と集団の統一を保持・推進し、交流や抗争において他集団と関係し、集団の祖霊を祀るとともにその霊力を担うに至った特別な存在であった。首長の死に伴なう集団の存立は、その霊威を引きつぐにふさわしいと観ぜられ選出された後継首長によって保持される。すでにみた弥生墳丘墓は、地域により、あるいは地域の中にあっても、型式や盛大化の程度の差はあったにせよ、まさにその霊威を次代の首長が集団成員の参加の中で継承する場であったのである。

このような部族の内部に、内外の諸問題に対処するための、首長を頂点とする評議および執行の機関が、たとえば各氏族の長および首長一族の一部によって構成され、存在したことは当然であろうが、そうした機関はほんらい部族成員に対立するものではなく、生産・対外交流・祭祀等々において部族全体に奉仕するものであった。

このような構造をもつ部族であったから、その相互の結合関係もまた、それが上下あるいは対等の如何を問わず、親縁さの程度はあれ、同族関係として表現される。このことは、弥生時代を通じて急速に広範におこなわれた集団分岐と交流からうかがえるように、地域ごとの部族相互の関係を律していたに違いない。吉備の諸集団の首長霊祭祀に共通して使用された特殊器台形・特殊壺形土器、山陰において定式化をみた四隅突出型の墳丘、斜面の貼石、鼓形器台などの結合は、このような諸集団がそれぞれの首長霊祭祀の型式を共通にする同族的関係にあったことの表現である。

しかし、この関係はもはや部族内の関係とそのまま同じではない。部族間の関係は、それぞれ別個な完結体どうしの結合であり、しばしば対立・抗争の過程を経た関係としてあらわれる。そうでない場合も、災害時その他の折の扶助の授受やある種の政治同盟としてもあらわれる。とくに、対立や抗争の場合は、一方の他方への従属として上下関係が生じ、あるいはいくつかの部族が強力な部族を中心に部族連合を形成し、優位に立った連合の中枢部族首長が権限と霊威を増大させる。この時点において優劣部族間に労働力の移動を含めた交流が盛んとなり、血縁的部族の中に異物が混じはじめたものと思われる。

いま、山陰の出雲における四隅突出型弥生墳丘墓の分布をみると、安来平野に八基が、出雲平野に六基が集中する(図63)。出雲平野の場合は同じ西谷丘陵上に相近接して営造され、安来平野の場合も、接するように並ぶ三つの丘陵上に、北から安養寺(あんようじ)の二基、宮山の一基、仲仙寺(ちゅうせんじ)の三基、下山(しもやま)の一基、ややはなれた西方に塩津(しおつ)一号と、これまたひとまとまりの地域に所在する。しかも突出部を入れて長辺三〇メートルをこえるものが、安来平野で二基、出雲平野で三基、長辺二五メートルをこえるものはいずれにおいても過半を占める。両地域とも四隅突出型墳丘墓の系譜的築造地域といえる。

この安来・出雲の平野を中心とし、その周辺も含む両地域が、弥生時代を通じてそれ

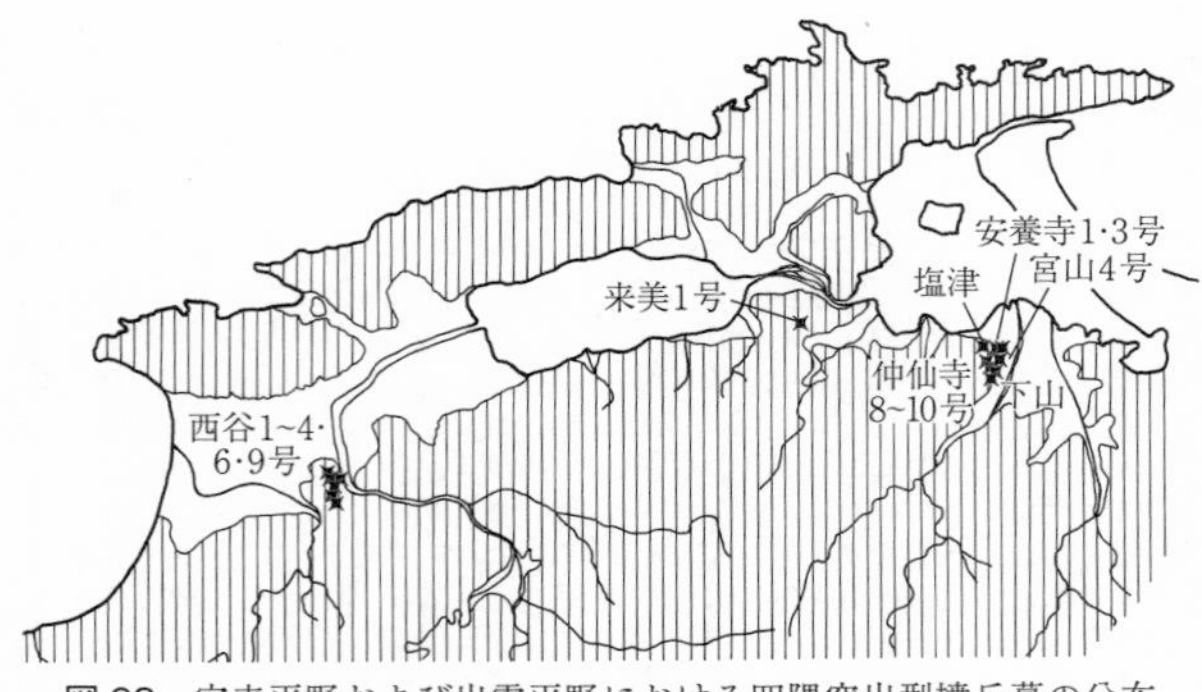

図63　安来平野および出雲平野における四隅突出型墳丘墓の分布

ぞれ一部族によって占居されていたか、複数部族が割拠していたか、については、それを示す直接の証拠に乏しいが、のちに形成される首長墳(前方後円墳・前方後方墳・大形方墳・大形円墳など)の分布状態からみて、またたとえばこれら地域が、第八章第一節にふれる岡山県吉井川・吉野川流域における首長墳系列が示す諸地域にくらべてはるかに広大であり、その内にいくつかの小水系と小平野をもち、それにふさわしい多数の弥生遺跡が知られていることからみても、おそらく相互に同族関係にあった複数の部族が占居していたものと推定される。とすれば、おそらく、それぞれの地域内での生産諸力の卓越、対立・抗争や、災害時の扶助、隣接他地域との交流を経て、もっとも優位に立った部族の首長によってこれら四隅突出型墳丘墓の築造がおこなわれたということになる。おそらくそれは、諸部族の連合の中枢首長であったろう。その四隅突出型墳丘墓が、これらの地域においてほぼ同じ狭い範囲に築造され続けていることは、その間を通じて中枢部族の位置に大きな変動がなかったことを示している。

安来・出雲両平野地域の関係は、それぞれの四隅突出型墳丘墓の規模・構造がほぼ同じという点からも、両者とも系列的に営造されているという点からも、対等の同族関係にあったと考えてよいだろう。資料はなお乏しいにしても、山陰の他の主要地域、鳥取平野・倉吉平野・米子平野をそれぞれ中心とする地域においても、同じような事態が想定できる。

中国山地を越えた吉備においてもまた、墳丘規模、突出部の有無、石列の状況、埋葬施設、特殊器台形土器・特殊壺形土器の数、副葬品などにおいて、弥生墳丘墓間に較差が生じている。径約四三メートル、二つの突出部をもつ楯築墳丘墓は、大形の立石から成る石列をめぐらし、斜面の一部および墳頂平坦面に無数の円礫を配し、巨大な墓壙に木槨を据え、三〇キログラムをこえる朱を敷きつめた木棺を納め、排水の施設を組み、鉄剣と硬玉・管玉・メノウから成る首飾り二連とおびただしい細形管玉・ガラス小玉類を副葬し、祭事にあたって特殊器台形土器・特殊壺形土器数十個、沢山の高坏や台付小形坩とともに、人形土製品・土製勾玉・土製管玉・弧帯石などが使用された(図64)。この墳丘墓を、現在知られる最高の一つとして、規模でいえば径または辺十数メートルから二〇メートル前後のもの、径または辺一〇メートル未満のもの、埋葬施設でいえば、竪穴式石槨、石蓋のない竪穴式ふうの石槨、木棺配石墓、木棺直葬のもの、さらに墳丘をもたずに集団墓地の一角に特殊器台数個を配するものなどがあり、形態・文様・製作・大きさ等の点できわめて類似した特殊器台形・特殊壺形土器という祭祀具を共通にもちながら(図65)、そこに優劣の不均等が進行していたことは明らかである。

出雲の場合と違い、同一丘陵に数基が隣接して営まれることがないこともあって、部族連合的範囲を指摘することが困難であるが、楯築―雲山鳥打―鯉喰―女男岩に想定される系列は、相互に連なった山丘上にあり、墳丘規模からみても、判明している埋葬施設や副葬品などからみても、特殊器台形・特殊壺形土器祭祀圏の内で最有力のひとつであったろう。とくに楯築弥生墳丘墓の場合、墳頂その他に林立していた数十個を算える特殊器台形・特殊壺形土器が、土質、焼成、微細な製作手法の差によっていくつかに分類でき[11]、楯築を盟主とする連合を構成していた諸部族から贈られた品を含んでいた可能性が強く、また棺内に置かれた三〇キログラムをこえる朱の量も、通常の弥生墓における微量の朱の使用とくらべれば、一部族をはるかにこえた蒐集の結果とみられる。

図 64　楯築墳丘墓出土の弧帯石

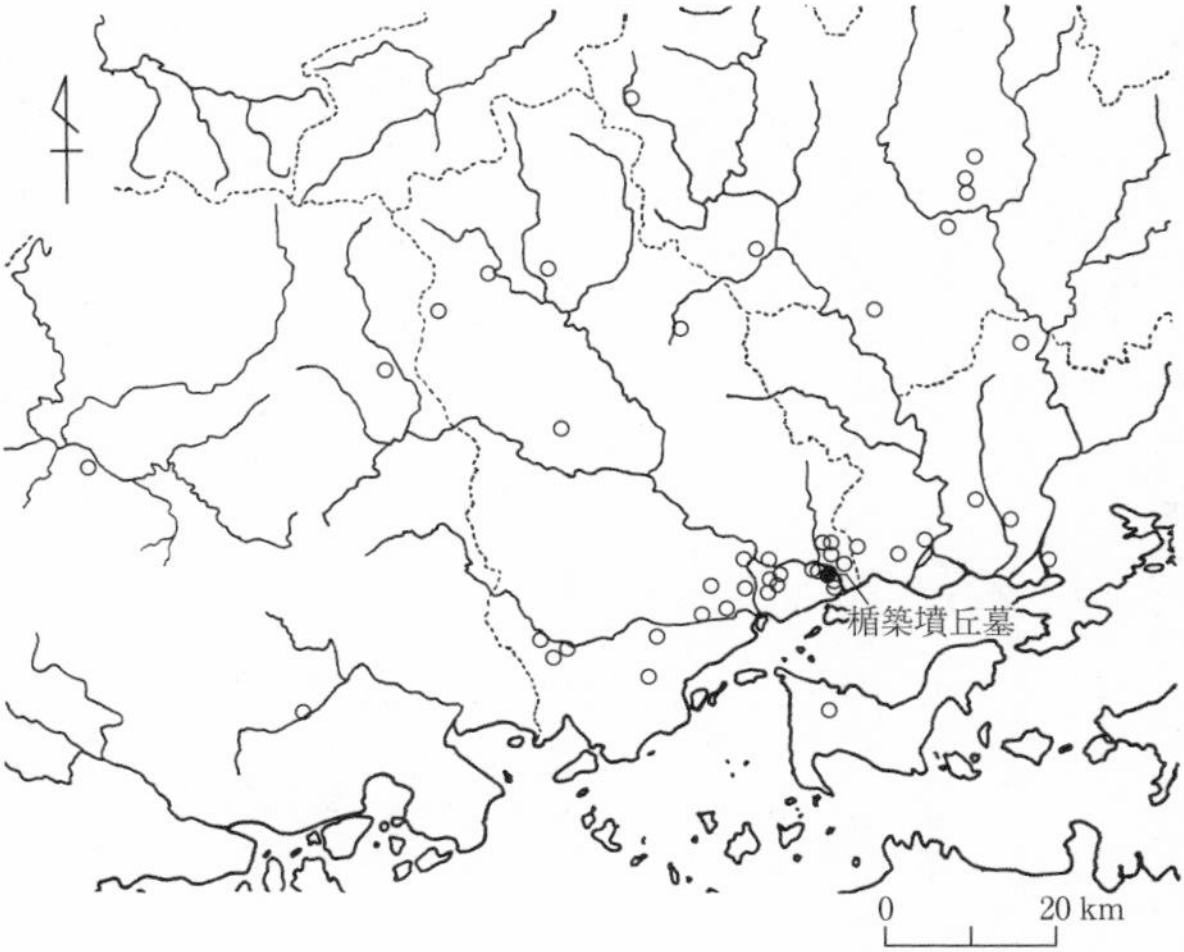

図 65　吉備地域の特殊器台形および特殊壺形土器出土遺跡の分布

有力部族への劣弱部族の連合関係の程度や内容は、条件によってさまざまであり、またそれ自体変動も生じたと思われるが、部族組織の破壊をもたらすような場合はほとんどなかったと考えられる。それは、特殊器台形・特殊壺形土器を使用しての首長埋葬祭祀が、いうまでもなく調査精度その他による分布の粗密はあるにせよ、吉備のほぼ全域において、山間の小平野地域を含めて分布し、狭小・劣弱な地域の部族といえどもその首長霊祭祀においては相対的な自立性を保持していたことを示していることによって想定できる。すなわち吉備地域においては、少なくとも首長霊祭祀に特殊器台形・特殊壺形土器を使用するという点において、相互に結ばれた共通の祭祀集団的な結合があったのである(図65)。

おそらく備中・備前南部平野を基盤としたいくつかの有力部族は、周辺部族を包摂し、それぞれ部族連合の盟主としての位置を獲得するに至っていたものと思われるが、なお諸部族は、その内部の血縁的同祖同族関係をそのままに、同祖同族の上位にあると観ぜられた中枢有力部族の首長に対しては、現実の世界においても祖霊の世界においても、みずからの首長を通しいっそう霊威のある存在を思い、それへの物資・労働の負担を含め、みずからを再生産していた、という状況にあったと推定される。

いま出雲と吉備でみたような部族連合が、その首長を通して大和連合を中枢とする大連合に加わるとしたら、それは先に述べたように(二四七ページ参照)政治的・不均等的結合であるとともに、同祖同族関係——ただし擬制的なそれ——の設定としてあらわれざるをえない。とすれば、大和を含む各地諸部族それぞれの首長霊鎮魂・継承祭祀型式を引きついだ上での共通の継承祭祀形態を新しく創出する必要が、結集する諸部族、なかんずく中枢部族にとって生じることになる。

前方後円墳によって代表される首長霊継承祭祀の統一的な型式は、このようにして成立し、そうであるが故に、連合関係に入った諸部族は、新たに設定された大和連合との擬制的同祖同族関係の証しとして、これまでの伝統的な同族的祭祀型式をはなれ、前方後円墳祭祀を受け入れたのである。すなわち、成立時の前方後円墳の分布からみて、大和連合を盟主とする畿内および周辺諸部族、瀬戸内沿岸諸部族、北東九州および山陰の諸部族の政治的・祭祀的結集、つまり擬制的同祖同族の大連合の形成を、前方後円墳——およびその他の墳形の、しかし長大な割竹形木棺と船載鏡の多量副葬指向を同じようにもつ古墳——の成立の背後にみたい。

さて右の場合、すでに弥生時代の終末時において、各地において有力部族の下に結合した部族連合の内に、あるいは部族連合相互の間における存在を推定した諸部族の相対的自立性は、大和連合と他の部族連合・諸部族との間にも保証されていたことは、首長霊継承儀礼としての古墳築造の事実それ自体から考えても、いうまでもないことである。各部族・部族連合は、それぞれの部族社会の構造的均質性と在地の首長権を失なうことはなかった。

しかし繰りかえし述べるが、大和連合と諸部族との結合は平等なものではなかった。大和連合は、畿内の諸部族の上に、さらに全体として各地諸部族の上位にあった。それは、血縁的同祖同族関係、したがって霊威の世界において上位の関係にあっただけでなく、現実の政治の世界においてもある種の支配の関係にあった。

この支配・従属の関係は、諸部族の内部に影響を与えずにはおかなかった。下位の部族は、単にみずからの首長だけではなく、首長を通して地域の部族連合、さらに大和連合に剰余労働を提供し、地域部族連合中枢の部族もまた大和連合によって剰余労働を求められるという関係が生じてくる。剰余労働の提供および分配をめぐり、各級諸首長間の矛盾がひきおこされ、究極的かつ全般的に首長と成員との矛盾が作用を開始する。

六　中国王朝の役割

前方後円墳の成立の問題に関し、もうひとつふれておかなければならないのは、中国古代王朝との関係である。中国からの文物は、楽浪（らくろう）郡や帯方（たいほう）郡を介してにせよ、すでに弥生時代前期末から中期に、各種前漢鏡、つづいて漢中期・後漢鏡、璧などが北部九州の諸部族にもたらされたが、前方後円墳出現の前夜には、すでに瀬戸内から北部九州のルートを保持していた大和部族連合は、中国王朝魏から(ついで、おそらく晋からも)きわめて多量の鏡を入手していた。その鏡の大部分は、その形態・文様から総称して三角縁神獣鏡とよばれ、また同じものが中国から出土していないため、列島に向けて特別に製作された鏡であると考えられるものである。これらの鏡は、入手後、大和連合中枢に保管され、その後、各地の首長に配布されたものである。これらの鏡が数面を単位とする同笵鏡［同じ鋳型でつくられた鏡］であって、それらが前期諸古墳において分有関係にあることを詳細に明らかにした小林行雄の研究は[12]、とくに京都府椿井大塚山古墳鏡群の発見によって、飛躍的に前進し、精細な同笵鏡分有関係図式をつくり上げた。小林は同笵鏡のこのような分有関係は偶然の累積によるものではなく、同笵であることとの意識に支えられた授受の結果であると考え、「同笵鏡の分有関係にある諸古墳の被葬者の多くは、……大塚山古墳の作られる以前において、大塚山古墳の被葬者ないし、その人によって代表される、より大きな政治的勢力のもとに結びつけられていたということができ[13]」る、とした。現在までに発見されている中国製三角縁神獣鏡は約二七〇面以上に達し、行方不明や未発見のものを考慮すれば、実におびただしい数となる。これらの鏡が大和連合と中国王朝とのなんらかの政治的結びつき――おそらく「外臣」としての従属――の結果、将来されたものであることは確かであろう。小林もまた、「卑弥呼に贈られた銅鏡一〇〇面が、主として三角縁神獣鏡であったと考えられ」ることと、「京都府大塚山古墳の副葬品として見いだされた三角縁神獣鏡群が、同笵鏡のセットという形で、一時に大量に輸入せられたものの残部であることが認められる」ことの「両者を同一事実にもとづくものとする解釈をいれる可能性もあろう……」とする。[14] しかしまた小林は、鏡の「輸入期」と「配布期」、さらに「それを蔵した古墳の営造期」という三つの時期を考え、その解釈に三種あるとして、魏志倭人伝の径百余歩の冢と古墳をただちに結びつけることについては慎重である。

いっぽう西嶋定生は、景初三年卑弥呼は魏の明帝からその外臣として「親魏倭王」に冊封されたため、「中国皇帝に対して藩臣としての礼節を守らねばなら」ず、かつおそらく漢代以降、官爵身分によって高塚墳墓を築造することは、まさしく礼法の定めるところであるから、卑弥呼の死に際しその礼法に従ってその墳墓に「高塚形式」を採用したと考え、そのようなものとして前方後円墳は、他の前方後方墳・円墳・方墳などとともに、倭王の「国内的権威を示現」し、また「地方豪族首長の身分的表現」たりえたとする。[15]

藪犬（やぶいぬ）

南米大陸北部の林に生息する原始的な犬。『広辞苑』では「第七版」で登場した。水辺を好み四肢にみずかきがあるという『広辞苑』の解説にまずびっくり。それだけではない。後ろ向きにも歩けるし、雌は逆立ちして放尿するなどの生態が知られている。環境の悪化で生息数が激減しているというこのような動物が、いつまでも暮らせる地球にしていかなければ。

しかし、「高塚形式」は、すでに前方後円墳成立以前において弥生墳丘墓として築造されており、そこでおこなわれた首長霊祭祀は前方後円墳のそれへと連絡していくことはすでに明らかにしたとおりであり、また前方後円墳のもつ諸要素は中国においてはみとめられず、かえって弥生墳丘墓の中に成熟しつつあったのであるから、前方後円墳の成立、すなわち統一的な首長霊祭祀型式の創出の主体的条件は、むしろ、西嶋もまた内因的基盤として重視する「同祖関係として表現される族制的関係」[16]、すなわち畿内中枢の部族連合を盟主とする西日本諸部族・部族連合の政治的・祭祀的結集＝同族連合の成立そのものであったと考えられる。ただ「倭王」が中国王朝の冊封体制に編入されたことが、前方後円墳成立に先立って「倭王」の「国内的権威」を高めたことは疑いないであろうし、またそのことが西日本諸部族との連合形成に、もたらされた多量の鏡その他とともに一定の役割を果たし、さらには前方後円墳等の創出にあたってもなにがしかの影響を与えたことは充分ありえたであろうと思われる。

第八章　前方後円墳の変化

一　首長墳の系列的築造

先に弥生時代の終末期において、諸部族の相対的自立性を推定したが、それが大和部族連合と他の部族連合・諸部族との間にも保証されていたことは、首長霊継承儀礼としての古墳築造の事実それ自体が示すところであるが、それはまた部族ごとに首長墳の継起的な築造がおこなわれていたことによりよく示される。図66は、岡山県吉井川・吉野川流域の一部における諸部族首長の古墳分布を示したものであるが、それぞれ古墳系列をもつ地域は、狭小ではあるが、山丘によって相互に隔てられた、生産遂行上の自己完結的ともいってよい地域である。北から植月(うえつき)・勝間田(かつまだ)・林野(はやしの)・飯岡(ゆうか)周匝(すさい)・佐伯(さえき)の諸地域である。ある地域では、前方後円墳、前方後方墳、他の地域では大形円墳、といった違いはあるが、この小地域ごとに、首長墳の継起的築造がみられる。(1)

これらの首長墳は、おそらくその築造が始まったと考えられる前Ⅱ期からⅢ・Ⅳ期を

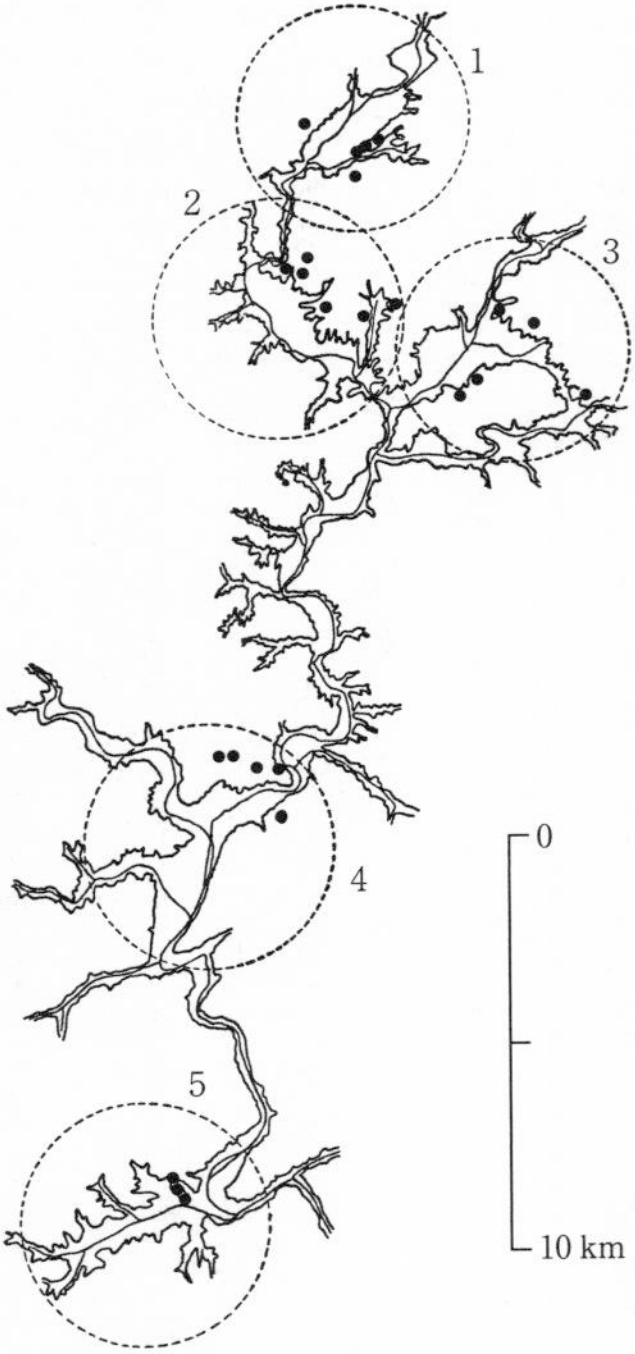

図66　吉井川・吉野川流域各地における古墳時代前期の首長墳の分布
1植月地域, 2勝間田地域, 3林野地域, 4飯岡・周匝地域, 5佐伯地域(近藤義郎「弥生文化論」『岩波講座日本歴史』1原始および古代, 1962, 一部改変)

通じて営造されたものと思われるが〔以下古墳の変遷に関し、前期古墳をⅠ・Ⅱ・Ⅲ・Ⅳの各期に、後期古墳をⅠ・Ⅱ・Ⅲの各期に区分する。およその推定年代をあてるとすれば、前Ⅰ期が三世紀末ないし四世紀前葉、前Ⅱ期が四世紀中・後葉、前Ⅲ期が五世紀前・中葉、前Ⅳ期が五世紀後葉、後Ⅰ期が六世紀前葉、後Ⅱ期が六世紀後葉、後Ⅲ期が七世紀前・中葉となろう。[2]〕、各地域に大小の相対的な差や墳形の相違はあっても、極端な差はその間にうかがえない。まさに、各部族の首長権が保持され、首長霊継承祭祀にうかがわれる部族的体制が相互に、多分に自律的に機能していたことを物語っている

(図67参照)。このようなことは海辺の部族についても同じである。岡山県邑久郡[現、瀬戸内市]牛窓半島は可耕地が乏しく、散在する製塩漁業集落址からみて海辺部族の居住地と考えられるが、そこにも五基の前方後円墳(内一は後II期)が築造されている。

このような部族単位の首長墓の継起的築造は、列島の至るところでうかがえる。畿内において淀川水系だけをとりあげても、一六の系列といわれ、静岡県磐田原周辺においても五、六の系列、群馬県においては少なくみても十数系列以上が、河川・山丘を境に形成されている。自然的境界がはっきりしない大形・中形河川流域の海岸に近い平野などでは、古墳系列をたどることが必ずしも容易ではないところがあるが、その場合でもいくつかの仮説が提出できるほどの古墳築造の展開がみられる。

こうした首長墓系列によって示される四―五世紀の部族の実数は、なお全国的に明らかになっていないが、吉備だけをとってみても、その系列地域は三十数地域と考えられるから、おそらく優に一〇〇をこえ実際には二、三〇〇に達するであろう。当時まだ前方後円墳や大形古墳を造営していなかった弱小部族もあったと考えられるから、部族自体の数はさらに右の概数を上廻ることになる。

これら各部族は、先に述べたように、首長を頂く完結体としてほぼ均質な構造をもち、地域ごとに大小の同族的部族連合を形成し、各々相対的自立性を保ちながら、全体とし

図 67　吉井川・吉野川合流点付近(飯岡・周匝地域)の古墳分布

て大和連合に結合し、地域および全土的分業体制の一翼を担った広範な併存を示していたであろう。

しかしこのことは、部族内および部族間に、勢力の不均等や栄枯盛衰がなかったことを示すわけではない。岡山県邑久地域では花光寺山・天神山両前方後円墳のあとには、円墳の香登鶴山丸山古墳がくる。津山市美和山前方後円墳のあとにも蛇塚・耳塚の円墳が続く。あるいは、京都府乙訓の二、三の地域に形成されたほぼ均等な規模をもつ中形首長墳の系列のうちに大形の恵解山古墳が出現し、他は出現していないなど、ある部族の首長墳の系列中における墳形や規模の変化は至るところにみられる。

この変化は、単に部族自体の勢力の反映であるとともに、他方では、大和および地域の部族連合における各部族の位置の変動によっても大きく左右されたものと思われる。しかし大和連合との同族関係といっても、多くは血縁的擬制として成立しているのであって、その擬制の背後には、それぞれの相対的自立とは別に諸部族の強弱・優劣があって、関係の内容を形成していたのであろうから、連合における位置は、しばしば部族の生産力・交易・武力等にかかわる力量にかかわってくることになる。部族連合の中枢首長の場合は、その地の同族的結合の血縁的中心としての力量が加わる。したがって全体として、部族自体の力量と同族ないし擬制的同族関係における位置は、相互に関連して作用したであろう。

ところで、この首長墳の系列が、部族内の同じ氏族、部族連合の場合には同じ部族によって保持され続けたものであるかどうかについては、必ずしも明らかでない。一般によくいわれているように、墳墓は本貫（ほんがん）の地に営造されるとすれば、しばしば、部族地域における首長墳分布が一個所に集中せず、分散してつくられていることは、氏族間・部族間における首長の交替を思わせるが、またいっぽう、古墳占地が果たしてそうした原理だけで決定されたかどうかにも、問題がある。

たとえば先に挙げた岡山県牛窓半島における五基の首長墳のうち一基は、湾内の小島につくられている。この長さ六〇〇メートル、幅二〇〇メートルの小島の海浜に知られている製塩を業とする小遺跡の示す小集団が、牛窓地域の部族の首長権を一時的にも握ったとはとうてい考えられないから、この場合、その占地は別の原理、たとえば海からよく望見できるとか、部族全域から仰見できるとかの要素や、呪的な判断も加わったかもしれない。しかしそうはいっても、牛窓にみられる五基の首長墳の間に首長権の別氏族による交替がおこなわれなかったことの証拠にはならないのであって、考古学的にはここ当分追究困難な問題といえる。

しかし、それが世襲的に同一氏族からの出自であっても、抗争の結果としての別氏族による交替、あるいはふさわしい後継者の全氏族による合議選出であっても、一つの血縁集団である部族において、前期古墳系列が示すように、首長墳の造営は一貫して続いたことは確かなようにみえる。ただしすでに述べたように、首長墳の墳形や大小、内部主体の構造や副葬品の量質などにおける差異が示す、首長権威の内的・外的な盛衰が存在したことはいうまでもない。

二　部族連合の首長墳

有力・先進の部族を中心にいくつかの部族が連合関係にあったことは、弥生時代から知られているが、その場合はすでに安来・出雲、吉備の首長霊祭祀の共通性に関して述べたように、事実上のないし事実と観念された同祖同族関係に基づく連合であった。弥生時代を通じての急速かつ広範な集団分岐と関連し、列島内各地域に、このような諸部族の大小の同祖同族的連合が形成されていたものと思われる。前方後円墳の築造は、大和連合の最高首長がそうであったように、原則的にはなによりもまずこのような各地域の部族連合の中枢首長によって、ついで諸部族首長によって実施されていったろう。前方後円墳の築造が大和連合との擬制的同族関係の設定の結果であり前提であるとすれば、各地域の諸集団の同族連合にとって全体にかかわる問題であったはずであり、大和連合もまたその部族連合としての性格から、地域同族連合との関係設定という方向をとる。したがって、受け入れられた大和連合との擬制的同族関係は、急速にその地域の同族諸首長に及ぶことになる。畿内諸地域における部族首長墳の築造状況と、その間に存在する地域部族連合首長墳とおぼしき大形首長墳の分布とは以上のことを示している。同様なことは播磨・吉備・山陰・讃岐などにおいてもうかがわれる。

さてこのように大和を含めた各地域には、歴史的に形成された同族諸部族の大小の連合があったが、それぞれに連合を代表する最高首長が存在し、連合を統轄する一種の評議・執行機関が成立していたことはいうまでもない。またこの連合は、固定されたものでなく、大和連合がやがて大和・河内連合となったごとくあるいは拡がり、あるいは縮小した。

しかしこの連合の最高首長の位置は、特定部族に必ずしも固定・世襲されていたわけではないようである。そのことは、最高首長を示す巨墳が、部族地域をこえて頻繁に移動している場合があることによっても示される。たとえば丹波の北方(のち丹後)の九個ほどの部族から成る連合の首長を思わせる九〇メートル以上の前方後円墳は、網野町〔現、京丹後市〕〔網野〕銚子山古墳―丹後町〔同上〕神明山古墳―加悦町〔現、与謝郡与謝野町〕蛭子山古墳―同白米山古墳―弥栄町〔現、京丹後市〕〔黒部〕銚子山古墳と、その継起順序はなお明らかでないが、それぞれ部族地域を異にして移動築造されている。しかしまた、後にふれるように（第十一章参照）、大和連合ないし大和・河内連合のように一定の部族ないし部族連合が終始連合の中枢にあったと考えられる場合もあった。

　大和連合中枢首長については、すでに何人かの人々が指摘しているように、連合を構成する諸部族首長から成る機関による選出がおこなわれたとみたい。はじめ奈良盆地東南部に築造された箸墓・西殿塚・桜井茶臼山・メスリ山・柳本行燈山（伝崇神陵）・渋谷向山（伝景行陵）などの巨墳に示される首長墳は、大和部族連合の盟主となった巨大部族の首長墳系列と考えられるが、次の時期には、巨大首長墳系列は、盆地北部に移り、佐紀盾列古墳群を構成する。その時点ではもはや盆地東南部には巨大首長墳はみられないが、それでもなお中・小の前方後円墳の形成が東南部にみられる。いっぽう、佐紀盾列の巨大首長墳のうちのいくつかが築造されたのち、河内古市に巨大首長墳があらわれ、ややおくれて百舌鳥にあらわれる。しかも同じ時期になお佐紀盾列では古市・百舌鳥古墳群の大形墳ほどに巨大でないにしても、それに準ずる巨大古墳が築造されている。古市および百舌鳥古墳群において中枢首長墳の系列が一定期間たどれることはいうまでもない。ところが後にもふれるように、佐紀盾列・古市・百舌鳥の巨大古墳群の付近には、それにふさわしい当時の集落も数少なく、また中・小の「陪塚」を除くと、大連合の基盤となるような中・小墳営造地もみられない。それに対して大和南部には中・小墳がこの時期はもとよりその前後の時期にも多く営まれ、右の三大巨墳群地域およびその周辺とははなはだ異なる状況にある。これらのことは、巨大古墳が示す首長権が世襲的に大和部族連合の中で選出・継承され、首長墳の営造地を各地の荒野に移動させ、そこに墳墓をのこしたことを示すものと考えられる。これについては第十一章においてやや詳しくふれたい。

しかし、この選出に先立って、部族間の抗争がなかったことを意味しない。むしろ後にみるように(二八九―二九二ページ参照)、古墳への武具類副葬が前Ⅱ期からⅢ期へと時を追って増大し、機能的かつ規格的となることが示す事態は、争乱が日常的とまではいわなくても、しばしば生じていたことを示している。この争乱の最大のものは、大和および各地の連合首長権をめぐって、諸部族をまきこんだものであったに違いないと思われる。

後継首長選出にあたって、平和的選出か争乱か、また争乱の度合や動向に応じて、構成ないし参加諸部族首長の統一体における位置がきまり、あるものは小形前方後円墳や他墳形の古墳を、あるものは、いぜん大形前方後円墳を築造するという多様な展開をみせたことであろう。いずれにしても、それぞれの部族首長墳が、小なりといえど、連続してみられることは、争乱や選出にやぶれた部族を含め、また連合の首長を通じての部族支配がつよまったとしても、部族を解体・支配するというようなことはなかったことを示している。

三　前方後円墳の変化

成立以来、前方後円墳を代表とする首長墳は、大和連合首長と擬制的同族関係に入った部族首長の間に急速に広範にひろがり、五世紀前・中葉に比定される前Ⅲ期までには、南九州から東北南部に至るまで築造をみたが、実はその間に古墳のもつ諸要素の変化もまた進んでいた。

まず墳丘が、さらに大規模化していく傾向がみられる。これはおもに畿内巨大古墳、それに準じるもの、地域巨大古墳としてあらわれる。それらを首長に擬すれば、大和連合の最高首長、それを構成する有力首長、さらに地域部族連合の首長ということになろうが、各地部族首長墳においても、多少の例外を除いておおむね大規模化が進んだ。もちろんそれは、直線的に進んだわけではなく、在地あるいは大和連合との関係の変動に基づく若干の凹凸をもっていた。大和連合における巨大墳とそれに準じる大形墳については よく知られているのでここではふれないが、地域連合の首長の場合の一つの例

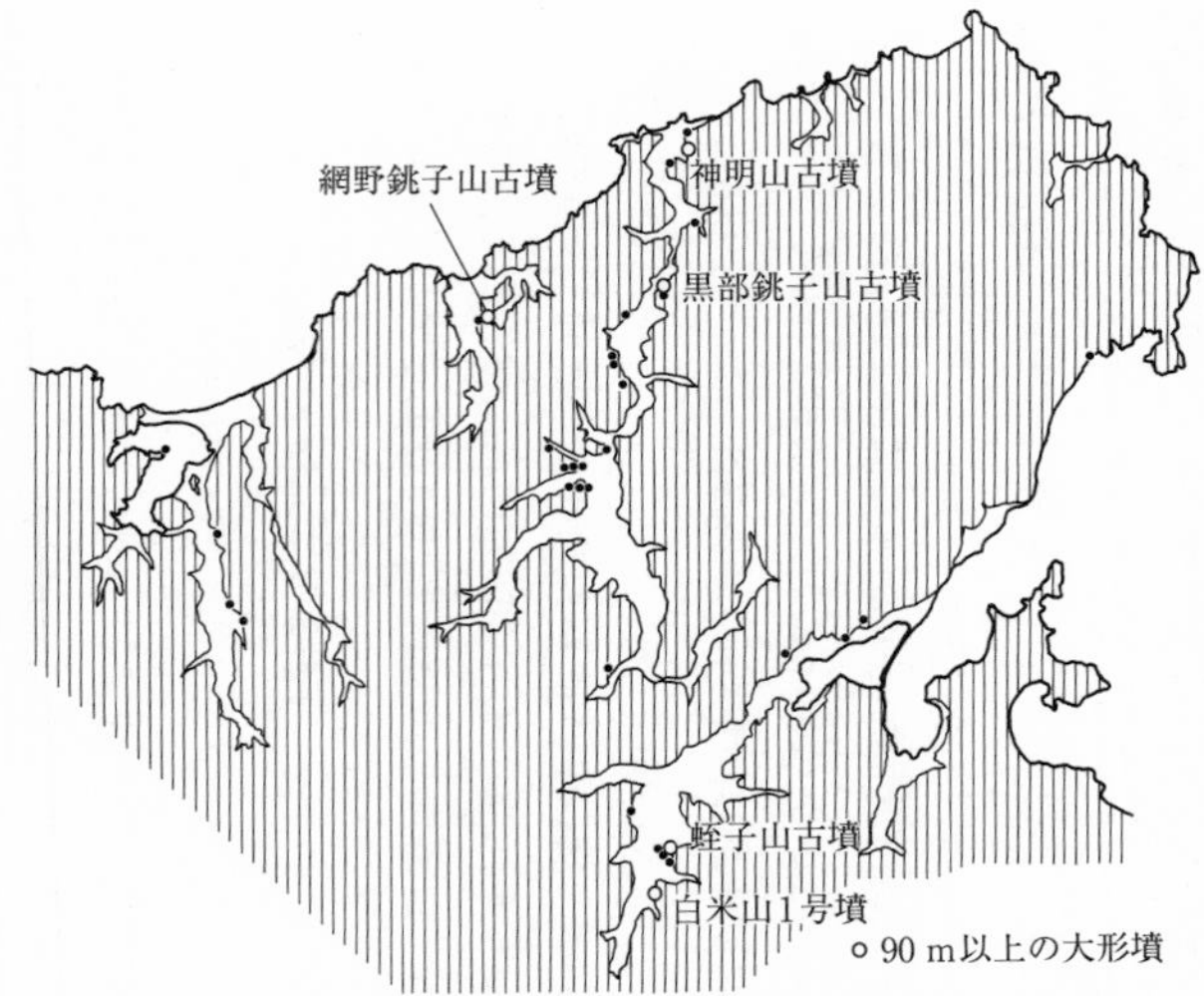

図 68　丹後の大形および中形古墳の分布(京都府教育委員会編『京都府遺跡地図』1972, 参照)

を先にもふれた丹後にとってみよう。そこでは久美浜町・網野町・丹後町・弥栄町・峰山町―大宮町〔以上、現、京丹後市〕・岩滝町・野田川町―加悦町〔以上、現、与謝野町〕・宮津市・舞鶴市などいくつかの小地域を単位に、墳長約七、八〇メートル―約三、四〇メートルの首長墳の継起的な築造がみられるが、それとともに四、五のずばぬけて大形の古墳がみられる(図68)。弥栄町〔黒部〕銚子山古墳が墳長一〇〇メートル、加悦町白米山古墳が墳長九二メートル、加悦町蛭子山古墳が墳長一三二メートル、網野町［網野］銚子山古墳が墳長一九八メートル、丹後町神明山古墳が墳長一九〇メートルという規模をもち、それぞれ別な小地域に分散して存在する。これらは、おそらく九か一〇ほどの部族の連合、丹後部族連合ともいうべきものの中枢首長の古墳と考えられ、相互に同族関係にあった首長達のうちから選出されたものであろう。同様に、京都府乙訓のいくつかの部族から成る連合が墳長一二〇メートルの恵解山古墳を、木津川右岸の連合が墳長一五六メートルの久津川車塚、一一八メートルの芭蕉塚古墳を、連合中枢の首長の墳墓として築造している。他の地域においても、備中中枢部の部族連合が中山茶臼山古墳（墳長一二〇メートル）、佐古田堂山古墳（墳長一五〇メートル）、造山古墳（墳長三六〇メートル）、作山古墳（墳長二八六メートル）などを築成している。これらのことは、各部族首長が、個々に大和連合と擬制的同族関係を結びながらもそれぞれの地域において同族連合を形成し、その盟主を中心に結合をつよめつつあったことを物語る。

おもに大形古墳においては、大規模化は一般に前方部の高丘化・大形化を伴なうとともに、くびれ部付近に新たに祭祀用として長方形壇状の造り出しをしばしば随伴する。また周濠がしだいに整備され、その外方に堤や周庭帯が設けられ、しかも周濠が二重に掘削されるものさえあらわれる。これに応じ、設計の幾何学的厳密さが要求され、また実現し、墳形はいっそう整然とした姿を呈するようになる。ただし中・小の前方後円墳には、周濠、外堤、造り出しはみられないことがしばしばである。

このような規模の大形化や墳形の整備の傾向は、大形前方後円墳を先頭に、中・小の前方後円墳、前方後方墳・円墳・方墳にも及ぶが、この場合にも一律に進んだわけではなく、大小のものがその間の較差を拡大しながら築造された。二重の周濠・外堤・巨大な周庭帯をもつ墳長二〇〇メートルないし三〇〇メートルに達する巨墳から、墳長二、三〇メートルの小形前方後円墳ないし前方後方墳、さらには径十数メートルの円墳に至るまで、墳丘の規模・形態の上での階層的構成は、大和・河内を中心に、また各地に中枢をもって、著しくつよまり、古墳営造数もまた増大した。

前方後円墳成立にあたり、吉備の弥生墳丘墓に使用されていた特殊器台形土器をとり入れることによって成立した器台形埴輪・円筒形埴輪は、それがかつての列石のように墳丘を囲繞して立てられたため、大量に製作・配置され、聖域としての墳丘の隔絶に一役を買った。埴輪は、もともと共同体からする飲食物供献、共飲共食儀礼用の壺の台として特殊に発達した土器が、実用的な機能をはなれて象徴化し、古墳祭祀に直接に参加しえない部族成員の「参加」、すなわち首長霊威への奉献・服属を象徴する表示物となったものであって、その多量使用とあいまって、古墳祭祀儀礼の形式的盛大化＝成員疎外をもたらした。やがて、朝顔形埴輪、ついで鰭付円筒形埴輪や、家形、器財形——蓋形・さしば形など——、武具形——盾形・靫形・甲形など——の埴輪が新たに誕生する。朝顔形埴輪はかつて共食儀礼に使用された壺と器台を合一・象徴化したもので、器台形埴輪や円筒形埴輪などとともに墳丘や外堤の囲繞に用いられた。鰭付円筒形埴輪は隔絶をいっそう強調したあらわれと考えられるが、器財形・武具形の形象埴輪なども また、主として墳頂の埋葬個所＝聖域の上方をとりまくように配置され、そのもつ呪的効果をもって「寄り来るものを追い退け」[3]、さらに強調された隔絶機能が託されるとともに、亡き首長の霊威がこれによってますます振われるようにとの祈りの表現でもあったろう。盾・靫・甲・さしば・蓋などの武力的ないし権威的な埴輪は、亡き首長の生前にふさわしい特別な権威の象徴として、その権威が後継首長に引きつがれるために念じかけられる品々であったろう。家形埴輪は、亡き首長の生前の住居を形象したものとして、「霊の依代」であったか、あるいは「首長霊を継承すべき建物」の象徴であったか、意見のわかれるところであるが[4]、いずれにしても、祭式の思想や行為を半恒久的な土製品をもって表現したものといえるだろう。やがて、古墳祭祀に参加する人々——巫子・文人・武人・農夫・鷹匠その他の人物——や鶏・水鳥・馬・猪・鹿・犬などの動物が形象され、祭式自体の永続的な固定化がはかられるようになる。

これらの埴輪類は全体として、墳丘の巨大化とあいまって、多量に、しかも厳格な方式をもって配置され、古墳祭祀の形式的整備の一翼を担った。しかしいっぽうにおいて、埴輪類をもたない首長墳も、おもに前Ⅰ・Ⅱ期の中形前方後円墳を中心に少なからずあったし、埴輪類の量と種類において諸古墳間にさまざまな程度があったことはいうまでもなく、埴輪の樹立もまた首長間の上下のひとつの表象であったらしい。

前Ⅰ・Ⅱ期に埋葬施設の主座を占めていた割竹形木棺の使用は、前Ⅲ期においてもいぜん続いたが、早くも前Ⅱ期には初現的な長持形(ながもちがた)石棺が出現し、Ⅲ期には、先の三者(二八一ページ参照)が示す大形前方後円墳の埋葬施設として、割竹形木棺にとってかわる。また長持形石棺の出現に相前後して、畿内や香川県に多くみられる割竹形石棺、熊本県・島根県・福井県などを中心に広くみられる舟形(ふながた)石棺が現われる。いずれも木を石に移したものである。それらは、通常全長五、六メートルから七、八メートルをはかった割竹形木棺にくらべて、長さを減じ、長いものでせいぜい四メートルにすぎず、多くは三メートル前後であるが、とくに完成された長持形石棺は、単なる遺体の密封・安置の意味をはるかにこえた威力的な外形と、それにふさわしい労働力の投入がみられる。伝統的な割竹形木棺と異なる思想が育ちつつあったことを示すものといえよう。

材質が石という恒久的なものに転じ、形態もまた一変していることからみて、前方後円墳成立時に、首長埋葬の共通の棺形式として創出された長大な割竹形木棺という定式はここに破れ、変化し、強大な首長身分を表現する定式は長持形石棺に移った(図69)。巨大古墳に納められる長持形石棺は、大阪府松岳山(まつおかやま)古墳などの古式の例から推定されるように、はじめ組み合わせ木棺から導かれたもので、一枚の底石、四枚の側石、一枚の蓋石(ふたいし)で構成される。それはかつての首長棺に共通であった割竹形木棺とは、形状も材質も異なった棺であり、その製作には高い石工技術が要求され、また石材もその多くが兵庫県加古川流域に産する竜山石(たつやまいし)が用いられるなど[5]、割竹形木棺における高野槇のように、強い選択が働いていた。したがって、巨大墳における割竹形木棺から長持形石棺への転換の背後に、棺による身分格差の新たな創出をみることができる。すなわち長持形石棺の誕生以来、割竹形石棺、舟形石棺、依然として使用される割竹形木棺、さらに組み合わせ木棺、組み合わせ石棺、石槨を整備したもの、石槨を欠くものなど、多様な埋葬施設が併行して用いられ、まさしく先にふれた墳丘の規模・形態の多様さに呼応

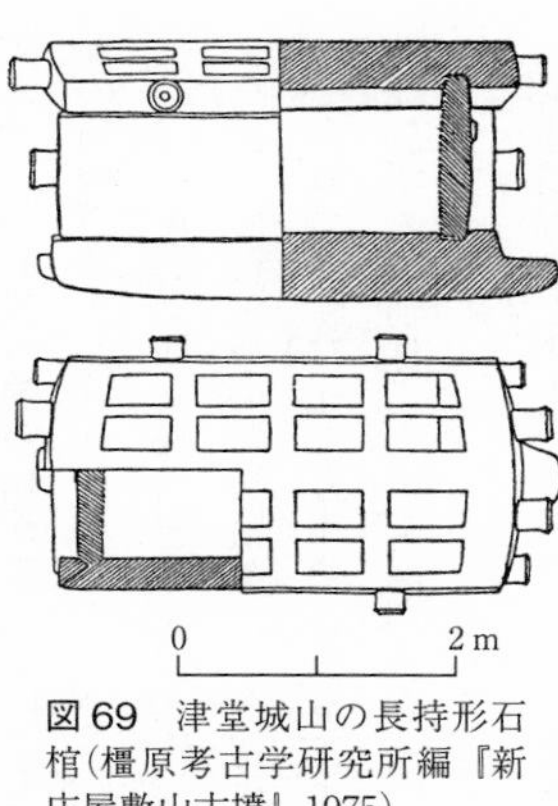

図69　津堂城山の長持形石棺(橿原考古学研究所編『新庄屋敷山古墳』1975)

する。しかも割竹形石棺が畿内を除くと香川県にとくに多くみられるというように、一種の地域性さえあらわれる。このような動きの中で、第十二章にふれるように、前Ⅳ期には、初現的な横穴式石室が北部九州の首長墓や畿内・吉備の中・小古墳に採用される。また長持形石棺や舟形石棺などから初現的な家形石棺が導き出されてくるのもほぼ同じ頃である。とくに北部九州の首長達による朝鮮南部からの横穴式石室の導入は、かつて埋葬施設の共通性をも擬制的同族関係の一つの標徴としていた頃には予想もされなかったことである。

副葬品もまた変化していった。古墳出現時の副葬品の主位を占めた舶載鏡は倭製鏡にその位置をゆずり、またほぼ相前後して腕飾り類をはじめとする碧玉製品が加わった。中でも石製腕飾り類は、弥生時代に北部九州を中心に製作・使用された各種の実用の貝製腕輪が材質転換したもので、おそらく北部九州諸部族の畿内連合への参加を契機として、あたかも吉備の特殊器台形土器が器台形埴輪に転じたように、変質・宝器化がおこなわれ(6)、鏡とともに大和連合中枢から各地首長に配布されたものであろう。すなわち、これらのことは、舶載の宝器から、大和連合のつくり出す倭製宝器へと重点が変化したことを示すものであって、一方では舶載鏡の入手が、中国における魏・呉・西晋の滅亡時の混乱から困難になったことが原因であるとしても、自前の宝器をつくり出し配布するという点で、大和連合の列島内での優位がいっそう高まったことを教える。しかし、これら倭製鏡・石製腕飾り類の量的な副葬も前Ⅲ期の末には減少し始め、大和連合からの宝器配布の相対的比重は低下する。

あたかもそうした動きに対応するかのように、馬具とくに金銅製馬具・金製垂飾り付耳飾り・金銅製帯金具・金張り環頭大刀などの金・銀・金銅製品、須恵器などが、はじめは舶載品として、のちには倭製品として、副葬品にとり入れられ始める。鏡はなお倭製品として大中小さまざまに製作・副葬され、また南宋から舶載され、大和連合によって配布されたと考えられる画文帯神獣鏡や画像鏡も少なからずみられるが、もはやかつてのような多量副葬の指向は衰えていった。

いっぽう、前Ⅲ期からⅣ期初頭にかけて、武具と生産用具の多量的副葬がその極に達してくる。すでにふれたように、武具・生産用具は前方後円墳の成立時に普遍的な副葬品としてみられるが、しだいに量・種類とも増加の傾向を示し、時に鉄素材の副葬も加わって、著しくなる。

大阪府野中アリ山古墳では、一部盗掘をうけていたにもかかわらず、中央施設から鉄槍四〇、矛先三、鉄鏃七〇、鉄斧八、蕨手刀子五、鎌六以上、鍬二、南施設から帯状鉄板一五以上、北施設から刀七七、剣八、槍先八、矛先一、鉄鏃一五四二、斧一三四、鎌二〇一、蕨手刀子一五一、のみ九〇、錐一、鉇一四、異形鉇その他四、鋸七、鍬四九、鉤状鉄器四一二、合計三〇〇〇点に近い鉄器類が、三つの施設にぎっしりと詰められた状態で発見された。大阪府七観古墳では、多数の鉄鏃、馬具、短甲五以上、衝角付冑七、鉄剣、刀剣あわせて百数十などが、奈良県ウワナベ六号墳からはおびただしい鉄鋌・鉄器が出土した。これらはいずれも巨大古墳の「陪塚」で、副葬品の品々を納めるために主墳と別個につくられたものとされ、野中アリ山古墳は誉田山古墳(伝応神陵)に、七観古墳は石津ヶ丘古墳(伝履中陵)に、ウワナベ六号墳はウワナベ古墳に随伴するといわれている。[7]

また、攻撃用武器や生産用具だけでなく甲冑類の量的な副葬もややおくれておこなわれるようになった。甲は前方後円墳成立時すでに副葬品として存在していたが、それは単体副葬にすぎなかった。しかし攻撃用武器の多量副葬が進む中で、大阪府墓山古墳に随伴する野中古墳に一一領(図70)、大阪府美原町〔現、堺市美原区〕黒姫山古墳前方部の石室にはじつに二四領がおさめられるに至る。それは他地域にも及び、福岡県月岡古墳に八領、兵庫県雲部車塚古墳に五領、群馬県鶴山古墳に三領という例が知られている。甲冑は当時一般の戦闘員のもたない防御用武器で、軍事における指揮者のいわばシンボルともいうべきものであった。副葬品用の小墳を置くような巨墳のほか、地域連合の首

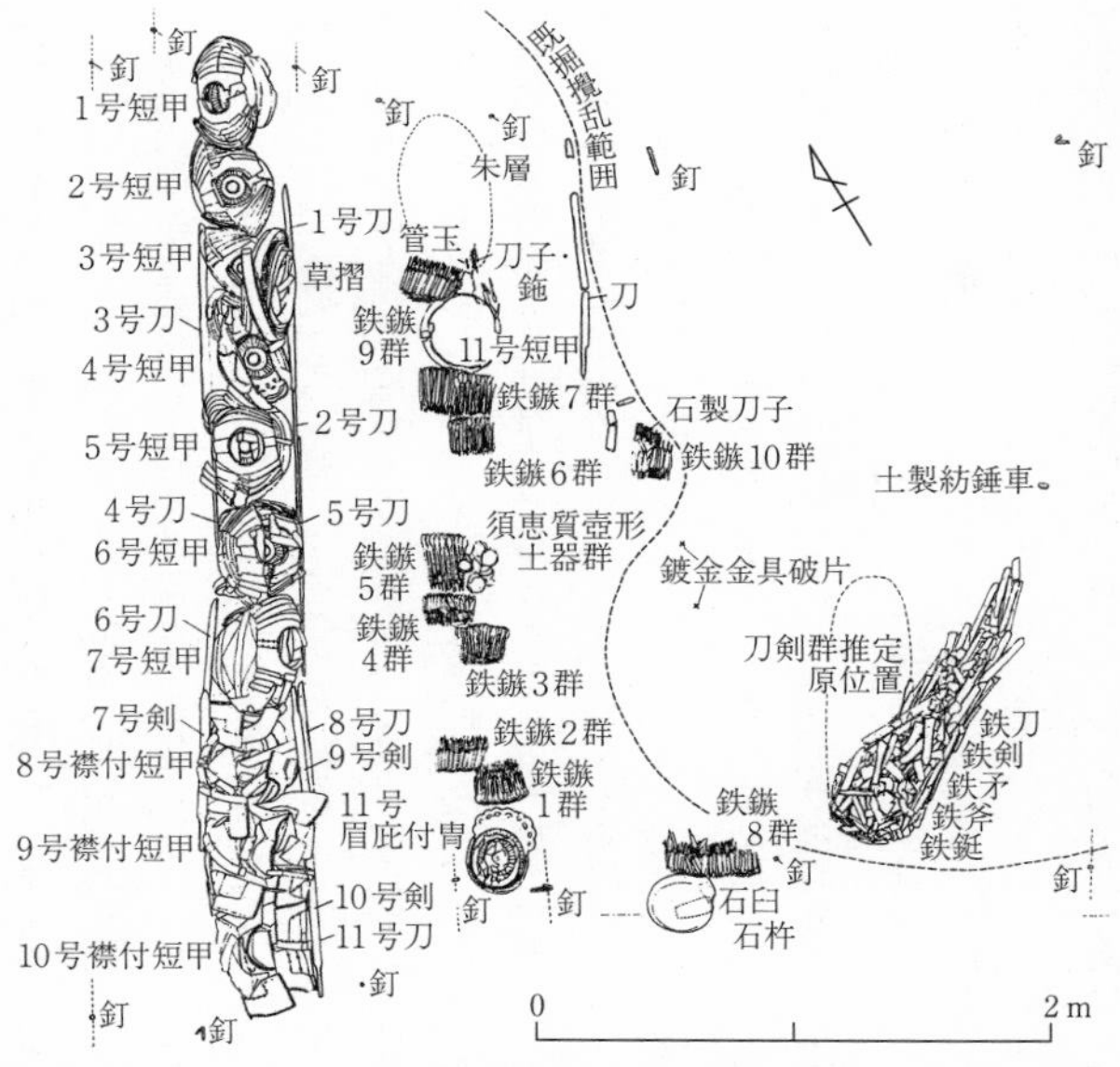

図 70　大阪府野中古墳副葬品出土状態（北野耕平『河内野中古墳の研究』1976）

長墳と思われる岡山県金蔵山古墳や神宮寺山古墳では、竪穴式石槨の一側に副葬品用の小室を設け、そこにおびただしい武器・生産用具を副葬する。

また山間の小埋積谷平野を基盤とする径約六〇メートルの円墳岡山県月の輪古墳でも、その中心の棺内外に発見された鉄製副葬品としては、鏡一、首飾り一、銅鏃三束八三本に対して、刀・剣一六、槍一、刀子四、鉄鏃二束約五〇本、短甲一、鉇四、のみ四、小形のみ四、計九種八四個がみられた。中には、鉄器の副葬が十数個、あるいは数個という中・小墳もみられるが、全般的な傾向として、畿内巨大古墳を頂点とする武具・生産用具の多量的副葬指向は、数量とともに収納施設において副葬用小墳の造営、副葬用副室の設置、主墳の棺内外というように差をもちながらも、明らかである。

前方後円墳出現時には、むしろ少なかった玉類の副葬は、石製腕飾り類の出現に前後して一般化し、その呪的機能をもって首長霊威の発揚に一役を買った。主要なものは、硬玉製の勾玉、碧玉製の管玉、あるいはガラス製丸玉・小玉から成る首飾りであったが、前Ⅲ期にはこれに赤メノウ製・水晶製のものも加わった。

また前Ⅱ・Ⅲ期を中心に小形の滑石製模造具類が副葬されることも注目に値する。鏡、刀、剣、玉類、斧・鎌・のみなどの生産用具などを、滑石その他の軟質の石をもって略化製作したもので、福岡県沖ノ島などの祭祀遺跡における奉納的出土が示すように、実際の品にかわる仮器として、多量に副葬されるようになる。大阪府カトンボ山古墳は御廟山（ごびょうやま）古墳の「陪塚」で径約五〇メートルの円墳であるが、鏡二面、刀剣・矛・斧などの鉄器類のほか、滑石製の子持（こもち）勾玉四、勾玉七二五、斧六、鎌一三、刀子三六〇、小玉約二万が出土した。滑石製模造具は現物の副葬品の一種の象徴であり、古墳祭祀の形式化がいちだんと進んだ現象としてとらえられるものである。

鏡・石製品などの宝器の比重低下にかわって武具・生産用具のおびただしい副葬、あるいはそれらにかわる滑石製模造具の多量副葬が、時には専用の小墳、専用の小室を作っておこなわれ、また金・銀・金銅製の装身具や馬具類、あるいは多彩な玉類といったいかにも世俗的権威を表現する副葬品がようやく現われはじめたことは、副葬品の面でも、創出時の前方後円墳からの変質をよく物語る。ただし、この場合においても、大和連合最高首長、有力構成首長、地域連合最高首長、部族首長等々において、質・種類・量において、さまざまな程度に変化をみせることはいうまでもない。

以上のような古墳諸要素の変化をまとめると次のようになる。

(1)古墳祭祀がほんらいもっていた象徴性・形式性がいっそう進行した。そのことは、朝顔形埴輪・鰭付円筒形埴輪をはじめとする各種形象の埴輪類の出現、盛行、その配置の状況、石製の棺の出現、周濠・周堤を伴なう墳全体の造形的整備等々に示される。

(2)隔絶さもまた巨墳を中心に進展した。前方部を含めた墳丘の大形・高丘化、周濠・周堤・周庭帯の設置、埴輪による墳丘の二重三重の囲繞、形象埴輪などによる墳頂中心部に対する方形囲繞などにうかがわれる。

(3)隔絶性と深くかかわって、威力性なかんずく世俗的権威誇示の面がつよまった。右の隔絶性を示す諸要素は同時に威圧性でもあったし、土中に納めるとはいえ、古墳祭祀そのものの進行に顕著な役割を果たした棺が長持形石棺のような威圧感に満ちたものが使用されることもその一つである。このことは、武具・生産用具の多量副葬にうかがわれる奉献品の相対的比重が増大し、世俗的権威を誇示するかのような副葬品が現われることと関連する。

このような諸要素の変化は、首長霊祭祀がほんらいもっていた性格、亡き首長を祖霊の世界に送りその霊威を次代の首長がうけとることによって集団の統一と安泰を祈念する集団的祭祀の側面が、集団成員と隔絶した世俗的権威をもまとった首長権威の誇示の側面に圧倒されつつあったことを物語っている。巨大な墳丘を二重三重にとりまく濠と堤、埴輪の幾重もの囲繞、重厚な長持形石棺の運搬と安置、奉献品をもつ人々の列、各種形象埴輪の墳頂への樹立は、まさに祭祀の極度の形式化・盛大化を通して、下位諸部族・全成員に対し、そのもつ強大な霊威とそれに基づく権威を視覚的に示そうとするものであった。このことは、首長が生前の現実の生活においても下位部族や成員に対し超絶した権能をもつ位置を占め、人々もまたその強大な霊威を集団性の中にうけとめ、その霊威の下への人格的な隷属をつよめ、したがっていっそうの剰余労働への要求に逆らうことはできなかったことを示すであろう。首長はその体現する集団性の威力をわがものに感じ、首長権継承祭祀のいっそうの盛大化・形式化をはかることによって、その位置の強化につとめた。

大形古墳に典型的かつもっとも鮮明にうかがわれるこの古墳変化の性格は、大和連合中枢首長・構成諸部族首長・地域部族連合中枢首長・部族首長という顕現の程度の差はあったにせよ、基本的に貫徹された。

第九章　部族の構成

一　首　長

当時の部族の構造を考える際の手がかりとしては、今日のところ、やはり墳墓に頼るほかない。

まず、地域のいっさいに卓越した墳丘規模と内容をもつ首長墳がある。これは、一般の部族成員の多くが、ほとんど副葬品をもたず、ましてや墳丘ももたず、土壙に直接、あるいは木棺や円筒棺、あるいは箱式棺に納められて埋葬されていることと対極的である。首長墳造営祭祀は、これまで繰りかえし述べてきたように、ほんらい首長の生前の霊威をそれにふさわしく祀ることによって、その霊威が祖霊とともに、後継の首長に引きつがれ、それを通して集団に再帰し、その統一と繁栄に働きかけることを祈念する祭祀と理解されるから、このことは、首長が部族の血縁的同族結合の中心にあったばかりでなく、部族全体の生産・祭祀・生活等々の諸機能の体現者として、集団そのものであ

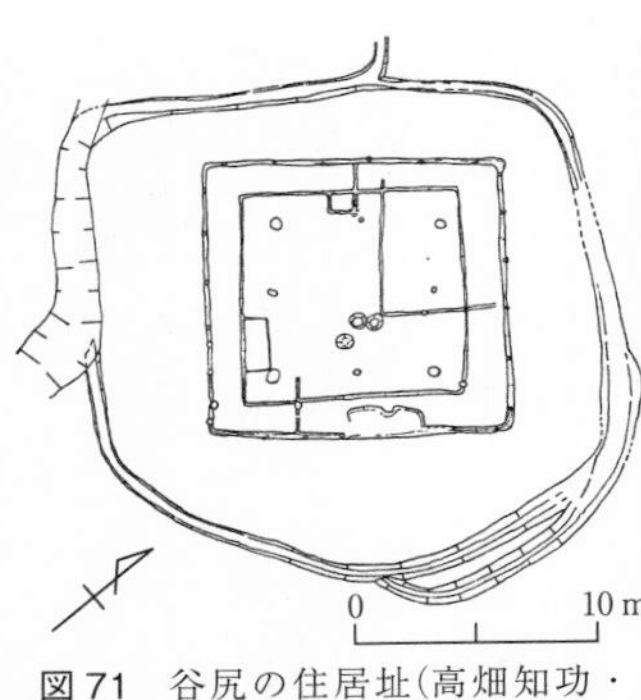

図 71　谷尻の住居址(高畑知功・井上弘ほか「谷尻遺跡」『岡山県埋蔵文化財発掘調査報告』11，1976，一部改変)

ったことを物語る。集団はまさに首長によって代表され、成員は首長の霊威の中に集団の統一と一体性を見出していたといえるだろう。

首長の世俗的生活もまた、このような集団における特別な位置にふさわしい形で、成員に支えられていたに違いない。集落遺跡において、当時の首長の居宅を示すような明瞭な例はほとんど知られていないが、岡山県北房町〔現、真庭市〕谷尻遺跡で発見された一九一号住居址は、一辺一二メートル強、面積約一四〇平方メートルの方形竪穴で、内側に九メートル四方の周溝をめぐらし、主柱穴は四本である(図71)。この住居の外方、約三ないし五メートルを隔て、ほぼ五角形状をなして幅一ないし二メートルの溝がめぐる。溝に放棄されていた土器からみて、古墳時代初頭に所属するものであることはまず動かない。さらに注意されることは巴形銅器の発見で、それは弥生時代の北部九州の首長墓を除いては、古墳時代前期の首長墳に時にみられるもので、竪穴住居址からの出土例はない。この時期の住居の大部分のものの面積が三、四〇平方メートル、大きくてせいぜい六、七〇平方メートル内におさまることを思えば、たとえ竪穴住居址であっても、著しい大形住居であることは確かである。加えて、周庭・周溝をそなえ、巴形銅器を居住地にもつことからすれば、吉備山間部の首長居宅の有力候補であろう。

また大阪府大園(おおぞの)遺跡にみられる五世紀後葉のC建物群は、南北約三三メートル東西約四八メートルの範囲を幅一、二メートルの溝で囲繞され、面積およそ一六〇〇平方メートル、五間×四間の主屋のほか、小住居二棟、倉庫一棟、井戸から成る(図72)。これが首長の居宅であるかどうかは不明というほかないが、おそらくこのようなものをさらに巨大化し、隔絶化したものが、河内・和泉地域の首長居宅であろうか。やや下った六世紀前葉の例として、濠をめぐらし葺石のごとき石垣を高さ約二・七メートル築き上げた上に、さらに巨大な柵列をめぐらした居宅が、群馬県三ツ寺(みつでら)I遺跡において発見されている。居宅建物(図73の一号掘立)は平面方形の掘立柱建築で、その規模は一三・六メートル強×一一・七メートル強、面積約一六〇平方メートルをはかり、その西北方約一キロにありほぼ相前後する時期の保渡田愛宕塚(ほとだあたごづか)[井手二子山(いでふたごやま)]・八幡塚(はちまんづか)・薬師塚(やくしづか)の三前方後円墳に葬られた首長ないし首長一族の居宅跡の可能性が強い。

集落遺跡における首長居宅の追究はこれからの課題といえるが、なんらかの首長居宅

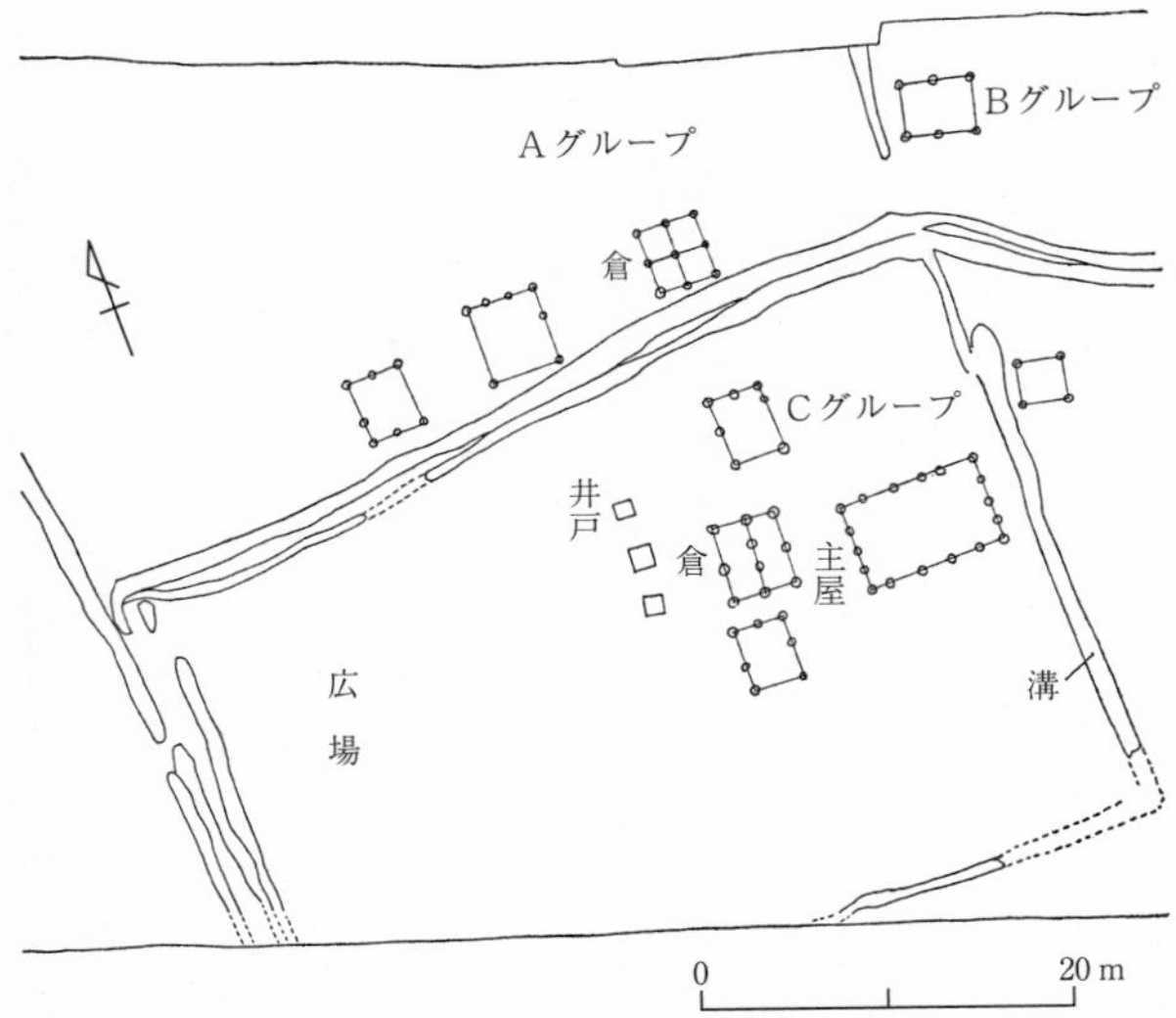

図72　大園遺跡の掘立柱建物群(広瀬和雄『大園遺跡発掘調査概要』Ⅲ, 1976, 一部改変)

の形象として早くから注目されているものに、首長墳上の家形埴輪がある。宮崎県西都原(さいとばる)一一〇号墳出土の家形埴輪は五棟の建物を結合したもので、中央に切妻(きりづま)の主屋、前後に小形の切妻造の家、左右に小形の入母屋(いりもや)造の家を配し、全体として首長居宅を形象している。また群馬県赤堀茶臼山(あかぼりちゃうすやま)古墳出土の家形埴輪は、堅魚木(かつおぎ)をのせた切妻造の主屋の前面に、同じく切妻造の副屋二棟、それらの側面に計四棟の倉、主屋の背後に納屋一棟を配したものとして復原されている。

これらの家形埴輪群がどれほど正確に首長居宅を反映しているかは不明であるにしても、当時の集団成員の多くが、ごく小規模な竪穴住居や平地建物に居住していたことを思えば、想定される周溝や柵列などとともに、現世の住家においても、集団成員との間に著大な格差を保っていたものと推定される。この格差が、日常生活における着衣・佩用武具・装具、さらに前Ⅲ期末からⅣ期には乗馬や金銅の装具などの点にもあらわれて

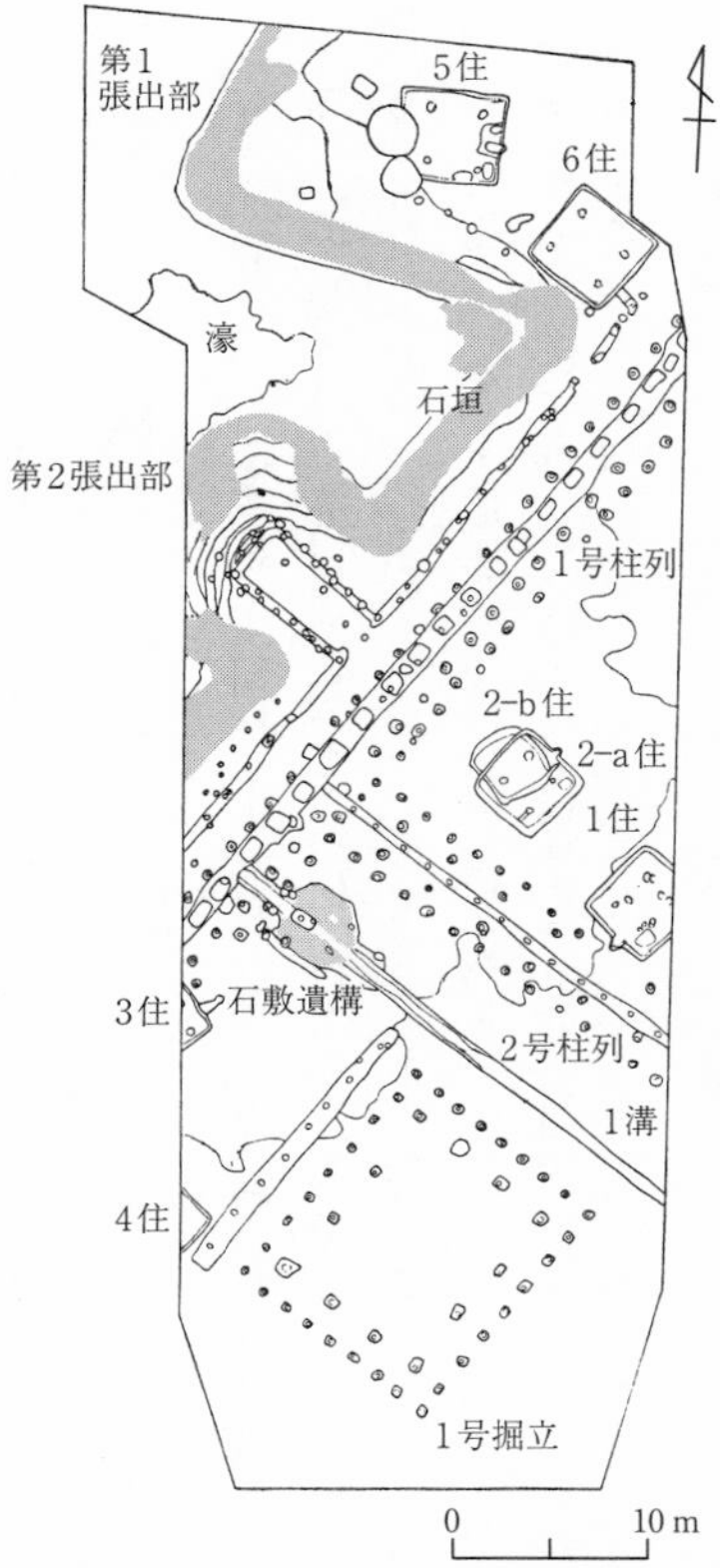

図73　三ツ寺Ⅰ遺跡の首長居宅(下城正ほか「群馬県三ツ寺Ⅰ遺跡調査概要」『考古学雑誌』67-4, 1982)

いたことは、首長墳出土の副葬品からも充分うかがえるところである。

二　墳丘併葬

これまでふれなかったが、古墳には、中心埋葬以外にも埋葬がなされる場合が、しばしば知られている。前方後円墳でいうと、後円部において中心埋葬と並んで副次的な埋葬がある場合、それも一つでなく二つ以上ある場合、前方部頂にある場合、前方部の軸線上にある場合、軸線をはなれた頂端・墳斜面・墳裾にある場合などさまざまである。構造や副葬品についても、中心の主埋葬に準ずるもの、簡略化されたもの、はなはだしく劣るものなど、これまた多様である。これらを一括して墳丘併葬とよんでおこう。

この墳丘併葬が、古墳成立当初からの現象であるかどうかについては、なお不明なところがあるが、弥生時代後期の墳丘墓の展開過程において、著しく卓越化する中心埋葬のまわりに、多くの場合、墳頂あるいは墳斜面や墳裾にいくつかの追葬を伴なっている事実、成立時の前方後円墳の一つ、京都府椿井大塚山古墳後円部における、主埋葬西方にみられた礫石を粘土で被覆したもの、岡山県備前車塚古墳前方部の掘りこみなどの存在を考慮すると、弥生時代から引きつづき、古墳成立当時にも、墳丘併葬は存在したと考えたほうがよいだろう。しかし併葬が中心埋葬に準ずるような扱いで、主丘上におい

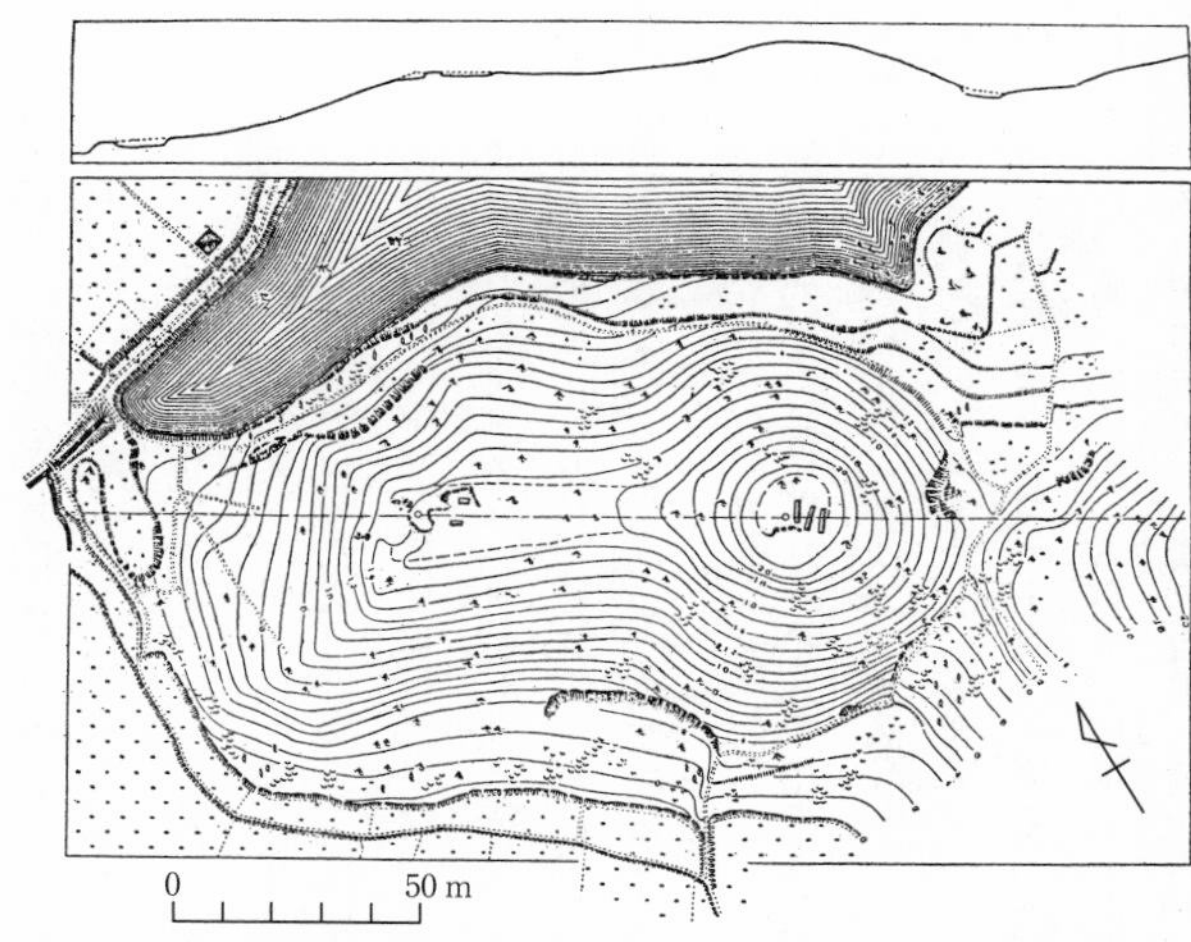

図74　安土瓢簞山古墳(梅原末治「安土瓢簞山古墳」『滋賀県史蹟調査報告』第7冊, 1938, 一部改変)

てみられた確かな例は、今のところ成立時の古墳では知られていない。

ただし、前方後円墳成立ののち間もない時期に、後円部・前方部の双方に併葬がおこなわれた例が知られている。一例をあげると、滋賀県安土瓢簞山古墳がそれである[1](図74)。丘上に営まれた墳長一六二メートルの前方後円墳で、円筒形埴輪をもたず、底部穿孔の壺形埴輪ないし壺形土器を出土する。後円部に主軸にほぼ直交する中心埋葬に併行して二基、前方部に主軸と併行して二基の墳丘併葬がおこなわれている。中心埋葬は内法長さ約六・六メートルの竪穴式石槨で、副葬品として舶載鏡二、鍬形石一、車輪石一、石釧二、管玉約二三、筒形銅器二、刀剣一七、銅鏃三〇、鉄鏃二三、刀子五、短甲一、工具一二、鎌三、異形鉄器一括が発見されている。

中心埋葬から東南方約四メートルの個所にある東南埋葬は、長さ約六メートルの「小塊石」による「粗雑」な竪穴式石槨で、すでにはなはだしく破壊・盗掘をうけ、鉄刀・壺などの出土の伝えを残しているにすぎない。

中心埋葬を挟んで相対する西北約六・七メートルの個所に発見された西北主体は、東南石室と「相似て、作りは粗雑」な竪穴式石槨で、全長約七メートルをはかる。盗掘の有無は明らかでないとされるが、副葬品は乏しく、鉤状の鉄製小金具二十五、六、刀子と鍬先形模造品にすぎない。

前方部に併列して発見された箱式石棺のうち、北東の第一号棺は推定復原内法長さ約一八〇センチ、内面は「赤く朱に染んで居」た。乱掘によって出土した副葬品は、石釧三、コハク製勾玉二、同丸玉三、管玉八、ガラス玉若干といわれる。やや小形の南西の第二号棺も乱掘に遭い、原状を大きく損じ、内容は不明である。

この場合、あらゆる点からみて後円部中心埋葬が本古墳の主人公であり、他は、墳丘上における位置の違い、棺槨の規模・構造の差、副葬品の量・質・種類などにおいて劣勢であり、併葬あるいは追葬といわれるものである。いま、中心埋葬を(A)、後円部の二つの埋葬を(B)、前方部の二埋葬を(C)と区分してみると、(B)は長大な棺と石槨という点では(A)に匹敵できるが、石槨の作りは「粗雑」で、副葬品も乏しいと判断されるので、(A)と同格ではないと思われる。(C)は後円部からはなれ、簡略な組み合わせ箱式石棺である点で、(B)よりもさらに低いまたは遠い位置にあった人物を葬ったものと考えられる。なお人骨が発見されていないため、各被葬者の性別・年齢は明らかにされていない。

香川県快天山（かいてんざん）古墳は長さ約一〇〇メートルの前方後円墳であるが、(2) 後円部に割竹形石棺とそれを囲う石積ないし粘土から成る埋葬施設三が発見され、さらに前方部には箱式石棺四が知られている。後円部の三棺は、三角形の各頂点のような位置関係にあるが、一号棺と二号棺が後円部「中心点を挟んでほぼ東西の位置に対称的に埋葬され、第三号石棺は……北辺に埋められたものである」。

一号棺および二号棺は盗掘されていたが、突起部を除く一号棺の身の長さ約二・五二メートル、その残存遺物は、舶載の獣帯（じゅうたい）方格規矩四神鏡一、石釧二、硬玉製勾玉一、管玉四、ガラス小玉一、剣五、刀破片四、刀子四、鉇一、のみ二、斧三、鉄鏃二〇である。長さ約二・三三メートルの二号棺の残存副葬品は、径一一・五センチの倭製鏡一、鉄斧一、管玉二、刀子二、剣一で、伴出した歯を研究した弓倉繁家によると、「三十歳から三

十四、五歳までの年齢のもので、歯全体が小形であり、特に小臼歯に特色がある等のことから、女性的な感じ」といわれる。

これらに対して、突起部を除き長さ約二・一〇メートルの三号棺は、調査時完存していたもので、径九センチの小形倭製鏡一、剣一、鉄鏃一、棺外から土師器壺一が発見された。遺体は同じ弓倉の研究によると、「二十四、五歳乃至三十二、三歳位の間で、恐らく二十七、八歳位の男子のように考えられる」という。また前方部の四基の箱式石棺のうち一基から、小形珠文鏡が出土したといわれる。

棺の規模・作り・副葬品なかんずく鏡の質と径からみて、一号棺の被葬者が本墳の主人公たる首長であることは明らかであろう。二号棺・三号棺の被葬者はともに、後円部上に一号棺と同じ割竹形石棺に葬られ、副葬品に鏡・剣などを含む点で、首長に準じた埋葬の扱いをうけている。しかも二号棺は、一号棺とともに後円部頂中央部分をわけ合う位置を占めているので、首長にきわめて近い権威をもつものと考えられ、弓倉が鑑定するように女性であるとすれば、配偶者である可能性が高い。三号棺は、粘土をかぶせた略式の構造であるうえ、棺の型式からみてもやや後出で、首長にはなりえなかった人物、しかし首長にきわめて近い立場にあった人物であろう。前方部の箱式石棺の被葬者は首長に対する関係が右の二者よりも遠く、その格差は大きいと推定してよいだろう。

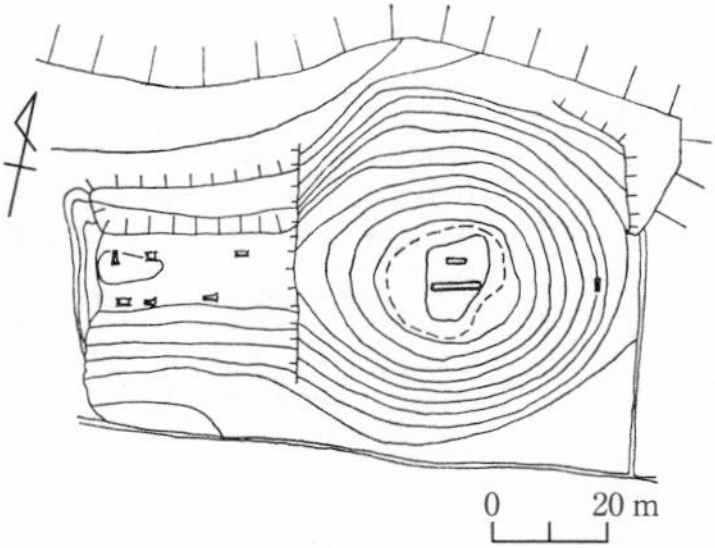

図75　馬ノ山4号墳（佐々木古代文化研究室編『馬山古墳群』1962, 一部改変）

鳥取県馬ノ山四号墳[3]は、推定復原長さ一一〇（現在墳長八八）メートルの前方後円墳であるが（図75）、後円部中央に長さ八・五一メートルの竪穴式石槨があり、径二一・六センチの舶載三角縁三神三獣鏡一面、それぞれ径一九・八センチ、一五・二センチ、一二センチ、一一・四センチの倭製鏡四面、車輪石四、石釧八、ヒスイ勾玉一、管玉一七、剣と刀各一、鉄鏃束一、工具三が出土した。この中心埋葬の北側に併列して、内部を三室に仕切った長さ三・一五メートルの箱式石棺があり、径一四・一センチの倭製変形環状乳神獣鏡一、ヒスイ勾玉二、管玉六、刀一が副葬されていた。これからは人骨も出土しており、小片保によると「成人骨であることは間違なく、多分女性[4]」である。

本墳にはさらに、前方部に六、後円部墳麓に近い斜面に一の埋葬が発見されている。前方部の六埋葬は、特製の「埴製円筒棺」一、埴輪円筒棺二、箱式石棺三から成り、後円部墳麓のものは埴輪円筒棺らしい。「埴製円筒棺」（三号主体）は長さ一六一センチで、径一一・五センチの倭製内行六花文鏡一面の副葬があった。埴輪円筒棺のうち一つ（七号主体）は長さ九四センチ、他（八号主体）は長さ八九センチで、ともに副葬品はない。箱式石棺のうち一棺（四号主体）は長さ一八〇センチで、内側には酸化鉄の顔料が塗られ、遺体は「熟年期の女性」である。他の二基の箱式棺は、長さ五五センチ、長さ九〇センチである。これら三棺にも副葬品はみられない。後円部後方墳麓の埴輪円筒棺については詳しい記載はないが、前方部の類品に近いものであるらしい。

以上の九埋葬を位置・埋葬構造・副葬品などから区分すると、次のようになる。

(A)後円部の竪穴式石槨　(B)後円部の長大な箱式石棺　(C)特製の「埴製円筒棺」　(D)長さ一八〇センチの箱式石棺　(E)長さ一〇〇センチ以下の箱式石棺および埴輪円筒棺　(F)後円部墳裾の埴輪円筒棺

(A)が首長であることはいうまでもないが、(B)は小片がいうように女性であるとすれば、配偶者が第一の候補となり、いずれにしても首長に準じた扱いをなされた近親の人物である。(C)は棺も特製で小なりといえど倭製鏡をもつ人物であるから、首長近親としては第二の人物であろう。その他の副葬品をもたない(D)(E)のうち、熟年の女性を葬ったもの一、他は棺長からみて、小児ないし幼児と考えられるものである。(F)については、墳麓という位置からみて、(D)(E)と異なった関係を首長との間にもっていた可能性が強い。

こうした墳丘併葬間の差異は、いうまでもなく、中心埋葬者に対する併葬者の関係の差であるに違いない。まず、中心埋葬者と同じ主丘部に併行して埋葬され、中心埋葬者に準じた埋葬がおこなわれた併葬者、安土瓢箪山古墳の二竪穴式石槨、快天山古墳の二割竹形石棺、馬ノ山四号墳の大形箱式棺などの被葬者に対しては、首長に準じた霊威鎮魂・継承祭祀がおこなわれたと考えてよい。第七章来述べてきた理解では、首長墳は、原則として一首長の埋葬にあてられたと考えられるから、そうであるとすれば、二人あるいは三人の継起した首長の追葬、しかも最初死んだ首長が中心に位置しもっとも手厚く葬られるとはとうてい考えることはできないからである。

とすれば、首長の分身あるいは首長の権威をわかちもち、しかも同一墳丘での併葬から推定できるような血縁的緊密さをもつ人物を考えるほかない。しかも、ときに明らかに小児を葬ったとしか考えられないような併葬や、それが数人に達することなどからすると、首長の権威の一部をわかちもつと考えられた首長近親のものであったことが想定される。多くの場合、首長の配偶者（あるいは姉妹）が第一の併葬者であった可能性については、香川県高松茶臼山（ちゃうすやま）古墳中央竪穴式石槨において発見された二体が男女であったと考えられること、鳥取県馬ノ山四号墳の後円部の長大箱式石棺の第一併葬者が女性と推定されること、さらに熊本県向野田（むこうのだ）前方後円墳の中心埋葬や、神戸市得能山（とくのうざん）古墳の竪穴式石槨の被葬者が熟年女性であり、女もまた当時首長たりえたことを示すことからもあながち荒唐無稽なことではない。また、馬ノ山四号墳では前方部に六埋葬がみられ、そのうち四が、小児ないし幼児埋葬と推定される長さ一メートル以下の箱式石棺ないし埴輪円筒棺であることも、夭折した近親さえ含んでいたことを示唆している。

とするならば、首長一族のうち、また限られた人々、ここでは仮に近親という言葉でよんだが、そうした人々は、首長の権威・霊威をわかちもつ存在として、首長制に一定の位置を占め、それが故に首長霊祭祀に準じた、あるいはそれを略化した祭祀を伴なって、あるいは特別な祭祀を伴なわなくとも、首長墳へ埋葬されることになったのである。すなわち、首長と一般成員という原則的な関係のうちにも、首長一族、なかんずく首長親族は、首長権の構成部分として、血縁的部族の中でも特別な位置を占めていたものであろう。(5)

このことは、おそらく次の二つの点で注目に値する。

一つは、前首長の親族の埋葬を、前首長の墳丘内に、おそらくは首長に対する関係、すなわち首長権構成の重要度・緊密度の順におこなったことが示す後継首長と前首長親族の関係であって、首長親族による首長権継承の世襲化が進んでいたことを示すだろう。首長権の首長一族による世襲の初現が、小林行雄の説くように古墳の成立そのものによって示されるのか、(6) あるいは、安来・出雲両平野における四隅突出型墳丘墓の系列的な築造が示すように、弥生時代終末時の墳丘墓の出現にその萌芽が求められるのか、予断の限りでないが、亡き首長の親族を首長墳に、首長に準じた方式で合祀する祭祀形態の一般的展開の中に、いっそう明らかな世襲化傾向のつよまりを見ることはできないだろうか。

つぎに、ほんらい首長権は、集団を代表し集団に奉仕することによって保証された位置・権限であるから、首長の一族もまた、集団の成員である点において基本的に他の成員と変わるところはないはずであるにもかかわらず、首長もまた現実の生活においては一般成員と基本的に同じ家族構造をとっていたに違いないことから、首長の権威と権限が高まり、それとともに首長の生活上の卓越が進み、また他集団との間に形成される支配・従属の関係が首長を通して進展すること等々に伴なって、首長とともにその親族も、しだいに集団の中の特殊な位置をつよめ、その私的利害を首長権の保持と結合させるようになる。首長権の世襲制はこうした段階で、首長親族の内においても、ある場合にはまた他の有力氏族との間でも、激烈な争いが継起する中で形成・定着してくると思われるが、この争いは、首長の権威と不可分に結びついた世俗的特権＝私的利益の伸張の結果でもあり、前提でもあった。

首長の親族であることをもって血縁的同族の中枢に位置し、首長の権威をわかちもち、簡略化されているとはいえ同じ祭祀をもって首長墳に葬られる事態は、首長親族の霊もまた首長霊に伍して霊威を帯びたもの、したがって先の熊本県向野田古墳の女性首長の実例にみられるように、首長権を交替しうる立場のものとみなされていたことを示すものであろう。すなわち首長は超絶的な個人としてあらわれるが、首長権ないし首長制は、首長の親族によっても担われるものであった(7)。

首長のもつ世俗的特権＝私的所有者としての側面は、その権威の増大につれて著しく進展したものと思われるが、首長はなお集団的所有の体現者として集団の統一と利益に奉仕することによってのみ首長たりえたのであり、またその権威を集団から承認・保証されえたのであるが、同時にその私的側面はその首長の権威の生みだす特権と結びついて増大しうるのであったとすれば、すなわち首長における集団的・部族的機能の体現者としての側面と世俗的利益を追求する側面とがいまだ未分化であったとすれば、首長権強化のためには、前首長に対する葬送祭祀をいっそう盛大におこなうことを通じて、継承すべき首長霊と世俗的特権をも含む首長の権威を増大させようとする試みは当然であろう。古墳祭祀における形式化・隔絶・威力誇示が時を追って盛大に展開し、やがて馬具をはじめ各種金銅製品などの世俗的権威を飾る品々の副葬となってあらわれるのは、またこのことの反映といえるであろう。

三 「陪塚」

次に、首長墳に近接して営まれ、通常、「陪塚」などとよばれている随伴古墳についてふれよう。「陪塚」であることを個々に証明することははなはだむずかしいが、首長墳に関係して築造されたことがほぼ明らかなものも知られている。

図76は大阪府古市古墳群であるが、そこには北東から西南にかけて、市野山古墳（伝允恭陵）・仲津山古墳（伝仲津姫陵）・誉田山古墳（伝応神陵）・墓山古墳などの巨墳が所在し、西方へややはなれて津堂城山古墳・岡ミサンザイ古墳（伝仲哀陵）がある。これらの巨墳が大和・河内連合あるいは畿内連合の最高首長、ないしそれに準ずるものの古墳であることは、明らかであるが、ここで問題にしたいのは、南方の一部を除きその間に散在する小形の前方後円墳・帆立貝形古墳・方墳・円墳計七十数基である。小形といったが、ここの首長墳の巨大さに対して相対的に述べたまでであり、中には一〇〇メートルをこえる前方後円墳、五〇メートルに近い方墳・円墳をも含み、他地域にあれば、それ自体首長墳と考えられるものである。これらは従来多くの研究者によって、近接性や配列の具合、副葬品からする年代などを手がかりに、首長墳との「陪塚」関係が論じ

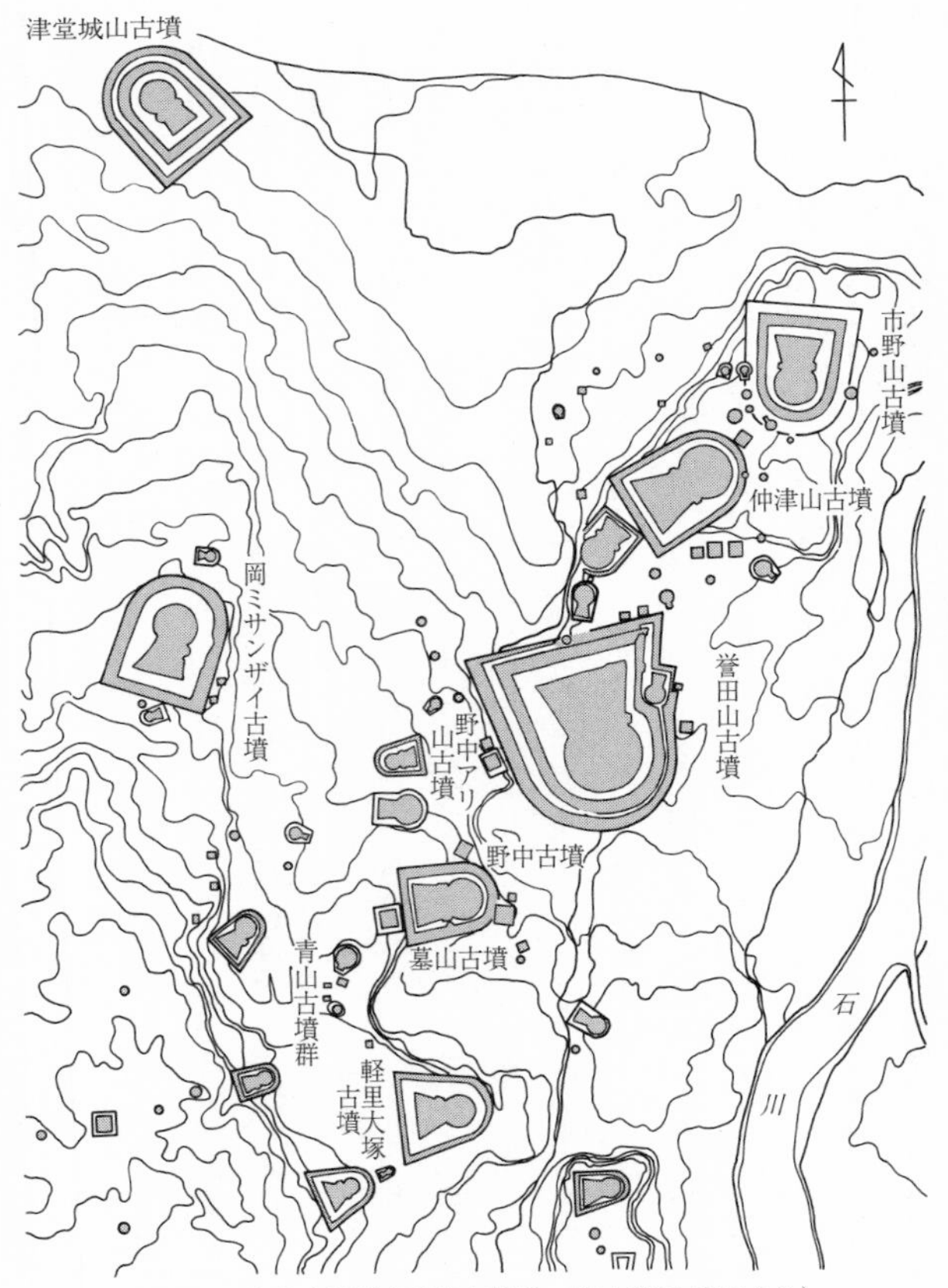

図 76　古市古墳群(天野末喜氏・田中和弘氏による)

られてきたが、中にはどちらの首長墳に属させたらよいか不明なものも少なくない。ここではそうした個々の比定は措いて、全体として右にあげた六基の巨大墳の周囲に近接して存在する中・小の古墳をみてみよう(8)。

すなわち、長さ五〇メートルを越える中形前方後円墳一五基、五〇メートル以下の小形前方後円(方)墳三基、小形の帆立貝形古墳二基、約四〇メートル以上の方墳九基、約三〇メートル以上の円墳五基、小形方墳二二基、小形円墳一三基、不明数基があり、中形墳の比率がきわめて高いこと、前方後円墳・方墳の比率が高いことが知られる。しかし同時に、一辺六メートルの青山五号墳のような小墳もあるが、それにしても幅二メートルの堀をめぐらし、人物・馬・朝顔形・円筒形の埴輪が樹立されている点は、同規模の他地域の古墳では、ほとんどみられないところであろう。また埴輪の特徴や一部知られている副葬品から時期を考えると、不明の二十数基を除き、前Ⅱ期末からⅢ期が一二基、Ⅳ期が三〇基、Ⅳ期末から後Ⅰ期が一〇基、後Ⅲ期が一基で、最後者の一基を除き、全体として大形前方後円墳の築造期にほぼ合致する。これらのうち、発掘調査をみた約一〇基について、おもに北野耕平の論文(9)から引用すると表3のようになる。

このように小なりといえど、長大な木棺、あるいは石棺に納められ、鏡・玉類・武具・生産用具をそなえ、明らかに首長墳に準じた祭祀の基本原理のあらわれをみる古墳

野中古墳の研究』1976，岡古墳については天野末喜氏の教示による）

武　　具	武　器	馬　具	農具・工具など	その他	備　考
	刀・剣・矛・鉄鏃				鏡は宮内庁書陵部蔵
	刀7・剣7・鉄鏃約400・矛11		鍬19・斧28・鉇1・鑿3・銛4	革楯3	末永雅雄博士を主査とする調査による
方形板革綴式短甲2・肩甲1・頸甲1・三角板革綴式衝角付冑2・三尾鉄1・頬当2	刀10・剣10・鉄鏃388		鎌10・刀子16・蕨手刀子8・鑷子2・斧10・鉇11・手鎌9・鑿8・錐4	竹櫛30 革楯10	同　上
前方部副葬施設	刀40・剣15・矛6		鍬4・鎌2・斧20		
三角板鋲留式短甲3・肩甲3・頸甲3・小札鋲留式衝角付冑3・三尾鉄1	刀10・剣7・鉄鏃250		鍬1・鎌11・刀子8・長柄付斧1・大斧2・斧7・手鎌7・鑿5・錐1	竹櫛5・木製刀子1・革楯1	同　上
三角板鋲留式短甲1	刀4・剣1・鉄鏃76		鎌2・蕨手刀子7・手鎌2・鑿6	鎹1	同　上
三角板革綴式短甲1・肩甲1・頸甲1・三角板鋲留式衝角付冑1・三尾鉄1・頬当2・脇当1	刀4・剣2・鉄鏃114・矛3	鞍金具1・轡1・輪鐙2・鉸具2・円鐶2・隅金具2	鎌1・刀子2・斧2・鉇1・鑿2・刺突具4・車軸形工具2・鉤形工具1・銛3・鉄鋌5	三枝状鉄器1・砥石2	同　上
三角板革綴式短甲	刀・鹿角製刀装具・鉄鏃	金銅鞍金具2・金銅轡鏡板1・金銅雲珠鉸具			『大阪府史・名・天・報告』5

（次ページへ続く）

表3　古市古墳群中の発掘された主要中・小古墳表（北野耕平『河内

古墳名（所在地）	墳形（規模）	内部構造		銅製品類	玉・石製品類その他
		室槨	棺		
大鳥塚（藤井寺市道明寺）	前方後円墳 墳長 107 m 後円径 73 m 前方幅 44 m	粘土槨？	木棺？	変形獣形鏡1	
高塚山古墳（藤井寺市沢田）	円墳 直径 49 m 高さ 6 m	粘土槨 長さ約 7.5 m	割竹形木棺 長さ約 6.5 m		碧玉管玉 1・ガラス小玉 8
楯塚古墳（藤井寺市道明寺）	前方後円墳 （帆立貝形） 墳 長 64 m 後円径 46 m 後方幅 20 m	粘土槨 長さ 7.8 m	割竹形木棺 長さ 6.9 m	変形獣形鏡1・銅釧1・銅鏃2・筒形銅器1	碧玉勾玉 6・碧玉管玉 77・硬玉棗玉 2・碧玉棗玉 5・碧玉石釧 1
珠金塚古墳（藤井寺市道明寺）	方墳 長さ 28 m 高さ 4 m	南 粘土槨 長さ 6.2 m	箱形木棺 長さ 5.1 m	変形獣形鏡2	硬玉勾玉 5・碧玉管玉 108・硬玉棗玉 4・ガラス勾玉 5・ガラス丸玉 518・ガラス小玉 4205・滑石勾玉 47
		北 粘土槨 長さ 4.6 m	箱形木棺 長さ 3.8 m	環状乳神獣鏡1・方格規矩四神鏡1	硬玉勾玉 1・碧玉管玉 32・硬玉棗玉 1・滑石臼玉 13・鍍金扁円形品 1・金製空玉 12・ガラス丸玉 18・ガラス小玉 1549
鞍塚古墳（藤井寺市道明寺）	円墳 直径 39 m 高さ 5 m	粘土塊を両端におく	箱形木棺 長さ 4.9 m	方格規矩四神鏡1	碧玉勾玉 8・碧玉管玉 50・滑石臼玉 2350・ガラス丸玉 5・ガラス小玉 839
丸山古墳（羽曳野市誉田）	円墳 直径 45 m 高さ 6 m	粘土槨？	？		

	矛43・鉄鏃70		鎌6・蕨手刀子5・鍬2・斧8	土師壺形土器1	藤・井上・北野『河内における古墳の調査』1964
	刀77・剣8・鉄鏃1542・矛9		鍬49・鎌201・刀子151・斧134・鉇14・鑿90・錐1・鋸7・異形鉇4	土製丸玉11・鉤状鉄器412	
三角板鋲留式短甲5・横矧板鋲留式短甲3・三角板革綴式襟付短甲3・小札鋲留式眉庇付冑8・革製衝角付冑3・草摺1	刀153・剣16・矛3・鉄鏃約300		鍬11・鋤4・鎌2・刀子2・斧30・鉇8・手鎌35・刀子形鑿2・刺突具2・錐7・角棒形鑿2	金銅金具・須恵質小形土器4・同蓋3・壺9・台付坩1・高坏1・器台19・土師器・石臼杵1	
短甲1・挂甲1・肩甲1・襟甲1・膝甲2・籠手・臑当・衝角付冑2	刀・矛・鉄鏃	鉄地金銅張鞍金具・轡・輪鐙・杏葉	鍬・鎌	須恵器	小林行雄『古墳時代の研究』1961
三角板鋲留式短甲2・肩甲2・頸甲2・小札鋲留式衝角付冑2・小札鋲留式眉庇付冑2・(鉄地金銅張蝶番金具1)	刀・剣・鉄鏃・直弧文付鹿角製刀装具	鉄地金銅張f字形轡1・笠鋲・鉸具			北野耕平「唐櫃山古墳」(『大阪府の文化財』1962)
革綴式？短甲	鉄鏃			鉄釘	西谷正『藤の森・蕃上山二古墳の調査』1965
					横山三郎氏の教示による
					天野末喜氏の教示による

<table>
<tr><td rowspan="2">アリ山古墳
（藤井寺市
野中）</td><td rowspan="2">方墳
長さ 45 m
高さ 4.5 m</td><td rowspan="2"></td><td>木棺直葬</td><td></td><td></td></tr>
<tr><td>木箱直葬</td><td></td><td></td></tr>
<tr><td>野中古墳
（藤井寺市
野中）</td><td>方墳
長さ 28 m
高さ 4.5 m</td><td></td><td>木棺・木櫃
直葬</td><td></td><td>碧玉管玉 2・滑石勾玉 1・滑石鎌 2・滑石斧 1・滑石刀子 81・滑石紡錘車 1・土製紡錘車 2</td></tr>
<tr><td>長持山古墳
（藤井寺市
沢田）</td><td>円墳
直径 40 m
高さ　7 m</td><td>竪穴式石槨</td><td>家形石棺 2</td><td>神人画像鏡 1・金銅三輪玉 1・金銅帯金具</td><td>ガラス小玉</td></tr>
<tr><td>唐櫃山古墳
（藤井寺市
国府）</td><td>前方後円墳
（帆立貝形）
墳長　53 m
後円径 38 m
前方幅 21 m</td><td>竪穴式石槨
長さ 3.6 m
幅　1.1 m</td><td>家形石棺</td><td>金銅三輪玉 1</td><td>ガラス丸玉・ガラス小玉計約 937・銀製小飾金具 1</td></tr>
<tr><td>藤の森古墳
（藤井寺市
野中）</td><td>円墳
直径 24 m</td><td>横穴式石室</td><td>木棺</td><td>金銅三輪玉</td><td>ガラス勾玉・ガラス丸玉</td></tr>
<tr><td>不動坂古墳
（羽曳野市
高屋）</td><td></td><td></td><td></td><td>半円方形帯神獣鏡 1
金銅沓？</td><td></td></tr>
<tr><td>岡古墳
（藤井寺市
藤井寺）</td><td>方墳
一辺 30 m
高さ　4 m</td><td>粘土槨</td><td>割竹形木棺</td><td>変形獣形鏡 3</td><td></td></tr>
</table>

もある。と同時に、野中アリ山古墳や野中古墳のように、おびただしい武器・生産用具の埋納から「副葬用陪塚」とさえ考えられているものもある。前者は、その近接さや棺・副葬品からみて、同族中でも首長の一族ないし首長制の職務執行機関の一部人物を首長に準じて葬ったものと考えられる。また後者は、そこへの埋葬者の有無とは別にこうしたおびただしい武具・生産用具を納める小墳の築造そのものは、首長の許への莫大な鉄器類の集中を示すばかりでなく、そうしたものを専門的に管理し、かつ埋納する役割をもった人物が首長の機関のなかに生じていたことを示すものである。これらの鉄器は、第八章にふれたように、首長の葬儀に伴なう奉献品であろうが、そのことは、とりもなおさず、次代の後継首長が、新たに鉄器を配布することによって、新しく首長と成員との関係を確認することでもあったろうから、首長による鉄器支配と副葬品における奉献品の評価とは、矛盾するものではない。

このように、古市古墳群における中・小の古墳は、その全員ではないにしても、最高首長権に連なる職務執行機関中枢を占める中・小首長の少なくとも一部、あるいは最高首長の親族をも含めて、営造されたものであり、古墳群全体としては最高首長を核とする一種の集団的な墳墓造営であった。同じ状況は前後する時期に営まれた、同じく最高首長墳と目される巨大墳を含む百舌鳥古墳群、あるいはやや古くから築造が開始された奈良県佐紀盾列古墳群、萱生（かよう）・柳本（やなぎもと）古墳群においても、多少の差をもって、うかがわれる。

しかしまた、大和連合ないし大和・河内連合の最高首長の場合でも、周辺に連なって墳墓地の一部を形成するものは、一人の最高首長につき、平均的にみてせいぜい十数基にすぎず、最高首長の属する部族ないし部族連合の首長を含めた有力成員のすべてを包含するものではなかったことを明示するかのようである。

他地域においても基本的には同様であったと思われるが、古市古墳群が示すような多くの中・小墳を付随させていない場合がむしろ多い。その中で岡山県造山（つくりやま）古墳は墳長三六〇メートルの巨墳で、吉備地域の部族連合の最高首長の古墳と考えられるものであるが、その前方部前方の丘陵上に帆立貝形古墳と円墳とから成る六基以上の古墳群がある。これは巨墳に対するその位置からみて、先の古市の小墳に相当するものとみてよい。そのうちの一つ榊山（さかきやま）古墳からはかつて多量の刀剣類が掘り出されたという。それが確かであれば誉田山古墳に対する野中アリ山古墳のごときものであった。

四　中・小墳

これまで首長墳とそれに随伴する「陪塚」についてだけ述べてきたが、実は古墳成立後まもない時期に、首長墳とはみとめがたい中・小の古墳の営造が首長墳とはなれて単独にあるいは群を成してみとめられ、それが時を経るにしたがって増加していたのである。

岡山県鏡野町竹田古墳群は、出土した鼓形器台の型式などからみて、おそくとも前Ⅱ期からⅢ期に属する古墳群であることは確実である。古墳群は数基から成り、うち五号墳は一辺一五メートルの方墳で、裾部にのみ葺石をもち、相対的に広い頂部に組み合わせ箱式石棺四がある。中央に二棺あり、そのうち北棺は内法長さ一九三センチ、枕に転用された鼓形器台一のほか、鎌・小刀・刀子各一が副葬されていた。南棺は同じく内法長さ一九三センチをはかるが、副葬品はない。他の二棺はやや小形で、それぞれ刀子一、鉇一を副葬していた。九号墳は径一五メートルの円墳で、裾部に列石状の葺石がある。木棺粘土槨二が発見され、うち南粘土槨の棺内法三・六メートル、倭製内行花文鏡(径七・五センチ)、管玉二、斧一、鎌一、剣一、鏃二、土師器高坏が発見された。北棺は箱形の木棺と覚しいもので、内法長さ二・八メートル、副葬品はなかった。六号墳は径九メートルの円墳で、葺石はなく、発見された一個の組み合わせ箱式石棺には副葬品はみられなかった。七号墳は径七、八メートルで六号墳同様、副葬品を欠く一個の組み合わせ箱式石棺が見出された。

この竹田古墳群のある地域には、ややはなれた位置に赤峪古墳・竹田妙見山古墳・土居妙見山古墳・沖茶臼山古墳など、首長墳としての前期前方後円墳の系列的築造がみられるので、竹田古墳群の被葬者が、部族首長の地位にあったとはとうてい考えられない。

また奈良県磐余・池ノ内古墳群は、尾根上に築かれた径二十数メートルないし十数メートルの円ないし不整円形の古墳七ないし八基から成る（図77）。いずれも組み合わせ式木棺あるいは割竹形木棺を内部施設とし、一部盗掘にあっているとはいえ、鏡・石釧・玉類・斧・鍬・刀子を副葬するもの（一号墳）、車輪石・刀剣・鏃・斧・のみを副葬するもの（三号墳）など、各地の部族首長墳の副葬品に準じた扱いをうけている。しかし、その墳丘規模・墳形・棺を含めた埋葬施設などからみて、この地の部族首長墳とはとうてい考えがたい。調査者はこれがメスリ山古墳の西方約六〇〇メートルに所在し、かつメスリ山古墳副葬品と種類においてよく類似していることから、「大和王権を構成した中～下層の豪族」と推定している。(10) また磐余・池ノ内古墳群よりもやや年代の下るものとして、奈良県では、巨勢山古墳群中の境谷二号墳、新庄町［現、葛城市］火野谷山二号墳、当麻町［同上］兵家一号・五号・六号の各墳、外鎌山北麓古墳群の忍阪五号墳など多数を挙げることができる。

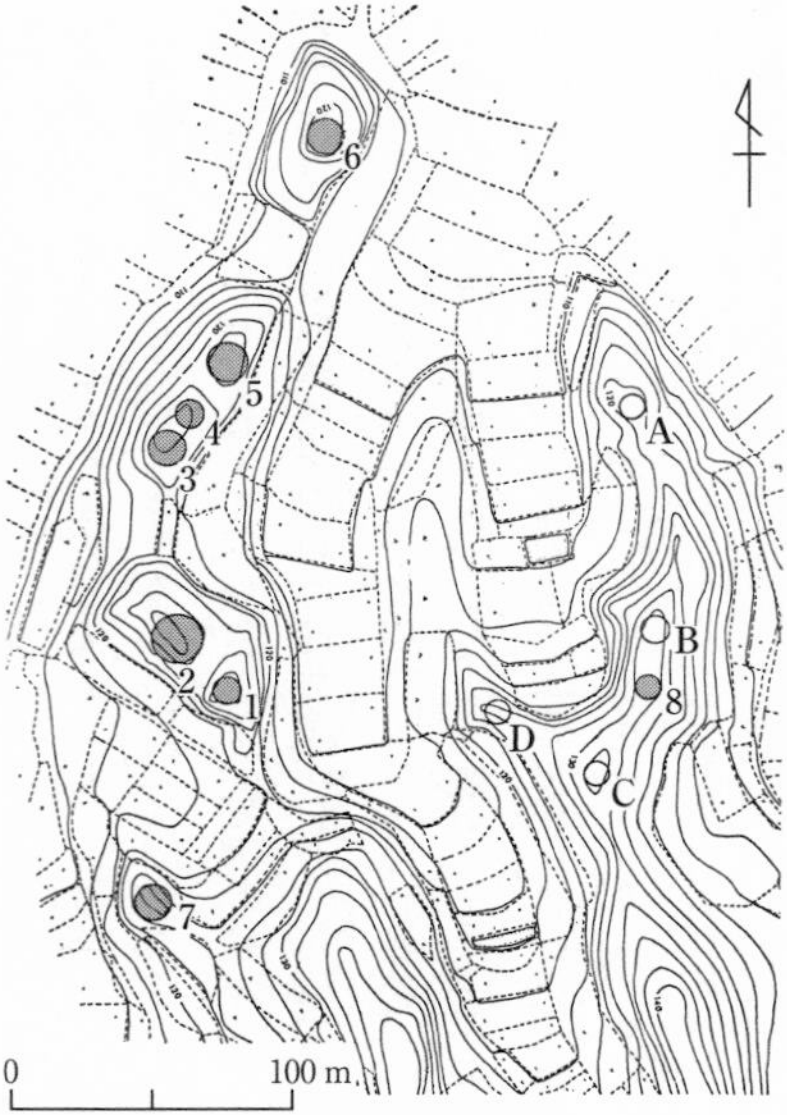

図 77　磐余・池ノ内古墳群(久野邦雄・泉森皎・菅谷文則ほか『磐余・池ノ内古墳群』1973)

このような例は、近年になって各地において指摘できるようになったが、右の二、三の例においても知られるように、ひとしく首長墳以外の中・小墳といっても、内容はきわめて多様で、先の磐余・池ノ内古墳群のように、長大な木棺に豊かな副葬品を納めたものから、木棺直葬ないし簡略な箱式石棺で、副葬品も僅少な鉄器、玉類若干、ないしは皆無といった類まであり、前者の中には付近に大形首長墓がなかったら首長墳と見まがうばかりのもの、後者の中には古墳と称することにためらいを感じさせるようなものまでが、含まれている。しかしまた、相対的に首長墳にくらべて墳形が異なり、方か円で、規模もはるかに小さく、副葬品も劣勢で、全体として略化されているにせよ、通じてみられることは、墳域・隔絶・棺・副葬品など、首長墳にならい、その諸要素に準じて営まれたものであることは明らかである。先に首長霊祭祀としての首長墳の築造を考えてきたが、それならこれら小墳はいかなる人達によって、いかなる意味をもって築造されたのであろうか。

こうしたひときわ抜きんでた首長墳と小墳の多様な形態での形成は、この時代が首長と成員という単純な構成とは違い、成員間、氏族間、そしていうまでもなく部族間の不均等状態と、それに支えられた首長という構成をとっていたことを示している。すなわち、首長の卓越した権威の下での優劣・不均等の成立がみられるのである。

いっぽう、これらの小墳の被葬者と首長が、共通の古墳祭祀に示される同族関係に結ばれていたことは明らかである。しかし、同族関係はその集団のすべての成員に共通であるから、これらなお数少ない小墳の築造は、部族成員のなかの特定の者のためにつくられたと考えるほかない。とすれば、墳墓祭祀にみられる不均等という性格から、首長職務の一翼を担うという意味での首長権とのかかわりにおける集団内での位置によって、つまり首長権の構成者＝部族機関の分掌者階層という関係の表現であったと考えられる。すなわち、これらの人々は死んでのちにもなお、首長の霊威の発揚を補佐するものと信ぜられていたであろうし、またその職務は継承されるものとされたであろう。

元来、諸氏族においては、それぞれ部族の祖霊に連なる氏族の守護霊＝祖霊があり、成員の霊もそこに帰一すると考えられていたと思われる。弥生時代における氏族集団墓地の在り方はそのことを示すだろう。氏族を血縁的に代表し、その中心にある氏族の長の霊は、氏族祖霊の中心にあり、氏族の祖霊は、現実の世界を反映して、さらに部族首長を中心とするより上位の祖霊に連なり、そのことを通じて首長は成員の上に人格的支配を及ぼそうとしたし、成員はそうした古墳祭祀に参加することによって、みずからの血縁的・同族的中心である首長の霊威に結合できるという一体性の中にあったのである。そこには祖霊＝神々の重層的な系譜が不安定ながらも形成されていたと考えられる。

氏族は、部族の現実の構成体であったから、部族首長の権威がいかに著大であっても、それは原理的にはあくまで諸氏族によって容認されたものであり、またその権威や職務は、氏族にあっては氏族の長を通じて成員に及んだと考えられる。したがってこの意味では、氏族の長もまた部族首長の権威の一端を担っていたし、その位置を交替しうる立場にさえあった。おそらく、首長の職務が対外的にも、したがって内部的にも多面的となりつつあった当時において、氏族の長もまた首長職務の一翼を担い、部族機関の一部の執行者となっていたに違いない。

このように考えると、右にみたような中・小古墳の築造は、こうした首長権の一部を現実の職務執行の分担を通して担うことのできた首長一族の有力成員や氏族の長、あるいはそれに準じた有力成員によっておこなわれたと考えられる。したがって、彼等は首長の容認の下にその墳墓を首長墳にならって築造することによって、その霊を祀り、首長霊に合一させ、それによって後継者がその職務を継承することを念じたのであろう。このことは、問題のなお一つの側面にすぎない。すでに述べたように、首長は集団の代表であるとともに、その故に集団の最高の所有者として、現世的利益の指向をつよめつつあった。彼は、現世的利益と集団性の体現との矛盾の中にあり、前者の確保と伸張のためには後者の尊重と徹底があり、かくて先にふれたように、その墳墓祭祀の形式的盛大化をはかったのである。現実の首長の権威は、古墳祭祀によって保証され、古墳祭祀を盛大化することによっていっそう伸張すると信ぜられていたと思われる。

首長が体現する集団性の下にあっても、同じような現世的利益の追求指向は、諸氏族のうちにも、渦をまいて形成されつつあったろう。氏族間、さらに氏族内諸成員＝諸家族体間の不均等は、のちにみるような諸生産と交流の発達の中で深まりつつあった。

五、六世紀における西日本の集落に関する広瀬和雄の研究によると、[11] (A)「剰余生産物収納の場と考え」られる倉庫をもつ単位集団(家族体)で構成される集落、(B)倉庫をもたない数棟の竪穴住居から成る単位集団で構成される集落、(C)倉庫をもつ単位集団とそれをもたず個々の住居も相対的に小さい単位集団で構成される集落とあり、(A)は支配的集落であろうが、「収奪の象徴となる倉庫群がみられないことより支配的共同体としての位置はあまり高くない」〔傍点は著者による〕。(B)は「倉庫を保有せず、集落再生産の命運を他集落に掌握されており、被支配的、従属的共同体としての性格」をもつ。(C)は、「それを構成する世帯共同体相互にヒエラルキーが生じている」。このほか、(A)の各単位集団が他集落のそれにくらべて卓越した形となる支配的共同体を予想し、可能的な候補として百舌鳥陵南(りょうなん)遺跡を挙げている。このような集落間の差とともに、集落内での単位集団の差を示す諸類型も指摘されている。中央の広場に倉庫を有するが、弧状に配された「住居相互に……さほどの格差は認められない」もの(aⅠ)、同じ倉庫をもつが「住居群のうち一棟だけが他の住居より規模が傑出して大きいもの」(aⅡ)、数棟の「住居群と一棟の倉庫からな」り、「住居相互に格差が顕著にみられ」、中には「掘立柱建物と竪穴住居とが併存する」もの(aⅢ)。また倉庫をもたない単位集団にも、右にみたような住居間のさまざまな在り方がある。ⅠからⅢは広瀬も述べているように「時間的変質、段階的発展を表出している」が、同時に一定時期における集落間・単位集団間の較差をも示していることはまちがいない。このような首長下の成員の較差は、また人物埴輪における各種の身分・職掌の表現としても見出されていることもよく知られている。

較差は、このような単位集団や集落だけでなく、氏族間にも進んでいたと思われるが、中でも首長が出自する氏族は、首長権に伴なう有形・無形の優位とともに、支配的な氏族としての位置を部族内において占めていたと考えられる。しかし同時に、部族にあっては、原理的には各氏族は首長の下に対等であったから、氏族的利害に発する対立・抗争は、開発が進み流通がひろがるほどに激しくおこなわれたであろうし、時には、他部族や部族連合の介入と結合した首長権の他氏族への移動という事態が生じることもあったかもしれない。首長墳の位置のはなはだしい移動などのなかには、あるいはこれを物語るものがあるのかもしれない。

以上のような一般的状況を背景に、首長氏族の有力成員、その他氏族の長などは、死後中・小の古墳に祀られ、首長霊の発現に一役買うとともに、首長祭祀がそうであるように、いっぽうでは部族の祖霊に合一することを願い、他方では氏族の祖霊さらにみずからの属する家族体の祖霊への祭祀ともなった。すなわち彼等は、部族におけるそれぞれの位置・職掌にふさわしい祖霊の世界での位置を占めるとともに、動産の私的所有と世襲の進展に支えられた家父長化の動きに伴ない、それぞれの家族体の祖霊として、その繁栄と利益を守る霊たらんことを念じるという側面をいっそう強くもつようになり、後継者は、部族における死者の権威と職務を継承することにその利益を見出しつつあった。

これはすでにみたように、首長霊が大和連合中枢の祖霊の世界に回帰すると信ぜられ、また同時に部族の祖霊として祈念されたことに対応する。すなわち首長は、亡き首長の霊を重層的に、中枢祖霊への合一、自集団の祖霊への昇華、そしてみずからの家族体の祖霊として祀る。しかしこのことは、なお顕在化には至らないにしても、埋葬祭祀＝祖霊祭祀にあらわれる集団性と個別性との矛盾・対立の姿であるといってよいかもしれない。集団の大部分の家族体は、おそらく氏族ごとの共同墓地に簡単な設備で葬られたが、その場合も、家族体の祖霊と首長霊との微妙なかかわり合いが念じられたに違いない。

しかしこの個別性の伸張は、なお端緒として、辛うじて墳墓構造から推定しうるにすぎず、集団全体の祖霊祭祀としての大形首長墳の築造が示すように、その配下の成員は、不均等を次第に顕著にさせながらも、首長の下において集団性を堅持していた。首長がなお共同体的機能を集中的に体現している限り、共同体的土地所有と各家族体の生産過程における非自立性の強さのため、集団内部の不均等は、集団内の血縁的上下関係という外被をまとわざるをえなかった。それにもかかわらず、家族体の祖霊祭祀でもある場が形成され、しだいにその築造範囲を拡大していくことは、集団性と結合しながらも、それにやがて対立するようになる個別性がしだいに伸張していくことを示している。この個別性がより顕著となり、集団性との対立を深めていくには、五世紀中・後葉から順次開始される生産諸力の新たな前進と、個別家族体の動産私有の発達に基づく家父長的家族体の成立をまたなければならない。

首長墳成立ののちまもなく現われ漸次増加する中・小の古墳の築造をこのように理解した上で、諸連合の中枢であった大和の古墳をみると、そこには大形で多数の前方後円墳とともに、これまた多くの中・小の前方後円墳・円墳・方墳が存在することが知られている。大和に限って、特別に多数の部族集団が存在していたとは考えられないので、それら中・小の前方後円墳その他諸古墳の被葬者は、構成諸部族首長のほか、最高首長の一族、最高首長を出した部族の諸氏族の長とその有力一族、構成諸部族の有力氏族の長等々ということになろう。これらは、彼等が最高首長権の各級職務を分掌し、おそらくはそれを世襲することによって、配下の集団成員に対する権威を高めるとともに、成員と隔絶した世俗的特権＝現世的利益を保持していたことを示すものであろう。

このことは、大和を中枢とする部族連合が、全国的な擬制的同祖同族的結合の中心として、人的・物的交流に関し多面的な対応をせまられ、したがって最高首長の首長権に伴なう職掌が重要かつ多様たらざるをえなかったことを反映しているのであるが、同じことは、連合の規模に応じ、他地域にも、たとえば吉備においても、程度の差はあれみられるのであって、それは、その地における前期中・小墳の盛んな築造に表現されている。

部族であれ、部族連合であれ、直接の生産労働から離脱した首長以下の人々への供献・貢納はもとより、その機関の運営にはとうぜん物資・労働力が必要とされる。各種の祭祀、墳墓造営、物資の集中・交流・配布・保管、首長田・神田等での労働、機関の主要職務者の生活の保持、武器の集積、用水など生産にかかわる公共諸施設の新設・改善、他部族との交流や抗争、等々挙げればきりがない。大和連合あるいは地域連合の力量が、生産・流通・武力などの点で強大になればなるほど、また諸部族が連合へ依存する関係が深まるほどに、連合中枢への物資・労働の提供は組織化され、大規模となる。連合中枢の執行機関は、複雑・大規模となった諸部族との関係をあつかうための職務を分掌するようになる。当時はいうまでもなく、官僚機構は形成されていないと考えられるから、部族連合機構の中枢部族・中枢氏族が中心となって職務を分掌するようになるのは避けがたいことであった。

このように、中・小の古墳が数多く出現しても、連合の最高首長・構成部族首長の古墳は、前者においては全地域を通じて、後者についてはその支配地域において、群を抜く大きさと内容を保っている。全体をおしなべてみると、最大から最小に至るピラミッド状の階層のごとくであるが、実はそうでなく、各部族において大墳と小墳という関係は、貫徹しているのである。したがって、前方後円墳創設時には顕著でなかった小墳の拡大築造があっても、時期ごとに変化し、また地域ないし古墳群ごとに個性をもちながらも、首長墳のもつ隔絶さは、厳然としていたし、むしろ、その首長制＝職務執行機関を充実・整備する中で、その支配力を強大にさせていったものと思われる。

五　成員と隷属身分

それでは、当時の集団成員の墓地はどうであったろうか。

姫路市の北方の尾根上に、横山(よこやま)七号とよばれる前方後円形を呈する墳丘がある(図78)。成立時の前方後円墳であるか、突出部をそなえた弥生墳丘墓であるか、詳細が未報告であるため、決しかねるものであるが、墳長三二メートル、円丘部径一七メートル、前方部状の部分はきわめて低平で、その前面端は明瞭でない。円丘部の中心からややずれた個所に長さ二・一メートルの破壊された竪穴式石槨があるほか、墳丘には埋葬施設はな

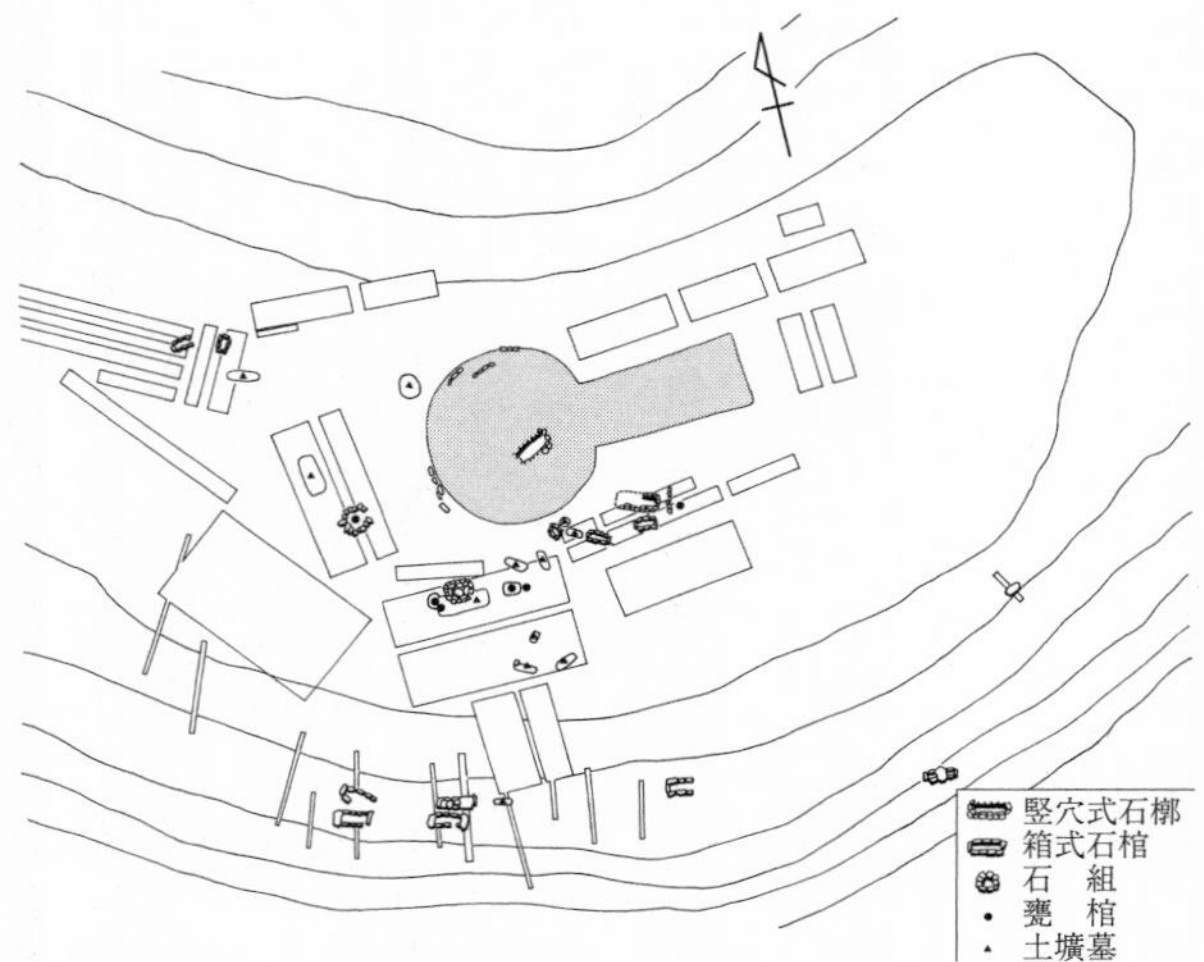

図78　横山7号墳墓と集団墓(横山古墳群発掘調査団村上紘揚氏提供，一部改変)

いとされる。葺石はないが、墳裾に近く一部に列石がみられる。問題は、この墳丘後円部背面と一方の側面に発見された多数の埋葬である。小規模な竪穴式石槨、箱式石棺、小石室に壺棺を収めたもの、木棺直葬、土壙、壺棺直葬などがあり、中でも箱式石棺・木棺直葬・土壙が多い。副葬品をもつものは稀で、箱式石棺のうち二基から鉄剣が出土している程度である。三十余の埋葬が知られている。壺棺やその他の土器、およびその位置関係からみて、横山七号墳墓の築造にかかわるものと考えられるから、これら多数の埋葬は、横山七号墳墓の築造後、おそらく直後から営造が始まった、横山七号墳墓の被葬者たる首長に連なる集団成員の集団墓地であったに違いない。集団成員が、自分たちの亡き首長の墳丘に近接して埋葬の場所を選んだことは、首長をみずからの集団の同族的中心と観じ、その霊威に連なるため、同族として同じ場所に葬られることを望んだあらわれであると考えられる。それは、首長墳を中心とする同族の集団墓地であろう。

岡山県総社市宮山墳丘墓は、径約二〇メートルの円丘に長さ約一六メートルの低平で前端部が明瞭でない突出部をもつ墳長約三六メートルの墳丘をもつ。発見された特殊器台形・壺形土器は、成立時の前方後円墳の一つ、奈良県箸墓古墳や西殿塚古墳に知られている器台形土器ないし器台形埴輪と型式の上でわずかに古いと考えられるもので、前方後円墳か弥生墳丘墓かという論議の対象としてしばしば引き合いに出される墳墓である。この墳丘墓の周囲にも、二十数基にのぼる埋葬施設が発見されている。箱式石棺・木棺土壙・器台棺などがあり、なかには幼小児を葬ったと思われるごく小形のものを含んでいる。これらの埋葬が、主墳である宮山墳丘墓の営造に前後して、それとの関係の上で造営されたものであることは、発見の土器類や位置関係によって容易に推定される。これも、先の横山七号墳墓と同様に、首長とそれに連なる集団成員の墓地であろう。宮山墳丘墓が竪穴式石槨(ただし蓋石はなく主軸も短い)をもち、鏡・剣・銅鏃・鉄鏃・玉の副葬品をもつのに対し、これら群在の埋葬には副葬品はないか、あるいははなはだ乏しい。

以上の二例は、墳丘周辺がひろく調査された稀有な例であるが、ともに前方後円墳成立直前か直後か議論の分かれるところのものであるので、前方後円墳時代の首長と成員との関係をなんらかの程度に推定させるにしても、必ずしも代表的に示しうるものではない。

前方後円墳あるいはそれに準ずるような首長墳において、その外方がひろく発掘された例はきわめて乏しいし、右の横山七号墳墓や宮山墳丘墓におけるような多数の無墳丘埋葬が発見された好例を知らないが、次の一例は一つの示唆を与えてくれるかもしれない。

大阪府高槻市の狐塚(きつねづか)古墳群において、すでに墳丘を失ない周濠のみによって古墳と認定された四基の、大は一辺約一七メートル、小は一辺約八メートルの方墳のまわりに、数百基から成る土壙墓の群集が知られている(図79)。これら土壙墓のうち年代の下降するものが少なからず含まれているようであるが、少なくともその一部は四基の方墳と相前後して営まれたものとみられ、調査者はそれを、五世紀後半の「首長家族」とその

「一般成員」であろう、と述べている。[12] ただし、この場合、付近に大形の前方後円墳が築造されていることなどから、この構成は、部族首長出自の氏族とは別の氏族集団のものと考えてよいだろう。このことは、先の横山七号墳墓、宮山墳丘墓の場合に、集団墓地に葬られた同族が、部族全体に及んでいたのではなく、首長に直接に連なる氏族に限られていたのではないかとする推定に一つの示唆を与える。

大阪府長原遺跡の塚ノ本古墳は削平されている上、円丘部の発掘しかおこなわれていないが、幅約二〇メートルもの濠をめぐらしている点や、ごく付近に墳長約二五メートルの小形前方後円墳を従えている点を考えると、調査者の推定のように、墳長約一〇〇メートルほどの前方後円墳とみるべきであろう。塚ノ本古墳本体の状況は不明なところが多いが、周濠の外側に沿って点々と埴輪円筒棺一一が発見され、またその外側には一〇〇基に近い小形方墳を示す周濠がこれまた封土削平

図79　狐塚古墳群と土壙墓群（原口正三「考古学からみた原始古代の高槻」『高槻市史』第1巻本篇，1977）

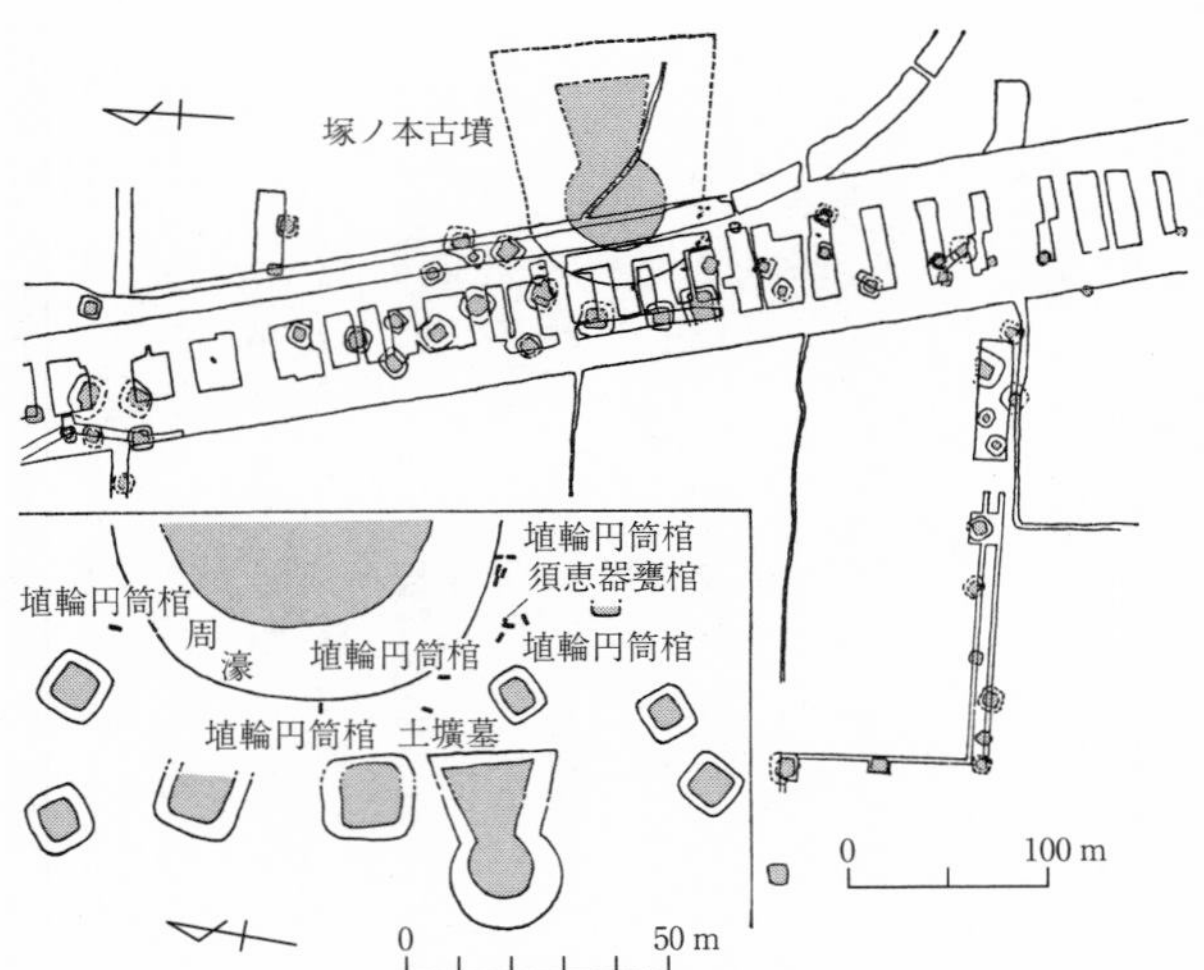

図 80　塚ノ本古墳と方墳群と埴輪円筒棺など(京嶋覚「長原遺跡の方墳群—まとめにかえて—」『長原遺跡発掘調査報告』Ⅱ, 1982, および大阪府教育委員会・財団法人大阪文化財センター「長原遺跡現地説明会資料」Ⅳ, 1978, 一部改変)

の状態で見出された(図80)。その位置関係からみて、これらが塚ノ本古墳被葬者に連なる人々の墳墓であることが推定できる。そのうち、埴輪円筒棺被葬者と方墳被葬者間の違いが問題となるが、前者のうち二号棺から紡錘車・小形丸底壺、三号棺から碧玉製勾玉・管玉の副葬品が発見されているほか、方墳の内部施設・副葬品については一切不明である。円筒棺のうち三棺は他の八棺にくらべ、やや新しい型式のものであり、また時期が推定できた方形墳のうち第九号墳ほか数基が、新しい型式の円筒棺とほぼ同時期であると考えられているので、まず塚ノ本古墳が造営され、ほぼ同時に埴輪円筒棺の大部分が埋葬され、やや後れて新しい型式の埴輪円筒棺、同じころ九号墳ほか数基、ついで次々と方墳の形成がおこなわれたと考えられる。(13) もし以上の推定が妥当であるとすれば、塚ノ本古墳の被葬者に対する隷属度の強い者が埴輪円筒棺に、塚ノ本古墳被葬者に連なる一族の成員が一定の期間その周囲に小形方墳を形成し続けたということになる。

やや時期が下るが、五世紀末から六世紀初頭に築造された岡山県津山市日上畝山古墳群では、主墳である前方後円墳(船載鏡片・各種形象埴輪片発見)のまわりに約五〇基の小円墳が群在し、さらに墳丘を伴なわない土壙墓がその間に点在する状況がみとめられ、先の塚ノ本古墳周辺でみた主墳・円筒棺・小形方墳の状態に対応する状況がみられた。

また岡山県邑久町[現、瀬戸内市]高砂山古墳群は、二〇〇基以上から成る尾根上や山頂に営まれた低小な古墳の群集であるが、そのうちの一基は出土した鼓形器台からみて前Ⅱ期を下るものではないし、全体として前Ⅱ期から前Ⅲ期にかけて尾根ごとに数基ないし十数基が営造されたものと考えられる。内部主体は、知られている限り、細長い組み合わせ箱式石棺が多く、一墳に一ないし二、三棺が並存するのが通例のようである。

副葬品はこれまでそのうちの二、三墳から、琴柱形(ことじがた)石製品・舶載内行花文鏡・倭製内行花文鏡・玉類など若干が知られているにすぎない。この地域には、ややはなれて、長尾山(ながおやま)古墳・天神山古墳・花光寺山(けこうじやま)古墳・鶴山丸山古墳など前期の首長墳が築かれているが、高砂山古墳群のある山塊にも小規模前方後円墳二、三が知られている。同じような現象は、吉備の中枢部においても、総社市三須(みす)古墳群の一部、岡山市足守・浦尾古墳群の一部など各所において知られている。これらが、第四節にふれた中・小墳に当たるか、氏族の集合墓地であるかは、今後なお検討を要するが、そのあるものにおいては右に示したような優品が副葬され、またなかには規模のやや大きいものを含む場合もあるということなどからみて、部族機関を分掌する氏族首長や有力成員を含む氏族墓地である可能性が高い。

　兵庫県の豊岡市を囲む平野の縁辺は有数の古墳密集地であり、瀬戸谷晧によると、現在判明している古墳総数は二八〇〇基であり、その数は逐年増加しているという。そのうち九割近くが前Ⅲ期から後Ⅰ期にかけての築造とみられ、横穴式石室をもつ古墳や横穴は相対的にははなはだ少ない。それらの多くは、山頂や急峻な尾根にはりつくように造られたきわめて小形の古墳であり、なかには墳形も墳の規模も定かでないような推定径四、五メートルの低小のものも少なからず含まれている。それらはいくつもの群をなして平野縁辺の各所に営まれているが、その群の一例を北浦古墳群で示してみよう。図81に示すように、もっとも高い位置に北浦一八号墳があり、その付近から派生する尾根のほとんどすべてに小墳が蝟集している。その数四十数基である。その過半が発掘されたが、乏しい副葬品や供献のわずかな土器から辛うじて判断したところでは、大多数が前Ⅲ期・Ⅳ期に属すると考えてよい。主墳の一八号墳は径約二〇メートルの円墳であり、長さ五メートル強の割竹形と推定される木棺に径九・六センチの倭製乳文鏡一面、刀子一個が副葬され、また枕に使用された鼓形器台の型式からも、この古墳群造営の起点となったものと推定される。先に示した大和など中枢地域の中・小墳のあるものに相当するといえるだろう。しかもその位置は全体の要に当たり、そこに至る尾根の急峻部を断ち割って階段状の道がつくり出され、その部分には小墳は造られていないなど、一八号墳が同族墳墓地の中心にあったことは疑いない。他の小墳はそれに従う形で、下降する尾根の各所に営まれている。仮に尾根を一単位とすると、五ないし六単位がみられるが、墳規模や埋葬施設・副葬品において相互の間に顕著な差はない。この北浦古墳群の状況は、先の岡山県津山市日上畝山古墳群の状況に似ているが、主墳も小墳も小規模で、副葬品その他も貧弱である。北浦古墳群の付近には、類似した群構成を示し、時期的にも相前後すると思われるものが三、四群知られ、豊岡平野縁辺全体としては数十の群が知

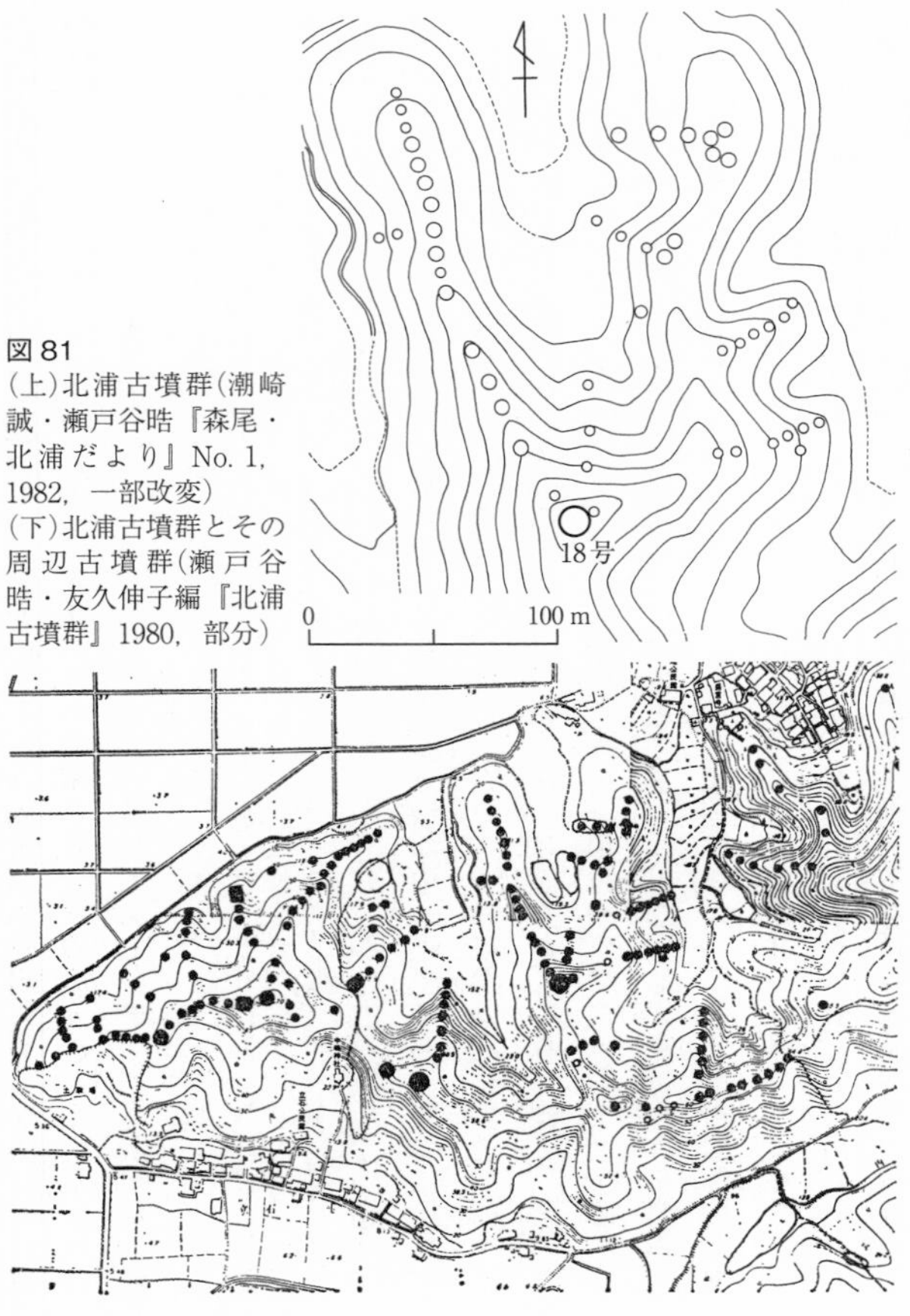

図 81
(上)北浦古墳群(潮崎誠・瀬戸谷皓『森尾・北浦だより』No. 1, 1982, 一部改変)
(下)北浦古墳群とその周辺古墳群(瀬戸谷皓・友久伸子編『北浦古墳群』1980, 部分)

られている。豊岡には前方後円墳はいま円山川・出石川左岸に三基(右岸の森尾古墳が前方後円墳とすると四基)が知られているにすぎず、それも墳長五六メートル(ホーキ古墳)、三四メートル(見手山古墳)、二五メートル(中筋丘陵古墳)という小規模なもので、北浦古墳群のある円山川・出石川右岸には、一〇〇〇基に達する小墳が存在するにもかかわらず、森尾古墳を除いて、部族首長墳と思われる優勢な古墳は今日まで知られていない。

これらのことから考えると、北浦のような小墳群は氏族の集合墳墓地を示し、それぞれの中枢的な古墳は氏族の中枢おそらく氏族首長を葬ったものであったろう。各氏族は、おそらく円山川・出石川左岸の前方後円墳が示す部族首長の下にあったのであろうが、それぞれの長を中心とする同族的結合を集合墓地の造営に反映していたのである。前方後円墳を含む左岸のホーキ納屋古墳群は構成古墳個々の規模も古墳数も多く、その点で傑出しているが、群の基本構造の点では大差ない。ここには、他の地域では充分うかがうことのむずかしい氏族ごとの墳墓地が、広範に、おそらく世代あるいは一定期間ごとに造営地を移しながら形成され、氏族中枢を頂点とする共同体的結合を氏族の祖霊祭祀としての墳墓造営に生き生きと反映していたのである。なぜ他の地域ではこのような構成が小墳の形をとってこれほど広範にみられないかについては、氏族間の優劣や階層分化の進展の度合の違い、あるいは伝統化した習俗の違いなどを挙げることができるかもしれないが、原則としては、先の大阪府狐塚古墳群縁辺にみられたような墳丘なしの土壙墓埋葬にせよ、豊岡にみられるような低小墳丘を伴なった土壙墓埋葬にせよ、氏族成員は氏族中枢を軸に集合墓地の形をとって埋葬されていたものと思われる。それが氏族祖霊を通して部族祖霊に連なるものと観念されていたことはいうまでもないであろう。

六世紀中葉以降の後Ⅱ期となると、さしもの豊岡においても、古墳造営数は減少する。瀬戸谷晧によると、その総数は二〇〇基未満という。それは一般的には、氏族内の階層分化が進み、家父長的家族体の中枢部分のみが古墳に葬られるという事態が出現したことを反映したものであろう。この現象は、前期において氏族成員の多くが墳丘をもたずに埋葬された他地域にあっては、逆に後Ⅱ期における古墳の激増という形をとるが、同じ動きの二つのあらわれとみてよい。

先に大阪府塚ノ本古墳の周濠外縁に、古墳を囲繞するかのようにいくつかの埴輪円筒棺埋葬があり、それらを塚ノ本古墳被葬者への従属的身分のものと推定したが、じつはこのような例は、近年各地において知られるようになった。

奈良県新山(しんやま)古墳は墳長約一三〇メートルの前方後方墳であるが、最近の調査によって、後方部背後に幅約二・五メートルの溝が発見され、「この溝に接する幅約二〇メートルの

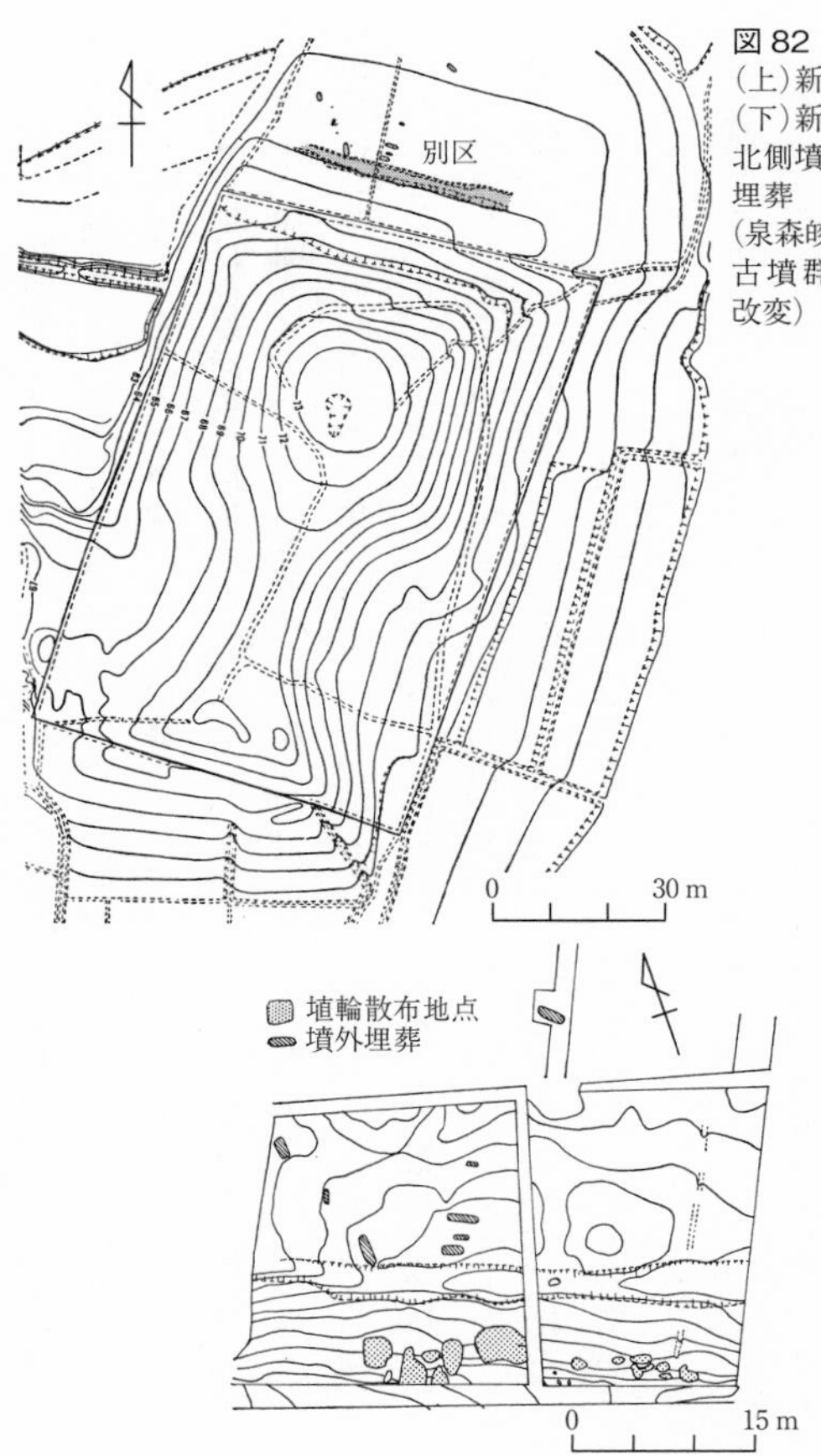

図 82
(上)新山古墳
(下)新山古墳後方部北側墳外「別区」の埋葬
(泉森皎『広陵町新山古墳群』1982，一部改変)

……〝別区〟的性格も考えられる……平坦面から」[14]七基の埴輪円筒棺と一基の土壙墓が検出された(図82)。その配列状況は必ずしも後方部の辺にそろわないが、墳丘外、しかも周濠と推定される溝の外方に墳丘なしに葬られた点、塚ノ本古墳の場合と同様である。

マエ塚古墳は佐紀盾列古墳群中の一基であり、佐紀陵山古墳(伝日葉酢媛陵)の北側に位置する径四八メートル、高さ七メートルの円墳であるが、周濠を隔てた外堤の上部平坦面に三基の埴輪円筒棺が発見されている。調査者の中井一夫は、外堤部に埴輪列が存在しないことを確認したのち、「他にも外堤部において埴輪片が散布する地域がかって数ヶ所みられたことからみてさらに数基の円筒棺の存在したこと」[15]を推定している。とすれば、おそらくもとは一〇基前後ないしそれ以上の円筒棺が外堤に埋められていたに違いないと思われる。ただこの古墳では、墳丘斜面中ほどからも一基の円筒棺が発見されており、その形態は前三者とよく類似しているとされるので、それと前者との関係は今後問題となる。

五色塚古墳は墳長一九四メートルであり、兵庫県最大の前方後円墳であるが、整備事業に伴なう調査で、濠外の地表から深さ六メートル以上の後円部東側の濠底に、ほとんどが「地山を掘り残し」[16]て整えられた台状の小丘があり、それが後円部方向に向かう西斜面に埴輪円筒棺二基が、主墳長軸とほぼ併行して発見されている。この濠が空濠であったか否か、水がたまるとすればどの程度かは不明であるが、濠内に隔離されたこれら二基の円筒棺は、外堤上のものにまして、隷属性を訴えるかのようである。

このような現象は畿内やその周辺地域にみられるだけではない。長野県森将軍塚古墳は山頂に築かれ、埴輪・葺石を配置された墳長九八メートルの前方後円墳であるが（図83）、一九八一年の予備調査に伴なうトレンチ発掘によって、くびれ部付近から前方部にかけて墳丘外縁の平坦部に、七基の組み合わせ箱式石棺と一基の埴輪円筒棺が発見された。石棺は「いずれも小形で……長さ約一メートル、幅約〇・三メートル程度のものという斉一性が認められ」、また「墳丘裾縁に対し、石棺長軸が例外なく平行するように」営造されていた。その点は埴輪円筒棺も同じである。調査された限りでは、副葬品はないようである。石棺は小形であるが、調査団長の岩崎卓也がいうように「いちがいに小児埋葬を想定することはできない(17)」だろう。これら墳外埋葬

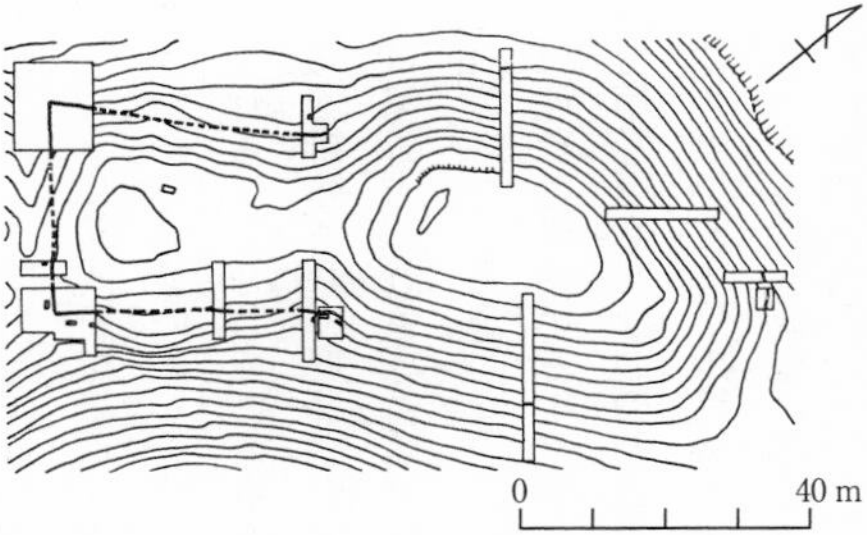

図83　森将軍塚古墳と墳丘外埋葬（森将軍塚古墳発掘調査団編『森将軍塚古墳』1981，一部改変）

とは別に、一九六七年度調査の折、前方部墳丘上にも箱式石棺一基が発見されているが、同じように箱式石棺であっても、一方は墳丘内、他方は墳丘外という位置の差は意味があったに違いない。

これらに共通している点を重複をおそれずに列挙すれば、(1)墳丘頂はおろか墳丘斜面からも排除されて埋葬されている点である。とくに塚ノ本古墳・新山古墳・マエ塚古墳では濠外方、五色塚古墳では濠底にあり、先に述べた墳丘併葬とは歴然とした差をもつ。(2)知られている限りでは、これらは主墳に対して一定の方向をとり、整然ととり囲むように埋葬されていることが多い。(3)これらの埋葬施設は、墳丘併葬の大部分とくらべ貧弱で墳丘をもたないのが普通である。とくに森将軍塚古墳の場合は、すべて長さ約一メートルという小形の埋葬施設である。副葬品も皆無または著しく貧弱である。(4)先に述べたような氏族墓地に葬られるのでなく、首長墳と目される大形墳に絶大な較差をもって随伴する。

以上の諸点から、これら墳外「陪葬(ばいそう)」に対し、墳丘併葬が示す首長親族でもなく、また「陪塚」や氏族墓地に埋葬された成員とも異なる、氏族から切りはなされた家内奴隷的隷属身分を想定したい。

第十章　生産の発達と性格

一　農業生産

古墳時代の土木工事の記念碑として今に伝わるものの代表が、古墳、なかでも巨大首長墳であることはいうまでもない。そこでは、計画にしたがって山丘を削り、岩を砕き、堀を穿ち、土を運び盛り、一定の勾配(こうばい)に整え叩きしめ、石を運び葺(ふ)き、埴輪をつくり運び立てるなど、さまざまな協業がみられる。京都府椿井大塚山(つばいおおつかやま)古墳は最古の古墳の一つとされる墳長約一七〇メートルの前方後円墳であるが、後円部背後に連なる丘陵を大きく切断し、広く掘削を加え、一種の掘割(ほりわ)りをつくるとともに、その土をもって墳丘の上半を構築している。こうした古墳造営工事はその後しだいに大規模かつ計画的となり、五世紀に営まれた大山(だいせん)古墳(伝仁徳(にんとく)陵)においては、梅原末治の算定によると、(1) 一四〇万二七六〇立方メートルの土が周濠の掘削・運搬・土盛りに動かされたという。

このような古墳築造にみられる共同労働の編成と土木作業の水準が、当時の農業生産に伴なう開田・用水路建設などの土木作業と無縁であったとはとうてい考えがたい。少なくとも古墳時代前I期・II期においては、土木具・開墾具としての打鍬の先は、弥生時代と基本的に同じ型式の、両端折りまげの鉄板で、その有効度はとくに高度のものではない。これには刃幅の広狭があり、一六、七センチ前後のものから六、七センチ前後のものまである。もちろん、水田耕土の攪拌・移動・面ならし、湿田の耕起などには、弥生時代からの伝統をひく木刃の鍬・鋤も使用されたであろうし、堅い土壌や岩などに対しては、鋳造の唐鍬(とうぐわ)先や手斧鍬(ちょんなご)が使用されることがあったろう(2)。このような、弥生時代後期にくらべてそれほど大差のない鍬・鋤をもってする農耕や土木作業は、個々には労働の生産性の低いものであったが、古墳の築造にみるように、集団性の威力が個々の道具の弱さを克服したものと考えられ、その点で古墳造営の労働は、開墾・水利工事などにおける当時の土木作業の労働編成をある程度反映したものとみてよいだろう。

大阪府茨木市東奈良遺跡では、幅約一〇メートル、深さ約三メートルで、現在長さ約二〇〇メートルまでのびることが知られている大溝が、他の何本かの溝とともに発見されている。いずれも弥生時代末か古墳時代初頭のもので、その一つには、長さ三・五メートル以上、幅七五センチの丸木舟(まるきぶね)が横たわっていたという。また奈良県桜井市纒向(まきむく)遺跡では、幅約六メートル余の二本の溝が発見されたが(図84)、そのうち南溝は深さ約一・三メートルで、その南岸に幅一五ないし五〇センチ、長さ一・二メートル以上の矢板が密に打ちこまれ、さらにその一部には溝底を五〇センチほど深くした集水枡(ます)とみられる構造物がつくられていた。また二つの溝が合流する付近には、径八センチほどの杭を列状に打ちこんだ堰と、板をはめこんだと思われる縦溝が刻まれた径二〇センチ余の杭で、水門の両端の支柱を思わせるような施設も発見されている。

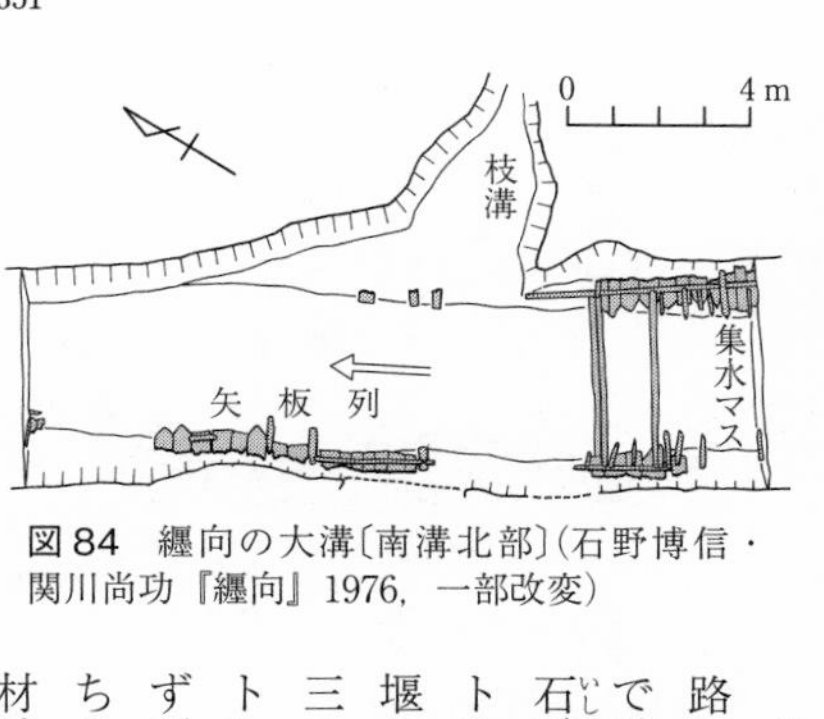

図84　纒向の大溝〔南溝北部〕(石野博信・関川尚功『纒向』1976，一部改変)

こうした人工的掘削による溝の利用のほか、自然の水路に対する利用も活発におこなわれた。愛媛県古照(こでら)遺跡で発見された古墳時代前期の堰は(図85)、松山市の西郊石手(いして)川の一分流につくられたもので、全長一三・二メートル、最大幅二・八メートル、高さ一・一メートルの第一堰と、その東方約一〇メートルのところにある全長二三・八メートル、最大幅四・二メートル、高さ〇・九メートルの規模をもつ第二堰から成る。その構築法は、(1)まず下流側から上流に向けて斜材を約五〇センチ間隔で打ちこむ。(2)ついでこの斜材の上に横材をおく。(3)この横材は川の流れに直交して配するため、ただちに下流側に

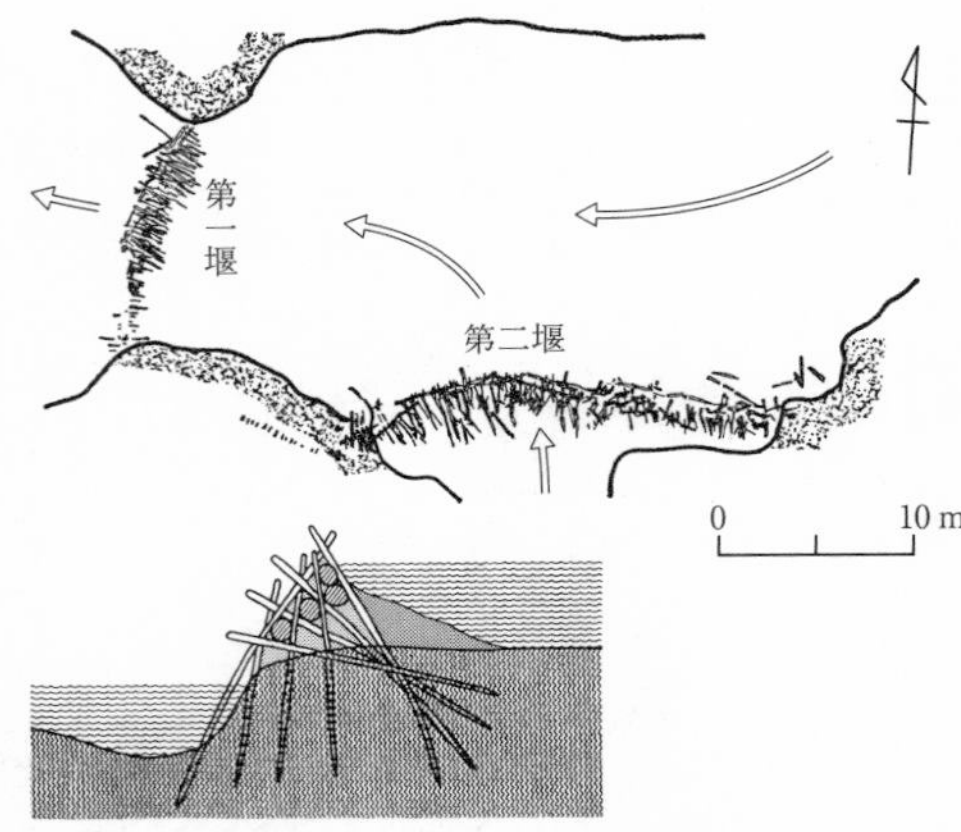

図85　古照遺跡の堰(上)と堰横断面復原図(下)
(古照遺跡調査団編『古照遺跡』1974，一部改変)

直縦材を打ち、横材の流失を防止する。(4)この作業と併行して斜材間に生じた間に隙間オギや粘土塊・礫などをつめ、水をせき止める。上方の二段目・三段目も同じように繰りかえし構築し、水位の上昇をはかっている。川岸に接する部分では流路内から川岸に向け、あるいはその逆に杭を打ち、横材も川岸に沿って川底へ傾斜させている。

こうした比較的に大規模な協業による溝や堰のほか、各地の沖積地においては小集団ごとの小規模協業によると思われる中・小の用水溝・堰が知られており、古墳時代前期において協業の規模と内容が多様に展開するとともに、水田のいっそうの開発と水田条件の向上が進みつつあったことを物語っている。

しかも、これらの土木作業を担った鍬・鋤先が、他の生産用具や武器とともに首長墳や付属副葬墳(「陪塚」)に副葬され、ときに莫大な量に達することが知られている。そのことは、集団を代表する首長が、農具・土木具その他生産用具の生産・流通・分配を統轄していたことを示すものであって、労働の集団的編成が、武器類から想定される武力編成と同じように、首長を軸とし首長の権威と結びついていたことを物語るものである。したがって、各家族体の家父長的・自立的展開はいぜんとしてこの面から押さえられ、また剰余労働・剰余生産物の大部分も、労働編成の指向するところ、集団労働的産物として首長の管理下に集中され、また古墳築造にみられる首長霊鎮魂・継承祭祀や首長権威への讃仰、あるいは首長機関へのさまざまな奉仕に吸収されることになる。その場合首長は、大和や各地域の連合中枢に連なっているのであるから、首長への奉仕はただちに後者への奉仕に通じることになる。

二　玉作り

農業以外の分業諸生産については、玉作り・塩生産のほかは遺跡状況がほとんど知られていない。

弥生時代以来碧玉・鉄石英を材料として、管玉・勾玉などの玉類の中心的生産をおこなってきた北陸では、古墳時代に入ってまもなく、これまでその伝統がなかった石製腕飾り類の製作を開始するが、注目すべきことに、それとほぼ同時に玉作り遺跡数が急に減少しはじめ、いくつかの産地に限定されるようになる。石製腕飾り類には、鍬形石・車輪石・石釧などがあるが、弥生時代に北部九州を中心に盛んに使用された貝製腕輪類がそれらの原型で、北陸においてその伝統はないから、貝が碧玉や緑色凝灰岩に移しかえられて製作が始まった背景には、北部九州と北陸を結びつける力が働いていたに違いない。石製腕飾り類は、鏡と同様に、大和連合中枢から各地首長に配布された、権威を象徴する一種の宝器的なものであったから、北陸におけるその製作に、大和連合勢力の要請・介入があったことは明らかである。それまで農耕生産のかたわら随時的に玉作りをおこなっていた北陸の諸集団が、大和連合勢力の要請の下に恒常的な需要が生じたため、一方では専業ないし半専業的な玉作り集団へ、他方では玉作りをやめ農耕集団へと、二極分解をとげた姿である。この時点では、玉作り遺跡で発見されるほとんどすべての住居が工作施設をそなえ、ほぼ間断ない製作に従事していたと考えられることは、それを示すものであろう(図86)。もちろん彼等は石製腕飾りだけを生産していたわけでなく、他の石製品および管玉などの玉類をも製作していた。

そのいっぽう、玉作り遺跡の数そのものは激減している。この地域の集団は、大和連合に加わることによってそのうちの分業体制の一翼を担ったのであるが、こうした製品が個々の経営体や集団で自由につくられ、それぞれに大和連合に運ばれたと考えることは、玉作り集団が選別されていること、一集団のほとんどすべてが玉作りに従事していることからみると、むずかしい。おそらくこの地の首長がそれを統轄し、その首長を通して、大和連合勢力への流通・上納がおこなわれていたと推定される。したがって、大和連合勢力が石製品の配布をやめた時、北陸の地の玉作りは、管玉を含めて終焉をとげるのであるが、それは、この時点の玉製品が単なる交易品として製作されたのではなく、首長を通じての一定の要請の下に編成され、製作されていたことを物語るであろう。このことは、いかにも活発に展開したかにみえる分業も、自由な交換の下に独自に展開したのでなく大和連合勢力と北陸の諸集団との政治的結合関係がつくりあげた生産体制であったことを示している。それは大和連合勢力の要請に応じ、その中枢と擬制的同族的結合関係に

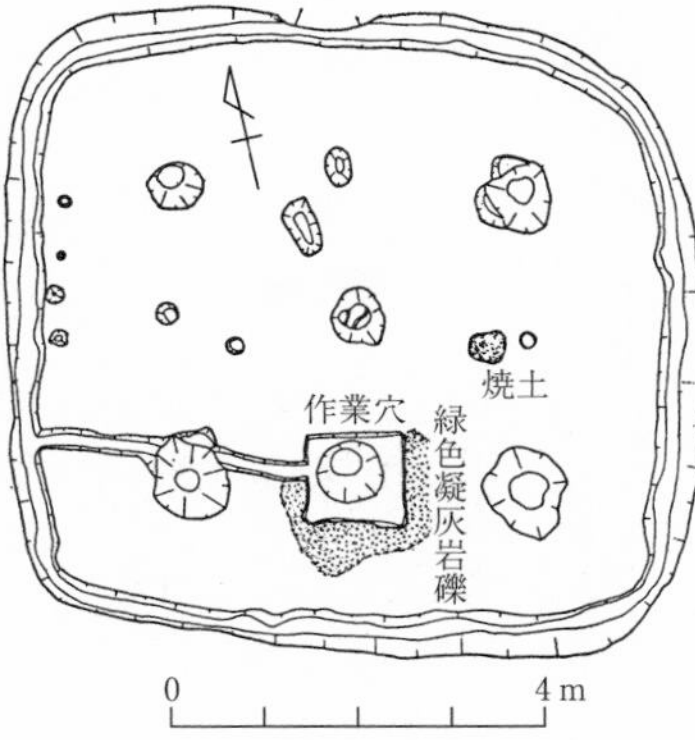

図 86　玉作り竪穴住居址—石川県塚崎遺跡—(吉岡康暢ほか『北陸自動車道関係埋蔵文化財調査報告書』Ⅱ, 1976, 一部改変)

入っていた集団の首長によって組織・編成された生産の体制であり、それ故、それまでの小規模で各集団単位にしかも農耕の片手間につくられていた玉作りにかわって、要請にこたえうる少数の専門的製作集団が、大規模生産に転じつつ出現したのである(3)。

三　塩生産

塩生産は、古墳時代になると、それ以前にすでに始まっていた備讃瀬戸から紀伊に至る地域をこえ、西部瀬戸内・筑前海岸、さらに若狭・能登などにもひろがったが、それと相前後して農耕集団ないし半農・半塩集団から一部が分岐し、農耕不適ないし不能な小島や、背後に山を背負った小さな浜に進出し、専業ないし半専業的に製塩をおこなうようになった。製塩は、その採鹹「濃い塩水(鹹水)を採る作業」においても煎熬「鹹水を煮詰めて塩を採る作業」においても、春から秋にかけてより有効におこなわれるものであるから、その点で農耕の繁忙期と重なり合い、そのため早くから専業化の方向をとりやすい。弥生時代においては、多くの場合、製塩は農耕集団の中で、おそらく農繁期のピーク時を除いて小規模におこなわれていたらしい。そのことは、備讃瀬戸沿岸の弥生時代中・後期とくに後期農耕集落の一角にしばしば小規模な製塩土器の一括廃棄場がみられることからうかがえる。もっとも古墳時代に入っても、農繁期のピーク時には、親元の農耕集団に戻り、農作業に従事することも時にはあったかもしれない。製塩土器の廃棄量からみて、その操業規模は小さく、六世紀中葉以降に展開する大規模操業に及ぶべくもない。しかし、その生産が明らかに農耕地域からはなれ、採鹹にも煎熬にも便利かつ有効な土地に進出していたことは、その生産の専業化が進み、生産量を高めつつあったことを教えるものである。

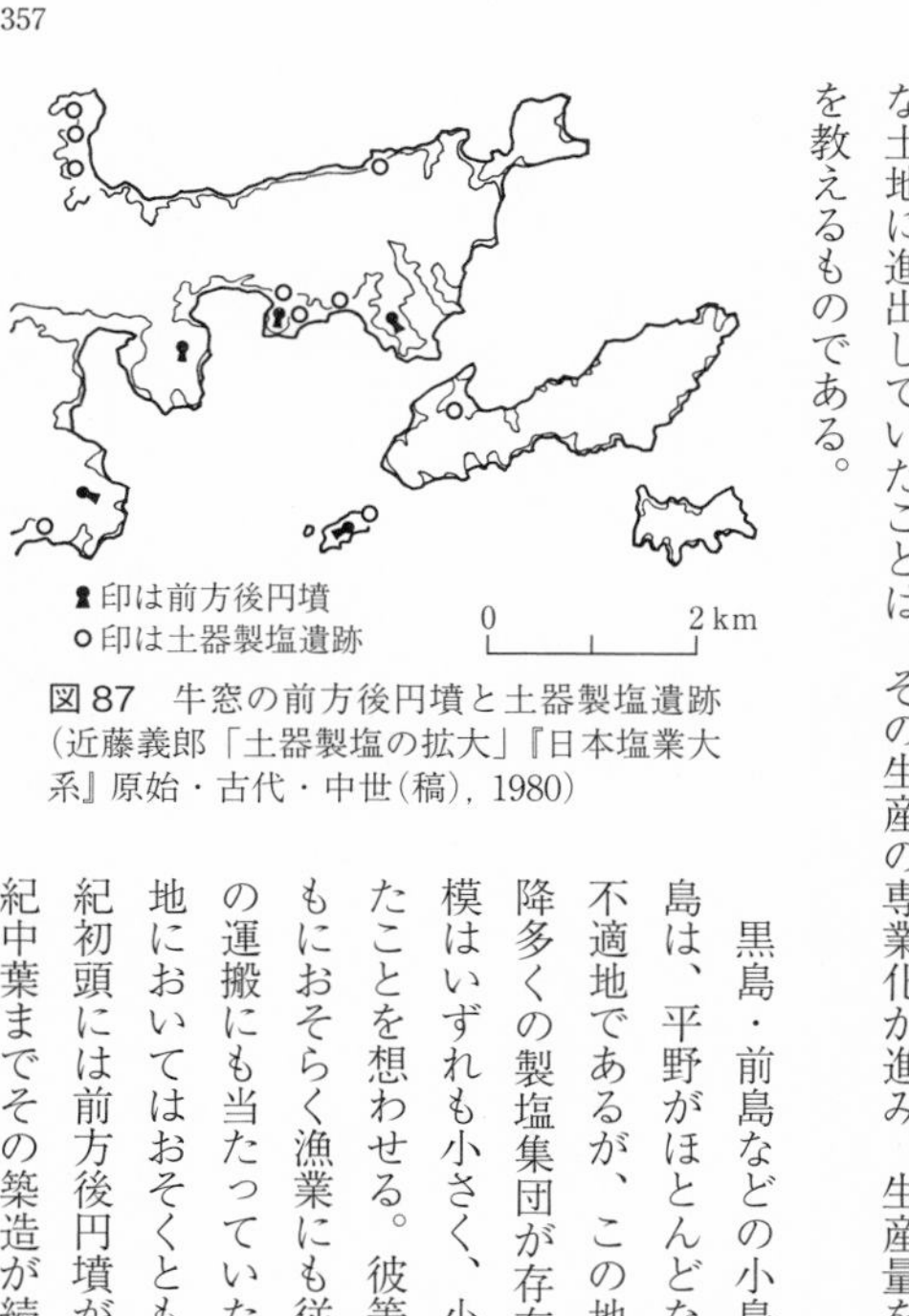

図 87　牛窓の前方後円墳と土器製塩遺跡（近藤義郎「土器製塩の拡大」『日本塩業大系』原始・古代・中世(稿), 1980）

黒島・前島などの小島を含め岡山県牛窓半島は、平野がほとんどなく、水田ないし農耕不適地であるが、この地には古墳時代前期以降多くの製塩集団が存在した(図87)。遺跡規模はいずれも小さく、小経営体が散在していたことを想わせる。彼等は、製塩に従うとともにおそらく漁業にも従事し、また人や物資の運搬にも当たっていたと思われるが、この地においてはおそくとも四世紀末ないし五世紀初頭には前方後円墳があらわれ、以後六世紀中葉までその築造が続く。計五基の前方後円墳で、右の製塩・漁撈諸集団の首長の墳墓とみられる。彼等はもともと付近の、おそらくは邑久の平野の集団が分岐・定住したものと思われるが、古墳時代前期を通じて、一つの部族集団として周辺の島々や沿岸の小集団を合わせ、成立するに至ったものと思われる。自活できるような農業生産はとうていおこないえなかったであろうから、食料その他一部の物資は他地域から供給されていたと考えるほかはない。それが邑久の平野を中心に形成されていた邑久の部族ないし部族連合であったか、畿内中枢の大和連合であったかについては、意見のわかれるところであろうが、その首長が前方後円墳を、しかも継起的に築いているところをみると、邑久勢力の媒介の有無は不明としても、大和連合勢力に加わっていたことは確かであろう。牛窓海浜部族の首長は、大和連合へ参加することによって、その分業体制に入り、製塩・漁撈・航海の体制を安定させ、有効に組織しえたのであって、その点では北陸における玉生産に類した状況にあった。異なるところは、一方は首長など限られた少数が特殊的に必要とした手工業品を生産し、他方は集団成員を含めた圧倒的多数がその日常的生活において必要とした塩を生産したという点である。したがって牛窓の塩生産は、その首長が前方後円墳に葬られなくなった六世紀後半以降も、ひきつづき展開するのである。

製塩は牛窓地域だけでなく、隣接する邑久平野の縁辺においても、また備讃瀬戸の沿海各地においても、なかには時に農耕適地においてさえも、盛んにおこなわれていたから(図88)、大和連合がそれらすべての製塩集団と結合関係に入っていたと考えるよりも、各地の農耕部族が、それぞれそのうちに製塩小集団をかかえ、部族内の分業体制をはかっていたものと考えるほうが適切と思われる。

牛窓製塩・漁撈部族と大和連合を中枢とする勢力との結合は、製塩・漁撈等の分業を軸に形成されたものであり、後者は、その塩・魚(干魚・塩漬け魚)を入手し、さらに他地域の集団に配布したであろうが、それは、製品の質や意味するところは異なっても、ある意味では石製腕飾り類やその他玉類の場合と同じであったろう。このように、大和連合の中枢は、牛窓の首長と擬制的同族関係を結ぶことを通じて、上から塩生産を組織し、連合の分業体制の充実をはかったのである。それは牛窓の地の前方後円墳でみる限り、四世紀後半にはすでに始まっていたらしい。

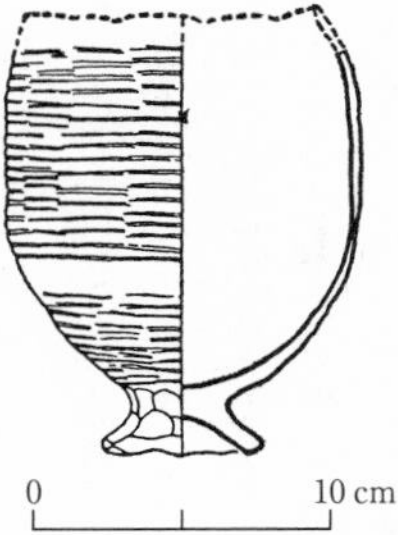

図88　古墳時代前期の備讃瀬戸製塩土器—岡山県王泊遺跡—(坪井清足『岡山県笠岡市高島遺跡調査報告』1956)

こうしたことは、畿内南辺の紀伊の製塩集団についても、また北辺に成立した若狭の製塩集団についてもおこなわれたかもしれないが、牛窓における墳長五〇メートルを越えるような前方後円墳の継起的築造が示す大和連合との緊密な結合関係ほどの事例は、今日のところ知られていない。

製塩集団は農耕集団と異なり、技術的には小経営の分業として成立しうるのであるが、いっぽう農耕集団との交流の上にのみ成り立つのであるから、農耕集団が部族的関係のもとに首長権威を強化しつつあった当時において、農耕集団の主導が強く働き、全体として農耕集団に包摂された分業の方向をとる。大和連合に加わった牛窓沿海部族、備讃瀬戸沿岸農耕部族ないし部族連合の内における製塩諸集団は、まさにその関係を示すものであって、大和連合勢力の場合は、その全国的分業把握の体制への指向から、いっそう大規模に分業を組織・編成する必要があったのである。大和連合への擬制的同族的参加は、このように、大和連合勢力の側からすれば分業体制の組織化であり、各地諸部族からすれば生産の安定指向であった。この関係は、いっそう小規模な形で、各地の部族連合においても貫徹されていたに違いない。(4)

四　朝鮮渡来集団と生産の発達

このような生産体制のもとに、海外、ことに朝鮮・中国からの影響がつよまり、農業生産を基軸に各種の分業生産は、著しい前進をとげる。それは五世紀中葉に始まり、その後葉から六世紀に全面的に展開する。

まず農業生産については、U字形鍬・鋤先とよばれる新しい型式の鉄刃先が五世紀中葉に出現し、鍬にも鋤にも着装され、沖積地の開発に威力をふるった(図89)。これは、台形の鉄板の左右の張り出しを折りかえした部分を木部にはめこんだこれまでの型式とは違って、内縁の溝部を木部に装着する型式で、打ちこむほどに木製台部と鉄刃は密着する性質をもつ。これまでの型式の鉄刃の刃幅は六ないし一二センチのものが多く、着柄の際の有効な鉄刃部が短く、都出比呂志の説くように「耕作作業に適するものでなく、硬土の掘り起し即ち、開墾、土木作業に有効な……打ちグワ」と考えられる。それに対して新たに出現したU字形の鉄刃は、刃幅一〇ないし二〇センチ強まであり、刃

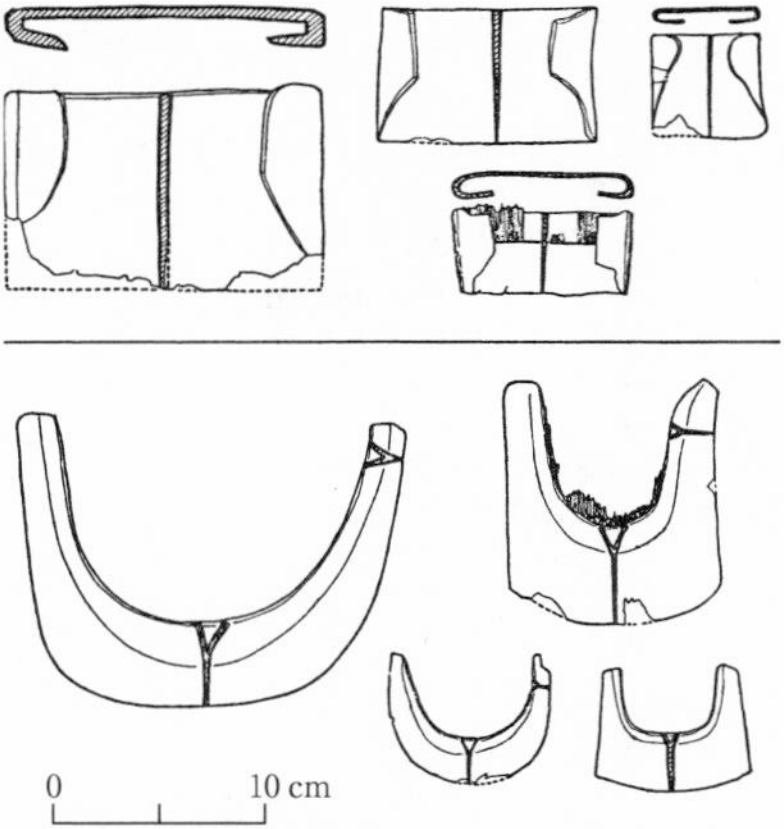

図89　弥生時代以来の打鍬尖(上)とU字形鍬鋤尖(下)(都出比呂志「農具鉄器化の二つの画期」『考古学研究』13-3, 1967, 一部改変)

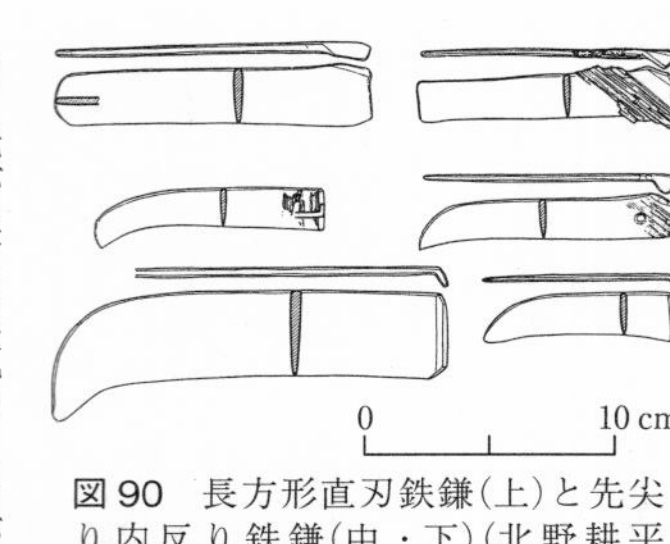

図90　長方形直刃鉄鎌(上)と先尖り内反り鉄鎌(中・下)(北野耕平「野中アリ山古墳」『河内における古墳の調査』1964, 一部改変)

の形態はおもにU字形の曲刃であるが、直刃に近いものもあり、「打ちグワにはもちろん、平グワや踏みスキの先端部にも着装され、……開墾・土木用具にも使われたと共に、水田の泥土の攪拌や移動にも適する「耕作用具」としても使用され」、堅く粘(ねば)い土壌をも耕作しえたものである。[5]

この新式の鍬・鋤先と相前後して鉄鎌の変化も始まった。これまでの長方形鉄板の一辺に刃をつけたものにかわって、今日の刈り鎌のように刃が内反りして先が尖る型式のものが出現し、普及していく(図90)。また蛭鎌(ひるがま)とよばれ穂摘み具とされる鉄器が、これと相前後して消滅ないし激減していくことも注目されてよい。この新しい型式の鉄鎌は、おそらくそれまでの穂首刈りから根刈りへの変化を、たとえ全面的でないにしても示すものと考えられるが、とすれば、その背景には藁(わら)の多面的な利用――縄・むしろ・敷物・俵・もっこ・肥料・牛馬飼料等への――および裏作の開始ないし普及が予想される。それはまた、収穫労働における生産性の高揚、脱穀およびその貯蔵方法の変革にも結びつくものであったに違いない。

これらU字形鍬・鋤先および内反りの鎌は、ともに三国時代の朝鮮南部の古墳副葬品に類例がみられ、ほぼ同じ頃に日本に出現した須恵器、馬具その他の一連の金属加工技術などとともに、朝鮮から日本へもたらされたものである。おそらくこのほかにも、用水・開田その他における新しい技術や組織も導入されたに違いない。

このような新しい道具や技術によって、大規模な土木工事や広範な開墾がこれまでにまして組織されるようになったいっぽう、劣悪な道具・技術のもとで集団的協業を余儀なくされた個別経営体にもしだいに影響を及ぼし、藁利用・裏作・畑作・小規模開田や用水等を通じて、鉄製生産用具を含む一定の動産蓄積を可能にし、その相対的自立の方向を歩ませる基礎となる。その採用からほぼ一世紀を経て出現する後期群集墳が示す営造主体の相対的自立の動きは、この頃から徐々に始まったものと考えられる。

さてこのU字形鍬・鋤先は、前代のものにくらべてかなり大形である上、木製の耕作用具にかわって水田の耕起・攪拌などの耕作用にも使用されたから、その供給のためには、これまで以上の鉄素材の確保が必要となる。もちろんこれだけでなく、各種の分業生産や戦乱の中での鉄器の要求とも相まって、製品製作に際しての鍛冶技術とともに、五世紀中葉に前後して製鉄の新しい技術的改善があったことを示唆する。それが外来の新技法であったという確証は必ずしも明らかにされていないが、この時期の大古墳の

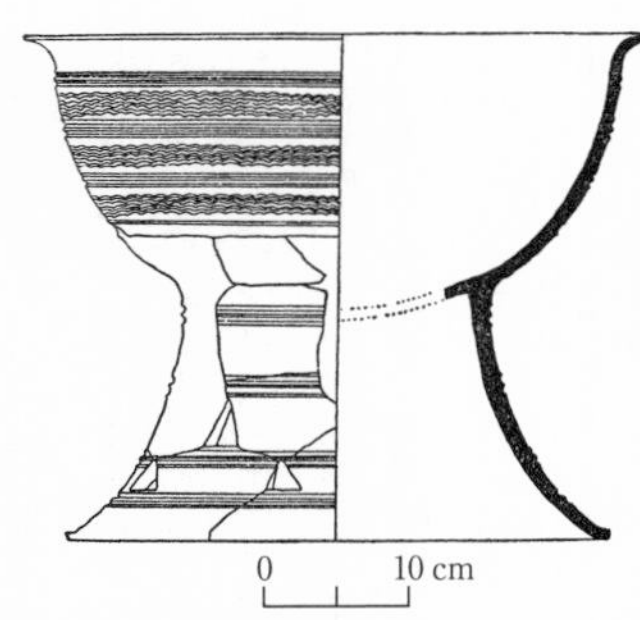

図91　初期須恵器の一例．広島県三ッ城古墳（松崎寿和ほか『三ッ城古墳』1954）

「陪塚」、たとえばウワナベ六号墳に大二八二個・小五九〇個計八七二個という多量に集積された鉄鋌（鉄素材）と相似たものが、朝鮮の同時期の古墳墓にみられることは、今後のこの問題への接近の手がかりの一つとなる。鍛冶関係としては、先の新式農具のほか、大陸系の長茎の鉄鏃や、とくに甲冑にみられる鋲留手法の出現、さらにやや時期が下る例が多いが、鉄槌・鉄床・鉄鉗・たがねから成る鍛冶具一式、あるいはその一部が古墳に副葬されはじめることなど、鍛冶技術の改良発達が朝鮮などの先進技術を受け入れて進行していたことは明らかである。またほぼこの頃から、吉備および北部九州を中心に製鉄の鉄滓を古墳内部に納める例があらわれ、しだいにその数を増してくることも知られている。その多くは鉄生産の専業集団の統轄者あるいは専業集団の成員の墳墓であろうが、このこともまた、専業集団形成の重要な意味を物語るとともに、鉄生産の発達を推測させるものである。

朝鮮からもたらされた顕著な技術のひとつに須恵器がある（図91）。須恵器は土師器にくらべ、堅硬で漏水が少なく、おもに煮沸以外の用途にひろく供せられ、単に祭祀具や儀器にとどまらず、人々の暮らしの改善に一定の役割を果たした。これは、五世紀の前葉ないし中葉、おそらく伽倻(かや)をはじめとする南部朝鮮からの渡来集団によってもたらされたものと考えられている。すなわち「初現期の須恵器が、伽倻地方の陶質土器と種々の〔器形や製作技法〕点で親縁関係をもつことや、窯体構築技術とそれに伴う焼成法が初めから高度に専門化していたことから推して、……相当数の陶工が朝鮮半島からその技法を携えて渡来してきたことはまちがいない(6)」。

彼等は大阪府泉北(せんぼく)丘陵の一角で操業を開始したが、その後間もない時期に福岡県・愛知県・香川県・宮城県などに、さらにやや遅れてその他の各地に進出ないし影響を及ぼしていったらしく、各地に須恵器窯の形成をみせている。とくに早くその生産が始まった地域の製品は、器種・形態・製作手法において泉北の陶邑(すえむら)窯の製品とほとんど変わらないので、他地域への拡散が工人の移動を伴なったことが考えられている。

もっとも渡来集団が、陶土・燃料・地形などに恵まれたその地を自由に選定して定住したわけでなく、渡来集団を受け入れ、そこに定着させた勢力を考えないわけにはいかない。須恵器工人集団は、陶土採取、燃料集め、大形窯の構築、製品の製作、焼成などの多面的な仕事からみて、専業集団であったと考えられるから、そうした集団にはじめて居住と生産の場と材料採取を確保させ、生活物質を供給させせえたのは、大和連合勢力の判断を措いてほかに考えられない。彼等はおそらく、大和連合あるいはその一部族との間に擬制的同族関係を結ぶことによって、その生活と生産を保証されたが、大和連合にとっては、彼等との間に擬制的同族関係を結ぶことによって、新しい先進技術とその生産・流通をわがものとすることができたのである。やや下る時期のことであるが、早く横山浩一が示唆したように、(7)泉北須恵器窯群を一望する丘上に忽然とあらわれた小前方後円墳湯山古墳が、それら工人集団の長を葬ったものであるとすれば、工人集団の長がこの地の集団関係の伝統を踏んで、古墳祭祀によって共通に表現される擬制的同族関係に入っていた姿を示すものであろう。

また愛知県東山丘陵は、先の泉北丘陵についで成立し、またその地域の中心的位置を占めた須恵器生産地帯であるが、その西方台地上に前方後円墳を含む大須古墳群があり、両者の「距離は、直線にして約五キロあるが、ここに当地の首長墓がはじめて築造され、その後一群を形成するまで代々継続した期間と、東山古窯跡群が成立し展開した期間とはまったく重なっている」。田辺昭三がいうように、「首長墓の築造と須恵器生産とが、何らかのかたちで密接に関連していることを想定させ(8)」、おそらく須恵器工人集団が、この地に移住するに先立って、あるいはこの地において、大和連合ならびに在地の部族連合ないし部族との間にすでに擬制的同族関係を樹立していたことを示すものであろう。たとえ外来の工人集団ではあっても、当時の政治・生産構造に規制され、伝統的な首長相互間の関係ないし首長と成員との関係としてあらわれざるをえなかったと思われる。しかしこの場合、工人集団ははじめから外来の専業集団として、当該地域の伝統的な諸関係の中に入るわけであるから、形の上ではこれまでの政治・生産構造の中に入ったとしても、その存在がひきおこすインパクトは大きかったに違いないし、またそうした専業集団を導入・定着させうるだけの生産基盤と政治的発達が、列島の連合勢力の内に生じていたことも確かである。

　須恵器の出現に前後してあらわれる乗馬の風およびそれに必要な馬具類、武具や装具にみられる新しい金属加工技法――鋲留手法・金銅手法（水銀と金のアマルガムを銅に鍍金（ときん）する技法）、波状列点文などにみられるたがね彫り、金の打出し手法等々――、眉庇付冑（まびさしつきかぶと）、挂甲（けいこう）、長茎鏃などの新型式の武具、帯金具や冠などの装身具もまた、その源流は朝鮮・中国に辿られるものであって、その初期のものは外地製の舶載であったとしても、何人かの論者が説くように、その製作の開始は須恵器と同様に、技術工人の渡来を考えずには理解しにくいことである。それに対して在来の工人がどのようにかかわったかは必ずしも明確にしがたいが、稚拙なものや在来手法と組み合ったものがあらわれるところなどからみて、在来の工人は駆逐されたのでなく、併存し、やがて新しい技法を身につけていくようになったものとされている(9)。

これら諸技術、なかんずく鍍金手法による馬具・眉庇付冑・各種装具は、その技術の高さや使用する材質の貴重さ、それを要求するものがおもに首長層であることなどから、その製作は大和連合勢力の管理の下におかれ、専業的に製作に従事する集団によってなされていたに違いない。その生産遺跡の実例は知られていないが、たとえば既知の眉庇付冑の約八割が畿内およびその周辺から発見されるなど、多くの品々の分布が、畿内に中心をもち、また形態・文様・技法などの点で各地のものに共通的性格がみられることから、畿内において少なくともその主要な生産がおこなわれていたと考えられる。これらの品々は、長茎鏃など一部を除き、先にふれた須恵器や塩などと違って、直接に権威に結びつき、それを表現するものであるので、その生産体制は上から絶えず直接的に組織され、その製品もまた大和連合勢力に蓄積され、そこから各地に配布されるという性質をもっていたに違いない。

これらのほかに、織物・ガラス製品・木工・製塩などにおける五、六世紀の改良・発達が知られているが、こうした分業生産の多くは、専業ないし半専業としておこなわれる傾向にあったから、食料をはじめとする諸物質の流通は著しいものがあったろうし、それを根底において支えるものとして、先にふれたU字形鍬・鋤先に象徴される農業生産の発達があったことはいうまでもない。以上のような分業諸生産を掌握することに成功した大和連合勢力は、やがてその流通を通して各地諸部族への支配をつよめるようになる。

分業が発達するためには、食料その他の基本生活物資の生産の発達がなければならないが、それとともに流通組織が発達している必要がある。小島で製塩をおこなう集団にとって、食料供給は不断の必要事である。山地の製鉄集団にとっても同じことであろう。塩が米に、米が鉄に、そして鉄が塩にということが速やかにおこなわれねばならない。この流通機関は同時に物資の収取機関でもあるから、それの確保をめぐって、部族間・連合間の争いが生ずる。大和連合勢力が早くからその流通組織の主導権をにぎっていたことはいうまでもないが、渡来集団がもたらした新技術をはじめ、新しい生産諸力の前進にあたり、大和連合はその組織の頂点にあったから、その力をこれまでになく発揮するとともに、その内部で分業と流通の組織を整備させていた各地部族連合ないし部族に対し、攻撃を始める。大和を中枢とする畿内の流通組織を各地部族連合および部族組織の中に浸透させていく争いである。その中で地域地域の部族連合そのものが解体あるいは弱化させられ、また部族のもつ小宇宙性がしだいに打ちこわされていく。

また、渡来集団と首長との間に形成された新しい関係は、それまでの在地の首長と成員との関係にも影響を及ぼしたに違いない。たしかに渡来集団は、首長との間に擬制的同族関係を結んだにせよ、その同族関係はまことに形式的であり、また渡来集団の内部の諸関係も朝鮮の先進性を反映しこれまでのものと違っていたはずである。在地集団にとっても、その領域内に異なった習慣・風俗のものが居住し、これまでになかった品々を生産する。しかも彼等は自分たちと同じように、首長との同族関係に入る。まさに同族関係は、それが擬制であるにせよ、従属関係そのものの外被と映らざるをえない。渡来人集団の長の古墳は、どれと特定はできないが、その可能性としては、先に指摘した湯山古墳、あるいは奈良県新沢(にいざわ)千塚一二六号墳や大阪府塔塚(とうづか)古墳、また畿外では岡山県造山(つくりやま)古墳の「陪塚」の一つとされる千足装飾(せんぞくそうしょく)古墳などを挙げることができるかもしれない。湯山古墳は泉北陶邑(すえむら)の中枢部という位置に、新沢千塚一二六号墳はその特異な外来的副葬品に、塔塚古墳や千足装飾古墳は飛び石的に伝わったと考えられる古式の横穴式石室に、それぞれの推定理由を求めることができよう。

第十一章　大和連合勢力の卓越

一　古式小墳をめぐって

すでに第九章でみたように、前Ⅰ期以来、首長墳とは考えがたい小墳が、あるいは首長墳に随伴し、あるいは所在を異にして築造されてきたが、前Ⅲ期から後Ⅰ期にかけて、とくに前Ⅳ期後葉から後Ⅰ期にかけて、その営造数は、各地大形首長墳の衰退にかわるかのように著しく増大してきた。これを畿内についてまず概観してみよう。

古墳、なかでも小墳の分布については種々の条件によって調査の精粗があり、固定したものと考えることは危険であるが、畿内の地域は全体としてほぼ同じ調査レベルにあり、およその傾向をつかみうると思われる。まず小墳を、横穴式石室をもつものとそれをもたないものに分けてみた。ただし両者は截然と新古を示すものではなく、古式の横穴式石室は少数ながらすでに五世紀後葉(前Ⅳ期)に始まっており、箱式石棺・小形竪穴式石室・木棺直葬にも六世紀後葉から七世紀に下るものがある。そうしたことを充分に考慮に入れた上で、六世紀中葉以降の、横穴式石室が普遍的に小墳の埋葬構造となった時期の小墳(「横穴式石室小墳」)と、それ以前と考えられる小墳(「古式小墳」)とに分けて、数字を示すと左のようになる(おもに各府県遺跡地図を参照した)(1)。

	「古式小墳」	「横穴式石室小墳」
大和	三千数百基	一〇〇〇基強
河内	二〇〇基以上	一八〇〇基強
和泉	二〇〇基未満	二〇〇基強
摂津	二〇〇基未満	四〇〇基強
山城	三〇〇基未満	四〇〇基強

これは現存の数であり、かつ分布調査の網にかかったもののみであるので、もとの実数はいずれの場合もさらに多かったと考えてよい。とくに河内ではおびただしい横穴式石室墳の破壊が記録ないし記憶されており、そのもともとの実数は二倍ないしそれ以上となるかもしれない。

しかしそれにしても二つの傾向、つまり、(1)大和においては他を圧して「古式小墳」が多いこと、(2)「古式小墳」と「横穴式石室小墳」とを対比してみた場合、大和以外では、「横穴式石室小墳」ないしそれと併行する小墳が多いが、大和ではその逆であること、この二つの傾向は、今後とも無視できない相違として、明瞭に現われる。右のうち和泉においては「古式小墳」の中の少なからぬものが、木棺直葬や小形竪穴式石室を内部主体にもつ六世紀中葉以降のものであるので、右の表のうちの和泉の数字は、「古式小墳」がさらに少なく、「横穴式石室小墳」が相対的に多くなる方向で訂正される必要があり、右の二つの傾向がそこでもいっそう明瞭にとらえられるようである。また古市・百舌鳥（もず）などの巨大古墳群の「陪塚」も加えてあるので、それらを差し引くと河内・和泉の「古式小墳」の比率はさらに少なくなる。

ともかく、細かい数字の追究は別として、六世紀中葉以前においては、相対的にも絶対的にも大和では小墳が著しく多いこと、それ以後においては、その小墳の比率がくずれ、大和において相対的にもっとも少なくなり、他は増大するという関係は、おそらくくずれない。これをもって考察の出発点としたい。

まず以上のことから、横穴式群小古墳以前において、大和は畿内において特別な地域であったことが判る。ただその特別さがいつ頃から始まったかについては、発掘例が少ないため充分には判明していないのが実情である。しかし、成立時の巨大前方後円墳群が前Ⅰ・Ⅱ期において大和に集中的につくられていること、磐余（いわれ）・池ノ内古墳群のように、早い時期(前Ⅰ期末—前Ⅱ期初頭)に小墳群の形成が、巨大墳とはなれた場所に造営されていることなどからみて、古墳成立時以来、小墳築造が増大のきざしをみせる前Ⅲ期、増大し続ける前Ⅳ期後葉—後Ⅰ期にかけて、一貫して特別であったことはほとんど疑いない。

この大和の古式の小墳の分布をさらに大和の内部に立ち入ってみてみると、大和一円に均等に分布していないことが判る。仮に大和盆地縁辺部を北部・東部・西部・南部とわけると、小墳の営造が他を圧して多いのが南部である。北部は、佐紀盾列古墳群のいわゆる「陪塚」を除くとほとんど皆無に近い。西部は馬見丘陵および縁辺にごく少数、多くみて数十基ないし一〇〇基前後が見出されるにすぎない。東部は、石上・豊田古墳群をはじめ天理市東郊を中心にかなりみとめられるが、それでも、二、三〇〇基未満と推定される。南部には三千数百基の八割強までが集中する。葛城東麓から三輪山南辺にかけての線より南の山丘である。このことは、大和においても、盆地南部が特別な地域であったことを物語る。古墳が小墳なりとも同族関係の表示として祖霊に連なる祭式の場であり、また同時に部族あるいは部族連合における職務執行機関の地位の表示でもあるとしたら、当時大和が少なくとも部族連合として諸部族が結合していたことは確かであろうから、南部における小墳の群を抜く築造数は、大和連合勢力のうち連合の中核となった部族ないし部族群が南部を基盤としていた、少なくとも南部の丘陵山地を墳墓地としていたことを示していると考えてよい。

ここで、大和における前期巨大古墳の分布をみると、箸墓古墳・桜井茶臼山古墳・メスリ山古墳・室大墓古墳などいくつかの散在巨墳があるが、集中営造地域としては、西殿塚古墳を盟主とする萱生群、柳本行燈山古墳(伝崇神陵)・渋谷向山古墳(伝景行陵)を盟主とする柳本群、つづいて五社神古墳(伝神功皇后陵)・佐紀陵山古墳(伝日葉酢媛陵)を中心とする北部の佐紀盾列群を指摘することができる。さらに西の馬見丘陵にやや小形の三群、東の東大寺山の一群、盆地中央の一群などを指摘できる。そのうち、大和部族連合の中枢首長墳は、散在のものを除くと、萱生・柳本の二群と佐紀盾列の北部群の中の巨大古墳と考えられる。これら三つの巨大古墳群はいうまでもないことながら巨大墓地であって、そこに集落があったとか、ましてや中枢首長一族が居住していたとかいうことを示すものではない。三群とも丘陵およびそれに続く段丘ないし扇状地上にあって、そこは当時なお耕地化不能の山林原野であり、巨大墳墓地として選定されたにすぎないと考えられる。とくに北部群の場合、洪積台地末端の平野部分においては、集落遺跡はごくわずかで、弥生時代以来の開拓はあまり進んでおらず、古墳時代前期においてもなお、以南の沖積地や谷々にくらべて、集落数ははるかに少数であって、北部群の周囲にそれにふさわしい首長たちの生活基盤を想定することはとうていできない。それに対し、北部群が築かれつつあった時、天理市北部でも、馬見丘陵でも、いくぶん下位の大形墳が築造されていたが、そこには弥生時代以来の集落遺跡が示す人々の生活基盤があった。

こうしたことを、先の小墳が南部に集中する現象と関連させて考えると、大和連合の中枢首長とその随伴者たちは、その生活基盤ないし部族的基盤を南部にもち、ただ墳墓地を未開の原野に選定したといって過言ではなかろう。連合の他の有力部族が、馬見丘陵に、天理市北部丘陵などに、独自の大形墳を築いていたことは、山城・摂津・河内の諸部族の場合と同じである。

生活基盤ないし部族基盤をはなれて、北部群のような墳墓地を築造しえたことは、大和連合の中枢首長権が大和全土において確立していたことを示すことはいうまでもないが、この北部群の築造が続く期間のうちに、さらに巨大墳墓群が、大和をはなれ、大和川と石川の合流点の南方に築かれ始める。古市古墳群がそれであり、まもなくさらに西方の百舌鳥古墳群が競い合うかのごとくに出現する。ところが、古くから古市古墳群が、玉手山古墳群―松岳山古墳、百舌鳥古墳群が摩湯山古墳―乳ノ岡古墳の系譜上に出現したと推定する意見があり、最近では石部正志がその点を詳細に論じている。[2] しかし二つの点でそれは首肯できない。

その一つは、古市古墳群・百舌鳥古墳群の成立を可能にしたといわれる生産基盤の点である。すなわち南河内・和泉北部の段丘上の大規模開発が、五世紀に進行したという考えである。しかしこれは、広瀬和雄が説くように、(3) 当時の農業技術および労働編成のもとではとうてい不可能であり、実証的にも五世紀集落が、巨墳営造にたずさわった人々の遺構・遺物と考えられるものを除いては、段丘上には寥々(りょうりょう)たるものであることによっても示される。

第二の点は、先程来、問題にしてきた小墳が著しく少ない点である。先ほどの場合とやや異なる地域別の分布数で示すと、古市・百舌鳥両古墳群を含む中河内・南河内・泉北を合わせ、前方後円(方)墳九三基、二〇メートル以上の円・方墳六一基、古式の小墳一七九基、横穴式石室九八九基、横穴七八基となる。古式の小墳のうち約五〇基が古市・百舌鳥両古墳群中の「陪塚」であるから、それを差し引けば小墳数はさらに著しく少なくなる。とすると、古市・百舌鳥両古墳群の部族基盤はどこに求めたらよいか、大和北部群の場合と同じような問題となる。すでに述べたように古市の場合、大王級は五ないし六基、仮に平均すると一基がせいぜい一二、三基の中・小墳をしたがえるだけである。大王の部族基盤がこのようなものであるはずはない。古墳祭祀が盛大化に達していたこの時点において、すでに述べたように、同族諸部族における成層的な祖霊祭祀は各地とも増大していた。さらにまた、古市・百舌鳥両古墳群の示す大王の職務執行機関の規模は、「陪塚」被葬者だけで構成されるような小規模なものではなかったろう。もちろん、王権を構成する有力部族とその一族が機関に参加したに違いない。しかし先の南河内・泉北では、玉手山古墳群―松岳山古墳の部族、摩湯山古墳―乳ノ岡古墳の部族が、それぞれ古市・百舌鳥両古墳群の示すものに上昇してしまったとすれば、まさにそれぞれの故地やその周辺に有力部族は存在しなくなる。なによりも、そこにこの時期を通じての小墳の営造が、わずかしかみられない点が重要である。ひるがえって大和盆地南部をみると、そこではいぜんとして中形墳をまじえて小墳が営造され続け、しだいにその数を増大させつつあった。古墳が、小墳といえど同族的権威のつながりを示すとすれば、まさに大和盆地南部にこそ同族の頂点たる最高首長の部族的基盤があったことを示すものであろう。

とすれば次のように理解することができる。すなわち、大和連合勢力の中枢首長は大和盆地南部を基盤として大和全体に君臨し、その墳墓地を、はじめ萱生・柳本、ついで北部へと移動築造したが、さらに山を越え河を下って古市、ついで百舌鳥の地に墳墓地を求めるに至った。そのためには、大和の最高首長が、大和全体はもとより河内・和泉方面の諸部族をも霊威の下においただけでなく、それら諸部族との交流を武力的にも平和的にも深めていたことが前提である。松岳山古墳・乳ノ岡古墳以降在地大形墳がなくなることは、武力的制圧を伴なっていたことを示すのかもしれない。少なくともこの時点で、河内・和泉を包括する連合あるいは畿内連合ともいうべきものが、大和盆地南部に基盤をもつ部族連合の最高首長＝いまや大王を盟主として形成されていたとすれば、巨大な墳墓地を河内・和泉に求めることの政治的効果は、単に河内諸部族だけでなく、それに媒介されたであろう西方の諸部族に対しても、いっそう大きかった。さらに大和では、水路・水田・集落などを犠牲にしなければもはや巨大墳墓地を形成することはむずかしい状況にあったのかもしれない。また巨大墳墓造営のための労働力の結集にも限界がみえつつあったのかもしれないし、大和・河内・和泉を中心に摂津・山城をも含めた墳墓造営の労働力の結集が、その霊威にふさわしく、また必要と観ぜられたのかもしれない。

古市・百舌鳥古墳群における巨大墳の築造は、市野山古墳(伝允恭陵)・土師(はぜ)ニサンザイ古墳・軽里大塚(かるさとおおつか)古墳(伝日本武尊(やまとたけるのみこと)陵)・岡ミサンザイ古墳(伝仲哀陵)などというように、前Ⅳ期ないし後Ⅰ期にまで及んだものと思われる。この時期には、なお筑後や尾張において最大級の首長墓の築造があったとはいえ、畿内や西日本の多くにおいて各地部族連合中枢首長をはじめ諸部族首長の古墳は急速に縮小し、畿内における大王墳との較

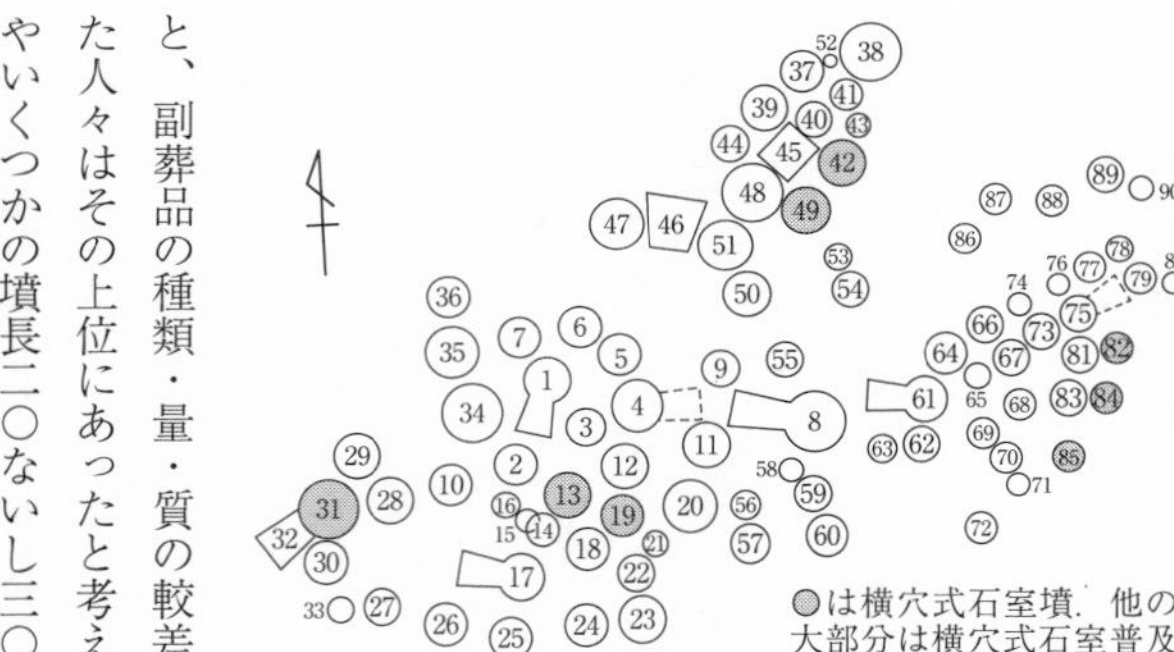

図92　奈良県石光山古墳群（奈良県立橿原考古学研究所編『葛城・石光山古墳群』1976，一部改変）

差が決定的となっていた。少なくとも大和連合の王権は畿内全域において確立され、瀬戸内・北部九州・山陰・北陸・東海の主要地域の諸部族は、原理的には対等の擬制的同族関係から、従属的関係への傾斜をつよめたものと考えられる。

これとほぼ期を一にして、大和盆地南部の小墳築造がこれまでにまして増大する。石光山古墳群（図92）、新沢千塚古墳群（図93）、巨勢山一帯、巨勢谷、鳥見山山塊、越智・与楽の丘陵地帯等々、盆地南部の丘陵・山尾根に、あるいは竪穴式石室・粘土槨、あるいは木棺直葬等の多様な埋葬施設と、副葬品の種類・量・質の較差を伴いながら、営造される。[4] これら小形墳に葬られた人々はその上位にあったと考えられる石光山一号・八号・三二号、新沢千塚一二六号やいくつかの墳長二〇ないし三〇メートル台の前方後円墳などの中形古墳の被葬者とともに、畿内および畿外諸方面への支配をつよめつつあった大王権の職務執行に当たった人々のうちの主要部分であったろう。もしそうでなかったら王権執行の人々は、先にもふれたように大王墳周辺の数基に限られることになり、その場合には大和盆地南部に群

図93　新沢千塚古墳群．総計593基．時期の判明した“調査古墳100基の内，概観すると須恵器を伴なわない時期のものが9，5世紀後半代が21，6世紀前半代が46，中葉から後半にかけて24”．（伊達宗泰「新沢千塚古墳群をとりまく環境」『新沢千塚古墳群』1981）

在する中・小墳の集中をどのように理解したらよいだろうか。

以上のように、前Ⅲ期に入る頃までには河内・和泉の諸部族は大和連合勢力に従属し、ついで前Ⅳ期に入る頃には畿内に関する限り、大和連合を核とする大王権の圧倒的な優位が成立、全土にわたる諸部族支配の準備態勢がようやく形成された。のちに述べるように、諸地域の連合首長墳とみられる巨大墳の廃絶が進み、諸部族首長墳の縮小が進むのも、前Ⅳ期に入ってまもなくからである。

前Ⅲ期からⅣ期における巨大古墳群と中・小墳とのこのような関係が明らかに知られるのは、ひとり畿内のみであり、他地域にあっては、前Ⅲ期に巨大墳が営造された吉備や毛野においてもみとめられない。そこでは前Ⅱ・Ⅲ期からⅣ期前葉を通じて、大形墳は個々にしばしば位置を移動させていて、畿内における佐紀盾列・古市・百舌鳥のごとき大古墳群の形成は一般におこなわれていない。このことは地域部族連合において、継続的優位をある部族がにぎるということがなかったか、少なくとも巨大墳墓地を数世代にわたって営造する条件がなかったことを示している。

たとえば、吉備は東からいって、邑久の連合、浦間茶臼山古墳から両宮山古墳に至るいわば上道の連合、中山茶臼山古墳から宿寺山古墳に至るいわば下道の連合、その他周辺および山中の小部族ないし小部族連合などにわかれ、全体として弥生時代以来のゆるやかな同祖同族関係に結ばれながらも、その中での各部族勢力の盛衰と、連合内外の争いが続いていたものと思われる。この時期の中・小墳は、多少の分布の粗密や内容の優劣はあっても、畿内における南大和のような集中地域はなく、おしなべてひろく営造された。前Ⅳ期から後Ⅰ期にかけて、小墳はすでに小形化した首長墳に伴ない、あるいは別個に群をなしてこれまで以上に形成をみるが、これまた美作・備後を含めた全域にあらわれる。

これらの吉備の各地にあらわれる後Ⅰ期以前の小墳の被葬者が、大和王権に直接に把握され、その結果として小墳の築造を許容された部族首長下の成員層であったかどうかは、証明困難なことであるが、それらが、部族首長墳あるいはその有力構成者の中形の古墳を中心に、あるいはその近辺に群在することが多いこと、のちの横穴式石室群集墳が必ずしもそのような在り方を示さず、首長墳とみられる大形石室墳はむしろ孤立的あるいはそうしたものだけの小群を示し、群集墳とはしばしば別在していることなどから考えると、大和王権に直接に把握され同族擬制表示として古墳営造を許容されたものは、部族首長およびそれに連なる部族機関の担い手の一部のみであったものと思われる。とすれば他の小墳は、そうした首長や一部有力者層が職務機関を担う同族の表示として、部族首長の容認の下に小墳形成をおこなったものであろう(5)。その現実のあらわれ方はさまざまであったろうが、大王権の膝元の大和における南部と北・東・西部、大和と畿内他地域にうかがえるような著しい集団間の較差、大王権中枢部分とそれ以外という較差はなかったものと思われる。畿内におけるこの大王権の突出的構造こそが、各地域連合体ないし部族構造との決定的な相違として、みずからが中核となって作り上げた前方後円墳秩序を乗りこえ、それを廃棄する道を準備する。

二　各地部族連合の弱体化

第十章でふれたように前Ⅲ期に始まった生産諸力の発達および生産組織・流通組織の新たな編成という中で、前Ⅳ期を通して諸集団の力関係は、大和を中枢とする畿内を軸として急速に変化しはじめた。それは、大形首長墳の消長の中に象徴的にあらわれる。(6)

遠江地域では、松林山古墳や寺谷銚子塚古墳など墳長一〇〇メートルに達する大形古墳の系列が磐田原台地の南縁と西縁を移動しながら営造されてきたが、前Ⅲ期の薬師堂山古墳（墳長一〇一メートル）、前Ⅳ期初頭ないし前葉の光明山古墳（墳長八四メートル）を最後として、大形古墳は築造されなくなる。すなわち前Ⅳ期後葉ないし末葉以降、墳長五〇メートルを越す古墳はまったく知られていない。それだけでなく、そこでは湖西の都田川・伊谷川流域、天竜川西岸の馬込川流域、天竜川東岸の寺谷・勾坂地域、天竜川河口に近い見付・中泉地域、太田川・敷地川合流点付近の向笠地域、原野谷川上流の掛川地域・袋井地域などに、世代ごとに形成されたとみられる部族首長墳の系列がみられたが、それら首長墳にも著しい変化があらわれる。湖西地域では後Ⅰ期以後前方後円墳は墳長三〇メートル以下となり、馬込川流域では、前方後円墳の築造がそれまでの中流・下流から上流地域に移り、これまた規模が縮小する。

西播地域では、前Ⅰ期の吉島古墳・権現山五一号墳が築造されて以来、前Ⅱ期に始まるものを含めて数系列の首長墳が中小河川単位に営造されてきたが、前Ⅱ期からⅢ期にかけて墳長一〇〇メートルを越す大形前方後円墳が黒崎輿塚古墳(一一〇メートル)・丁瓢塚古墳(一〇一メートル)・壇場山古墳(一四〇メートル)と、部族地域を移動しながらつくられてきた。その規模の卓越から西播全地域を背景にもつ部族連合の首長墳とみなしうるが、長持形石棺をもつ壇場山古墳を最後として、以降墳長五〇メートルを越す古墳は姿を消したようである。それだけでなく、いくつかの地域で前Ⅰ・Ⅱ期から続いた首長墳の系列が前Ⅳ期以降途絶えたり、営造地が大幅に移動するといった注目すべき現象がみられもする。

東播の加古川・明石川流域でも、数個の首長墳系列がみられるが、前Ⅱ期から前Ⅳ期初頭にかけて、五色塚古墳(一九四メートル)・行者塚古墳(一〇八メートル)・愛宕山古墳（九五メートル）・玉丘古墳（一〇五メートル）・雲部車塚古墳（一三九メートル）などの大形古墳が、各部族地域を移動しながらつくられてきた。しかし長持形石棺から眉庇付冑・長茎鏃などを出土した前Ⅳ期初頭の雲部車塚古墳を最後に、大形古墳は姿を消し、墳長五〇メートル前後以下の古墳となる。

遠江や播磨で典型的にみられるような変化は、中部・西部日本の他の多くの地域でもうかがうことができる。甲斐では中道天神山古墳（一二〇メートル）を、北陸の九頭竜川周辺では泰遠寺山古墳（一〇〇メートル）を最後に、大形古墳は築造されなくなる。丹後でも第八章第二・三節にふれたような網野銚子山古墳・神明山古墳・蛭子山古墳・白米山古墳・黒部銚子山古墳などの大形墳以後は、急速に墳丘を縮小する。山陰の伯耆でも、野花北山古墳（一一〇メートル）・宮内狐塚古墳（九〇メートル）以降墳丘規模は減少する。

首長墳築造地としては日本列島最南部の大隅肝属川流域でも、墳長一二〇メートルの唐仁大塚古墳、一二九メートルの横瀬大塚山古墳以降は、大形古墳がみられない。

吉備においても、前Ⅳ期前半ないし中葉の築山古墳（九〇メートル）・両宮山古墳（一九〇メートル）・宿寺山古墳（一一八メートル）を最後に、墳丘は急速に縮小し、墳長七〇メートルをこえるものは、後Ⅱ期に三須こうもり塚古墳（約一〇〇メートル）があらわれるまで、営造されない。同じような傾向は、讃岐をはじめ四国各地においても、また安芸・周防においても、伊勢・近江においてもみられる。

これら中部・西部日本にひろくみられる一連の事実は、部族連合における盟主的な存在がその力を失なったことを示すものであろう。それは部族連合自体の弱化ないし解体を物語るし、またそれは単に部族連合の長だけでなく、それを支えた諸部族の衰退を示す。この事態を単純に全国的な古墳規模の縮小現象としてとらえる見方は、後Ⅱ期において大和最大の前方後円墳である見瀬丸山古墳（三一〇メートル）や大阪府河内大塚古墳（三三六メートル）が築造される事実や、後に述べる関東・北部九州などの事象を説明できない。

それでは、畿内中枢の最高首長の大古墳はどうであろうか。前Ⅲ期からⅣ期のほぼ前半まで、それは古市と百舌鳥の地を移動しながら、盛大の一途を辿っていた。それは単に墳丘の規模の卓越的な巨大化だけでなく、二重三重の周濠と外堤、ごく部分的ながらも知られている埴輪類や副葬品などからも、うかがうことができる。

この大王墳の卓越化の過程で、畿内各地の首長墳の小規模化、衰退あるいは途絶が生起する。和泉の南端淡輪では、前Ⅲ期の西陵古墳（二一〇メートル）・宇度墓古墳〔淡輪ミサンザイ古墳〕（二〇〇メートル）ののち急激に縮小し、西小山古墳（造り出し付円墳、四〇メートル）がつくられるが、以後は大形墳は知られていない。堺・岸和田・信太・

取石など和泉北部では、前Ⅱ期の摩湯山古墳(二〇〇メートル)・貝吹山古墳(一三二メートル)・黄金塚古墳(八五メートル)、あるいは乳ノ岡古墳(一五六メートル)以降は八〇メートルを越える前方後円墳はみられず、また首長墳とみられるもののうち円墳・帆立貝形古墳・方墳がほぼ半ばを占める。

中河内においても、推定墳長一〇〇メートル強の前Ⅲ期の塚ノ本古墳および心合寺山古墳(一三〇メートル)をもって大形墳の築造は終わるようである。北河内の枚方方面においても、前Ⅲ期とみられる禁野車塚古墳・牧野車塚古墳という一〇〇メートル以上の大形墳が築造されたのちは、衰退する。摂津三島野では、前Ⅰ期後半ないしⅡ期の紫金山古墳(一〇〇メートル)、将軍山古墳(約一〇〇メートル)、弁天山古墳群中の三基の前方後円墳、郡家車塚古墳(八〇メートル)、前Ⅲ期の太田茶臼山古墳(伝継体陵、二二九メートル)以降は、前Ⅳ期末ないし後Ⅰ期の今城塚古墳を除き、顕著な大形古墳は知られていない。摂津上町台地には前Ⅱ期ないしⅢ期とみられる御勝山古墳・天王寺茶臼山古墳など一〇〇メートルを越える前方後円墳、約九〇メートルの帝塚山古墳が築造されたが、おそくとも前Ⅳ期後葉には、このような大形墳はつくられなくなったらしい。

さらに大和においても、佐紀盾列では、前Ⅳ期前半のウワナベ古墳(二六九メートル)をもって大形墳は姿を消す。葛城においても、その北部では前Ⅲ期の川合大塚山古墳

(二一五メートル)、中部では同じく前Ⅲ期の乙女山古墳(一二三メートル)、前Ⅲ期ないしⅣ期の広陵町新木山古墳(一九九メートル)、南部では前Ⅲ期の築山古墳(二一〇メートル)を最大として、以後前Ⅳ期の狐井城山古墳(一四〇メートル)がつくられるが、それ以後は大形墳は続かない。大和連合の基盤の一つとみられる御所市付近では、前Ⅱ期末ないしⅢ期初頭の室大墓古墳(二四六メートル)以後縮小を始める。それでも前Ⅲ期の屋敷山古墳(一三七メートル)や掖上鑵子塚古墳(一五〇メートル)までは一〇〇メートル前後を保つが、以後は縮小する。

大和のそのほかの地域でも、前Ⅲ期後半―Ⅳ期には巨大墳とよばれうるものは築造されず、わずかに一〇〇メートルを越えるものとしては、大和柳本の黒塚古墳(一三九メートル)、郡山新木山古墳(一二〇メートル)、天理の西山古墳(一二〇メートル)・馬口山古墳(一一〇メートル)などを挙げうるにすぎない。

さらに山城では、久世地域において前Ⅲ期に久津川車塚古墳(一五六メートル)・芭蕉塚古墳(一一八メートル)にみられる大形墳が築かれたが、以後はこのようなものはみられない。乙訓では、前Ⅲ期の今里車塚古墳(八〇メートル)や恵解山古墳(一二〇メートル)以後規模を著しく縮小するとともに、大形墳の築造は北方に移る。乙訓にはその東方沖積地に数多くの弥生集落が存在するが、北方樫原から松尾にかけては弥生―古墳前期の集落はほとんどみられず、さらに桂川の東岸嵯峨野にかけてもまた古墳時代後期になって集落遺跡が激増することにみられるように、六世紀前後以降に開発が進んだものとみられる。大形古墳ははじめ乙訓丘陵に、ついで樫原・松尾へ、さらに嵯峨野へと移るが、おそらく開発の進行に伴なって首長権の移動・盛衰があったことを示すものであろう。

このように畿内においても、早いところでは前Ⅲ期はじめに、おそいところでも前Ⅳ期の中頃までに、各地の大形古墳は衰退し、ひとり大王古墳と目されるものの卓越化が進む。この間、大王墳は百舌鳥と古市にほとんど限られ、津堂城山古墳(二〇〇メートル)・仲津山古墳(伝仲津姫陵、二九一メートル)・石津丘古墳(伝履中陵、三六四メートル)・誉田山古墳(伝応神陵、四一七メートル)・大山古墳(伝仁徳陵、四八六メートル)・土師ニサンザイ古墳(二九六メートル)がほぼこの順で継起したとされる。[7]これはまだ確定的でなく、さらに一、二基を加えることができるかもしれないが、畿内において前Ⅲ—Ⅳ期の巨墳を選び、それを大王陵に比定すればほぼこのようになる。そのうち土師ニサンザイ古墳は、造り出しに近い周濠内で発見された須恵器から前Ⅳ期末と考えられるし、また墳形や埴輪の知見から、ほぼこれに前後するかやや下ると考えられる巨墳として古市の市野山古墳(伝允恭陵、二二八メートル)・岡ミサンザイ古墳(伝仲哀陵、二三五メートル)があり、さらにやや下るものとして軽里(かるさと)大塚古墳(伝日本武尊陵、一九一メートル)を指摘できる。土師ニサンザイ古墳を含めて、これらが前Ⅳ期後葉から後Ⅰ期に築造されたものであることはほぼ明らかであり、そのすべてが誉田山古墳・大山古墳と続く古市・百舌鳥の地にあり、いずれも当時畿内最大級のものであることを考えれば、これらが大王墳であったことはほぼまちがいない。土師ニサンザイ、市野山、岡ミサンザイなどの古墳が古市・百舌鳥の地に築造されはじめた時期には、すでに畿内の他地域においては大形墳の築造はほとんど停止していたのである。大山・誉田山の両巨墳にくらべると、たしかにこれらも縮小している。しかしその縮小の程度は、畿内他地域首長墳におけるよりも少なく、また前Ⅱ—Ⅲ期前葉における大王墳と推定されるものと畿内諸地域における大形墳との差異をくらべると、前Ⅳ期後葉以降における大王墳とその他の差ははるかに大きく、決定的とさえいえる。それにもかかわらず、誉田山古墳・大山古墳にくらべ規模縮小する理由をしいて挙げるとすると、大王権自体の全土的卓越化の進行の中で大王権内部においてなんらかの争乱が前Ⅳ期末葉から後Ⅰ期にかけて進んでいたことが考えられる。しかしもはや畿内においては、大王以外には大形墳を築造しえないという状況が生じていたことは明らかである。前Ⅱ—Ⅲ期における相対的な墳丘規模の差から、大王墳の圧倒的な卓越という事態へと進んだのである。ということは、各地の有力部族首長あるいは連合首長は、前IIあるいはIII期の、大王に比肩できるほどの墳墓が示す勢威と「自立性」を失ない、その古墳は、円墳・方墳に変わるもの、小形前方後円墳をつくるもの、中形前方後円墳を保つもの、ほとんど首長墳として識別できないもの、等々となる。このことは、先に各地域について述べたのと同じように、しかも各地域よりやや先んじて、畿内各地の諸部族連合ないし部族が解体ないし弱体化され、大王権の職務執行機関の一端を担う存在となり、大王権に巨大な権能が集中したことを示すものといえよう。

大王権への権能の集中化、畿内諸部族の相対的独自性と権威の低下、その中で形成されてくる政治的な強固なまとまり、これが西日本・中部日本への圧力として作用し、それら地域の連合首長権を解体・弱化させ、各地部族への直接的な政治支配を進めるようになる。諸地域への圧力、それに伴なう各地分業生産の成果を収取する組織の必要性も、畿内の権能集中へ一役を買ったことはいうまでもなかろう。第十章第四節で述べたように、畿内中枢勢力(大王権)は、それにやや先立って、優位的に海外との交流――物資だけでなく、渡来人集団の迎え入れとその定着化――の先取権をにぎり、それに基づく農業生産の向上、さらに金属加工など他の追随を許さない各種分業生産を発展させ、その成果をもって諸地域の分業生産の果実を収奪するなど、その全体としての職務執行組織を一元化する必要にせまられていた。

このような変化は、部族連合を媒介とする大和の支配、あるいは部族が部族連合と大和の両者に従属するという段階から、大和王権によって直接に部族が掌握される段階への移行、すなわち重層的政治関係の止揚を示すだろう。弥生時代以来各地域に形成されてきた同祖同族的つながりとしての部族連合が、同じく巨大な部族連合としての大和からの擬制的同祖同族関係を通しての支配の中で力を失ない、それとともにその内部において部族間の利害が激しく顕在化した。大和は部族連合首長を通すことなく、部族首長各個との間に擬制的同族関係を樹立し、あるいは解除し、各部族の直接的な支配を目ざした。すでに部族首長は世俗的権威の獲得に熱中していたので、そうした品々の移入と生産をにぎった大和を中枢とする畿内勢力によるその支配は順調に進んだ。それはまず、畿内自身、ついで畿内周辺、そしてさらに瀬戸内・山陰等々に及んだ。

三　九州と関東

畿内の大王勢力による制圧は全土一律に進んだわけではない。九州と東方、とくに関東はやや事情を異にする。(8)

九州については大隅について先にふれたが(三八六ページ参照)、豊後では前Ⅳ期の亀塚(かめづか)

古墳(一一四メートル)以降大形墳はつくられない。筑前では前Ⅳ期以後やや小形化するが、もともと巨大なものはつくられていないので、その小形化傾向はさして著しいものではない。筑後では、一つは浮羽郡、ここでは法正寺古墳(一〇〇メートル)以後、月岡古墳(七五メートル)・塚堂古墳(一〇〇メートル)・日岡古墳(八〇メートル)・重定古墳(七〇メートル)と、後Ⅱ期まではあまり著しい変化はない。筑後のもう一つの拠点は、久留米から八女にかけての地域であるが、御塚古墳(七、八〇メートル)・石櫃山古墳(一一〇メートル)・石人山古墳(一一〇メートル)・善蔵塚古墳(一〇〇メートル)とあり、後Ⅰ期とされる岩戸山古墳(一四〇メートル)において、この地では最大の規模に達する。そしてその後は縮小する。豊前では前Ⅳ期の御所山古墳(一一八メートル)以後は縮小する。

肥前東部では、銚子塚古墳(九八メートル)・船塚古墳(一一四メートル)などののち、前Ⅳ期末葉ないし後Ⅰ期に鳥栖市付近に移り、庚申堂塚古墳(七二メートル)・岡寺古墳(七〇―八〇メートル)・剣塚古墳(八八メートル)・伊勢塚古墳(七八メートル)などやや大きさを減じはするがなお大形を保っている。これは、山城における乙訓→嵯峨の大形墳移転現象と似る。

肥の君の本貫とされる宇土半島付け根部では、天神山古墳(一一四メートル)・スリバチ山古墳(一〇〇メートル)に続いて、国越古墳(六二メートル)は縮小するが、南方に移ったのちの六世紀の姫の城古墳(八五メートル)・中の城古墳(九五メートル)はふたたび大形化する。

このように九州はかなり複雑な状況を呈するが、かいつまんでいえば、(1)後Ⅰ期に大形化する地域、著しく縮小する地域、縮小化傾向になるがさほどの程度でない地域をみることができる、(2)それらの中で、筑後川流域においては、前Ⅳ期末から後Ⅰ期にかけて大形墳の築造があり、北部・中部九州において独自な動きをしている、ということになる。

関東においてはまず総をとりあげよう。(9) 総のうち内房では、菊麻川・養老川・小櫃川・小糸川など各河川流域に多くの首長墳の系列がみられるが、一〇〇メートルを越える大形墳は、養老川流域の台大塚古墳(一一八メートル)、小櫃川流域の西谷銚子塚古墳(一〇九メートル)を経てのちは、小糸川流域にほとんど集中し、前Ⅳ期における総最大の内裏塚古墳(一四四メートル)ののち、六世紀に入っても九条塚古墳(一〇二メートル)、富津稲荷山古墳(一二〇メートル)、三条塚古墳(一二一メートル)がつくられ(図94)、縮小化は進まず、そこではいぜん六世紀(後Ⅰ—Ⅱ期)を通じて総の諸部族連合の盟主として、畿内大王と同族関係を結ぶ小糸川部族首長が君臨していた。

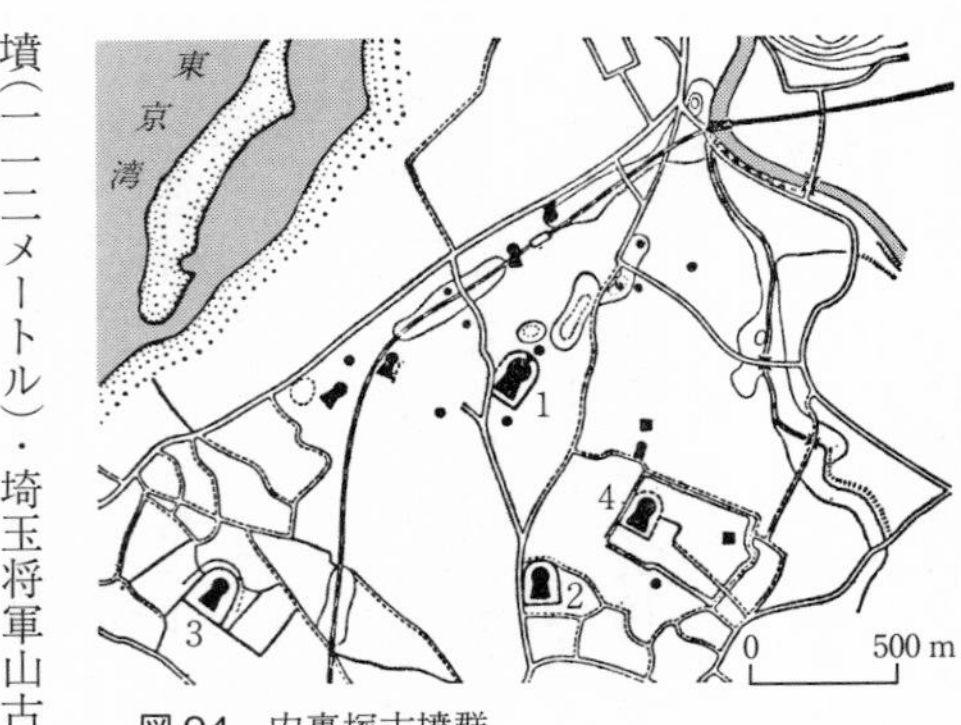

図94　内裏塚古墳群
1内裏塚古墳，2九条塚古墳，3稲荷山古墳，4三条塚古墳（甘粕健「内裏塚古墳群の歴史的意義」『考古学研究』10–3，1963，一部改変）

武蔵では、前Ⅱ—Ⅲ期における鶴見川流域の加瀬白山古墳（八七メートル）、多摩川下流の宝来山古墳（一〇〇メートル）・亀甲山古墳（一〇〇メートル）など、南武蔵の一〇〇メートル級の大形墳の築造ののち、前Ⅳ期に荒川流域の野本将軍塚古墳（一一五メートル）や芝丸山古墳（一〇八メートル）が築造される。ついで前Ⅳ期末ないし後Ⅰ期初頭には大きく場所を移動し、元荒川流域において、埼玉稲荷山古墳（一二七メートル）・埼玉二子山古墳（一三五メートル）・埼玉鉄砲山古墳（一一二メートル）・埼玉将軍山古墳（一〇二メートル）など、丸墓山古墳（径一〇〇メートル）を含むいわゆる埼玉古墳群、またやや隔った占地の栢間天王山塚古墳（一二〇メートル）などにみられる大形墳の集中的継起的築造が六世紀末まで続く。これは、前Ⅱ・Ⅲ期において南武蔵を基盤とした部族連合が、新たに勢威をました北武蔵の部族連合によってとってかわられたのか、あるいはもともと武蔵全体が一つの同族関係にあり、その連合中枢首長権が南から北へ交替・移行していったのかはなお明らかでないにせよ(10)、武蔵を全体としてみた場合、後Ⅱ期に至るまで、その墳形・墳規模において、多少の消長はあっても、変化をみせない。このことは、先にみた西日本諸地域の状況とくらべて著しく際立った相違を示すものであろう。

総・武に対し、東国の雄、上毛野(かみつけぬ)ではどうであろうか(11)(図95)。ここでは西日本諸地域の多くと同じように、前Ⅲ期に巨墳が築造され、連合中枢首長権の強化を示している。すなわち、上毛野西部における前橋天神山古墳(一二九メートル)→大鶴巻(おおつるまき)古墳(一二二メートル)→正六浅間山(しょうろくせんげんやま)古墳(一七一メートル)が、上毛野東部における朝子塚(ちょうしづか)古墳(一二四メートル)→別所茶臼山(べっしょちゃうすやま)古墳(一六八メートル)→太田天神山(おおたてんじんやま)古墳(二一〇メートル)がそれである。しかし、それら以降においては、前Ⅳ期ないし後Ⅰ期とみられる七輿山(ななこしやま)古墳(一四四メートル)を除き、各地とも墳丘規模を縮小させ、河川水系からうかがわれる二十数地域の首長墳のいずれもが平均化する傾向を示す。一〇〇メートル前後の大形墳をもつ地域が九ないし一〇、他はそれ以下となり、上毛野をひとまとまりとみた場合でも、二つのまとまりとみた場合でも、もはや部族連合中枢の首長墳の卓越はみられない。

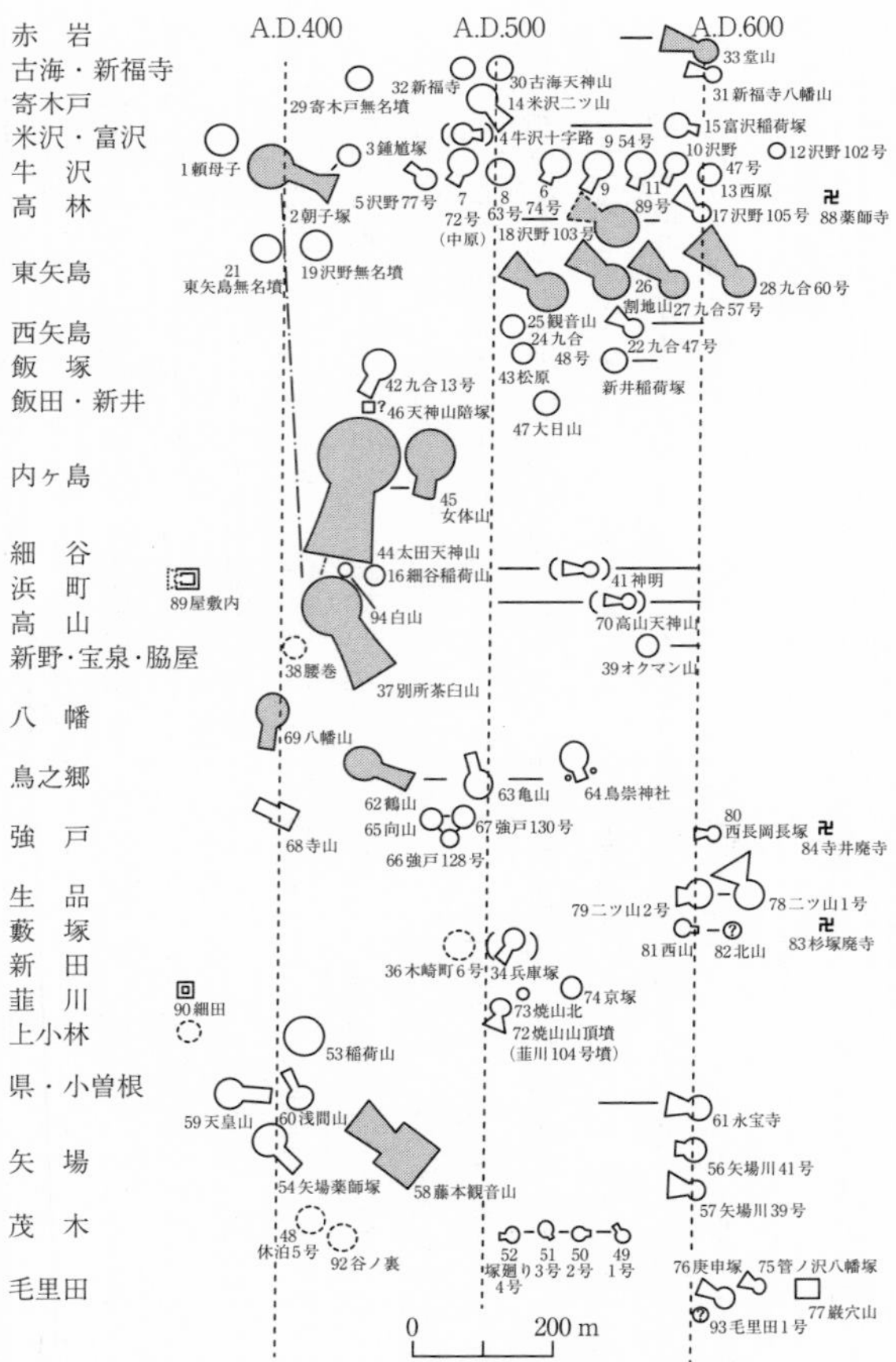

図 95　上毛野東部における首長墳の変遷〔網かけは全長 80 m 以上の首長墳を示す〕(橋本博文「上野東部における首長墓の変遷」『考古学研究』26-2, 1979, 一部改変)

しかしなお一〇〇メートル級の大形墳がかなりの地域で六世紀末まで営造され、西日本の状況との違いをみせている。すなわち、そこでは連合中枢の首長の勢威は衰退したが、部族首長はなおそれぞれの地域においていぜん大形前方後円墳を築造している。粕川上流では後Ⅱ期になって五目牛二子山古墳（一〇九メートル）というその地の最大の古墳を、矢島川流域では後Ⅰ期になってそれまでの最大の前方後円墳四基を継起的に築造する。すなわち矢島観音山古墳（九五メートル）・割地山古墳（一〇五メートル）・九合五七号古墳（八七メートル）・九合六〇号古墳（一一一メートル）がそれである。

また玉村でもオトカ塚古墳（一一〇メートル）、浄土寺山古墳（一一〇メートル）といった最大の古墳を、さらに荒砥川流域では後Ⅰ・Ⅱ期に前二子（九三メートル）・中二子（一一〇メートル）・後二子（七六メートル）三墳を忽然と出現させている。井野川上流域でも後Ⅰ期から後Ⅱ期にかけて保渡田愛宕塚〔井手二子山〕古墳（九三メートル）・同八幡塚古墳（一〇二メートル）・同薬師塚古墳（七〇メートル）があらわれる。

一方において、鮎川流域では七輿山古墳以後急激に縮小し、墳長五〇メートル前後の首長墳となる。また五世紀に、お富士山古墳（一二〇メートル）・今井神社古墳（一〇〇メートル）などを築造した桃木川流域では、六世紀になると、六〇メートル前後に縮小する。

このように諸部族首長の栄枯盛衰がみられ、連合首長権は弱化ないし崩壊したとしても、後Ⅰ―Ⅱ期においてなおその中に一〇〇メートル前後の首長墳を築きはじめる地域が少なくないことは、全体としては古い態勢を残しながら、その中で大きな変動が進みつつあったことを示している。すなわち大王権による支配が西日本諸地域のように直接的には浸透せず、しかし着実な影響を及ぼしつつあった地域といえるだろう。

第十二章　横穴式石室の普及と群小墳の築造

一　副葬品と埴輪の変質

前Ⅳ期において大王墳の卓越、地方部族連合首長墳の縮小、さらに小形墳の増大が進行したが、それとともに副葬品・埴輪・墓室などにおいてもやや先立って開始していた変化が顕著かつ急速に進行し、以後の古墳を特色づけることになる。まず副葬品から述べていこう。

まず世俗的権威を表現するものが卓越してくる。すなわち特別な装具をもち、またそれを飾ることによる権威の表現である。その最たるものの一つに、乗馬の風を示す馬具類がある(図96)。それまで馬がいなかったという証拠は必ずしもないが、少なくとも馬具類をそなえた乗馬の風はまったく新しい外来の風習であり、基本的には戦闘や連絡に使われたものと思われるが、じつはそうしたところをはるかにこえて、きらびやかな金銅ないし鉄地金銅張(てつじこんどうばり)の、しかも繊細な文様を鋳出し、あるいは打ち出した馬具類の副葬

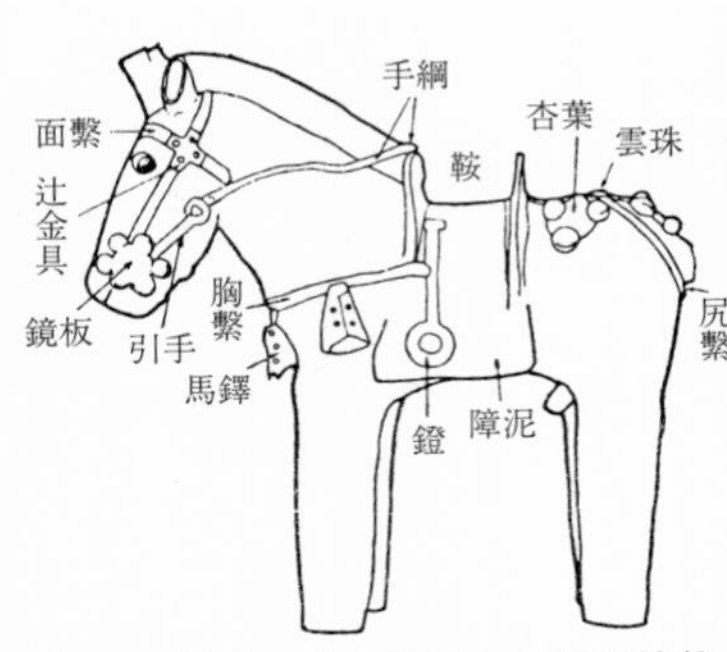

図96　馬具一式を装備した馬形埴輪（増田精一「馬具」『日本の考古学』V，1966，河出書房）

がみられるようになる。それは、これらの馬具類を装備した乗馬による日常的な権威性であり、集団成員との格差を自他ともに決定的に印象づける特権的効果を表現するものであった。

また奈良県新山古墳出土品など、やや早くから例が知られている帯金具も、五世紀には九州から北陸へ、六世紀には関東にも及んだ。帯金具は金銅製で、多くは竜文を透し彫りまたは浮き彫りにしている。短甲や挂甲に付着して出土した大阪府七観古墳（短甲）や奈良県五條猫塚古墳（挂甲）の例から、甲の腰部にしめた一種の武装としての帯の銙帯金具であろうとする意見もあるが[1]、これまた身分的・特権的権威の象徴であったことは確かであろう。やや遅れて五世紀末には、金銅製の冠、金製の垂飾り付耳飾り、金銅製の履が古墳副葬品としてあらわれるが、冠には高さ四〇センチに達するものもあり、いずれも儀式時ないし日常における首長層の身分的・現世的権威を飾るものであった。玉類もまた色彩が多様化し、種類も豊かになり、構成も複雑化してくる。このような装身具だけでなく、じつは、鹿角装具などに施される呪的な直弧文を除くと、ほんらい金銀で飾りたてることの必要でない、事実飾られることの少なかった武器・武具類にも、金銀が透し彫り・浮き彫り・象嵌・打ち出しなどによる文様を伴なって盛んに用いられはじめ、銀象嵌の環頭大刀、やがて金銅製の環頭大刀、また金銅装眉庇付冑、稀には短甲・挂甲・胡籙にさえも金銅装のものがあらわれる。

光り輝く金・銀の愛用、多彩な玉類の愛用、それはかつての集団性と一体であった呪的権威にとって必ずしも必須なものではない。それはある意味では、呪的権威の古い表現にだけ依存する必要がなくなった首長の性格の変化を表現したものと考えられるが、むしろ旧来の呪的・集団的権威をこのような装具でまとわざるをえなくなった首長の支配者的性格への前進を表現している。それは大陸や朝鮮との「接触を深めるなかで、かの地の王族たちがその権威のしるしとしていたこれらのきらびやかなもの、あるいは、これまで日本古来の技術ではつくり出せなかったものに触れ、それを求めた結果で[2]」あったとしても、集団成員との格差を集団成員が入手不能なきらびやかな装具によって決定的たらしめようとする首長層の性格の変化こそが、こうしたものを求めさせたのであり、またそのことがひきおこす社会的影響は著大であったであろう。

鏡はいぜんとして大和連合から配布され、そのもつ呪力によって首長権を支えてはいたが、その副葬数は激減し、もはや数十面・十数面という例は絶える。そして重列式画文帯神獣鏡や半肉彫獣帯鏡など五世紀に中国南朝から入手された鏡が「模作の対象とならなかったことは、すでにそのころの倭鏡製作には、船載鏡を模作する意図が欠落していたことを推察させる」とともに、「中型鏡や一〇cm前後以下の小型の倭鏡が相対的に増加した」中で、ほぼ前後してその製作が開始された鈴鏡の場合、埴輪の巫女の像の腰につけられていることなどから、その呪力は、極言すれば、「祭儀を執行する巫女の所作の効果音にすぎな」いものとしてとらえられていたことを思わせる。[3] 要するに、ほんらい鏡、船載後漢鏡・三角縁神獣鏡がもっていた呪力は、各種の模倣倭鏡に引きつがれたが、五世紀、とくにその後半に至って、副葬品の主座が、右に述べた世俗的権威を表わすきらびやかな品にとってかわられたことが示すように、その呪力のもつ相対的比重は低下したのである。

またそれとともに、刀剣・矢鏃などの攻撃用武器、斧・鍬・鉇・のみなどの生産用具の多量的な副葬もしだいに衰退していった。これらの品々が、先に考えたように配下の成員からの奉献であり、新首長によって新たに配布がおこなわれたという考えが妥当であるとすると、刀剣・矢鏃・生産用具等の鉄製品はほぼこの時点において集団成員の下にとどまり、常時彼等に保持されたことを示すことになる。そのことは、後期群小古墳における刀や鏃の副葬が広範にみられることからもうかがえる。

このような武器・武具・生産用具の多量副葬の衰退は前Ⅳ期、すなわちほぼ五世紀の後葉から末葉にかけて進んだ。その時期は、鏡の量的副葬指向が衰退し、かわって金銀に彩られた品々が盛行していく時期でもある。多量副葬が衰退することは、奉献埋納・新配布というそれ自身多分に儀礼化していた首長による鉄器の支配、首長身分と鉄器所有主体との関係がなんらかの変更をみるに至ったことを物語るものであって、成員による鉄器保有がもはや首長の生死と連動しなくなったことを意味するものであろう。それだけ鉄器は日常的となり、農業をはじめ各種の生産に影響を与え、またそれを支えた鉄器・鉄素材の生産が進み、何よりも、首長が直接的な鉄器支配をその生死とともに表現する条件が失なわれつつあったことを示している。このことは、首長のよって立つ集団性がこの面でも薄れつつあったことを物語るように思われる。

埴輪祭祀の変質もまた始まる。円筒形埴輪は、大形墳ではなお旧来の大きさを保つことが多いが、中形墳・小形墳では一般に小形化し、製作における入念さが薄れ、粗雑化が進む。これは埴輪の窖窯(あながま)生産による量産化の現象と関係があろうし、そのいっそうの形式化が進んだことを示すだろう。形象埴輪において、器財形埴輪は消滅しないまでも

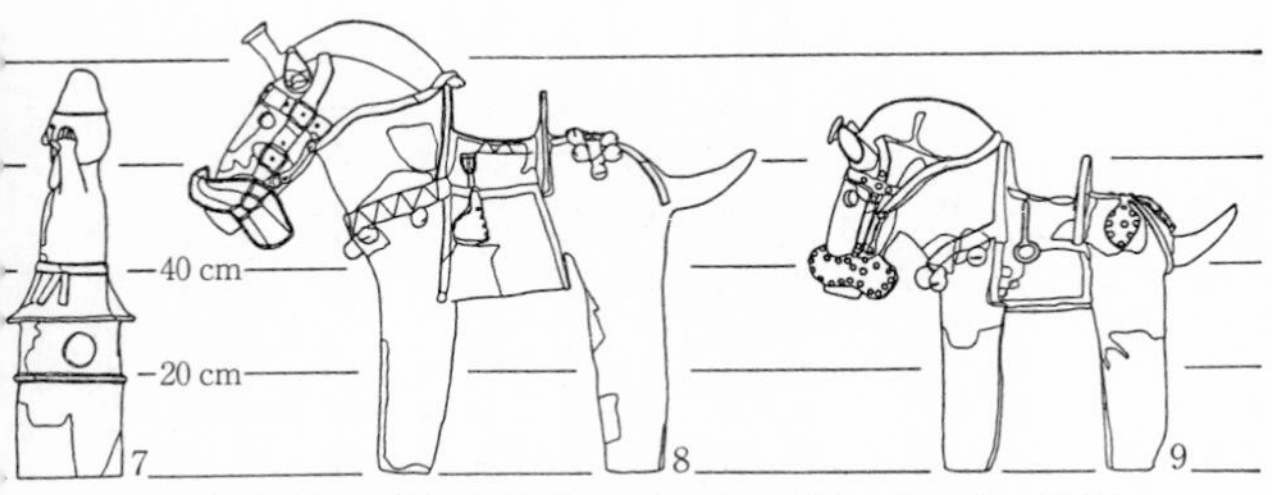

会文化財保護課編『教材群馬の文化財』1 原始・古代篇，1980）

衰退し、かわって人物・馬などの動物埴輪に力点が移り、その樹立の位置も、次に述べる横穴式石室の採用に前後して石室前庭部やその左右、あるいは造り出しに配置されるなど、しばしば変化をみせる。首長霊を鎮魂し、その遺骸を守護するものが、器財という静的かつ呪的なものから、人・馬・鳥という動的・現世的なものへと変化していくのである（図97）。人物埴輪といっても人一般でなく、文人・武人から農夫・鷹匠にわたる諸階層が表現され、水野正好がいうように(4)造形表現に違いをみせながら、馬・鶏などの家畜だけでなく、猪・鹿・水鳥・猿に至る野生動物までが登場する。そこには現実の首長の姿、万物に君臨する首長、君臨することを願望する首長が反映される。したがって、埴輪をもってそれらを製作し、墳丘に配置することは、亡き首長への奉仕の現実の表現であるとともに、新首長にそれが固定的に引きつがれることへの願望の表現であった。かつて埴輪は、飲食物供

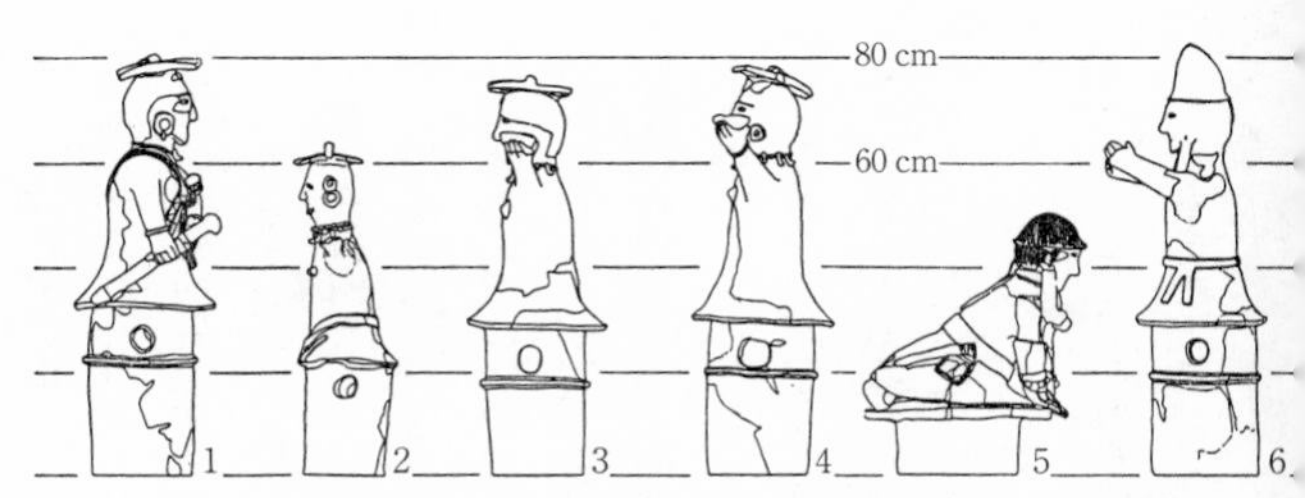

図 97　塚廻り古墳出土の人物埴輪と馬形埴輪（群馬県教育委員

献の器台・壺の象徴として、それを製作し捧げることによって亡き首長の霊力をうけ、人格的隷属を鼓舞されるものとして出現したが、首長と成員との関係の変化は、いまや隷属者自身を具象化して表現するまでになった。首長による成員支配がこのようにより具体的に表現されることは、現実に成員間に階層の差がいっそう明瞭となり、また専業・半専業を問わず、首長に奉仕する職業集団が成立していたことを示すものである。それは、複雑で大規模な分業の頂点にある大和王権諸部族から、各地域の群小部族までを通じてあらわれたと思われる。全体としてそれは、先の副葬品における世俗的権威の強調の現象と軌を一にした性格のものである。

二　横穴式石室の導入

早く朝鮮において成立した横穴式石室の影響はまもなく列島に及んだ。おそらくそれには、朝鮮からの渡来集団あるいは朝鮮に赴き、彼地の墓制にふれた人々が寄与したものと思われる。渡来集団は渡来にあたりとうぜん各地首長との間になんらかの関係を結んだであろうが、それは列島の諸部族内外を律していた伝統的な擬制的同族関係であったであろう。その関係に入ることによってその位置を安定させ、前にふれた各種の先進技術・知識体系によってその地歩を畿内外に築いていったと思われるが、その際、在地の古墳営造思想と故地の埋葬思想との統一がはかられなければならなかった。横穴式石室は、第三節にもふれるように北部九州に伝わったのち、畿内や吉備ではじめは点在の状態で中・小古墳に築造されたらしいが、石室は小さく羨道(せんどう)は短小で(図98)、石室壁面にしばしば丹が塗られ、埴輪を伴ない、土器の副葬も一般でないなど、在来の葬法との統一がはかられている。

故地の埋葬法と在来のものとの間の大きな違いの一つに、一個の墓室が複数埋葬を前提とする開閉装置をもつ点があった。すなわち石室の小口の一方が次の埋葬のために開閉できる装置である。それ以前にも一室または一棺合葬の例はあるが、それは必ずしも死霊が生活を共にすることを念じたわけでなく、ともに祖霊への回帰を願ったことのあらわれといえよう。木棺を竪穴式石槨におさめ、蓋石をおき、粘土で密閉する従来の葬法にくらべると、その間に石棺、とくに家形石棺を置いて考えてもひじょうな変化である。しかもまた、立って歩けるほどの充分な高さと平面の空間を墓室に与えようとして

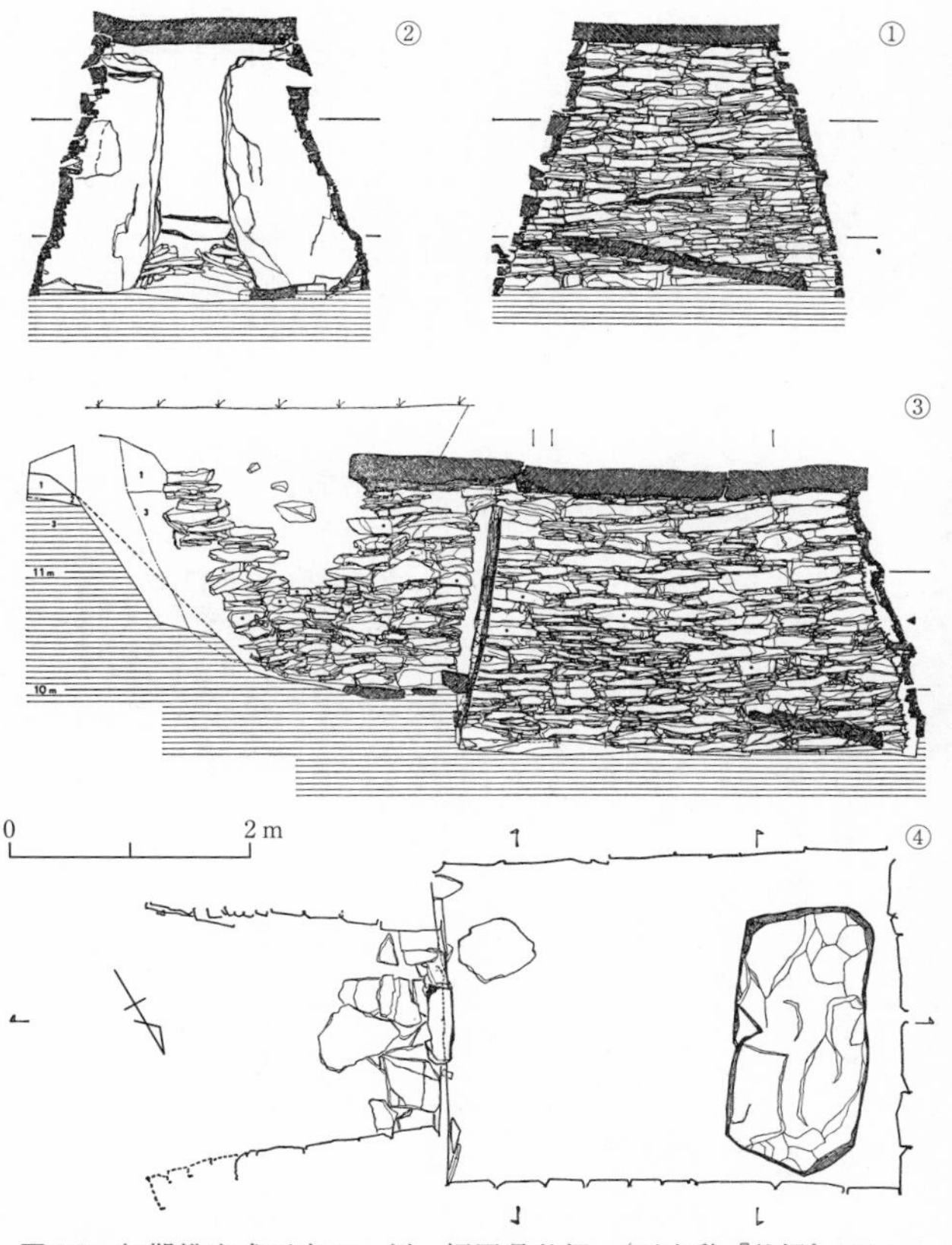

図 98　初期横穴式石室の一例—福岡県釜塚—(石山勲『釜塚』1981, 一部改変)①石室奥壁　②石室入口　③石室縦断面　④石室平面

いる。これは遺骸を運び入れる側にとっての空間というより、やはり亡き死者たちのための空間であろう。ほんらいの竪穴式石槨は、死者の入る木棺を辛うじて容れるに足る空間で、三メートル近い高さをもつものがあっても、それはただ高い位置に蓋石があるだけで、空間の平面的な広さはない。死者は密閉され、その霊力は次代の後継者によって引きつがれたのである。死者にとっては混沌の祖霊の冥界があり、生者はそこから霊力をうける、このような関係にあり、死者の霊が同じく亡き縁者の霊と共に生活する世界という思想はなかった、少なくとも明瞭でなかったと考えられる。そのような竪穴式葬法から広い空間をもつ墓室への転換は、死後世界に対する考えの変化を意味する。さらにこの新しくしつらえられた空間には、容器に納められた飲料・食料が供えられる。飲料は蒸発し、食料は腐朽し去るため、実際に内容物が知られることは稀であるが、ハマグリ・カラスガイ・アワビ・カレイ・ウナギ・フナ・ウニなどの殻や骨を検出した例がある。

このような死者に食物を供える副葬土器は朝鮮において当時盛んに用いられており(図99)、横穴式石室自体がそうであったように、死者が死後の世界の食物を必要とするという思想の形成・成熟をまって、同じく朝鮮からの影響をうけて広まったものと思われる。

図 99　横穴式石室玄室内の埋葬と副葬土器類―岡山県岩田 14 号古墳―[赤磐市教育委員会提供]

もっとも葬送の場への飲食物供献はそれ以前からあり、弥生後期の墳丘墓においては、すでに第六章でくわしくふれたように壺を器台にのせ、また、沢山の高坏や小形台付坩がみられる。しかしそれは死者の死後の食物というより、神人共食、すなわち後継首長を代表・頂点とする集団成員が祖霊と化した亡き首長と共食することを通じて、その霊力をうける儀礼であった。それは古墳時代に入って形を変え、抽象化された埴輪として、亡き首長の霊力をうけ服従を誓う儀式の品となったが、死者の死後生活の糧として埋葬された死者の枕頭や側方に飲食物を置く風習は前後長い間育つことはなかった。

小林行雄は舞鶴市の横穴式石室の入口に近い内部から採集された木炭片と煤のついた鍋形の土器に注目し、山陰地域では火炉構成具である土製支脚、また畿内および周辺地域では竈(かまど)・釜・甑(こしき)から成る竈道具が、古墳、とくに横穴式石室から出土することを確かめ、この墓前炊爨(すいさん)を葬送儀礼に加えたことによって、「この行事を特殊化への方向に一歩をすすめることになって、おそらくはそれまでの種々の日の魂祭り(たままつ)に共通した形式から、死の影の一段と濃くさした葬礼の独立をたすけることになった」と考え、「かえって種々の禁忌を設けて生者と死者との区別を厳重にさだめなければならなくなった、人知のすすんだ世の不安を物語っているのではあるまいか」と述べた(5)。すなわち死者と生者はその居所を異にし、死者の霊は同じく亡き縁者の霊とともに、一定の空間を与えられ、死後の世界の食物を配置され、その観念的な黄泉国(よみのくに)において生き続けるという思想がそれである。それは岡田清子が説くように(6)、「死者たちの死後生活を霊魂の働きとしてとらえようとする傾向が急速に発展してきて」いたということであろうし、また古墳そのものが、「霊肉の二重構造の祖霊観の微妙な象徴という形に転じつつあったことに」かかわるであろう。ここに死者は集団の守護霊であると同時に、その霊は縁者の霊とともに黄泉国において生活する、神と現実の投影のはざまに立つに至った。伝統的な祖霊回帰の思想の中に微妙な変化が萌(きざ)し、墓室を共有する「家族」との霊界での生活という要素が芽生えていたことを示すものである。

副葬品、埴輪、横穴式石室の採用とその普及にみられる古墳の変貌は、それ自体すぐれてイデオロギーの変化のあらわれであるが、そうした変化をもたらしたものは、基本的に首長と集団成員の関係の変化であった。首長は世俗的権威を誇示し、きらびやかな装具によって成員に隔絶しようとしていた。それを示すように埴輪は人物・動物に力点が移り、万物に君臨しようとする首長の願望の表現に変わった。また集団の守護霊として霊肉一体のものとして一人隔絶されることよりも、肉体は腐朽しても霊は縁者とともに死後の世界を現実の世界のごとく送れるように、とする考えも生じた。これらの示すところは、首長が集団そのものであり、成員と一体という部族本来のもつ集団性に矛盾する諸現象である。この矛盾が古墳に鮮明に表現されたところに、この転換の時期の意味がある。もちろんこの転換は一夜にしてなされたわけではない。むしろ長年月をかけて徐々に進んだ。横穴式石室もはじめは中・小古墳において開始されたが、それがやがて首長を含めひろく普及していった背後には、首長をはじめ各家族体がそれぞれ黄泉国の思想をもちはじめたということがあった。

それは原始の集団性の対立物としての各家族体の相対的自立の進行を意味する。首長はまさにその先頭にあった。彼等はかつてその生活を集団に依存していたが、いまや集団は彼に依存していると錯覚し、さらにその集団の内部の個々の家族体の相対的自立化の進行をみて、同族の中心として抑圧に向かう。首長は集団性から発する権威をそのまま利用することによって、権威を権力に変えみずからの現世的位置と利益を擁護し、発展させようとしていた。しかしなお集団性に立脚しなければ、その権威も、したがって権力も保持できないという矛盾のもとにあった。集団性の利用の中に古墳築造があり、そこには、集団成員の参加・服従を象徴する人物・動物の埴輪がつくられ、立てられた。こうした首長と成員の関係の変化を根底において動かしたのは、第十章第四節でふれた五世紀に始まる生産諸力の発達と、それをめぐる各級集団間の対立・抗争による力関係の変化であった。

三　横穴式石室の普及

横穴式石室は、すでにふれたように遺骸を石室の側面から搬入する墓室で、単に遺骸を納めた棺を囲う竪穴式石槨と違い、石室自身がひろい空間をもち、そこに何人かの追葬を可能としたものである。もっとも朝鮮から日本に伝わった当初は、たとえば福岡県老司(ろうじ)古墳にみるように、一墳に小形の数石室がつくられ、石室自体も小さく、一室一遺体、せいぜい二、三遺体の埋葬という状況にあった。この種の竪穴系横口式石室とよばれるものは、五世紀に北部九州を中心にひろがったが、なお畿内や瀬戸内沿岸においては普及をみず、一部の中・小墳の墓室として採用されたにすぎなかった。朝鮮との交流が深かったと考えられる北部九州にまず定着し、ついで、瀬戸内、畿内へとひろがっていったものである。

この横穴式石室が玄室と羨道と前庭部とを整え、普遍的な墓室型式として全国各地に採用されてくるのは、六世紀中葉以降である。その直前には畿内および西日本における一部の首長層の間にひろがったが、六世紀中葉以降は、一部の地域や集団を除いて東北南部から九州南部にまで、それ以前の竪穴式石槨・粘土槨・各種石棺・箱式石棺・木棺直葬（じきそう）など多様な埋葬施設のほとんどにとってかわるかのように普及していった。中には横穴式石室の影響によって同じ思想をもって営まれた横穴という型式をとる地域や集団も、出雲・豊前京都郡・肥後・能登・東海・東国など各地にあったし、南九州では地下式横穴という型式をとった。

横穴式石室の羨道部は埋葬のたびに閉塞がなされるのが普通であった。その玄室には、組み合わせまたは釘どめの木棺、組み合わせ箱式石棺、また吉備東部・北部などでは陶（とう）棺（かん）などに納められた遺骸が安置されるが、首長墳とみなされる大形石室の場合には、しばしば刳抜（くりぬき）造りの家形石棺が置かれる。羨道部は玄室と現世とをつなぐ通路の役を果たすものであったが、やや新しい段階となると、そこへ追葬がおこなわれる場合もある。羨道部のちにはその入り口を石をもって閉塞する行為の過程で祭祀がおこなわれたらしく、石塊にまじって土器類が発見されることがある。前庭部もまた遺骸搬入の一種の通路でもあるが、そこに大甕が掘り据えられていたり、破砕した土器類が発見されることなどから、祭祀がおこなわれたことが考えられる。これらのことからみて、この石室の普及に伴なって、墳頂を中心とする祭祀から羨道前面ないし前庭部を中心とする祭祀への移行が進みつつあったことは確実である。このことは墳丘の高さや大きさとの関係を薄め、やがて墳丘の巨大性の意味を漸次失なわせることになる。

石室の広さはさまざまであるが、大きいものには平面積二〇平方メートル以上、高さ四メートルを越えるものがあるいっぽう、平面積三、四平方メートルという小石室もあり、石材構築法や石材の大きさや材質、さらに平面形などとともに、若干の変化を辿る。遺骸は追葬のため片づけられたり、重ねられたりする場合があり、遺骸自体と霊魂を分離して考える思想は明らかに生じていた。石室の広さも、死後において複数の霊魂が宿る場とみられていたことを示すと考えられる。その点、石室をつくりながらも、個々の遺骸は従来どおり棺に納められていることと関連する。いく人かの霊魂が、一つの石室の中において、現世と峻別された暗闇の黄泉国の生活をともにするという思想で

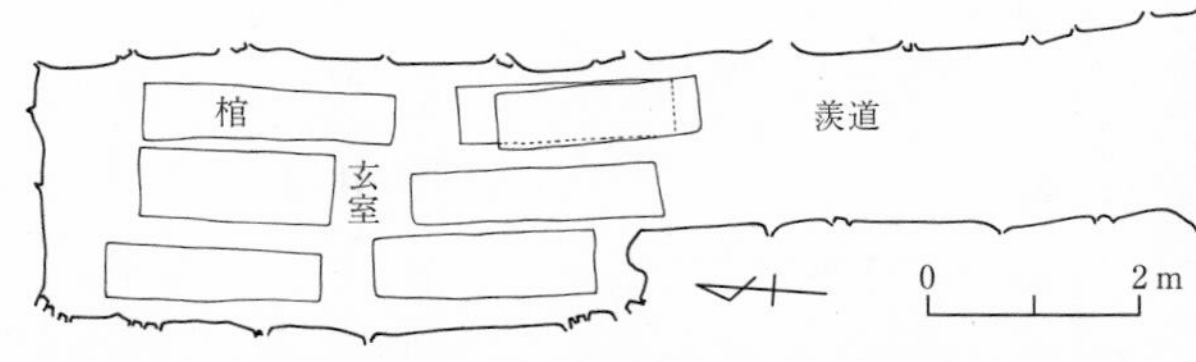

図100　岩田14号墳玄室内七埋葬(神原英朗『岩田古墳群』1976, 一部改変)

ある。この単位となった何人かの生前の結びつきがどのような関係にあったかは具体的に明らかにされたことはないが、死後なおその霊界をともにするように念じられた人々が、家族であったと考えることは自然である。しかしまたいっぽう、当時の家族が石室の中に葬られた数人に限られるということは、当時の集落にみられる一単位の住居群が弥生時代の単位集団と基本的に同じように、三、四の竪穴住居ないし掘立柱建物から成っている事実から、とうてい考え難いので、石室の中に納められた人々は、一つの家族体の中でも特別なつながりをもっていた人々と考えるほかない。したがって、一つの家族体の中枢部分が石室内に埋葬され、他は別に葬られたと考えられる。中枢部分の数は、普通は数体であるが(図100)、大阪府大藪(おおやぶ)古墳・岡山県万燈山(まんとうやま)古墳などのように、十数体ないしそれ以上が石室内に埋葬される場合もあるが、こうした例は中小の首長ないし有力成員のものと考えられ、多数の従属成員をかかえ、また家族体中枢の数も大きかったと考えられる。畿内外を問わず、有力首長墳と推定される石室の場合は、大形の家形石棺が玄室のほぼ中央に置かれ、家族体の中においてもその卓越性を示すことが多い。

副葬品は一般に生前着用・佩用していたもののうちの一部、すなわち刀剣・刀子・金銀環など、それに鏃、一部に馬具などであり、巨大な石室が示す首長墳などでは、さらに世俗的権威を示す品々――冠帽(かんぼう)・履(くつ)・金銅製品、時に鏡などが加わる。すでに述べた(第一節参照)副葬品の世俗的権威化が、首長墳においてはいっそう進んでいることはいうまでもない。

これらのほか、この時期の副葬品をもっとも特徴づけるものに土器類がある。須恵器を中心に土師器が加わるが、これらにはおもに飲食物が納(い)れられた。なかには少数の例であるが、玉類・土製品・鉄滓などが置かれることもあった。死者に飲食物を供え、黄泉国における飲食を仮想としても願うという思想は、古墳成立時にはみられなかったことである。墳頂に高坏・壺などが発見されることはあっても、密閉した棺や室の内には飲食物を示すものは原則として置かれなかった。参列者が共食によって死者の霊力をうけるという儀式はあっても、死者に死後の飲食物を用意するという思想はなかった。死霊は祖霊となり、首長霊を中核とする祖霊に合一昇華し、そこは現世の人間界と通じ合う混沌の世界であった。

横穴式石室の場合は、生前生活を親しく共にしてきた血縁の人々の霊が、現世と隔絶された黄泉国であるとはいえ、広い空間を与えられ、そこで生活を続ける、そのように念じられ、信じられた世界であり、そうであるが故に、飲食物がまさにその世界での生活の証しとして献げおかれたのであろう。この死霊観の相違は、基本的には原始の集団性への個々の成員の埋没の状態から、個々の成員の自覚、家族体の霊と祖霊一般とのイデオロギーの上での闘いが進んでいたことを示すものである。もちろん完全な個の自覚などは生ずるはずはないが、祖霊に合一するという思想と、個別家族体の霊の在り方との対立が、変化しつつあったとはいえ本来祖霊祭祀の場として成立した古墳の内に、家族霊の拠所(よりどころ)を見出すことになったものと思われる。

横穴式石室を墓室としてもつ古墳は、単に東北南部から九州南部にまで普遍的にひろがったというだけでなく、それは短期間のうちにおびただしく築造されていった。それまで首長墳が築造されていた地域だけでなく、山間狭小の土地や内海の島嶼にまで及んだ。瀬戸内海の小島、香川県喜兵衛島(きへえじま)では、六世紀初頭に一基の小形竪穴式石室墳が築かれたのち、六世紀中葉から末葉ないし七世紀初頭にかけて一四基の横穴式石室があいついで築かれた。岡山県加茂町［現、津山市］は美作中枢部から北へ入りこんだ狭い埋積谷平野をもつ山間地であるが、そこにも三〇基を越える横穴式石室墳の形成が知られて

図 101　福岡県京都郡竹並遺跡 A 地区横穴群(竹並遺跡調査会編『竹並遺跡』1979, 東出版寧楽社)

いる。大阪府最北の山間部能勢町においても狭小な谷々を単位に計九六基の横穴式石室墳が築造された。九州においても、たとえば福岡県京都平野の縁辺には、百数十基の古式古墳に対して、横穴式石室墳は控え目にみても千数百基にのぼり、横穴は七世紀末に下るものを加えて数千基にのぼる（図101）。東北においても宮城県を例にとれば、横穴式石室はゆうに千基をこえ、横穴は一万基に達するという。地域あるいは集団によっては、家族体の中枢部分のすべて、あるいは家族体の成員のほとんどすべてが、横穴式石室または横穴に葬られることがあったといってよいかもしれない。

四　群小墳の被葬者

これら後期群小古墳の被葬者については、右にふれたようにその数と分布の状況から、集団成員の一部と判断できるが、さらに具体的に考えてみよう。(7)

香川県直島町喜兵衛島は先にもみたように東西約六〇〇メートル南北約三〇〇メートルの小島で、現在は無人島であるが、そこに一五基以上の後期小墳が知られている（図102・103）。そこは農耕不適の場であって、古墳時代にこの島に居住した集団は、おもに製塩に従事していた。古墳時代前期には、一、二の浜に住みついて、原初的な土器製塩を始めていたが、古墳時代後期になると、南北二浜ずつ計四つの浜のすべてにおいて、

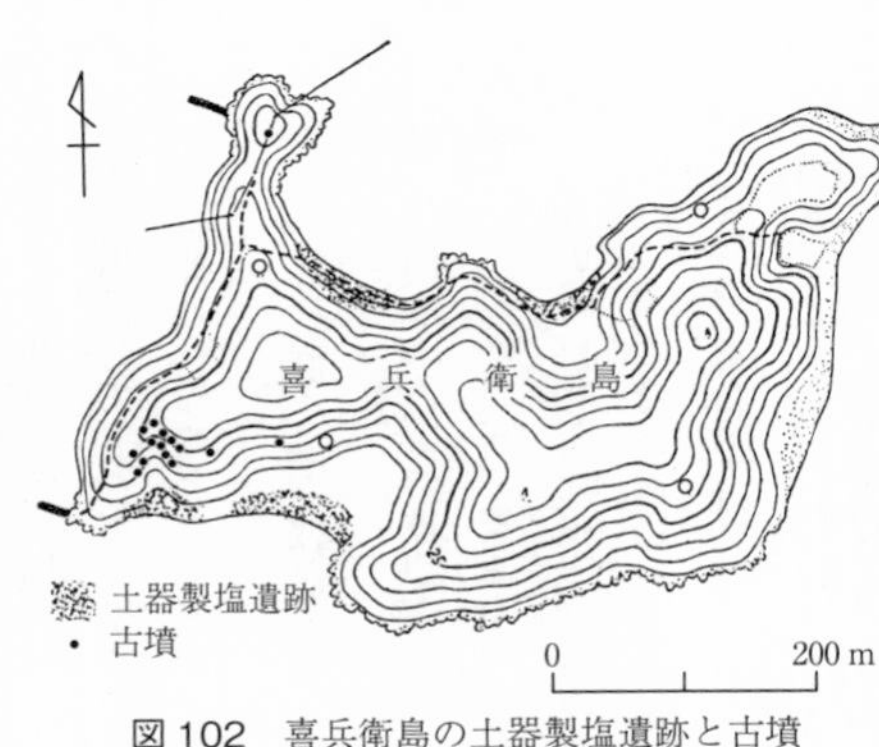

図102　喜兵衛島の土器製塩遺跡と古墳

土器製塩が始まり、しかもそれ以前にくらべてはるかに大規模におこなわれるようになった。使用される製塩土器は大形で機能的となり、炉も整い、一回ごとに使用不能となって廃棄された製塩土器の量はかつての数十倍、あるいはそれ以上にさえなり(図104)、土器製塩がきわめて活発におこなわれるに至ったことを示している。ところでこの島の古墳をみると、一基は六世紀初頭か遅くとも前葉に属する小形竪穴式石室をもつ小墳であり、他はほとんどが横穴式石室をもち六世紀中葉から末葉ないし七世紀初頭に築造されたものである。この島には土器製塩に従事した集団、遺跡規模や構造からみておそらく三、四の家族体から成る集団以外には居住者はいなかったと考えられるので、これらの古墳に葬られた人々は、製塩労働に従事していた人々であったことは、疑いない。しかも土器製塩の盛行期と、これら小墳の築造期とはほぼ一致し、両者が無関係でなかったことを示している。これら古墳のうち六

図 103　喜兵衛島の古墳群

図 104　喜兵衛島の製塩土器層(6 世紀)

図105　喜兵衛島横穴式石室内の製塩土器

基の石室から塩を入れて納めたと考えられる製塩土器が発見されていることも(図105)、それを裏書きする。すなわち製塩生産力の向上をバネに、人々は横穴式石室墳の築造を獲得、あるいは許容されたものと思われる。それらの横穴式石室墳は、平野地帯のそれと遜色ない規模と構造をもち、さすがに馬具をそなえられたものはないが、刀が副葬されたもの五基、またほとんどの石室から鉄鏃が出土、さらに金環・銀環の耳輪計三一個がこれまた大部分の石室にわたって出土し、それを佩用した被葬者は推定される全被葬者の三分の一に近い。製塩土器や現地製の若干の土師器を除き、これら副葬品の大部分は、土師器の多く須恵器のすべてを含め、この島では自給不能であったと考えられるので、島外からの搬入であったことはいうまでもない。塩の生産が進むにつれ、製塩集団の生活が一定の上昇をとげていたことは明らかであるが、そのことは、所属する上部集団への上納の強化にもかかわらず、生産の上昇に基づいた余剰の相対的増加が私有化の進展を進め、それを契機に生産労働の単位をなした家族体における家父長化をつよめることになった。こうした家父長化を進めつつあった家族体を、形骸化していたがなお擬制的同族関係の表示物と考えられていた古墳秩序の中に組みこみ、その上納＝収奪を確保しようとした結果が、一五基の逐次的な築造となってあらわれたのであろう。

同じような現象は、喜兵衛島に隣接する京の上﨟島・牛ヶ首島においても、また備讃瀬戸だけでなく他地域においてもひろく知られている。福井県大島半島の先端、大飯町［現、おおい町］浜禰土器製塩遺跡に接する南東と北西の山麓には、それぞれ一五基から成る神田古墳群、一六基から成るヒガンジョ古墳群が知られているが、そのすべては後期横穴式石室墳で、浜禰遺跡をはじめ一帯の土器製塩が盛行期に入った時期にほぼ対応する。

しかし製塩集団のすべてが、このような多数の後期古墳を営造したわけではない。むしろ二、三ないし一、二基の後期古墳を残すにすぎないか、あるいはそれさえ残さなかった集団もある。また後期には属するが横穴式石室を築造できなかった集団もあった。喜兵衛島にほど近い同じ香川県直島町葛島には、古墳時代後期の土器製塩遺跡が二個所においで認められるいっぽう、横穴式石室墳は皆無で、箱式石棺を主に、少数の小形竪穴式石室を含む三地区計四十数基の埋葬施設が知られている。花崗岩から成る小島で、他の自然条件も喜兵衛島とほぼ同じであるにもかかわらず、一方は横穴式石室墳を、他方は箱式石棺を築造するという、集団間あるいは家族体間の優劣の相違を示している。

先の浜禰遺跡と、一、二キロメートル隔たった同じ大飯町［現、おおい町］吉見浜（よしみはま）遺跡付近では二基、日角浜（ひつのはま）遺跡付近では一基の横穴式石室墳が知られているにすぎず、この時期に生産の中枢をなしたと考えられる浜禰遺跡周辺との相違を物語っている。小浜湾を隔てて浜禰遺跡と相対する位置にある堅海（かつみ）遺跡付近には、二群計九基の横穴式石室墳があるのに対し、田烏（たがらす）湾東岸の傾（かたぼこ）遺跡など集中する四遺跡付近には、現在のところ一基の横穴式石室墳が知られているのみである。石川県珠洲市森腰（もりこし）遺跡付近や七尾市庵（いおり）A・B・C各遺跡付近では、古墳は一基も発見されていない。本居とは別に季節的あるいは一時的に海辺に赴いて製塩をおこなう集団の残した遺跡もありえたはずであるから、一概にはいえないが、同じ製塩集団や家族体間にあっても、支配的上部集団との関係の仕方とからみあって、規模の大小・優劣、家父長化の進展度の差異が存在したことは明らかであろう。劣弱集団は優位集団に従属するか、あるいはそれ自体が解体して優位集団に吸収され、隷属化した場合もあり、そうした場合は、古墳築造の許容対象外とされたであろう。

同じような状況は、他の生産に従事していた集団の間にもうかがえる。隠岐島の久見（くみ）

では、農耕だけでは生活困難と考えられる地域に、土師器・須恵器を出土する古墳時代後期の集落仮屋（かりや）遺跡があり、付近に二基の盛土墳と三基の横穴が知られている。この集落には土器製塩の痕跡はみられず、半農半漁の人たちがこれら古墳と横穴を残したものと推定される。

また古墳に鉄滓を副葬した例は五世紀後葉から知られているが、そうした例は横穴式石室墳の盛行とともにますます増加し、おもに吉備北部や九州北部を中心に一〇〇例を越える。福岡市早良（さわら）では、製鉄に関連する鉄滓出土遺跡は四〇個所以上に達し、その中には明らかに古墳時代後期にさかのぼるものがあるという[8]。この早良において発掘調査された八六基の古墳の中で鉄滓が副葬された後期古墳が一九基、じつに二二％に上る。吉備北部の美作においても、鉄滓副葬の古墳は五世紀末頃から増えはじめ、地域によっては横穴式石室墳の少なからぬ数にみられる。その副葬の状態は、床面に鉄滓塊を左右対称に配置した例、石室内の須恵器坏あるいは手づくねの小形土器の中に納められた例、石室内の一個所ないし数個所に数塊が置かれた例など、さまざまであるが、製塩集団が製塩土器をその石室の中にしばしば納めたように、そのすべてが専業集団でないにせよ、製鉄ないし鍛冶に従事した人々がその生産の象徴を、製品の一部とともに納めることがあったものと思われる（図106）。吉備の備後山間部の常定峯双（つねさだみねそう）集落遺跡の住居址から鉄滓

図 106　六ツ塚 3 号墳副葬の鉄滓

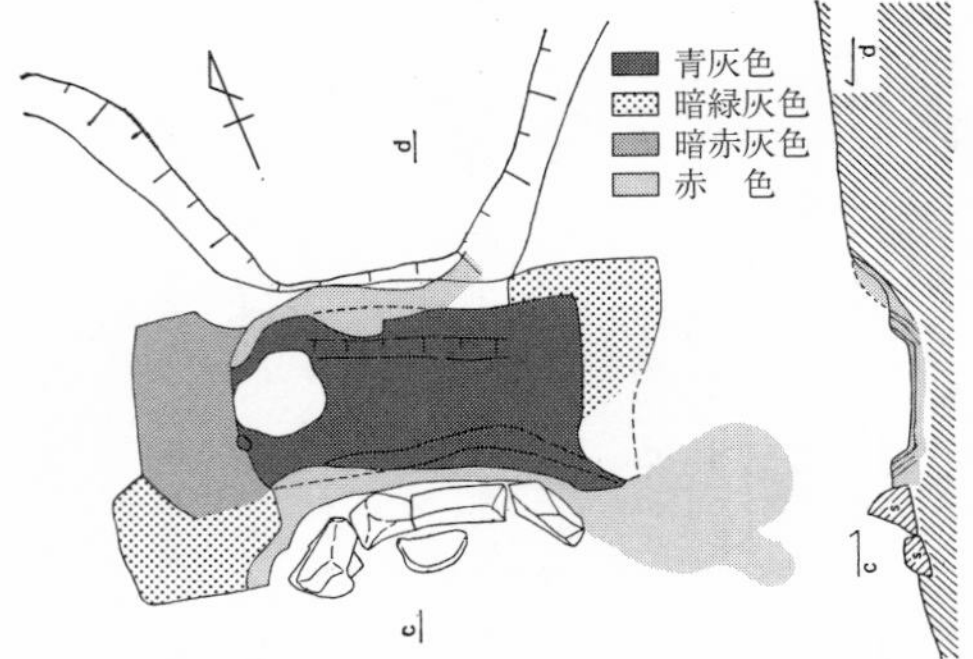

図 107　大蔵池南 4 号製鉄炉（森田友子編『稼山遺跡群』Ⅳ，1982，一部改変）

が発見され、近くにある横穴群からも鉄滓が出土していること、美作久米町［現、津山市］稼山（すくもやま）古墳群で発掘された一七基のうち九基の横穴式石室から鉄滓が出土するいっぽう、その山麓傾斜地に営まれた大蔵池南（おおぞういけみなみ）遺跡がまさに同じ時期の多数の製鉄炉から成る製鉄遺跡であることなどは(図107)、右の推定をほぼ確かなものにする。製鉄遺跡の年代決定はむずかしく、今日のところ明らかな上限は古墳時代後期であるため、その生産力の展開過程はその面から追究できないでいるが、右のような鉄滓副葬古墳の増大と群小古墳への鉄器副葬の普及は、古墳時代後期における鉄生産の発達、それに基づく集団成員による鉄器所有の一般化を示すだろう。

このように、製塩や製鉄の労働に直接たずさわった人々がそれぞれの在地において後期古墳を営造していたことは明らかである。それは、喜兵衛島の製塩集団について述べたように、生産労働に従う人々の側における余剰の相対的増加による私有、それに基づく家父長権の伸張を示すと同時に、各地支配層を通して大和王権が打ち出した収奪確保の政策を意味するものであったろう。このことは、各地の須恵器生産集団その他の手工業集団、さらに農業生産にたずさわる人々についてもいえることであって、後期群小古墳の被葬者は、それぞれの地で生産労働にたずさわった集団成員を大幅に含むものとみてよい。

しかも喜兵衛島の古墳副葬品について述べたように、彼等のあるものは刀をもち、ほとんどすべての者が鉄鏃をもっていたことが示すように、彼等は製塩集団であるとともに武装集団でもあった。このことは製塩集団だけでなく、製鉄集団や農業集団についてもひろくいえることである。のちにもふれるように、そのうちの少数は馬具さえもち、いわば乗馬階層・刀剣階層・弓矢階層ともいうべき軍事的秩序が編成されていたかにみえる。とすれば後期古墳秩序は、大王権の卓越と各地部族首長の弱体化にもかかわらず、部族諸集団の武装状態の強化の中に進行したことを示すものである。

第十三章　前方後円墳の廃絶と制度的身分秩序の形成

一　家父長層の把握

横穴式石室墳の普遍的で広範な出現の基盤に生産諸力の上昇があったことをみてきたが、それが伝統的な集団性との関連において、いかなる事態を反映しているかを次に考えてみよう。ほんらい首長霊の継承祭祀として出現した古墳は、首長権の一翼を担いその職務執行の部分を担当する人々の間にも営造されていったが、ここに至って営造主体は一気にひろがった。この営造主体に関して、これまで述べてきたところを整理してみると次のとおりである。

(1)まず、家族体がそれぞれ霊の拠所をもつに至ったことが挙げられる。しかも家族体のうち中枢をなす数人のみが石室内に葬られ、他は別途に埋葬されたと考えられるので、家族体の中に、中枢とそれ以外の者とが明らかに形成されていたと推定できる。[1][2][3]

(2)一般に石室への最初の埋葬が、位置においても副葬品においても優位に扱われてお

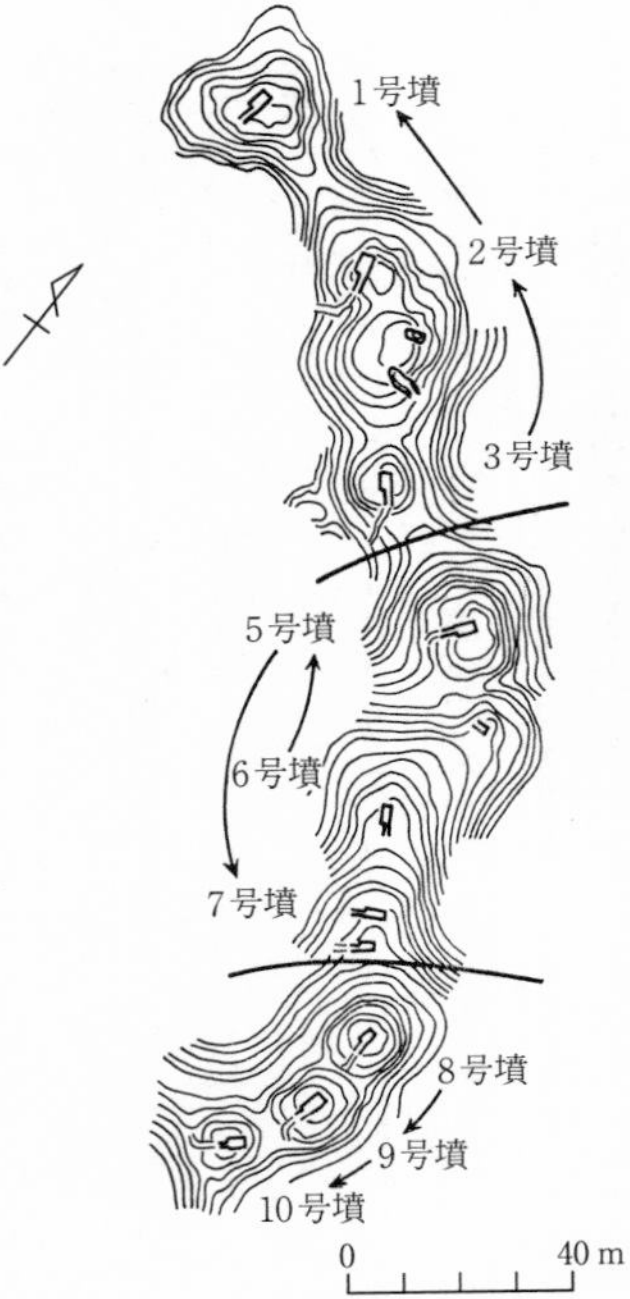

1号墳
2号墳
3号墳
5号墳
6号墳
7号墳
8号墳
9号墳
10号墳
0 40 m

図108　一須賀古墳群Ｂ支群の三小支群（矢印は築造順序を示す）（堀江門也・広瀬和雄『一須賀古墳群発掘調査概要』1974，一部改変）

り、また当然のことながら、それを契機に石室＝古墳築造がおこなわれている（図108）。つまり家族体中枢のなかの中心である家長の死を契機として築造されたと考えられる。

(3)大規模古墳群の場合も、小規模古墳群の場合も、通常二ないし四基ほどから成る小群が単位群をなしているが（図109）、個々の古墳はその単位群のなかで継起的に築造されているのが一般である。つまり、世代ごとの築造（埋葬は世代ごととは限らない）であるのが一般である。その場合(2)に述べた推定を考慮すれば、世代とは家長世代であるということになる。

(4)横穴式石室墳の単位群ごとの継起的築造の終末時に、一人埋葬と考えられる幅狭く小形の横穴式石室(図110)ないし小形の竪穴式石室が築造されることがある。これは単次葬あるいは単葬墓などともよばれているが、かつての数人の家族体中枢から一人が選別されたことを示すものとみてよい。[4] また逆に、北部九州豊前京都平野の終末時の横穴などでは、一本の通路状の墓道の奥に最初に形成された規模もやや大きい横穴玄室があり、墓道側方にその後規模の小さい横穴玄室数穴が作り出される例が、しばしば指摘されている。この場合はおそらく家長と、おそらくその配偶者などもっとも親しい者を奥室に、

図109　竹並遺跡A地区56号横穴墓(竹並遺跡調査会編『竹並遺跡』1979, 東出版寧楽社, 一部改変)

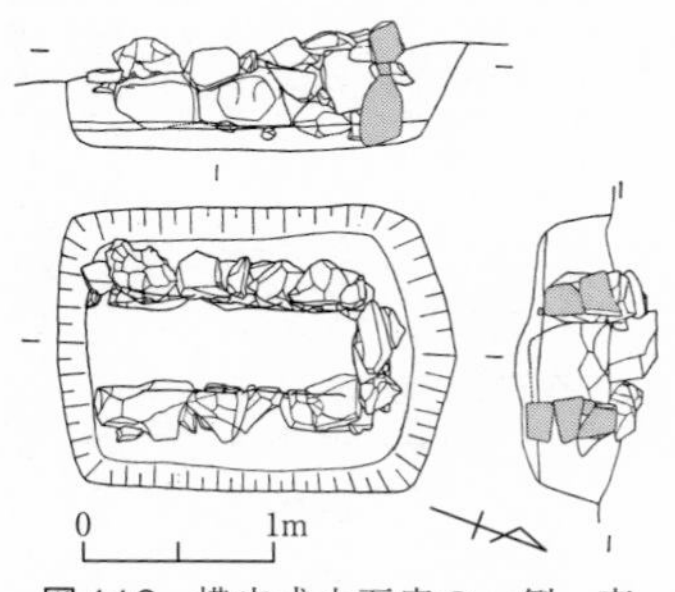

図110　横穴式小石室の一例―京都市旭川古墳群D–2号墳―(京都市埋蔵文化財研究所編『旭山古墳群発掘調査報告』1981, 一部改変)

家族体の他の者を側室に葬ったと考えられ、一家族体における階層差をよく示しているといってよい。右の両者は、家族体の中枢権者の発達の段階ないし内容を異にしているのかもしれないが、家長を枢軸とする家族体構成の形成については、共通のことを物語っている。

(5)こうした家族体中枢部分の形成が、生産力の上昇の中で生じてきた。生産力の上昇は収奪の増大に直結したと考えられるが、同時に余剰の私有化にもつながった。この被収奪と余剰蓄積の中枢が家族体に形成されれば、それは家族体における中枢の権限の固定化を導くに違いない。

さてこの中枢が、男つまり家父長であったか否かを直接に考古学的に証明することはむずかしい。古墳の中枢被葬者が女である例は、古墳時代前期において必ずしも稀有なことでなく、[5]人骨遺存例によれば、男女半ばするといってよいほどである。したがってその限りでは首長権が必ずしも男だけによって担われることのない時代があったことは明らかであるし、また後期群小古墳盛行期以降においても、女が大王となることがあった。[6]しかし女王や女性首長や後期小墳における女性埋葬の存在は、家父長的展開を否定するのではなく、家父長化の進展につれて家父長の配偶者もまた、同時に進行したと考えられる世襲の中での子に対する関係からも、家父長権の一翼を担うようになったこと

のあらわれであろう。(1)

すでに第三章でふれたように、弥生時代以来の生産労働において占める男の役割、戦闘と武装の一般化、さらに古代の文献にあらわれる家父長的家族体の実態からみて、集団成員の中においても家父長権は確立の過程にあったとみてよい。このように横穴式石室墳は、当時広範に形成されつつあった家父長的家族体の中枢部分、すなわち家父長およびその配偶者を含む家父長と特別な関係にあった者の霊の拠点であったとみなすことができる。個別家族体が祖霊祭祀とかかわり合いながらそれ自体の霊所をもつことは、部族の一体性＝集団性がイデオロギーの面でも社会構造の面でも急速に弱まりつつあったことを表示するものであろう。

しかしまた横穴式石室墳が、右に述べたような思想的基盤の一般的形成や家父長的家族体の部族における相対的自立の動きだけで、かくも広範にそして急速にまた斉一的な構造をもって形成されたとは考えにくい面がある。すなわち全土的に大部分の集団において、横穴式石室ないしその略化または変形である横穴が、それ以前の埋葬法を止揚してほぼ六世紀中葉から後葉にかけて出現することの背景には、新しい古墳秩序の設定ともいうべき動きがあったことが予想される。

(1)一地域においてさえも、横穴式石室群集墳の築造開始期・盛行期・終末期に多少の違いがみられることは事実である。たとえば大阪府の高安千塚(たかやすせんづか)群集墳と平尾山千塚(ひらおやませんづか)群集墳とでは、右のそれぞれの時期において前者は後者よりほぼ半世紀近く早い。[2] また異なった地域、たとえば畿内と東方とでは、一般的にいってその盛行期は、前者が六世紀後葉から末葉、後者が六世紀末葉から七世紀前葉ないし中葉というような相違を示す。しかしこのような違いが群間・地域間にみとめられる反面、それが六世紀後葉から末葉にかけてのほぼ半世紀の間に全土的に広範に出現している事実は注目されてよい。

(2)このようにして急速に、しかも集団間・地域間に若干のずれをもって出現した古墳が、基本的かつ一般的に横穴式石室ないしその変形・略形である横穴という埋葬構造をとる。しかも、大形の多数の石塊を運び、構築し、巨石をもって天井を架し、広い空間を作りあげる作業は、竪穴式石槨や箱式石棺の構築や葺石の配置とは異なって、多くの集団にとってはじめてに近い経験であったはずである。どのような経路でその土工技術が伝達されたかは不明であるとしても、利用できた石材の性質からする相違をこえ、その構築法および構造がもつ著しい類似性からみて、各地にわたる、そして各地ごとの土工法伝達の組織が働いていたことは疑いない。

(3)これらはあるいは大群集を形成し、あるいは中群集・小群集をなし、その中に単位群ともいうべき小グループの存在がある。大群集墳の背景には、いうまでもなく大集団あるいは数多くの集団の結集が、小群集墳の背後には小集団が予想される。多くの場合一つの群は、周辺に余地があっても特定の区域に集中して限られた分布を示し、大群・小群を問わず造墳地に規制があったことを物語っている。しかもすべてが分散した小群となってあらわれず、多様な群構成・群規模をもってあらわれていることは、これら諸群の背後にある政治勢力の強弱と動向を示すものと思われる。

これらのことは、横穴式石室墳の広範で急速な形成が、家父長的家族体の成立、それと不可分の家族霊の拠所の希求といった一般的な傾向を基盤に、その上に加えられた統一的な政治的規制によってなされたことを推定させる。

広瀬和雄は後期古墳群の検討から、その最小単位を通常二、三基から成る群が示す造営主体としてとらえ、その立地がきびしく限定されていることから、個々の造営主体に墓域なるものが存在し、その決定には「墓域賜与」ともいうべき他律的な意志が働いていたであろうと推定したが、さらに被葬者の評価・検討から、特定の人格すなわち家父長が古墳造営の主体であり、したがって「家父長墓」ともいうべきものであるとし、それら「個々の家父長とヤマト政権」との間に「墓域を媒介とした政治関係が形成されている」と論じ、後期群集墳は家父長層を把握するための「政治的支配の道具として機能している」と述べている(3)。

先に述べたところも、横穴式石室墳群は、大和政権による新しい古墳秩序の設定として成立したものであることを示している。家父長的家族体の部族における相対的自立化が進み、その動産私有を基礎に家父長権を伸張させ、また部族祖霊と微妙に交錯しながらみずからの家族霊を自覚しつつあった主体が広範に出現したとき、それは、部族首長のもとでのこれまでの集団性と矛盾するものであった。部族首長に対する擬制的同族関係の設定をもってするこれまでの関係では、もはや支配を有効に進めにくくなった存在としての新しい主体の出現を前にして、大和政権は、広範な古墳造営の承認、擬制的同族関係設定の集団成員への拡張という新しい方策を打ち出すことになった。

五世紀を通じて大和連合勢力は、まず畿内各地の部族連合を、ついで五世紀末までには西日本・中部日本の大部分の部族連合を解体あるいは弱体化させ、直接に諸部族の上に権威を及ぼし、六世紀前葉には尾張・筑紫の部族連合をも解体させ、その権威を卓越させるに至ったが、諸部族に対する支配をさらに効果的に進めるためには、その内部に広範に成立し諸生産の現実の担い手として成長しつつあった家父長的家族体を掌握する必要があった。その施策の一つが、古くからの同族関係の表現であり形骸化しつつあったとはいえ当時なおその命脈を保っていた古墳築造を、これら家父長的家族体に容認ないし強制することであった。横穴式石室というそれ自体家族体の個別性を促進し、家父長を権威づける墓室に普遍性[7]を与えながら、その築造を容認していった。それは家父長層を組織し、家父長権を促進させ、全体として広範な家族体をとらえ、部族首長からその集団成員をひきはなすための方策であったということができるだろう。

といっても、もとより大和政権が全土にわたる家父長的家族体を直接に選別・掌握していたわけではないだろう。各地部族首長は、大和政権への従属を深めつつあったとはいえ、また生産の担い手として私的所有をのばしつつあった家父長層との対抗関係があったとはいえ、なおそれぞれの領域において、独自な成員支配をおこなっていたことは、なお大形の石室を築き副葬品においても卓越する首長墳の築造が、群集墳と立地を異にし[8]、あるいは群集墳の中核のごとき位置を占め[9]、継続していることから明らかである。したがって、個々の家父長を選別し、古墳築造を容認する方策の媒介となったのは、部族首長であったろう。この部族首長、さらに氏族首長および家父長層との複雑な対抗関係、さらに部族首長の大和政権における地位、および大和政権の部族制圧の方策がからみあって、群集墳の内容はもとより築造開始・終末期の差異としてもあらわれたのであろう。そしてその差異の典型は、西部・中部日本と東方との間にみられる。

このようにして古墳は、集団成員の中に深く広く及ぶなかで、政治的支配機能としての面を著しくつよめ、その本来の性格を大きく変化させていった。

二　横穴式石室墳にみられる諸階層

こうした横穴式石室小墳が大・中・小の群をなして築造されたのと同じ時期に、なお首長層は大王墳を含めて前方後円墳あるいは大形円墳・大形方墳を築造していた。しかしすでに前方後円墳は、西日本・中部日本一帯において著しくその築造数を減じていた。それはとくに大和と畿内の他地域との間に歴然とした相違をもってあらわれていた(4)。大和において横穴式石室を墓室としてもつことが知られている前方後円墳二三基以上に対し(図11)、河内・摂津・山城においては、知られている限り、おのおの数基ないし十数基にすぎない[10]。また、かつて畿内と競うかのような巨大な前Ⅱ・Ⅲ期古墳を築造した吉備においても、その数は十余基にすぎない。このことは大和政権がこの時期においてますます卓越性をつよめ、畿内他地域および西日本・中部日本など周辺諸地域の首長に対し、厳しく前方後円墳の築造を規制していたことを示している。もはや大和以外の諸地域の首長の多くは、前方後円墳の築造を許されず、大和政権を構成する諸首長のほかは、特定の一部首長に認められたにすぎなくなった。それら前方後円墳の築造を容認された特定一部首長は、大和政権と密接に結びつき、それぞれ地域における大王権力の具現者の位置にあったものと推定される。

さてこれら首長墳は、一般に小規模墳の群集地とは所を別にし、ややはなれて個々に立地を定めて築造されるのが普通であったが、中・小首長墳の中には群集墳の中に盟主的な位置を占めるものもあった。知られている限りにおいてそれらの墓室は、構造の基本において群小古墳と同じ横穴式石室であった。ただし群小古墳にくらべ、さまざまな程度において石材は巨大で、石室規模は大きかった。玄室には巨大重厚な家形石棺が中心にすえられることがしばしばであり、副葬品もまた種類・質において群小古墳のそれを圧していた。しかし基本的には着用・佩用の品々、世俗的権威を表現する金銅装などの武具・馬具・装身具や稀にみられる一、二面の鏡に限られ、飲食物供献の土器類の副葬も、優品が選ばれ多量に置かれている点を除けば群小古墳と同様であった。このように石室

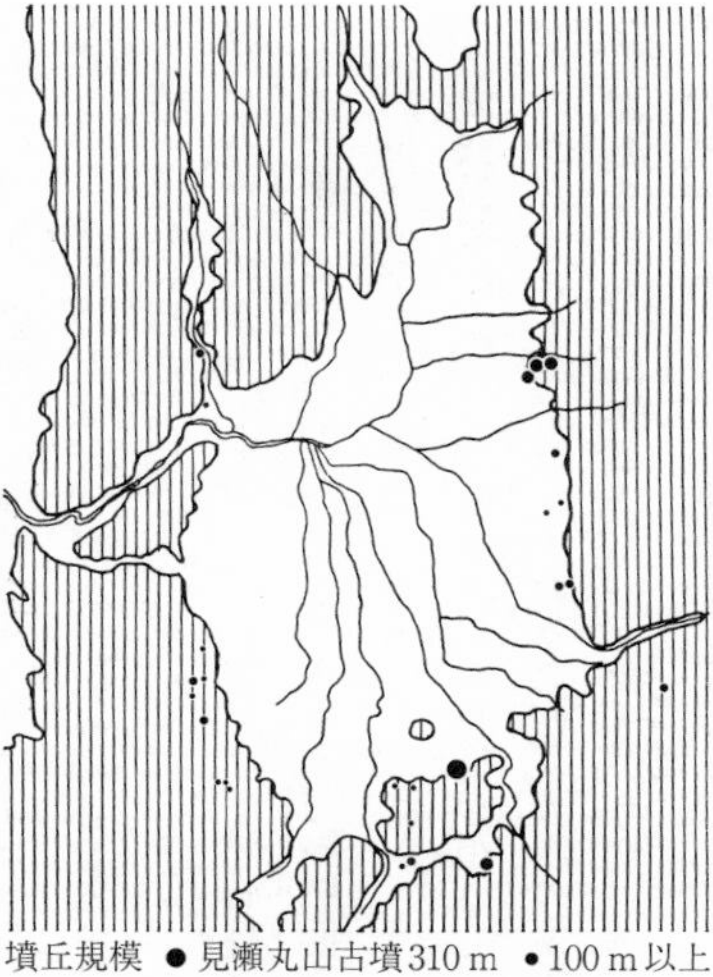

墳丘規模 ● 見瀬丸山古墳310 m ● 100 m以上 • 50 m以上 · 50 m以下

図111 大和盆地における横穴式石室確認の前方後円墳の分布

と墳丘の規模、副葬品の種類と質を除けば、その構造は基本的に群小古墳のそれと同じであった。このことは、大王から山間僻地や内海の小島に住む家父長に至るまで、同質の古墳構造をもつに至ったことを示す。ここに至って、大王に発する同族関係の擬制を通しての政治的かつイデオロギー支配は、部族首長を通してひろく部族成員に及んだのである。またそれは、以下に述べるような階層構造をもちつつ、全体として古墳非被葬者への抑圧構造を示すものでもあった(5)。

横穴式石室は大づかみにいって、石材も小さく、比較的小形で正方形に近い平面をもつものから、大形の石材を用いるなど、大小の規模に分化・多様化するとともに長方形の平面をもつものに向かうという変遷があり、さらに後には切石(きりいし)造りの石室や石棺式石室や塼(せん)積みの石室などがあらわれるが、ここでは、西日本において群小横穴式石室墳が盛行する六世紀後葉から七世紀前葉にかけての時期に限定することにしよう。

(1)のちの「国」の頂点に立つと思われる古墳である。墳丘規模数十メートルから一〇〇メートルを越え、前方後円形を保持するのが一般とみられるが、大形円墳・方墳の場合もある。横穴式石室の玄室は大きく、およその目安として述べれば、平面積一五平方メートル前後ないしそれ以上、あるいは玄室空間の体積四、五〇立方メートル前後ないしそれ以上のものである。いくつかの例を挙げると、大和では北葛城郡新庄町〔現、葛城

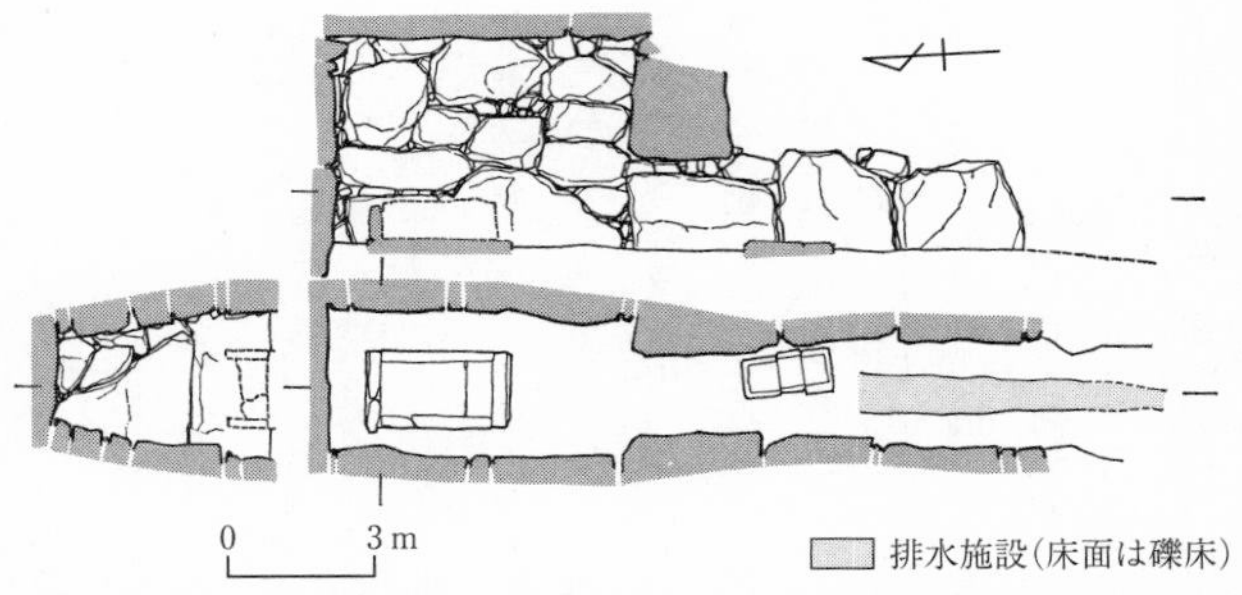

図112　烏土塚古墳後円部横穴式石室．玄室内の石棺は組み合わせ式家形石棺，羨道のものも組み合わせ式家形石棺と推定(伊達宗泰・岡幸二郎・菅谷文則「烏土塚古墳」『奈良県史跡名勝天然記念物調査報告』27，1972，一部改変)

市〕二塚古墳（墳長六〇メートル、後円部玄室平面積一九・八五平方メートル）・天理市ウワナリ塚古墳（墳長一一〇メートル、玄室平面積一九・八六平方メートル）・生駒郡平群町烏土塚古墳（図112参照、墳長六〇・五メートル、玄室平面積一七・四平方メートル）、山城では京都市蛇塚古墳（墳長七五メートル、玄室平面積二五・八平方メートル）、吉備では備前赤坂町〔現、赤磐市〕鳥取上高塚古墳（墳長推定七〇メートル、玄室平面積二一・一七平方メートル）・備中総社市こうもり塚古墳（墳長約一〇〇メートル、玄室平面積二七・五四平方メートル）・備後駅家町〔現、福山市〕二子塚古墳（墳長四八メートル、玄室平面積約一四平方メートル）、周防では防府市車塚古墳（墳長五五メートル、後円部玄室平面積約一一・五平方メートル)、出雲では出雲市大念寺古墳(墳長八四メートル、玄室平面積約一八・〇平方メートル)、伯耆では西伯郡淀江町[現、米子市]長者ヶ平古墳(墳長六四メートル、玄室平面積一四・五六平方メートル)などで、圧倒的に数の多い大和を除くと、のちの「国」ごとに一、二基ないし数基が築造されている。選別された首長として大和政権に重用され、また在地勢力としても最強の首長の古墳と考えられる。

これらの大部分は、玄室に刳抜家形石棺をもち、一般に羨道の高さや幅も、二メートル前後あり、群小古墳の石室とくらべて段違いに大きい。副葬品としては、金銅装の馬具一式、金銅装を含む多くの刀剣・甲冑などの武具、金・銀・玉・ガラス製などの各種装身具、喪葬儀礼用の器台形ないし壺形の装飾付須恵器、時に鏡、金銅の冠・履等々があり、生前の日常を反映し、群小墳を圧している。これらの古墳は、原則として群小墳からはなれて独自な立地をとり、ある時期まで埴輪祭祀を伴なう。

(2)右には及ばないが、およその目安として玄室平面積一〇平方メートル前後以上、あるいは玄室空間の体積三〇立方メートル前後以上の大形横穴式石室をもち、(1)と同様に玄室に刳抜家形石棺を納める類がある。円墳の場合が多いが、中には前方後円墳もあり、ある時期まで埴輪祭祀を伴なうものがある。副葬品は(1)に準じるが、やや劣勢である。大和でいえば、新庄町[現、笛吹市]笛吹神社古墳(円墳、径二五メートル)・高市郡高取町市尾宮塚古墳（前方後円墳、長さ四四メートル）・平群町ツボリ山古墳（図113参照、円墳か、径約二〇メートル）・桜井市珠城山三号墳（前方後円墳、長さ四七・五メートル）など、吉備でいうと、備前市池灘大塚古墳（円墳、径二十数メートル）、岡山市賞田唐人塚古墳（円墳、径推定三〇メートル）・同沢田大塚古墳（円墳、径推定二〇メートル）・同八幡大塚二号墳（円墳、径約三〇メートル）・加茂町万燈山古墳（円墳、径約二二メートル）で、のちの「郡」程度の広さの範囲に同一時期に一基ほどの割合でつくられた可能性が高い。

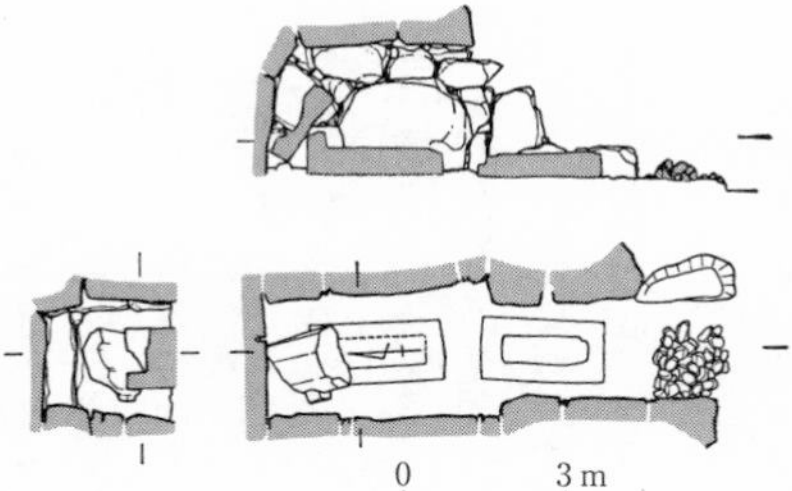

0　3m

図113　ツボリ山古墳の横穴式石室．石棺はいずれも刳抜式家形石棺（久野邦雄「ツボリ山古墳」『奈良県史跡名勝天然記念物調査報告』27，1972，一部改変）

(3)大形の円墳・方墳が多いが、小形の前方後円墳の場合もあり、群集小墳の中に優位を占めるか近接して営造されることが多く、およそ目安としては、玄室の幅・高さとも約二メートル前後、玄室空間の体積が二〇立方メートル前後ないしそれ以上の類である。中には埴輪をもつものもあるが、一般的ではない。副葬品としては、鏡板つきの轡・杏葉・雲珠などを含む馬具類、刀、鉄鏃束、農工具、須恵器の器台ないし装飾付壺などをもつのが一般である。

(4)これまで後期群集墳あるいは後期群小古墳と述べてきた古墳の圧倒的多数は、径約一五メートル以下の円墳で、小形の横穴式石室をもつものであるが、そうした中にもおもに副葬品を手がかりに差異を指摘できる。すなわち大づかみにみて、馬具をもつものともたないものの差である。馬具は一般に装飾性のない実用品で、一式すべてをもつもの、一部が副葬されるものがある。これらは同時に刀と鉄鏃をもつのが普通である。ただし石室の規模の差との関連は、今のところ充分とらえられていない。

(5)右のうち馬具の副葬がなされていない類のもので、群集墳の大部分を占める。副葬される品としては、鉄鏃、刀子、僅少な装身具、いうまでもなく土器類、時に刀がある。この(4)と(5)の相違は、生前馬をもったものとそうでないものとの違いを示すものと思われ、軍事面でいえば、乗馬して戦う下級指揮者と、「歩兵」の差であり、社会的には家父長家族体間の階層的差異を物語るであろう。また(5)の内にも、刀をもつものともたないもの等々の差が指摘できる。

地域あるいは集団によっては、さらに(4)(5)のような横穴式石室小墳群に並んで、横穴墓がつくられることがある。たとえば大和天理市柳本の竜王山(りゅうおうざん)古墳群では、ほぼ三〇〇穴の横穴墓が、同じく約三〇〇基の横穴式石室墳と、あるいは所を別にし、あるいは入りまじるかのように共存しているが、その場合横穴墓は、位置・規模・構造からみて石室墳と区別された集団によって営まれたものとして位置づけることができる。しかしある地域におしなべて横穴墓がつくられるような場合、その中にも副葬品や玄室の規模・構造などの差がみられ、それ自身右の(4)(5)に相当する、あるいは(3)にさえも相当するものがあると考えられる。

(6)石室に葬られなかった人たち。推定される家父長的家族体の構成人員から考えて、これがもっとも多く、石室への被葬者の数倍に達したであろう。その墓所の実態は今日なおほとんど明らかにされていないが、手がかりとなると思われるいくつかの例はある。

岡山県山陽町〔現、赤磐市〕岩田（いわた）古墳群は、上記の(2)または(3)に当たる大形石室二を含み、広範囲に散在して発見された後期古墳一〇基から成るが、その周辺に、一二、三基の土壙墓が発見されている(図114)。いずれも墳丘はみられず、長方形ないし長楕円形の墓穴のみが辛うじて検出され、副葬品も二、三の須恵器ないし土師器がみられるにすぎなかった。これらの中には石室墳よりわずかに時期をさかのぼるものもあるが、多くは同時期とみられるもので、石室墳との関係において埋葬されたものであることは明らかである。しかしそれにしては土壙墓の数が少ない点が気になるが、この地は山土の流失・再堆積が繰りかえされ、遺構の保存状態ははなはだ悪く、石室墳さえ封土の大半が

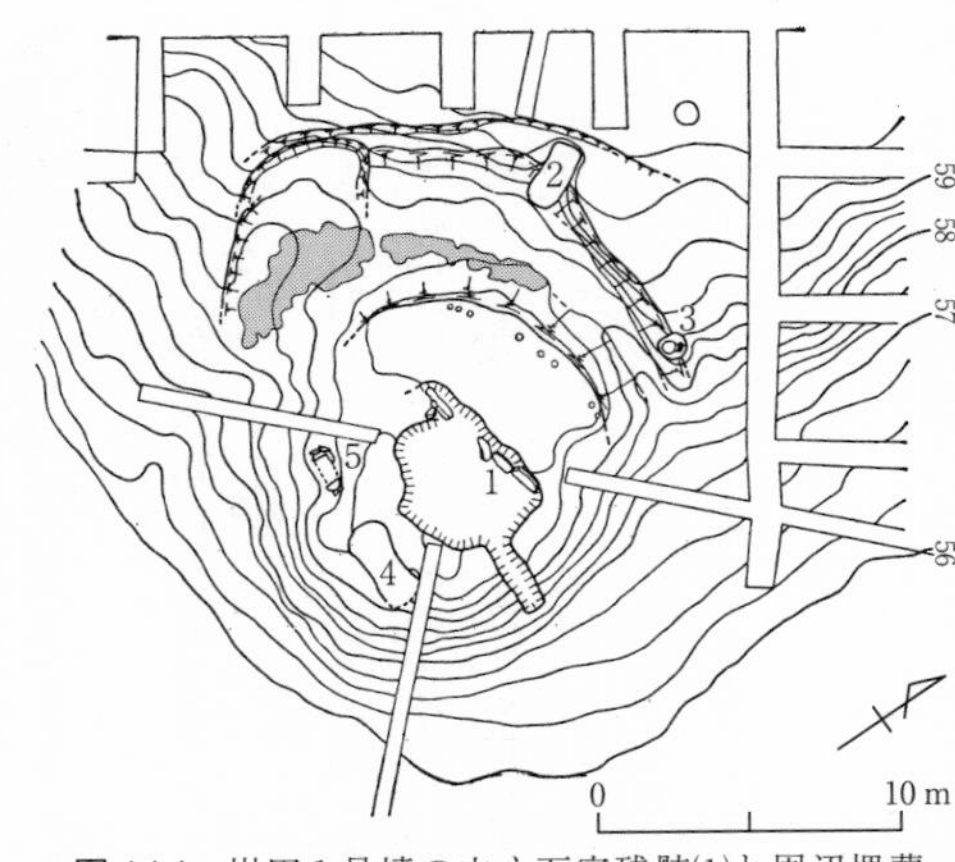

図 114　岩田1号墳の中心石室残骸(1)と周辺埋葬(2–5)(神原英朗『岩田古墳群』1976，一部改変)

流失し、また石室自体も大破されているものが過半を占め、一号墳を除いてそのすべてが偶然に発見されたほどであるから、土壙墓のもとの実数については不明とするほかない。ここではまた、封土の保存がやや良好な一号墳において、中心に位置する石室のほか、墳丘内に土壙墓一(刀一・鉄鏃六副葬)・配石土壙墓一(刀子一・切子玉二・土製練玉六九副葬)、周濠から墳外にかけて土壙墓一(須恵器二・土師器一副葬)・壺棺一の埋葬が発見されている。これら四埋葬が一号墳にかかわるものであることは疑いないし、なかには刀・鏃あるいは玉類をもつものがあるなど、家族体の一員である可能性は高い。

香川県喜兵衛島の後期横穴式石室墳群については先にふれたが、じつはそれら石室墳とは所を異にして、須恵器を伴なう二、三の箱式棺が偶然に発見されている。岩田古墳群中の土壙墓に相当するものであろう。また喜兵衛島にほど近い葛島の箱式棺群についても先にふれたが、四十数基のいずれにも封土がなく、副葬品も乏しく、五基から鉄鏃、二基から刀子、四基から玉類、紡錘車・銅環・須恵器坏が各一基から出土したにすぎず、喜兵衛島でみられた刀・金銀環が皆無であることは注目されてよい。喜兵衛島に後期石室墳が築造されつつあった時期の所産であるので、右の二例とはやや異なった意味においてであるが、石室墳から疎外された集団の共同墓地であることは確かであろう。

これら石室内に葬られることのなかった家族体の成員と区別することがはなはだ困難であるが、さらに隷属身分の埋葬と推定されるものについてもふれておきたい。これら奴婢（ぬひ）ないし奴隷に当たる隷属者については、前期古墳の諸階層について述べた折にもふれたが、後期古墳の時期には、首長霊を祀る集団祭祀的側面が薄れてきたためか、いわゆる「陪塚」が激減する現象と軌を一にして、考古資料としてはかえって見出しにくくなる。

津山市六（む）ツ塚（づか）古墳群は横穴式石室普及よりわずかにさかのぼる時期の中形円墳群であるが、一号墳についてみると、その築造は、まず墳域の全面を平坦に削平して整え、ついで灰層を置き、その上に盛土して埋葬をおこなうという順序でなされているが、その

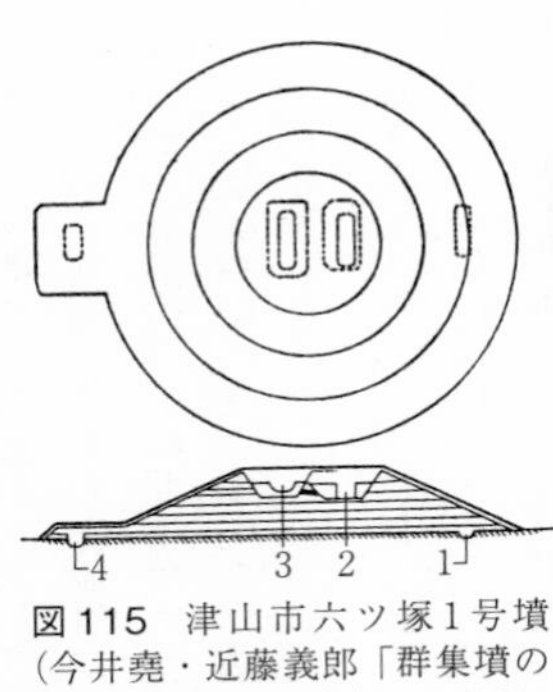

図115　津山市六ツ塚1号墳（今井堯・近藤義郎「群集墳の盛行」『古代の日本』4，1970，角川書店）

盛土に先立ち、灰層から地山を穿って小さい長方形土壙が掘られ、そこに埋葬がおこなわれている事実が発見された（図115の1）。副葬品としては須恵器坏二個がおかれていたにすぎない。盛土に先立ってその下方に葬られるような人物は、盛土内の被葬者の家族の一部というより、主被葬者への隷属者、おそらくなんらかの意味での「殉葬」者であったろうと推定される。ほぼ似た現象は、同古墳群の三号墳・五号墳においても、また岡山県川上村［現、真庭市］バンの木古墳群中の一墳においても知られている。このような従属的埋葬をなされた人物を、後の文献において奴婢とよばれた家内奴隷とみなしうるかどうかについてはなお問題はのこるであろうが、これら古墳の主被葬者が家父長制を指向した有力家族体中枢であることを考えると、その隷属的身分のものであるとする推定は十分に可能であろう。

以上のように、同じ横穴式石室を墓室として形成された全土にわたる大小無数の古墳が、それ自体当時の実生活における階級的・階層的構造を表示したものであることは明らかであろう。(1)と(2)が畿内外における新旧の主要部族首長層の奥つ城(おくつき)であったことはいうまでもない。(3)もまた中小の部族首長ないし有力氏族首長として一定の集団の支配者のものであったろう。それらは全体として大和を中核に一種のピラミッド的階層構造をもって、唯一最高の大王に連なっていた。当時の大王墳の候補としては、河内大塚古墳(三三六メートル)・奈良県平田梅山(ひらたうめやま)古墳(伝欽明(きんめい)陵、一四〇メートル)・見瀬丸山古墳(三一〇メートル)が挙げられるが、いずれも周濠をそなえ、先の(1)(2)にくらべても圧倒的に巨大である。見瀬丸山古墳には横穴式石室の存在が明らかで、古記録によると、その石室の全長二六・二メートル、玄室平面積一四・三平方メートル、玄室空間の体積一〇〇立方メートルを越え、刳抜家形石棺二がおさめられている。

しかし重要なことは、繰りかえし指摘したところであるが、右のような階層構造をもつとともに、大王古墳を含めそれらのほとんどが、同じ横穴式石室埋葬をとっている点であって、したがって墳墓の構造や祭祀という点からみれば、その間の差は相対的であり、共通の墳墓造営に表現される擬制的同族関係がほぼ全土にわたって広く深く張りめぐらされた姿をここにみることができる。

三　前方後円墳の廃絶

成立時の前方後円墳を構成した諸要素は、すでにみてきたように、ひとつひとつ変化していった。初期の首長墳に特有だった長大な割竹形木棺は重厚な長持形石棺に、やがて幾何学的な造形をもつ家形石棺に変わっていった。棺を保護・密閉する竪穴式石槨は、棺の変化とともに短くなり、あるいは長持形石棺や舟形石棺の単なる外被となり、あるいはまた粘土の被いによって替えられることもあった。また槨自体が省略され、石棺にせよ木棺にせよ棺をそのまま墳丘に納めることもおこなわれた。古墳築造層がしだいにひろがり、また北部九州に横穴式石室の原形としての竪穴系横口式石室がひろがる頃は、多様な埋葬施設が古墳ごとの階層差をもって設けられ、埋葬施設に対する規制が、複雑多岐になり、中には棺室規制をこえた地域的な特色さえも生ずるに至った。その中にあって、先の割竹形木棺—長持形石棺—家形石棺と変化する系譜は、主要首長墳に一貫していた。やがて六世紀に横穴式石室が首長層の埋葬施設として採用されるに至ると、棺とはなれて独自に室が変化しはじめる。室は巨大化し、整備され、同室への合葬・追葬が常となっていった。

埴輪もまた同族としての奉献・服属儀礼を示す器台形埴輪・円筒形埴輪・朝顔形埴輪

から、さらに家形や各種器財形埴輪が、首長霊の鎮魂儀礼の盛大化を通して首長権威を誇示するものとして盛行するに至り、その必然的な線上に人物・動物形埴輪が成立し、やがてそれが主流となり、古墳祭祀儀礼そのものの形象化が進んでいく。首長霊との共食儀礼の祭器の抽象化の中で、首長との一体性を示す集団成員の奉献・服属儀礼を象徴するものとして、したがって首長の墳丘を囲繞して首長霊を守るものとして出現した埴輪は、いまや首長に従属する人々の現実の姿を忠実に写しとる造形品と化していった。円筒形埴輪は小形化・粗製化してなお続いたが、それさえも首長と成員との集団的一体性が薄れていく中で、霊肉分離の黄泉国の思想が人々を深くとらえていくにつれ、その存在の意義を失なっていく。

初現時において副葬品の王座を占め、大和連合からの賜与の品として、同族的関係および首長権の呪的象徴の一つであった鏡の副葬も、またそれについで同じく大和連合からの賜与品として尊重された、これまた呪的象徴の石製腕飾り類の副葬も、しだいにその比重を低下させ、あるいは副葬が廃絶し、後期ともなると、大形石室をもつ首長墳にさえ一、二面の鏡が古くからの呪的権威性の名残りをとどめるにすぎなくなった。首長墳への武具類・農工具類の多量副葬は、鏡・腕飾り類など宝器類の比重低下にかわるかのように現われ、大小の首長による武具および鉄製生産用具支配を如実に示したが、それも、生産諸力の漸次的な発達に基づいて成立した集団成員による所有の一般化とともに衰退していった。かわって、多くが同じように大和王権からの賜与の品々でもあったが世俗的・日常的ないし身辺的・個人的な権威と支配そのままを示す金銅装その他の装飾的要素を多分にもつ馬具、武具、冠・履・耳飾りなどの装身具が、おびただしい容器に納められた飲食物とともに副葬の主流を占めるようになる。そこには、集団性を一身に体現した初現時の首長の面影はなく、集団成員から遊離しつつ、みずからと一族の権勢と利益にひた向かう首長の現実の姿がうかがわれる。ここに至って、最後にのこったものは、前方後円という墳形と、厚葬(こうそう)の風である。

さて横穴式石室の導入、その普及・変遷からうかがえるように、古墳築造の重点は全体としていまや墳丘の造成から石室構築へと移った。はじめはなお、周濠が掘られ、外堤も整備され、前方後円形は保たれていたが、それはもはや、古くからの大和連合との同族表示と首長霊継承祭祀の場における権威の表示の、しきたりとしての形骸的名残りであった。なぜなら、ほんらい擬制的にもせよ同族関係を結ぶことは、事実上の上下の関係はあっても原理的には対等の関係であったはずであるが、いまや大和大王権の卓越の下に諸地域の部族連合は解体あるいは弱体化され、個々の諸部族の上に大王の支配が及び、事実上はもとより原理的にももはや対等な関係は失なわれていた。古墳築造は、もはや同族擬制に名を借りての諸部族に対する支配秩序の表現ともなっていた。先にふれたように、横穴式石室をもつ前方後円墳が大和に集中し、畿外はもとより大和を除く畿内においてさえ激減するに至ったことなどはそれを示している。ただ関東など東方の一部ではなおしばらくの間前方後円墳の築造が盛んにおこなわれたが、そこではなお大小の部族連合が生きのび、大和王権にとっても在地首長層にとっても、同族擬制に基づく前方後円墳の築造がなお集団支配にとって有効であったとみなされていたからであろう。

首長権威についていえば、かつての集団性に基づく首長の権威は、生産力の漸進的な上昇の中で成立しつつあった首長自身を先頭とする成員の動産所有、それと不可分の関係で形成されてくる家父長的家族体、それの結合体としての氏族の相対的自立化の中で、変質を余儀なくされていった。首長層への横穴式墓室の普及、埴輪と副葬品の変化など先に述べたことは、権威の発現が集団性に基づくよりも、むしろ支配の組織に基づこうとしていたことを示すかのようである。すなわち、首長霊を鎮魂し首長霊を継承する儀礼から、集団的祭祀の面はしだいに薄れていた。横穴式石室への埋葬祭祀は、集団の祖霊の中枢となるべき首長霊と、首長一族の個別的な霊とが分化することを促進さえしたであろう。[11]

築造の仕方も、墳丘をもりあげ整えたのち、墓壙を掘りこみ墓所を構築するのでなく、ある程度の整地や土盛りをおこなったにせよ石室を構築し、その過程およびその後に土盛り整形するという、これまでとまったく逆の仕方となった。しかも石材は、これまでの竪穴式石室その他にくらべて、一般にはるかに巨大で、広い空間をとった立体的な構造物である。単に土量が問題であった古い方法とくらべ、石材の採取・運搬を含め、横穴式石室の建造にはいっそう多くの労働と、それにもまして進んだ構築技術が必要であった。

それは死者の霊が現世と隔離されて居住する空間を構築することであった。死者を山頂に隔離し祖霊に近づけ、それに合一させてその霊力を高めようとする思想とは大きな相違が生じていた。その死霊の空間を構築することに全力が注がれる。もちろんこの変化は一気に生まれたわけでなく、すでにそれは、死者に世俗的・身辺的な権威を示す品々を副えて葬ることが始まった五世紀に準備されていた。ほんらい、祖霊に昇華しその霊威の増大を願うに必要とみなされていたものは、鏡・玉・石製腕飾り類などの呪的宝器であったはずである。そうした副葬の品々の変化の背景には、大和連合首長層に始まる各地首長層全般の私的所有者としての側面の肥大、そのための権威表示のほか、そのような現実を前に人々が死後の霊界の生活について思いめぐらし始めたということがあった。

内部に重点が移っただけでなく、葬送祭祀がおもに墓室の前面でおこなわれるようになったことも注目されてよい。それまでは、ときに造り出しや外堤で祭祀がおこなわれることはあっても、埋葬がおこなわれた墳頂における祭祀が原則として中心であり、そのために、前方部を含め高く広い墳頂が意味をもっていたはずである。名残りとして一部の祭祀は墳頂や造り出しでもおこなわれることはあったが、葬送の列は、墳麓に開口する墓室に向かわざるをえない[12]。もはや巨大な墳丘は祭祀機能としては中枢的な役割を失ない、ただ前代以来の権威の名残りとしてのみ残った。かつて俗界から主墳へ至る儀式的・呪的な通路として出発し、前方後円墳の創出に際し古墳祭祀の枢要な場の一部として主墳＝後円部と一体のものになり、ついには後円部に匹敵し、さらにはそれを凌駕することもあった前方部は、その下方に石室が築かれない限り、現実には無用の長物と化すほかなかった。

しかも横穴式石室は、そこへの追葬がはじめから意図されたものであるから、例外的に一墳に二石室を築造したものはあっても、原則として、前方後円墳の場合を含め一墳一室となる。かつて前方部に埋葬されていた人物も後円部の石室に追葬されることになる。別々な石室を後円部と前方部につくるのでなければ、もはや前方部のもつ意味は無

いにひとしく、前代来の形骸として、身分表示の機能としてのみ残存を続ける。(6)

首長から成員に至るまでが横穴式石室を個別に築造することによって、死霊の世界が各所に分散・形成され、石室ごとに死者への祭祀がおこなわれることになる。埋葬祭祀をおこなう主体はいうまでもなく残された家族体であり、その中枢を継承した人達である。首長と成員の間に矛盾や対抗関係が増大していっても、なお部族的結合が解体されず、首長権が成員の上に有効に及んでいる限り、集団成員の霊もまた首長霊を中心とする祖霊に連なるものと観念され続けていたであろうが、現実に個別の黄泉の世界が家族体ごとにつくられていけば、漠然とした祖霊の世界の中に、家父長権を継承する場として家族単位の祖霊祭祀の側面が際立ってくる。

いっぽう大王権が卓越し、各部族の大王への従属が進むにつれて、すでに繰りかえし述べたように、擬制的同族関係は原理的にも対等なものでなくなっていったことはいうまでもない。大王とその祖を頂点とする同祖同族関係の擬制はそれとしてますますゆるぎないものになっていったが、それは同族関係の設定を支配の道具として徹底させる方向においてであった。横穴式石室墳の広範な範囲での造営の許容あるいは強制によって、基本的には同じ型式の埋葬祭祀儀礼を通し、首長層から家父長的家族体に至る各級主体における祖霊祭祀をおこなわしめるに至ったが、それはいいかえれば、大王を頂点とする擬制的同祖同族関係の全社会的な設定であった。ここに至れば、それはあってなきがごとくになる。

前方後円墳は、大和政権を構成する諸首長に集中し、他地域においてもそれに連なる形で選別された有力首長にわずかに築造が許されるにすぎなくなった。つまりそれは、大和政権の全土的な支配をそれぞれの地域において代行するものに限られるようになった。しかも先ほど来述べてきたように、埋葬・祭祀思想の面からも、前方部は形骸としての名残りを保持するにすぎなくなっていた。力点は明らかに墓室に移っていた。巨大石室という点では、大和政権を構成する最有力の首長のものと考えられる大形前方後円墳、すなわち天理市石上大塚古墳(長さ約一一五メートル)・同ウワナリ塚古墳(長さ約一二七メートル)、あるいは同東乗鞍古墳(長さ約七二メートル)などに対し、摂津池田市鉢塚古墳(一辺四〇メートルの方墳)、伊勢市高倉山古墳(径三〇メートルの円墳)、吉備のこうもり塚古墳(長さ約一〇〇メートルの前方後円墳)などは、匹敵するか、さらに大形であった。このことは、それぞれの地域首長がなお大和王権の有力首長を凌駕する勢力を保持していたことを物語るというよりも、墳丘の形態や石室の規模が政治支配の道具としてさえ機能を失なおうとしていたことを示すものであろう。前方後円墳の廃絶はこの線上に直結して展開する。

前方後円墳は六世紀後葉から末葉にかけて、西日本・中部日本の大部分から姿を消す。もとより大王墳も例外ではない、というより、大王墳における前方後円墳の廃止こそが同時に各地首長の前方後円墳の廃止につながったのであろう。六世紀後葉における大王墳の候補としては三墳が考えられる。平田梅山古墳（伝欽明陵）・河内大塚古墳・見瀬丸山古墳である。そのうち平田梅山古墳は墳長一四〇メートルで規模の点で後二者とくらべるとはるかに小さく、また前方部が高さ幅とも発達した墳形は、五世紀末から六世紀前葉の大形墳の系譜に連なるもので、仮に大王墳としても後二者に先行するものと推定される。

それに対し見瀬丸山古墳[13]は、約二〇メートルの羨道をもつ全長二六・二メートルの自然石積みの巨大な横穴式石室をもち、玄室内には刳抜家形石棺二が置かれており、明らかに六世紀後葉ないし末葉のものである（図116）。河内大塚古墳については年代を含めてその点は不明であるが、後円部南西方向の中段の部分に大形の石が露出しており、石室羨道部の天井石と考えられるので、同様な大形の横穴式石室をもつ可能性が高い。この見瀬丸山古墳と河内大塚古墳はともに墳長三〇〇メートルを越える規模をもち、以下のようないくつかの特徴を共有している(7)。

まず墳丘各部の計測値であるが（表4）、著しい類似を示す。とくに前方部頂が後円部

表４　河内大塚古墳と見瀬丸山古墳の計測値の比較

古墳名	墳長	後円部径	後円部高	後円部頂径	前方部幅	前方部高	前幅/後径	墳長/後径	墳長/前幅
河内大塚古墳	336	179	20	18	224	6＋α	1.25	1.87	1.5
見瀬丸山古墳	310	150	21	19	210	11	1.40	2.07	1.48

（河内大塚古墳については，石部正志ほか『巨大古墳と倭の五王』〔1981，青木書店〕に，見瀬丸山古墳については，小島俊次『奈良県の考古学』〔1965，吉川弘文館〕による）

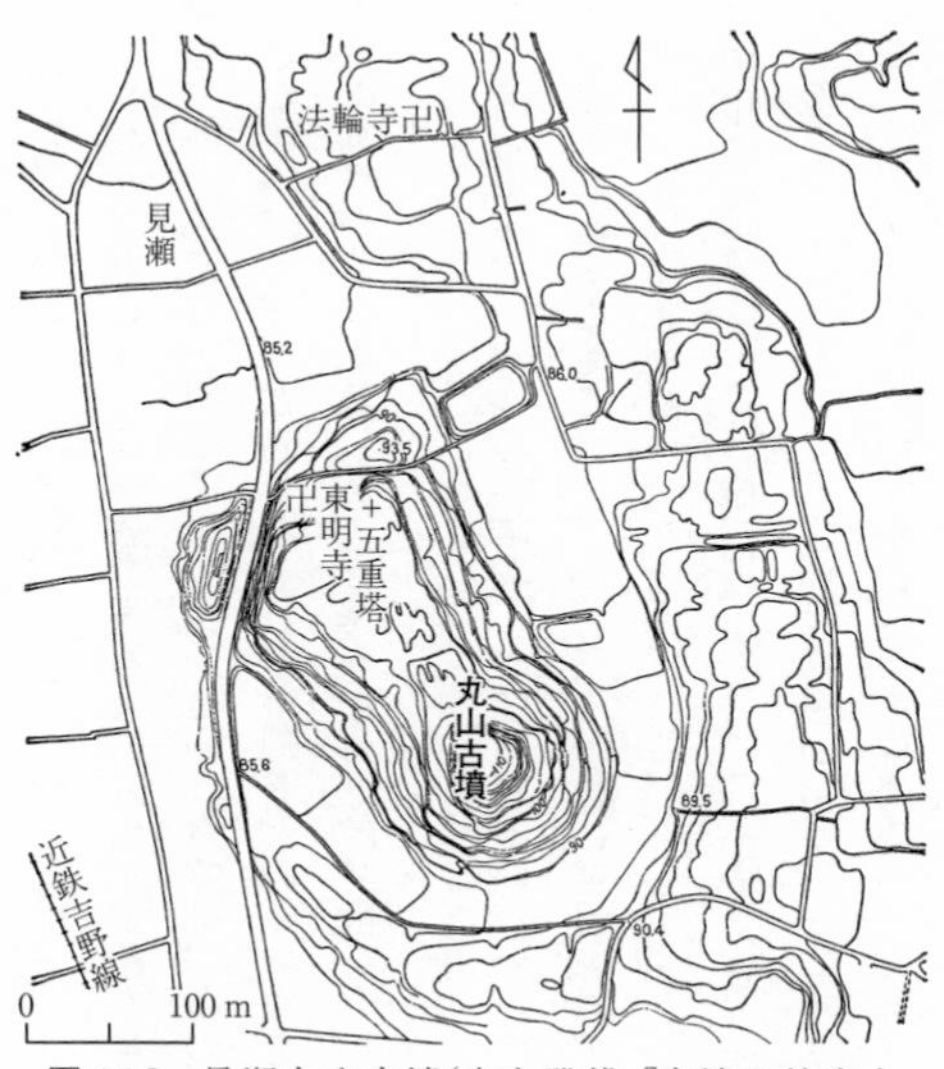

図 116　見瀬丸山古墳（末永雅雄『古墳の航空大観』本文，1975，学生社）

頂にくらべてははなはだ低く、したがってその頂はきわめて広い。見瀬丸山古墳では、前方部頂は後円部頂よりも約一〇メートル低い。河内大塚古墳のほうは、一四メートルも低くなっているが、これは「むかしからここに大塚村があったため……平夷(へいい)されたので」(8)あって、前方部は今よりやや高かったと考えるべきであろう。五世紀末葉から六世紀前葉にかけての畿内大形墳は、前方部幅が後円部径より長いという点では、右の両墳と同様であるが、前方部の高さが後円部の高さと同じかそれを上廻るという特徴をもっている。その点両墳は、前方部の高さが著しく低いという特異な外形的特徴をもっている。

また両者は一重の周濠をもっているが、いわゆる「陪塚」が知られていない点でも、これまでの巨大墳とは異なる。さらに両者ともこれまでのところ埴輪は発見されていない。とくに見瀬丸山古墳の場合には埴輪なしと断言できそうである。

このようにこれまでの墳形変化の方向をはなれ、埴輪祭祀もなく、「陪塚」も従えないと考えられるこの二墳は、石室と墳丘の双方に全力を傾けた感がある。この時期の他の前方後円墳が、最大のもので一〇〇メートルをわずかに越える程度であることにくらべると、その較差は決定的で、五世紀後葉から末葉に始まった大王墳の絶対的卓越化の方向をいきつくところまでいったかのごとくである。とくに見瀬丸山古墳の場合は、前方後円墳成立以来大和での最大の墳丘規模をもつ。このことは、大王が名実とも唯一最高の首長としての安定した姿を前方後円墳の姿を借りて示したものといえるだろう。しかもこれだけのものを営造しながら、そのいっぽう関東の一部ではその後もしばらくの間一〇〇メートルを前後する前方後円墳の築造が続くにもかかわらず、おそらくこれを最後として大王の前方後円墳は姿を消し、ほぼ相前後して畿内および西日本・中部日本からも前方後円墳の築造がやむ。

見瀬丸山古墳(なお年代未定とはいえ、あるいは河内大塚古墳も)の築造は、おそらく前方後円墳廃絶の意志決定がおこなわれる直前、その巨大な権力を内外に宣言し徹底させるためにおこなわれたものであろう。ほぼ同様な動きは各地でみられた。吉備では六世紀後葉に墳長約一〇〇メートルのこうもり塚古墳がつくられた。それは五世紀末葉の両宮山古墳・宿寺山古墳以降では最大の前方後円墳であり、埴輪および「陪塚」はなく、全長約二〇メートルの巨大石室に刳抜家形石棺を納める。出雲の大念寺古墳は、墳長八四メートルの前方後円墳で、六世紀中葉の山代二子塚(やましろふたごづか)(九〇メートル)以来最大規模をもち、複室構造をもつ全長一二・八メートルの横穴式石室には横口式の刳抜家形石棺を納める。

これらはたしかにそれぞれの地域でこの時期において群をぬいて巨大であるが、こうしたものをもって畿内における前方後円墳廃止に足並をそろえるに至ったことは重要で、その巨大さも見瀬丸山古墳に呼応したものであったに違いなく、かつての相対的な独自性をそこにみることはできない。

大王墳における前方後円墳の廃止は、大和政権最高首長との同祖同族関係を表示するものとしての前方後円墳築造の意味がなくなったこと、あるいはその意味を認めないことを、大和政権自身が宣言したことを示す。つまり、もはや前方後円墳築造によって示される同祖同族関係の設定をおこなうことなしに、大和の大王と諸首長との上下関係は保証されるに至ったこと、大和の大王権が諸首長に君臨する位置を不動のものとして確立したことを意味したのである。

四　厚葬の廃止と仏教寺院

しかし、大王と諸首長との新しい関係を示すような考古資料はただちにはあらわれない。たしかに仏教寺院は、畿内および周辺における前方後円墳の廃絶と相前後する六世紀末に巨大で新奇な伽藍をもつ視覚的記念物として出現するが、その時点では本格的に堂塔を備えていたものは法興寺（飛鳥寺）ただ一つであり（図117）、飛鳥時代前期において畿内に一六寺、飛鳥末葉（七世紀中葉）までに畿内を中心に建立されたことが判明しているものを加えて三十数寺(大和約二〇、河内八、山城四、摂津一、播磨一、備中一)にすぎず、それも畿内にほとんど(三三寺)が集中している。(9)

仏教寺院の建立はたしかに一種の権威表示でもあったが、それは政治支配の権威そのものの表示物でなく、政治支配を支える思想的な支柱の役割を担ったものとして政治支配の権威の構成に参加したものである。それはまた、普遍的な世界観に立脚し、霊の追善供養をおこなうにしても、個別に霊肉一体を祀る伝統的な古墳祭祀とは異なるのであって、七世紀を通じて、寺院建立と併行して方墳・円墳の築造は畿内外の中枢首長を中心に続いていた。したがって、仏教寺院建立が前方後円墳築造

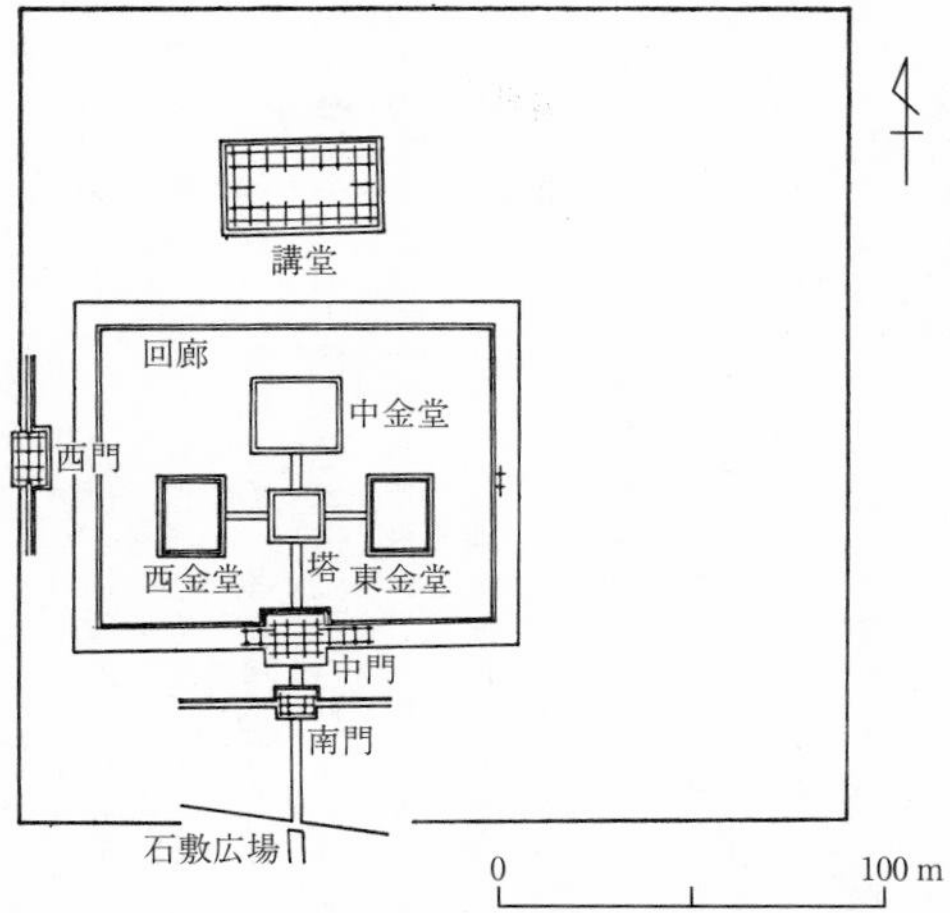

講堂
回廊
中金堂
西門
西金堂
塔
東金堂
中門
南門
石敷広場
0
100 m

図 117　飛鳥寺伽藍配置(奈良国立文化財研究所編『飛鳥寺』1958, 一部改変)

にとってかわったと考えることはできない。とすれば、大王と諸首長、さらに各地家父長層の関係を律したものは、視覚的・恒久的記念物の形をとらないもの、つまり、姓、あるいはそれに原初的な位階などを含めた制度的な身分秩序と考えざるをえない。[10] そうした制度的な身分秩序にも、物による表徴が伴なったかもしれないが、その場合でもそれはもはや、前方後円墳築造に示されるような直截的・第一義的関係を示すものでなく、副次的かつ流動的なものであったろう。このような制度的身分秩序の成立は、いうまでもないことであるが、その秩序を施行・維持させえた法的・政治的・経済的・軍事的機構が、原初的にもせよ、大和政権の中に成立していたことを示すものといえるだろう。

このことは、首長霊の鎮魂・継承の場としての古墳の機能にも影響を与えずにはおかなかったであろう。首長霊の鎮魂・継承祭祀は、首長権の継承・宣言の前提になるものであったが、首長権ないし首長自体が制度的な身分・職掌の秩序によって保証あるいは否認されるとなれば、その前提をなす古墳祭祀を通しての首長霊継承の意義は、ただちには失なわれないにしても、しだいに薄れていかざるをえない。前方後円墳の廃絶に前後して、埴輪祭祀が消え去ることもその一つの表われであろう。

前方後円墳は消えたが、なお厚葬の風は以後約一世紀にわたって続いた。大和を中心に畿内外の首長層は、径または辺一五ないし四〇メートル、時に五〇メートルの方墳・

円墳を築き、内部の石棺に巨石を使い、やがて一部の特定有力首長層は花崗岩切石造りの石室を採用し、さらに切石の目地あるいは全体に漆喰を塗るなど、石室内部の整備に眼が向けられていった。そこにはもちろん周濠も「陪塚」も埴輪もなかった。千葉県竜角寺岩屋古墳は、ほぼ同時期の畿内最大の方墳・円墳の規模をはるかにしのぐ一辺八〇メートルの大方墳として造営されたが、そのことは大王墳が全土において最大規模の墳丘を保持することの意味が薄れ去ろうとしていたこと、すなわち墳丘規模が必ずしも権力の巨大さをそのまま反映しなくなったことを意味する。もはやそれは、初現時の古墳にみられた現象も本質も失なわれ、古墳というより、遺骸の手厚い納置場、厚葬の墳墓ともいうべきものとなった。それが辛うじて古墳とよばれうるのは、霊肉一体の埋葬の場と墳丘の造成という旧来のしきたりを引きついでいるからにすぎない。

群小古墳もまたしばらくの間築造されていたが、一般には七世紀初頭、遅い場合でも多くは七世紀中葉までに姿を消した。それは新しい制度的身分秩序が首長層だけにとどまらず、その配下の家父長層にまで逐次及んでいったことを示している。群小古墳の築造を家父長層に容認したことが示す全土的な擬制的同族関係の設定は、家父長層を制度的身分秩序の中に包括することによって、首長層を律した前方後円墳と同じ運命を辿ることになる。その消滅はまず、畿内および近隣地域から始まり、しだいに遠地に及ぶという一般的推移を辿ったと考えられるが、大和政権と諸首長との関係や大和政権自体の政策と内部関係が、その遅速をきめたこともしばしばであった。したがって畿内においても、高安千塚古墳群のように七世紀初頭に築造がほとんど停止する群集墳もあれば、平尾山千塚古墳群のように七世紀中葉ないしそれよりもやや遅くまで築造が続いた群集墳もあり、畿外においても、高安千塚と同じようにいち早く築造を終えた群集墳も少なくないのである。九州・関東・東北などの一部では、七世紀末さらに八世紀初頭まで、その多くが横穴という形をとって続いたが、その時期は藤原宮・平城宮の造営が示す政治的中枢の固定化からうかがわれる法的・制度的支配の完成＝古代国家の確立をみた時期であった。ここにおいて、古代国家形成以前の諸部族内外の諸関係を律してきた古墳は、その使命を終了した。

新しい支配秩序は、中国や朝鮮からの渡来人による政治理念や支配機構の採用ないし影響のもとに形成されていったが、それは古い支配秩序を全面的に変革したのではなく、古い秩序、すなわち前方後円墳秩序を基礎に、それを一つの集中的な権力にまとめ上げるうえで大きく役立ったというべきであろう。そうした支配秩序の形成において、仏教が果たした役割は大きかったが、それはまた古墳の最後的な廃絶にも大きく寄与することとなった。

仏教寺院は古瓦や寺院遺構からみて、七世紀中葉までに畿内を中心に三十数寺が建立され、七世紀末葉までには数百の伽藍が、北関東から九州まで建立されていった。その多くは「氏寺(うじでら)」として建立され、檀越(だんおつ)としての首長を頂点とする部族・氏族の現当二世(げんとうにせ)の安泰・繁栄を祈念し、また霊を追善供養するものであった。しかし、寺院は王権中枢がかかえる僧尼・技術者集団なしには建立・運営は不可能であったから、たとい寺院建立が「氏寺」としてなされようと、その建立自体が王権中枢への思想的・政治的従属のいっそうの深まりを促すことになった。また畿内外の檀越たる首長層にとって、瓦葺(かわらぶ)きで大きく聳(そび)える伽藍は、いまや野に朽ちつつあった前方後円墳にまして、絶対な権威の表示であり、またそれは部族・氏族の祖先崇拝の場ともなったから、寺院建立とそこでの祀念とは、古墳祭祀にまして重要なものとなった。

すでに霊肉分離の思想は、横穴式石室の玄室を冥界とする考えのなかで成長しつつあった。肉体は朽ち果てるもの、それにもかかわらず霊は黄泉国において生き続けるという認識が形成されていた。しかしその時点では、肉体の朽ちるところと霊魂が居するところは一致していた。古墳石室はまさに肉体の埋葬の場であると同時に霊が生きる世界であった。

仏教の思想は、究極においてこの霊の供養にあり、その供養を通しての一族の現当二

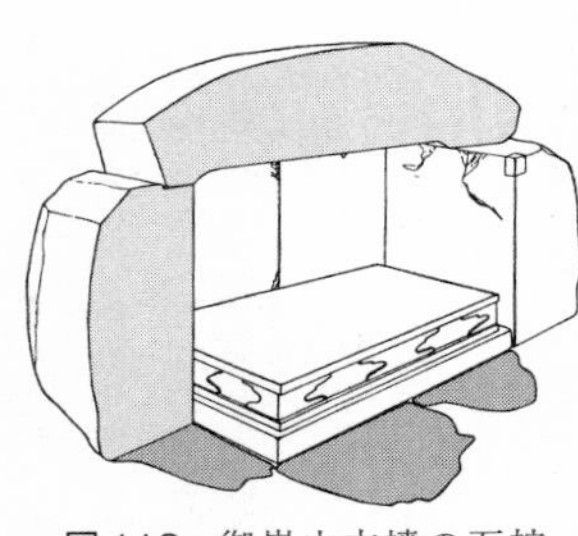

図118　御嶺山古墳の石棺式石室における格狭間浮彫りの棺台，この上に漆塗木棺が置かれた（奈良国立文化財研究所飛鳥資料館編『飛鳥時代の古墳』1979）

世の安泰を祈念することであった。祖霊を含め故人の霊に祈念し供養する場としての寺の隆盛は、石室の墓前祭祀の比重を著しく低下させるとともに、石室自体の構造や規模にさえも影響を与えていった。七世紀後葉から末葉にかけて、方墳・円墳への被葬者はさらに限られ、大王とその親族の一部、最高級の官人のみが、いまや遺骸収容施設にほとんど近づきつつあった厚葬墳に葬られるようになるが、石室は小形化し、横口式石槨ないし横口式石棺とよばれる小石室が中枢被葬者に採用され、一石室一棺一人埋葬が原則となる。またより直接的な仏教の影響としては、棺・棺台・副葬品にも及んだことが知られている。御所市水泥古墳の家形石棺蓋部の縄掛突起に蓮華文が刻まれ、地域においても岡山県本坊山古墳や下一色古墳の陶棺に蓮華文軒丸瓦の型が印された。大阪御嶺山古墳などの棺台側面にみられる格狭間は飛鳥以降の仏具・仏教建築に好んで用いられたものの採用を示し（図118）、夾紵棺もその手法はほんらい仏像製作の手法として大陸で発達したものである。仏器として盛んに使用された銅鋺も、その初現は六世紀後葉にあったが、またこの時期の特徴的な副葬品の一つとなる。

　これらのことは、死者の霊魂が、かつての横穴式石室が示す黄泉の国から、彼岸の世界に入ろうとしていたことを物語る。それはもはや家族の霊と共生する黄泉の世界をこえ、仏教的世界観に基づく他界思想が浸透しつつあったことを示すといってよいだろう。しかし遺体の安置の場と霊魂を供養する場の決定的な分離はただちには進まなかった。横口式石棺をもつ富田林市お亀石古墳と、飛鳥時代創建の新堂廃寺がその間二〇〇メートルという近接した位置に営まれ、後者の瓦が前者の石棺の周囲に積まれて使用されており、後者の建立檀越と前者の被葬者が同一首長である可能性が高いと判断されるような、古墳と寺院の近接・併存関係は、七世紀を通じて、はじめは畿内に、ついで北部九州から関東にまで及んでいった。これら古墳と寺院との併存が具体的にどのような交錯関係にあったかは不明であるが、次にふれる天武天皇の葬は一つの示唆を与えるだろう。

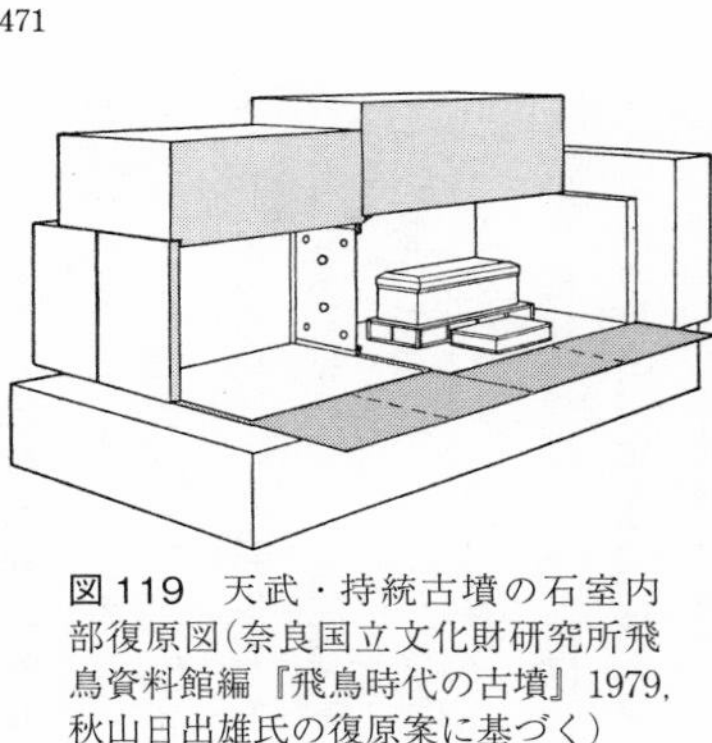

図119　天武・持統古墳の石室内部復原図（奈良国立文化財研究所飛鳥資料館編『飛鳥時代の古墳』1979，秋山日出雄氏の復原案に基づく）

　日本書紀によると六八六年、天武天皇の葬にあたり誄などの伝統的葬送儀礼とともにはじめて僧尼が参加し、三個月余を経て無遮大会など仏教葬送儀礼が大官・飛鳥・川原・小墾田豊浦・坂田の五寺においておこなわれたが、それにもかかわらず、横口式石槨が築かれ、対辺長三九メートル高さ七メートルの八角形の封土が盛り上げられた(図119)。これを遺骸と霊を分離できない最後の段階とみるならば[11]、次の持統天皇の火葬と天武陵古墳への合葬は、もはや古墳が遺骸の容れ物、納骨堂にすぎないものとなったことを示している。次の文武天皇が火葬されたにもかかわらず対辺間三〇メートルの封土をもつ横口式石棺に納められたのを最後に、墳墓は急速に小規模化し、遺骸は霊と分離したものとして処理され、霊の供養のための寺院・堂宇が国家による庇護の下に隆盛を極めることとなった。

注

第一章

（１）金関丈夫「人種の問題」（『日本考古学講座』４、弥生文化、一九五五年）。
（２）根木修「木製農耕具の意義」（『考古学研究』第二三巻第四号、一九七六年）。
（３）和島誠一「岡山県津島遺跡の地形的変遷」（『考古学研究』第一六巻第一号、一九六九年）。［『日本考古学の発達と科学的精神　和島誠一主要著作集』和島誠一著作集刊行会、一九七三年］
松井健「岡山県津島遺跡における弥生時代の灌漑水利用水田の存在について」（『考古学研究』第一六巻第四号、一九七〇年）。
（４）井関弘太郎「沖積平野の土地利用」（『新版考古学講座』２、一九六九年）。
（５）笠原安夫・武田満子「岡山県津島遺跡の出土種実の種類同定の研究」（『農学研究』第五八巻第三・四号、一九七九年）。
（６）藤間生大『日本民族の形成』（一九五一年）。
坪井清足「縄文文化論」（岩波講座『日本歴史』１、原始および古代１、一九六二年）。
（７）松島透「飯田地方における弥生時代打製石器」（考古学研究会十周年記念論文集『日本考古学

の諸問題』一九六四年)。

(8) 水野正好『大中の湖南遺跡調査概要』(一九六七年)。

(9) 葛原克人「岡山市雄町遺跡について」(『岡山県地方史研究』創刊号、一九七一年)。

葛原克人「溝」(岡山県教育委員会『埋蔵文化財発掘調査報告』1、一九七二年)。

第二章

(1) 岡崎敬「日本における初期鉄製品の問題」(『考古学雑誌』第四二巻第一号、一九五六年)。

橋口達也「初期鉄製品をめぐる二・三の問題」(『考古学雑誌』第六〇巻第一号、一九七四年)。

[『弥生文化論』雄山閣出版、一九九九年]

(2) 岡本明郎「弥生時代における金属生産の技術的・社会的諸問題」(『古代吉備』第4集、一九六一年)。

(3) 近藤義郎・岡本明郎「石庖丁の歴史的意義」(『考古学研究』第八巻第一号、一九六一年)。

(4) 和島誠一「東アジア農耕社会における二つの型」(『古代史講座』2、一九六二年)。[前出『日本考古学の発達と科学的精神　和島誠一主要著作集』]

(5) 松井健「岡山県津島遺跡における弥生時代の灌漑水利用水田の存在について」(『考古学研究』第一六巻第四号、一九七〇年)。

(6) 正岡睦夫・柳瀬昭彦「岡山市　百間川遺跡の水田址」(『月刊文化財』十月号、一九七八年)。

また河本清・柳瀬昭彦・光永真一の諸氏に直接の教示を得た。

(7) 平野進一・大江正行「高崎市　日高遺跡の水田址」(『月刊文化財』十月号、一九七八年)。

（8）稲田孝司「古代水田遺構の発掘調査」および細野雅男「高崎市　熊野堂遺跡の水田址」（『月刊文化財』十月号、一九七八年）。
（9）岡本明郎「弥生時代における乾田利用」（『考古学研究』第一五巻第四号、一九六九年）。
（10）吉岡金市『直播栽培の技術学』（『農業技術学』第二巻、一九五二年）。
（11）野口弥吉『水田農業立地論』（一九五七年）。
松尾孝嶺『水稲栽培の理論と実際』（一九五六年）。
（12）木下忠「弥生式文化時代における施肥の問題」（『史学研究』五七号、一九五四年）。
岡本明郎「田下駄考」（『考古学研究』第九巻第二号、一九六二年）。
（13）斎藤宏『伊豆韮山宮下遺跡』（一九六七年）。

第三章

（1）清野謙次『古代人骨の研究に基づく日本人種論』（一九四九年）。
（2）近藤義郎「縄文時代における土器製塩の研究」（『岡山大学法文学部学術紀要』一五、一九六二年）。〔『土器製塩の研究』青木書店、一九八四年〕
（3）近藤義郎「土器製塩の開始」（『日本塩業大系』原始・古代・中世（稿）、一九八〇年）。〔前出『土器製塩の研究』〕
（4）酒井龍一「石庖丁の生産と消費をめぐる二つのモデル」（『考古学研究』第二一巻第二号、一九七四年）。
（5）下條信行「北九州における弥生時代の石器生産」（『考古学研究』第二二巻第一号、一九七五年）。

(6) 下條信行「弥生時代の農業技術の発展」(『日本考古学を学ぶ』(2)、一九七九年)。
(7) 近藤義郎・小野昭「岡山県貝殻山遺跡」(『高地性集落跡の研究』一九七九年)。
(8) 藤田等「農業の開始と発展」(『考古学研究』第三巻第一号、一九五六年)。
小田富士雄編『原遺跡』(一九七三年)。
(9) 黒崎直「木製農耕具の性格と弥生社会の動向」(『考古学研究』第一六巻第三号、一九七〇年)。
(10) 太田英蔵「紡織具」(『日本の考古学』Ⅲ、一九六六年)。
(11) 都出比呂志「考古学からみた分業の問題」(『考古学研究』第一五巻第二号、一九六八年)。
(12) 計良由松・計良勝範「佐渡新穂玉作遺跡遺物の研究」(『佐渡史学』第三・四集合併号、一九六二年)。
(13) 寺村光晴『古代玉作の研究』(一九六六年)。
河村好光「古墳社会成立期における玉生産の展開」(『考古学研究』第二三巻第三号、一九七六年)。
(14) 九州歴史資料館編「日本青銅武器出土地名表」(『青銅の武器』一九八〇年)。
(15) 佐原真「銅鐸の鋳造」(『世界考古学大系』第2巻、一九六〇年)。[『銅鐸の考古学』東京大学出版会、二〇〇二年]

第四章

(1) 高倉洋彰・下條信行「集落について」(『宝台遺跡』一九七〇年)。
(2) 近藤義郎「共同体と単位集団」(『考古学研究』第六巻第一号、一九五九年)。[『日本考古学研究序説』岩波書店、一九八五年」

(3) 下條信行「九州考古学の諸問題 Ⅲ弥生時代」(『考古学研究』第一九巻第一号、一九七二年)。

(4) 松岡史・前川威洋・副島邦弘「野黒坂遺跡」(『福岡南バイパス関係埋蔵文化財調査報告』1、一九七〇年)。
高倉洋彰「弥生時代の集団組成」(『九州考古学の諸問題』一九七五年)。[『弥生時代社会の研究』東出版寧楽社、一九八一年]

(5) 鏡山猛「環溝住居阯小論」㈠(『史淵』六七・六八合輯、一九五六年)。

(6) 神原英朗『用木山遺跡』(一九七七年)。
神原英朗「岡山県山陽町の弥生時代集落の構成」(『考古学研究』第二三巻第四号、一九七七年)。

(7) 水野正好『大中の湖南遺跡調査概要』(一九六七年)。

(8) ここに住居としたものについて、調査者である水野正好氏は現在、方形周溝墓である可能性も考えている。

(9) 黒崎直「木製農耕具の性格と弥生社会の動向」(『考古学研究』第一六巻第三号、一九七〇年)。

(10) 田中義昭「南関東における農耕社会の成立をめぐる若干の問題」(『考古学研究』第二二巻第三号、一九七六年)。

第五章

(1) ユ・イ・セミヨノフ、林基訳「社会諸関係の発生」㈠・㈡(『専修人文論集』8・9、一九七二年)。

(2) 近藤義郎「先土器時代の集団構成」(『考古学研究』第二二巻第四号、一九七六年)。〔前出『日本考古学研究序説』〕

(3) 小野昭「後期旧石器時代の集団関係」(『考古学研究』第二三巻第一号、一九七六年)。

(4) 佐原真「農業の開始と階級社会の形成」(岩波講座『日本歴史』1、原始および古代1、一九七五年)。

(5) 石野博信「大和の弥生時代」(『橿原考古学研究所紀要 考古学論攷』第二冊、一九七三年)。〔『古墳文化出現期の研究』学生社、一九八五年〕

(6) 田中琢「「まつり」から「まつりごと」へ」(『古代の日本』5、近畿、一九七〇年)。

(7) 近藤義郎「月の輪古墳をめぐる環境」および「地域集団としての月の輪地域の成立と発展」(『月の輪古墳』一九六〇年)。

(8) 間壁忠彦「高地性集落の謎」(『古代の日本』4、中国・四国、一九七〇年)。

(9) 橋口達也編『スダレ遺跡』(一九七六年)。

(10) 注(3)に同じ。

(11) 注(5)に同じ。

(12) 都出比呂志「古墳出現前夜の集団関係」(『考古学研究』第二〇巻第四号、一九七四年)。〔『日本農耕社会の成立過程』岩波書店、一九八九年に一部を採録〕

(13) 佐原真「大和川と淀川」(『古代の日本』5、近畿、一九七〇年)。

(14) 甲元真之「弥生時代の墓制」(『日本考古学を学ぶ』(3)、一九七九年)。

第六章

(1) 金関恕「北浦における弥生前期の社会」(国分直一博士古稀記念論文集『日本民族文化とその周辺』考古篇、一九八〇年)。
(2) 原田大六「福岡県石ヶ崎の支石墓を含む原始墓地」(『考古学雑誌』第三八巻第四号、一九五二年)。
(3) 高倉洋彰「墳墓からみた弥生時代社会の発展過程」(『考古学研究』第二〇巻第二号、一九七三年)。〔前出『弥生時代社会の研究』〕
(4) 田辺昭三『大津市南滋賀遺跡調査概報』(一九五八年)。
藤田等「墓地の構成」(『末廬国』一九八二年)。
(5) 都出比呂志「農業共同体と首長権」(講座『日本史』第1巻、古代国家、一九七〇年)。
(6) 谷口徹「方形周溝墓」(『服部遺跡発掘調査概報』一九七九年)。
(7) 小宮恒雄「調査の成果と問題点」(『歳勝土遺跡』一九七五年)。
(8) 近藤義郎「古墳以前の墳丘墓」(『岡山大学法文学部学術紀要』第三七号、一九七七年)。〔前出『日本考古学研究序説』〕
(9) 神原英朗『四辻土壙墓遺跡・四辻古墳群』(一九七三年)。
(10) 都出比呂志「前方後円墳出現期の社会」(『考古学研究』第二六巻第三号、一九七九年)。
(11) 高倉洋彰「墳墓からみた弥生時代社会の発展過程」(『考古学研究』第二〇巻第二号、一九七三年)。〔前出『弥生時代社会の研究』〕

(12) 甘粕健「地域政権の形成」(『民衆史の起点』一九七四年)。
(13) 調査者の一人石野博信は石塚を最古の古墳の一つと考えている(『纒向』一九七六年)。
(14) 三品彰英「銅鐸小考」(『朝鮮学報』49、一九六八年)。
(15) 西郷信綱『詩の発生』(一九六〇年)。
石母田正『日本の古代国家』(一九七一年)。
守本順一郎『日本思想史』上(一九七四年)。
土橋寛『古代歌謡と儀礼の研究』(一九六五年)。
(16) 近藤義郎・春成秀爾「埴輪の起源」(『考古学研究』第一三巻第三号、一九六七年)。〔前出『日本考古学研究序説』、近藤執筆分のみ〕
(17) 近藤義郎『楯築遺跡』(山陽カラーシリーズ3、一九八〇年)。

第七章

(1) 上田宏範・甘粕健・椚国男・宮川徏・石部正志の諸氏ほか。
(2) 西条古墳群発掘調査団『西条古墳群調査略報』(一九六四年)。
(3) 都出比呂志「前方後円墳出現期の社会」(『考古学研究』第二六巻第三号、一九七九年)。
(4) 近藤義郎「前方後円墳の成立」(『考古論集』一九七七年)。〔前出『日本考古学研究序説』〕
(5) 小林行雄「古墳の発生の歴史的意義」(『史林』第三八巻第一号、一九五五年)。〔『古墳時代の研究』青木書店、一九六一年〕
(6) 注(5)に同じ。

（7）都出比呂志「農業共同体と首長権」（講座『日本史』第1巻、古代国家、一九七〇年）。
（8）近藤義郎「副葬品」（『月の輪古墳』一九六〇年）。
（9）用田政晴「前期古墳の副葬品配置」（『考古学研究』第二七巻第三号、一九八〇年）。
（10）注（3）に同じ。
（11）楯築研究会における宇垣匡雅氏の研究による。
（12）小林行雄「同笵鏡考」（『古墳時代の研究』一九六一年）。
（13）「古墳の発生の歴史的意義」（『古墳時代の研究』青木書店、一九六一年）。
（14）小林行雄「前期古墳の副葬品にあらわれた文化の二相」（『古墳時代の研究』一九六一年）。
（15）西嶋定生「古墳出現の国際的契機」（『日本の考古学』Ⅳ、月報4、一九六六年）。〔『西嶋定生東アジア史論集』第四巻、岩波書店、二〇〇二年〕
（16）西嶋定生「古墳と大和政権」（『岡山史学』一〇、一九六一年）。〔前出『西嶋定生東アジア史論集』〕
西嶋定生「日本国家の起源について」（『日本国家の起源』現代のエスプリ2、一九六四年）。

第八章

（1）近藤義郎「地域集団としての月の輪地域の成立と発展」（『月の輪古墳』一九六〇年）。
（2）近藤義郎「古墳とは何か」および大塚初重「古墳の変遷」（『日本の考古学』Ⅳ、一九六六年）。〔前出『日本考古学研究序説』〕
（3）水野正好「埴輪の世界」（日本原始美術大系3『土偶　埴輪』一九七七年）。

（4）注（3）に同じ。

（5）亀井正道「埴輪」（日本陶磁全集3『土偶 埴輪』一九七七年）。

（6）間壁忠彦・間壁葭子「石棺研究ノート㈢長持形石棺」（『倉敷考古館研究集報』第11号、一九七五年）。

（7）甘粕健「古墳時代の展開とその終末」（『日本の考古学』V、一九六六年）。〔『前方後円墳の研究』同成社、二〇〇四年〕

（8）石部正志『大阪の古墳』（一九八〇年）。

第九章

（1）梅原末治「安土瓢簞山古墳」（『滋賀県史蹟調査報告』第七冊、一九三八年）。

（2）和田正夫・松浦正一『快天山古墳発掘調査報告書』（『香川県史跡名勝天然記念物調査報告』第十五、一九五一年）。

（3）佐々木古代文化研究室編『馬山古墳群』（一九六二年）。

（4）山陰考古学研究所編『山陰の前期古墳文化の研究』I、一九七八年。

（5）小片保「馬山四号墳の人骨」（前出『馬山古墳群』）。

（6）石部正志「前期古墳における特殊な多葬について」（『橿原考古学研究所論集』一九七五年）。

（7）今井堯「墳丘斜面・墳端部・墳外埋葬について」（『文化財を守るために』二十一、一九八一年）。

（8）小林行雄「古墳の発生の歴史的意義」（『史林』第三八巻第一号、一九五五年）。〔前出『古墳時代の研究』）

（7）今井堯「古墳時代前期における女性の地位」（『歴史評論』三八三、一九八二年）。

（8）天野末喜・田中和弘両氏の教示による。

（9）北野耕平『河内野中古墳の研究』（一九七六年）。

（10）久野邦雄・泉森皎・菅谷文則ほか『磐余・池ノ内古墳群』（一九七三年）。

（11）広瀬和雄「古墳時代の集落類型」（『考古学研究』第二五巻第一号、一九七八年）。

（12）高槻市教育委員会編『昭和47・48年度高槻市文化財年報』（一九七四年）。

（13）長原遺跡調査会編『長原遺跡発掘調査中間報告』2（一九七五年）。
長原遺跡調査会編『長原遺跡発掘調査』資料編（一九七六年）。
大阪文化財センター編『長原』（一九七八年）。
大阪市文化財協会編『大阪市平野区長原遺跡発掘調査報告』Ⅱ（一九八二年）。

（14）泉森皎『広陵町新山古墳群』（一九八二年）。

（15）中井一夫「マエ塚古墳外堤」（『奈良県古墳発掘調査集報』Ⅰ、一九七六年）。

（16）神戸市教育委員会編『史跡五色塚古墳　復元・整備事業概要』（一九七五年）。

（17）森将軍塚古墳発掘調査団編『森将軍塚古墳』（一九八一年）。

第十章

（1）梅原末治「応神・仁徳・履中三天皇陵の規模と営造」（『書陵部紀要』第5号、一九五五年）。

（2）岡本明郎「農業生産」（『日本の考古学』Ⅴ、一九六六年）。

（3）松本正信・加藤史郎「手斧鍬考」（『考古学研究』第一五巻第一号、一九六八年）。
玉生産については、
甘粕健「古墳の形成と技術の発達」（岩波講座『日本歴史』1、原始および古代1、一九七五年）。
河村好光「古墳社会成立期における玉生産の展開」（『考古学研究』第二三巻第三号、一九七六年）。
寺村光晴『古代玉作の研究』（一九六六年）。
（4）近藤義郎「土器製塩の拡大」（『日本塩業大系』原始・古代・中世（稿）、一九八〇年）。［前出『土器製塩の研究』］
（5）都出比呂志「農具鉄器化の二つの画期」（『考古学研究』第一三巻第三号、一九六七年）。［前出『日本農耕社会の成立過程』］
（6）田辺昭三『須恵器大成』（一九八一年）。
（7）横山浩一「土器生産」（『日本の考古学』V、一九六六年）。
（8）注（6）に同じ。
（9）小林謙一「甲冑製作技術の変遷と工人の系統」下（『考古学研究』第二一巻第二号、一九七四年）。

第十一章

（1）奈良県教育委員会編『奈良県遺跡地図』第一冊―第四冊（一九七一年―一九七五年）。

大阪府教育委員会編『大阪府文化財地名表』および『大阪府文化財分布図』(一九七七年)。京都府教育委員会編『京都府遺跡地図』(一九七二年)。右のほか多くの調査報告書を参照し、また広瀬和雄・秋山浩三・乗岡実・吉村健の四氏の協力をえて集計した。

(2) 石部正志「超巨大古墳を考える」(『巨大古墳と倭の五王』一九八一年)。石部正志『大阪の古墳』(一九八〇年)。

(3) 広瀬和雄「河内・古市大溝の再検討——古代の開発についての一考察——」(考古学研究会一九八二年六月例会)。

(4) 関川尚功「群集墳をめぐる諸問題——大和を中心として——」(『桜井市外鎌山北麓古墳群』一九七八年)。

(5) 出宮徳尚「吉備地方の前半期古墳の地域的形成と展開」(『古文化談叢』第七集、一九八〇年)。

(6) 以下の記述については、今井堯・石部正志・松本正信・広瀬和雄各氏の教示に負うところが多い。そのほか次の文献を参照した。

原島礼二・石部正志・今井堯・川口勝康『巨大古墳と倭の五王』(一九八一年)。

原島礼二『古代の王者と国造』(一九七九年)。

(7) 石部正志『大阪の古墳』(一九八〇年)。

(8) 以下九州と関東については、今井堯・西谷正・高島忠平の三氏に負うところが多い。

(9) 甘粕健「内裏塚古墳群の歴史的意義」(『考古学研究』第一〇巻第三号、一九六三年)。[前出『前方後円墳の研究』]

（10）甘粕健「武蔵国造の反乱」（『古代の日本』7、関東、一九七〇年）。〔前出『前方後円墳の研究』〕

金井塚良一『古代東国史の研究』（一九八〇年）。

（11）甘粕健・小宮まゆみ「前方後円墳の消滅」（『考古学研究』第二三巻第一号、一九七六年）。〔前出『前方後円墳の研究』〕

橋本博文「上野東部における首長墓の変遷」（『考古学研究』第二六巻第二号、一九七九年）。

第十二章

（1）小野山節「帯金具から冠へ」（『古代史発掘』6、古墳と国家の成立ち、一九七五年）。

（2）都出比呂志「横穴式石室と群集墳の発生」（『古代の日本』5、近畿、一九七〇年）。

（3）田中琢『古鏡』（日本の原始美術8、一九七九年）。

（4）水野正好「埴輪の世界」（日本原始美術大系3『土偶 埴輪』一九七七年）。

（5）小林行雄「黄泉戸喫」（『古墳文化論考』一九七六年）。

（6）岡田清子「喪葬制と仏教の影響」（『日本の考古学』V、一九六六年）。

（7）近藤義郎「土器製塩の拡大」（『日本塩業大系』原始・古代・中世（稿）、一九八〇年）。〔前出『土器製塩の研究』〕

（8）柳沢一男「福岡平野を中心とした古代製鉄遺跡について」（『広石古墳群』一九七七年）。

第十三章

（1）守本順一郎『日本思想史』上（一九七四年）。

（2）白石太一郎「畿内の後期大型群集墳に関する一試考——河内高安千塚及び平尾山千塚を中心として」（『古代学研究』42・43合併号、一九六六年）。［『古墳と古墳群の研究』塙書房、二〇〇〇年］

（3）広瀬和雄「群集墳論序説」（『古代研究』十五、一九七八年）。［『古墳時代政治構造の研究』塙書房、二〇〇七年］

（4）前園実知雄「大和における後期前方後円墳の規模と分布について」および河上邦彦「大和の大型横穴式石室の系譜」（『橿原考古学研究所論集』第四、一九七九年）。

（5）今井堯・近藤義郎「群集墳の盛行」（『古代の日本』4、中国・四国、一九七〇年）。

（6）近藤義郎「日本古墳文化」（『日本歴史講座』第一巻、原始—古代、一九五六年）。

（7）森浩一「古墳文化と古代国家の誕生」（『大阪府史』第一巻、一九七八年）。

（8）末永雅雄『古墳の航空大観』本文（一九七五年）。

（9）稲垣晋也「古瓦よりみたる飛鳥・白鳳期の寺院」（『古代の日本』9、一九七一年）。

（10）石母田正「古代国家と生産関係」（『日本の古代国家』一九七一年）。

（11）菅谷文則「八角堂の建立を通じてみた古墳終末時の一様相」（『論集　終末期古墳』一九七三年）。

参照文献

本文中において言及した遺跡などのうち必要と思われるものについて、参照文献を章ごとに分けて掲げた。ただし注において示した文献や重複する文献などは、とくに必要と考えられない限り除外した。

第一章

縄文的弥生人　内藤芳篤「西北九州出土の弥生時代人骨」『人類学雑誌』七九―三　一九七一年。

菜畑遺跡　中島直幸・高島忠平「佐賀県唐津市菜畑遺跡について」『日本考古学協会研究発表要旨』一九八一年。

中島直幸ほか「菜畑遺跡」『末盧国』一九八二年。〔中島直幸・田島龍太編『菜畑遺跡』唐津市文化財調査報告第五集、一九八二年〕

唐古遺跡　末永雅雄・小林行雄・藤岡謙二郎『大和唐古弥生式遺跡の研究』京都帝国大学文学部考古学研究報告第十六冊　一九四三年。〔田原本町教育委員会編『唐古・鍵遺跡I――範囲確認調査――』田原本町文化財調査報告書第五集、二〇〇九年〕

津島遺跡　津島遺跡発掘調査団『岡山県津島遺跡調査概報』一九六八年。〔岡山県古代吉備文化財センター編『津島遺跡　発掘調査・四〇年のあゆみ』二〇〇四年〕

板付遺跡　山崎純男「福岡市　板付遺跡の縄文時代水田址」『月刊文化財』十月号　一九七八年。
瓜生堂遺跡　大阪府教育委員会『東大阪市瓜生堂遺跡の調査』　一九六七年。
鱸沼遺跡　志間泰治『鱸沼遺跡』　一九七一年。
沖縄の須玖式土器　友寄英一郎「沖縄出土の弥生式土器」『琉球大学法文学部紀要 社会篇』第十四号　一九七〇年。
小田富士雄「九州系弥生文物の対外伝播覚書」『国分直一博士古稀記念論文集　日本民族文化とその周辺』考古篇　一九八〇年。
南海産貝輪　三島格・橋口達也「南海産貝輪に関する考古学的考察と出土地名表」『立岩遺蹟』　一九七七年。
垂柳遺跡　伊東信雄「稲作の北進」『古代の日本』8東北　一九七〇年。
青森県立郷土館編『特別展「弥生時代の青森」――北限の稲作の起源を求めて――』一九八二年。［青森県埋蔵文化財調査センター編『垂柳遺跡発掘調査報告書』青森県埋蔵文化財調査報告書第八八集、一九八五年］
森本遺跡　吉本堯俊・北山惇・浪貝毅『森本遺跡発掘調査概報』　一九七〇年。

第二章

登呂遺跡　日本考古学協会編『登呂 本編』　一九五四年。
新羽大竹遺跡　岡本孝之・上田薫・白石浩之『新羽大竹遺跡』神奈川県埋蔵文化財調査報告17　一九八〇年。

上東遺跡　伊藤晃・柳瀬昭彦ほか「上東遺跡の調査」『岡山県埋蔵文化財発掘調査報告書』第2集　一九七四年。
門前池遺跡　池畑耕二「第2次調査」『岡山県埋蔵文化財発掘調査報告』第9集　一九七五年。

第三章

今山遺跡　下條信行『今山遺跡』福岡市立歴史資料館調査研究報告1　一九七三年。
立岩遺跡　立岩遺蹟調査委員会編『立岩遺蹟』　一九七七年。
仁伍遺跡　山本慶一「倉敷市児島仁伍遺跡」『倉敷考古館研究集報』第8号　一九七三年。
池尻遺跡　間壁葭子「児島・上之町保育園内遺跡」『倉敷考古館研究集報』第6号　一九六九年。
栗林遺跡　神田五六「信濃栗林の弥生式石器」『考古学』第六巻第一〇号　一九三五年。
東奈良遺跡　東奈良遺跡調査会編『東奈良』　一九七六年。
唐古・鍵遺跡　久野邦雄・寺沢薫『昭和五二年度唐古・鍵遺跡発掘調査概報』　一九七八年。
鬼虎川遺跡　東大阪市遺跡保護調査会編『鬼虎川の銅鐸鋳型』　一九八一年。
東大阪市文化財協会編『鬼虎川の金属器関係の遺物』　一九八二年。
須玖岡本遺跡群　九州歴史資料館編『青銅の武器――日本金属文化の黎明――』　一九八〇年。

第四章

宝台遺跡　高倉洋彰編『宝台遺跡』　一九七〇年。
沼遺跡　近藤義郎・渋谷泰彦編著『津山弥生住居址群の研究』　一九五七年。

板付遺跡　森貞次郎・岡崎敬「福岡県板付遺跡」『日本農耕文化の生成』一九六一年。
杉原荘介「福岡県板付遺跡における昭和43・44年度の調査」『案山子』4　一九七〇年。
下條信行編『福岡市板付遺跡調査報告』福岡市埋蔵文化財調査報告書第8集　一九七〇年。
ほか福岡市教育委員会による報告書。
津島遺跡　昭和44年津島遺跡調査団『昭和44年岡山県津島遺跡調査概要』一九六九年。
野黒坂遺跡　松岡史・前川威洋・副島邦弘「野黒坂遺跡」『福岡南バイパス関係埋蔵文化財調査報告』1　一九七〇年。
高倉洋彰「弥生時代の集団組成」『九州考古学の諸問題』一九七五年。
野田遺跡　近藤義郎「岡山県勝田郡野田遺跡」『日本考古学年報』4　一九五一年。
会下山遺跡　村川行弘・石野博信『会下山遺跡』一九六四年。
貝殻山遺跡　近藤義郎・小野昭「岡山県貝殻山遺跡」『高地性集落跡の研究』一九七九年。
比恵遺跡　鏡山猛「環溝住居阯小論」(一)『史淵』六七・六八合輯　一九五六年。
百間川遺跡群　岡山県教育委員会編『旭川放水路(百間川)改修工事に伴う発掘調査』Ⅰ・Ⅱ　岡山県埋蔵文化財発掘調査報告第39集・第46集　一九八〇年・一九八一年。
岡山県教育委員会編『岡山県埋蔵文化財報告　緊急発掘調査概要』11　一九八一年。

第五章

須玖岡本遺跡　島田貞彦「筑前須玖先史時代遺跡の研究」『筑前須玖史前遺跡の研究』京都帝国大

学文学部考古学研究報告第十一冊　一九三〇年。
九州大学文学部考古学研究室編『福岡県須玖・岡本遺跡調査概報』福岡県文化財調査報告書第二九集　一九六三年。
土井ヶ浜遺跡　金関丈夫・坪井清足・金関恕「山口県土井浜遺跡」『日本農耕文化の生成』一九六一年。［小林善也・沖田絵麻・松下真実編『土井ヶ浜遺跡　第一次〜第一二次発掘調査報告書』二〇一四年］
勝部遺跡　鳥越憲三郎ほか『勝部遺跡』一九七二年。
スダレ遺跡　橋口達也編『スダレ遺跡』一九七六年。
三津永田遺跡　金関丈夫・坪井清足・金関恕「佐賀県三津永田遺跡」『日本農耕文化の生成』一九六一年。

第六章

宇木汲田遺跡　唐津湾周辺遺跡調査委員会編『末盧国』一九八二年。
伯玄社遺跡　松岡史・亀井勇『福岡県伯玄社遺跡調査概報』福岡県文化財調査報告書三六　一九六八年。
中ノ浜遺跡　国分直一・岩崎卓也・木下正史「山口県中の浜遺跡調査概報」『大塚考古』九号　一九六八年。［豊浦町教育委員会編『史跡　中ノ浜遺跡　保存管理計画策定報告書』一九八四年］
金隈遺跡　折尾学『福岡市金隈遺跡第一次調査概報』『同第二次調査概報』福岡市埋蔵文化財調査

報告書第7集・第17集　一九七〇年・一九七一年。
葉山尻遺跡　松尾禎作『佐賀県下の支石墓』佐賀県文化財調査報告書第四輯　一九五五年。
池上遺跡・四ッ池遺跡　第2阪和国道内遺跡調査会編『第2阪和国道内遺跡発掘調査報告書』1―4　一九六九年～一九七一年。
宮の前遺跡　下條信行・沢皇臣編『宮の前遺跡(A～D地点)』一九七一年。
瓜生堂遺跡　中央南幹線内西岩田瓜生堂遺跡調査会編『瓜生堂遺跡』(概報)　一九七一年。
瓜生堂遺跡調査会編『瓜生堂遺跡』資料篇　一九七二年。
瓜生堂遺跡調査会編『瓜生堂遺跡』Ⅱ・Ⅲ　一九七三年・一九八一年。
大阪文化財センター編『瓜生堂』一九八〇年。
大阪文化財センター編『巨摩・瓜生堂』一九八二年。
四辻遺跡・四辻峠台状墓・宮山台状墓　神原英朗『四辻土壙墓遺跡・四辻古墳群』一九七三年。
立坂墳丘墓　岡山大学調査　一九七一年～一九七二年。［近藤義郎『新本立坂』一九九六年］
伊与部山一号墳丘墓　岡山大学調査　一九六六年。［近藤義郎『伊与部山墳墓群』一九九六年］
鋳物師谷二号墳丘墓　小野一臣・間壁忠彦・間壁葭子「岡山県清音村鋳物師谷2号墳出土の土器」『倉敷考古館研究集報』第13号　一九七七年。
都月坂二号墳丘墓　岡山大学調査　一九六五年～一九六六年。［近藤義郎「都月坂二号弥生墳丘墓」『岡山県史』第一八巻　考古資料、一九八六年］
楯築墳丘墓　近藤義郎『楯築遺跡』山陽カラーシリーズ3　一九八〇年。［近藤義郎編『楯築弥生墳丘墓の研究』楯築刊行会、一九九二年］

女男岩墳丘墓　間壁忠彦・間壁葭子「女男岩遺跡」『倉敷考古館研究集報』第10号　一九七四年。
宮山墳丘墓　高橋護「三輪山墳墓群の調査から」『岡山県総合文化センター館報』三九号　一九六三年。
近藤義郎「岡山県総社市宮山墳墓群の調査」『考古学研究』第一〇巻第二号　一九六三年。〔高橋護・鎌木義昌・近藤義郎「宮山墳墓群」『総社市史』考古資料編、一九八七年〕
西谷墳丘墓群　出雲考古学研究会編『西谷墳墓群』古代の出雲を考える2　一九八〇年。〔田中義昭編『山陰地方における弥生墳丘墓の研究』一九九二年／坂本豊治編『西谷墳墓群』二〇〇六年〕
西桂見墳丘墓　木村有作・藤田三郎・加藤謙・平川誠『西桂見遺跡』鳥取市文化財報告書X　一九八一年。
矢谷墳丘墓　金井亀喜・小都隆編『松ヶ迫遺跡群発掘調査報告』一九八一年。
曰佐原遺跡　鏡山猛「環溝住居阯小編」㈣『史淵』七八　一九五九年。
酒殿遺跡　下條信行「まとめ——特に墳墓について——」『宮の前遺跡(A～D地点)』一九七一年。
採銅所宮原遺跡　原口信行「箱式棺内出土の内行花文鏡」『考古学雑誌』第四〇巻第三号　一九五四年。
夫婦塚　花村利彦「田川地方における新発見の古墳について」『郷土田川』一五　一九六六年。
宮の前一号墓　下條信行・沢皇臣編『宮の前遺跡(A～D地点)』一九七一年。
平塚　森貞次郎「福岡県粕屋町上大隈平塚古墳」『九州考古学』十一・十二　一九六一年。

原目山墳墓群　甘粕健・大塚初重・大西青二・沼弘「福井市原目山古墳群の調査」『日本考古学協会第33回総会研究発表要旨』一九六七年。［堅田直編『原目山墳丘墓群　重立山古墳群』北陸自動車道関係遺跡調査報告書第一六集、二〇〇八年］

キトラ山墳丘墓　前園実知雄・伊藤勇輔「奈良県榛原町の古墳時代初頭の墳墓」『古代学研究』七一　一九七四年。

大王山墳丘墓　伊藤勇輔編『奈良県宇陀郡榛原町大王山遺跡』一九七七年。

石　塚　石野博信・関川尚功『纒向』一九七六年。［橋本輝彦他編『奈良県桜井市　史跡纒向古墳群　纒向石塚古墳　発掘調査報告書』桜井市埋蔵文化財発掘調査報告書第三八集、二〇一二年］

沖ノ島遺跡群　宗像神社復興期成会編『沖ノ島　宗像神社沖津宮祭祀遺跡』一九五八年。第三次沖ノ島学術調査隊編『宗像沖ノ島』一九七九年。

中山集団墓地遺跡　山磨康平・奥和之・橋本惣司『中山遺跡』一九七八年。

第七章

椿井大塚山古墳　樋口隆康「山城国相楽郡高麗村椿井大塚山古墳調査略報」『史林』第三六巻第三号　一九五三年。［樋口隆康『昭和二八年 椿井大塚山古墳発掘調査報告』京都府山城町埋蔵文化財調査報告書第二〇集、一九九八年］

備前車塚古墳　鎌木義昌・近藤義郎「備前車塚古墳」『考古学研究』第一四巻第四号　一九六八年。［近藤義郎・鎌木義昌「備前車塚古墳」『岡山県史』第一八巻 考古資料、一九八六年］

吉島古墳　近藤義郎編『吉島古墳』一九八三年。
養久山五号墳丘墓　養久山墳墓群調査団調査　一九六七年。〔近藤義郎編『養久山墳墓群』一九八五年〕
阿弥大寺一号墳丘墓　上米積遺跡群発掘調査団編『上米積遺跡群発掘調査報告』Ⅱ　一九八〇年。
杉谷A九号・一〇号方形周溝墓　藤田富士夫「杉谷A遺跡」『富山市杉谷(A・G・H)遺跡発掘調査報告書』一九七五年。
黒宮墳丘墓　間壁忠彦・間壁葭子・藤田憲司「岡山県真備町黒宮大塚古墳」『倉敷考古館研究集報』第13号　一九七七年。
鋳物師谷一号墳丘墓　春成秀爾・葛原克人・小野一臣・中田啓司「備中清音村鋳物師谷一号墳墓調査報告」『古代吉備』第六集　一九六九年。〔近藤義郎「鋳物師谷一号弥生墳丘墓」『岡山県史』第一八巻 考古資料、一九八六年〕
箸墓古墳　末永雅雄『古墳の航空大観』一九七五年。
中村一郎・笠野毅「大市墓の出土品」『書陵部紀要』第27号　一九七五年。〔寺沢薫編『箸墓古墳周辺の調査』奈良県文化財調査報告書第八九集、二〇〇二年〕
安養寺墳丘墓　内田才・野津弘雄・勝部昭「安来・安養寺古墳群」『菅田考古』第14号　一九七六年。〔出雲考古学研究会編『荒島墳墓群』古代の出雲を考える四、一九八五年〕
安来市宮山墳丘墓　安来市教育委員会編『宮山古墳群』一九七四年。
下山墳丘墓　勝部昭『史跡仲仙寺古墳群』一九七七年。
仲仙寺墳丘墓　安来市教育委員会編『仲仙寺古墳群』一九七二年。

第八章

牛窓の前方後円墳　近藤義郎「牛窓湾をめぐる古墳と古墳群」『私たちの考古学』第三巻第二号　一九五六年。〔近藤義郎編『喜兵衛島——師楽式土器製塩遺跡群の研究——』一九九九年〕
丹後の前方後円墳　同志社大学考古学研究会編『丹後地域の古式古墳』同志社考古第10号　一九七三年。
京都府教育委員会編『京都府遺跡地図』一九七二年。
松岳山古墳　小林行雄『河内松岳山古墳の調査』大阪府文化財調査報告書第5輯　一九五七年。
野中アリ山古墳　北野耕平「野中アリ山古墳」『河内における古墳の調査』一九六四年。
七観古墳　樋口隆康・岡崎敬・宮川徏「和泉国七観古墳調査報告」『古代学研究』27　一九六一年。〔阪口英毅編『七観古墳の研究』二〇一四年〕
ウワナベ六号墳　森浩一「古墳出土の鉄鋌について」『古代学研究』21・22合併号　一九五九年。〔宮内庁書陵部陵墓課編『宇和奈辺陵墓参考地旧陪冢ろ号（大和六号墳）出土遺物の整理報告』二〇一七年〕
野中古墳　北野耕平『河内野中古墳の研究』一九七六年。
黒姫山古墳　森浩一『河内黒姫山古墳の研究』大阪府文化財調査報告書第1輯　一九五三年。
月岡古墳　島田寅次郎「日ノ岡、月ノ岡古墳」『福岡県史蹟名勝天然紀念物調査報告書』第一輯　一九二五年。〔児玉真一編『若宮古墳群Ⅲ』吉井町文化財調査報告書第一九集、二〇〇

五年］
雲部車塚古墳　中山正二編『雲部御陵墓参考地――車塚研究資料集――』一九七〇年。［阪口英毅他編『兵庫県立考古博物館研究紀要』第三号、二〇一〇年］
鶴山古墳　尾崎喜佐雄「群馬県太田市鶴山古墳」『日本考古学年報』1　一九五一年。［右島和夫ほか「鶴山古墳出土遺物の基礎調査I～VI」『群馬県立歴史博物館調査報告書』第二号～第七号、一九八六～一九九六年］
金蔵山古墳　西谷真治・鎌木義昌『金蔵山古墳』一九五九年。
神宮寺山古墳　鎌木義昌「岡山市域の古墳時代遺跡」『岡山市史』古代編　一九六二年。［神谷正義・安川満『神宮寺山古墳 網浜茶臼山古墳』二〇〇七年］
月の輪古墳　近藤義郎編『月の輪古墳』一九六〇年。
カトンボ山古墳　森浩一・宮川徏『カトンボ山古墳の研究』一九五三年。

第九章

谷尻遺跡　高畑知功・井上弘ほか「谷尻遺跡」『岡山県埋蔵文化財発掘調査報告』11　一九七六年。
大園遺跡　広瀬和雄『大園遺跡発掘調査概要』Ⅲ　一九七六年。
三ツ寺I遺跡　下城正ほか「群馬県三ツ寺I遺跡調査概要」『考古学雑誌』第六七巻第四号　一九八二年。［群馬県埋蔵文化財調査事業団編『三ツ寺I遺跡』上越新幹線関係埋蔵文化財発掘調査報告書第八集、一九八八年］
西都原一一〇号墳　浜田耕作・原田仁『西都原古墳の調査』日本古文化研究所報告第十　一九四〇

年。

赤堀茶臼山古墳　後藤守一『上野国佐波郡赤堀村今井茶臼山古墳』帝室博物館学報　一九三三年。

高松茶臼山古墳　松本豊胤「高松市茶臼山古墳」『郷土資料室列品目録　古墳その2　茶臼山と津頭東』一九七〇年。〔信里芳紀編『高松市茶臼山古墳』二〇一四年〕

向野田古墳　富樫卯三郎・平山修一・高木恭二『向野田古墳』一九七八年。

得能山古墳　森本六爾「得能山古墳」『考古学雑誌』第一四巻第一三号　一九二四年。
清野謙次『日本原人の研究』一九二五年。

青山五号墳　大阪府教育委員会『青山遺跡現地説明会資料第1回〜第3回』一九七八年〜一九七九年。〔渡辺昌宏「青山古墳群」『古市古墳群とその周辺』摂河泉文庫、一九八五年〕

造山古墳　西川宏「吉備政権の性格」『日本考古学の諸問題』考古学研究会十周年記念論文集　一九六四年。〔新納泉編『岡山市造山古墳群の調査概報』二〇一二年〕

竹田古墳群　今井堯・土居徹一九七一年発掘、両氏教示による。

磐余・池ノ内古墳群　泉森皎編『磐余・池ノ内古墳群』奈良県史跡名勝天然記念物調査報告第28冊　一九七三年。

巨勢山古墳群（境谷二号墳）　久野邦雄編『大和巨勢山古墳群（境谷支群）昭和48年度発掘調査概報』一九七四年。

火野谷山二号墳　松田真一編『新庄火野谷山古墳群』奈良県文化財調査報告書第31集　一九七九年。

兵家古墳群　伊藤勇輔『兵家古墳群』奈良県史跡名勝天然記念物調査報告第三十七冊　一九七八年。

外鎌山北麓古墳群　前園実知雄編『桜井市外鎌山北麓古墳群』奈良県史跡名勝天然記念物調査報告

第三十四冊　一九七八年。
横山七号墳　村上紘揚ほか「姫路市横山古墳群緊急調査報告」　一九七一年。右のほか村上紘揚・岸本雅敏両氏の教示をえた。［松本正信「横山古墳群」『姫路市史』第七巻下、二〇一〇年］
日上畝山古墳群　今井堯「原始から古代国家の成立へ」『津山市史』第一巻原始・古代　一九七二年。［小郷利幸・平岡正宏編『日上畝山古墳群Ⅱ』津山市埋蔵文化財発掘調査報告第七八集、二〇〇七年］
高砂山古墳群　近藤義郎一九五一年調査。
豊岡市の古墳群　瀬戸谷皓編『豊岡市の埋蔵文化財』豊岡市文化財調査報告書第10集　一九八〇年。および瀬戸谷皓氏の教示による。
北浦古墳群　瀬戸谷皓・友久伸子編『北浦古墳群』豊岡中核工業団地予定地内埋蔵文化財発掘調査報告2　一九八〇年。

第十章

東奈良遺跡　原口正三「土木技術」『日本生活文化史』1　一九七五年。
纒向遺跡　石野博信・関川尚功『纒向』一九七六年。
古照遺跡　古照遺跡調査団編『古照遺跡』松山市文化財調査報告書第四集　一九七四年。
新沢千塚一二六号墳　森浩一・網干善教・伊達宗泰『新沢千塚一二六号墳』一九七七年。
塔塚古墳　森浩一・田中英夫「大阪府堺市塔塚調査報告」『日本考古学協会第25回総会研究発表要

旨』一九六〇年。
千足装飾古墳　梅原末治「備中千足の装飾古墳」『近畿地方古墳墓の調査』三　一九三八年。［西田和浩編『千足古墳 第一～第四次発掘調査報告書』二〇一五年］

第十一章

石上・豊田古墳群　泉森皎編『天理市石上・豊田古墳群』Ⅰ　奈良県文化財調査報告書第20集　一九七五年。
泉森皎・河上邦彦編『天理市石上・豊田古墳群』Ⅱ　奈良県文化財調査報告書第27集　一九七六年。
石光山古墳群　奈良県立橿原考古学研究所編『葛城・石光山古墳群』奈良県史跡名勝天然記念物調査報告第三十一冊　一九七六年。
新沢千塚古墳群　伊達宗泰編『新沢千塚古墳群』奈良県史跡名勝天然記念物調査報告第三十九冊　一九八一年。

第十二章

老司古墳　九州大学文学部考古学研究室編『福岡市老司古墳調査概報』一九六九年。［山口譲治他編『老司古墳』福岡市埋蔵文化財調査報告書第二〇九集、一九八九年］
大藪古墳　小林行雄・楢崎彰一「中河内郡石切町大籔古墳」『金山古墳および大籔古墳の調査』一九五三年。

万燈山古墳　加茂町文化財保護委員会編『万燈山古墳』一九七四年。
喜兵衛島古墳群　喜兵衛島発掘調査団編「謎の師楽式」『歴史評論』七二　一九五六年。［近藤義郎編『喜兵衛島―師楽式土器製塩遺跡群の研究―』一九九九年］
加茂町の古墳　今井堯・近藤義郎などの調査による。
能勢町の古墳　広瀬和雄「考古資料」『能勢町史』第四巻（資料編）一九八一年。
京都平野の古墳と横穴　竹並遺跡調査会編『竹並遺跡』一九七九年。
宮城県の古墳　氏家和典氏の教示による。
神田古墳群・ヒガンジョ古墳群　石部正志編『若狭大飯』一九六六年。
葛島古墳群　香川県教育委員会編『葛島』一九七四年。
吉見浜の古墳　若狭考古学研究会『吉見浜遺跡』一九七四年。
日角浜の古墳　石部正志編『若狭大飯』一九六六年。
堅海遺跡と古墳群　小浜市教育委員会編『小浜市埋蔵文化財分布図』一九七七年。
傾の古墳　森浩一ほか「福井県田烏湾における古代漁業遺跡調査報告」『若狭・近江・讃岐・阿波における古代生産遺跡の調査』一九七一年。
久見の遺跡と古墳　亀井正道・近藤正「隠岐五箇村久見の考古学的調査」『國學院大學日本文化研究所紀要』第十八輯　一九六六年。
常定峯双遺跡　潮見浩ほか「常定峯双遺跡群の発掘調査報告」『広島県文化財調査報告』第七集　一九六七年。
稼山古墳群　村上幸雄『稼山遺跡群』Ⅱ　一九八〇年。

大蔵池南遺跡　森田友子「大蔵池南製鉄遺跡」『稼山遺跡群』Ⅳ　一九八二年。

第十三章

こうもり塚古墳　梅原末治「備中都窪郡の二三の墳墓に就いて」『歴史と地理』第十五巻第一号　一九二五年。

大念寺古墳　西尾克己「史跡大念寺古墳」『出雲・上塩冶地域を中心とする埋蔵文化財調査報告』一九八〇年。〔出雲市教育委員会編『史跡大念寺古墳 保存修理事業報告書』一九八八年〕

竜王山古墳群　清水真一「奈良県天理市龍王山古墳群の問題Ⅰ・Ⅱ」『古代学研究』62・63　一九七一年・一九七二年。〔河上邦彦・松本百合子『龍王山古墳群』奈良県史跡名勝天然記念物調査報告第六八冊、一九九三年〕

岩田古墳群　神原英朗『岩田古墳群』一九七六年。

六ツ塚古墳群　今井堯「原始から古代国家の成立へ」『津山市史』第一巻原始・古代　一九七二年。

見瀬丸山古墳　小島俊次『奈良県の考古学』一九六五年。〔福尾正彦・徳田誠志「畝傍陵墓参考地石室内現況調査報告」『書陵部紀要』第四五号、一九九四年〕

平田梅山古墳（伝欽明陵）　末永雅雄『古墳の航空大観』一九七五年。

河内大塚古墳　末永雅雄『古墳の航空大観』一九七五年。森浩一「古墳文化と古代国家の誕生」『大阪府史』第一巻　一九七八年。

法興寺（飛鳥寺）　奈良国立文化財研究所編『飛鳥寺』一九五八年。

竜角寺岩屋古墳　大塚初重「千葉県岩屋古墳の再検討」『駿台史学』三七　一九七五年。

文庫版編集にあたって

著者である近藤義郎（こんどうよしろう）（一九二五年二月一四日〜二〇〇九年四月五日）は、生前、『前方後円墳の時代』（日本歴史叢書、岩波書店、一九八三年）の増補改訂版刊行を念頭に、本書の底本となる背表紙に「改訂用」と記した一冊の初版本を遺した。そこには誤植訂正を示した付箋とともに内容に関わる補足解説メモ、その後の調査成果による事実関係の変更や用語の修正、挿図の差し替え指示などが鉛筆で書き加えられていた。

これらの書き込みの一つの契機は、一九九四年一月から九五年三月まで、市井の団体であった遺跡観察会の皆さんとおこなった本書の講読勉強会にあったようで、この初版本には参加された方々の名前がそれぞれの講読分担箇所に記されている。ただし、分担箇所の記名は全編にわたるわけではなく、第一章から第四章までで、その際に書き加えたと思われる内容を補足解説したメモについては第二章で終えている。そのほか内容に関わる書き込みは第十三章にあるのみで、これが増補改訂に備えたメモだと思われた。

これらの内容に関わる書き込みは以下のとおりで、遺された鉛筆書きメモ原文を概ねそのまま転記した。該当箇所は本文中に［1］［2］の補注番号を付した。

第一章

［1］石器、特に打製、土器、文様など型。

［2］そうでない意見もある。

［3］縄文土器といえるか。

［4］水田＝小区画。用水、排水溝。

［5］前期後葉に点々と拠点が青森まで及んだ。砂沢式。

［6］福岡県曲り田遺跡（夜臼式）。

［7］とはいえ原初的な取水、排水施設をもつ。

［8］私有化としてもよい。

［9］早稲種。

［10］青森、砂沢式。

第二章

［1］熊本県下前原遺跡の製錬滓（竪穴外）。

第十三章

［1］なぜそう考えるのか。墳丘外埋葬かなり多し。山陽町岩田一号墳（図114）。

[2]家長、家父長家族。
[3]未知の部分多し。
[4]このあと火葬骨壺のあるものしばしば。天武、持統もそう。
[5]宇土半島向野田古墳。
[6]推古、持統。
[7]どこでも同じ型式で。
[8]こうもり塚など。
[9]中宮一号墳。
[10]?を入れても二六基(前方後円墳集成より)。
[11]石室内部に重点が移る。
[12]祭祀の在り方の変化。前方部が無用の長物と化す。前方部の無意味化。
[13]大和河内の最後の前方後円墳。前方後円墳の廃止。

残る第三章から第十二章までは、誤植訂正のほか簡単な指示が断片的に記されている程度であった。念のため、近藤家に遺された手帳類から、著者のおこなった改訂作業の復元を試みたが、観察会の皆さんとの講読会以外、痕跡が辿れなかった。それ故、第三章から第十二章までの正確な書き込み時期は不明である。けれども著者の執筆活動は体調を崩す二〇〇七年三月頃までなので、書き込みはそれ以前のはずである。

いずれにせよ、講読会を終えた一九九五年三月以降、積極的に改訂作業を進めた様子が窺えないが、その理由はわからない。あるいは第六章、第七章と内容が重複する一九九八年の『前方後円墳の成立』の刊行に精力を注いだためかもしれないし、第五章の内容を『古代吉備』一六号(一九九四年)や『日上天王山古墳』(一九九七年)などの論考で再論したからかもしれない。また、二〇〇〇年以降、堰(せき)を切ったように矢継ぎ早に刊行された『前方後円墳集成』補遺編や『前方後円墳観察への招待』(二〇〇〇年)、『前方後円墳に学ぶ』『前方後円墳と吉備・大和』(二〇〇一年)、『楯築弥生墳丘墓』(二〇〇二年)、『前方後円墳の起源を考える』(二〇〇五年)、『発掘五〇年』(二〇〇六年)、『近藤義郎と学ぶ 考古学通論』(二〇〇八年)といった編著書とも無関係ではなさそうである。とすれば、先述の第三章から第十二章までの数少ない書き込みは、これらの著作準備に追われる前の九〇年代のうちになされたとみるのが穏当なのだろう。

理由はともあれ、著者による増補改訂作業が完遂されているわけではないが、文庫版の編集にあたっては、この一冊をご家族より提供いただいて底本とし、編集担当者、下垣仁志氏の協力、助言を得て校訂作業に努めた。以下、先の著者による補注以外に本書で加筆・訂正した事柄やその理由について記しておきたい。

まず用語については、著者の考え方に沿って「竪穴式石室」を「竪穴式石槨」、「全長」を「墳長」、「帆立貝式」を「帆立貝形」に改めた。これらは、『前方後円墳集成』中国・四国編（近藤編、一九九一年）の刊行に際して作成された、古墳カード記入のためのマニュアルに依拠した。

マニュアル作成時にまとめ役であった乗岡実によれば、古墳カードでは内部主体を「棺」「槨」「室」に区分し、棺を被う施設を「槨」、横穴式石室のような内部に空間をもった埋葬施設を「室」と規定しており（乗岡、二〇一七年）、著者は以後の著作でも概ねこの基準に従って用語を使用している。ただし、今日では竪穴系でも石室の概念に相当する埋葬施設の存在が知られており（澤田、二〇〇九年）、判別し得る限りで「石室」のままとした。なお、単に「石室」とある場合は、脈絡に沿っていずれに該当するかを判別した。「全長」についても同様で、墳丘長とし得るものを対象に「墳長」とした。

また「大形、小形」について、著者は「形」「型」の用法を、形容または shape（形）として用いる場合に「形」、type（型式）として用いる場合に「型」としていた（乗岡、二〇一七年）ので、単に大きな（large）、小さな（small）という意味での表記では「大型、小型」ではなく「大形、小形」としている。帆立貝形古墳も同様で、帆立貝の形に起因する呼称なので「帆立貝形」で統一した。

次に挿図、表について触れておきたい。

挿図は可能な限り、初版当時に作成された原図、写真原版を用いるようにした。幸い原図のおよそ三分の一、写真原版の多くが近藤家に保管されていた。原図が利用できなかったものは原著から転載したが、全体に縮小したため、読みにくくなった写植は打ち直した。また、写真原版の見当たらなかった図57、図99は近似したものにした。なお、いずれの挿図も出典、提供者を各図の直下に示した。

図54は下の図に対し、「図さしかえる」との付箋があったが、何に差し替えるか記されていなかったので、関連する記述の脈絡に沿って筆者が判断し、備前車塚古墳を吉島古墳に変更した。図65については、本文の記述に鑑み、図中に楯築墳丘墓の位置を追加した。さらに図68については、二つの銚子山古墳に「網野」「黒部」を加え、両古墳が明確に区別できるようにした。表4については著者の書き込み指示により、「後円部頂径」の項目を補った。

初版刊行後の調査成果による事実関係の変更は、主に古墳の墳丘規模にあり、著者の指示で変更した箇所は以下のとおりである。

・岡山県浦間茶臼山古墳(二五三ページ)　墳長一二〇→一四〇メートル[ただしその後の調査により、現在は一三八メートルとされている。以下同]

・京都府椿井大塚山古墳(二五三、二五四、三四九ページ)　墳長一九〇→一七〇メートル[一七五メートル]

・岡山県中山茶臼山古墳(二八三ページ)　墳長一五〇→一二〇メートル[一〇八メートル]

・岡山県作山古墳(二八三ページ)　墳長二七〇→二八六メートル[二八二メートル]

・岡山県造山古墳(二八三、三三一ページ)　墳長三五〇→三六〇メートル[現在は改めて三五〇メートルが公表数値]

これらを含め、今日までの調査成果によって大きな変更があったものについては、下垣氏が作成した一覧を末尾に掲げたので参照願いたい。

また古墳の造営年代観を変更したものに山代二子塚古墳(四六三ページ)があり、五世紀と記述したものを六世紀中葉と著者自身が朱書き訂正している。

最後に、第八章以降で用いている古墳時代の時期区分について触れておきたい。

時期区分相対表

<table>
<tr><th>三期区分</th><th>本書</th><th>集成編年</th><th>和田編年</th><th></th></tr>
<tr><td rowspan="5">前期</td><td rowspan="2">前Ⅰ期
(三世紀末ないし四世紀前葉)</td><td>1</td><td>1</td><td>250年頃</td></tr>
<tr><td>2</td><td>2</td><td></td></tr>
<tr><td rowspan="3">前Ⅱ期
(四世紀中・後葉)</td><td>3</td><td>3</td><td></td></tr>
<tr><td rowspan="2">4</td><td>4</td><td></td></tr>
<tr style="display:none"></tr>
<tr><td rowspan="4">中期</td><td rowspan="3">前Ⅲ期
(五世紀前・中葉)</td><td>5</td><td>370年頃</td></tr>
<tr><td>5</td><td>6</td><td></td></tr>
<tr><td>6</td><td>7</td><td></td></tr>
<tr><td>前Ⅳ期
(五世紀後葉)</td><td>7</td><td>8</td><td></td></tr>
<tr><td rowspan="4">後期</td><td rowspan="2">後Ⅰ期
(六世紀前葉)</td><td>8</td><td>9</td><td>470年頃</td></tr>
<tr><td rowspan="2">9</td><td rowspan="2">10</td><td></td></tr>
<tr><td rowspan="2">後Ⅱ期
(六世紀後葉)</td><td></td></tr>
<tr><td>10</td><td>11</td><td></td></tr>
<tr><td>終末期</td><td>後Ⅲ期
(七世紀前・中葉)</td><td>(飛鳥時代)</td><td>(飛鳥時代)</td><td>600年頃</td></tr>
</table>

本書では古墳時代を前期、後期の二時期に区分し、前者をさらに四期に細分、後者を三期に細分した七期区分が用いられている。これらは初版当初に付された二七二ページの〔語注〕に詳細が記されているが、一九六六年に公表された時期区分(第八章、注2)であり、今日では前期、中期、後期の三期区分が主流であるし、著者自身も『前方後円墳集成』刊行時に畿内での古墳編年を基準としたいわゆる「集成編年」を策定し(広瀬、一九九一年)、以後それに準拠している。本書でも「集成編年」に修正すべきであったが少々繁雑になるので、相前後して示された和田晴吾の編年案(和田、一九八七年)とともに相対表を付してそれにかえることにした。また古墳時代の開始年代ほか各時期の暦年代も近年の研究によって解明しつつあるので、参考までに筆者の暦年代観(澤田、二〇一七年)を欄外に示しておいた。

その他の校閲は凡例のとおりで、市町村名やルビ、表記の統一など編集担当者の手によるものもあるが、それらを含め筆者の責任のもとで大方の作業を進めた。したがって、間違いや遺漏があれば筆者の責任である。

ところで、筆者が本書『前方後円墳の時代』を手にしたのは初版刊行直後の大学二年生か三年生の頃で、当時、古墳時代集落を学ぼうとしていたので、特に第四章、第五章を一所懸命、読み込んだ記憶がある。それが単位集団の把握をもとにした東国における古墳出現期の社会像を捉えようとした卒論研究に連なり、さらには近藤先生が主宰された楯築弥生墳丘墓第五次発掘調査(一九八五年一〇月)への参加に繋がって、今日に至っている。その意味で『前方後円墳の時代』は筆者が古墳時代研究をはじめた動機付けの一つと言ってよい。版を重ねたとはいえ、長く品切れで入手困難な状態にあったと側聞しているので、文庫版の刊行は誠に喜ばしい。特に若い学生、院生諸氏にとって個別の副葬品や政治史的視点に収斂しつつある古墳時代研究を見直す契機になればと思っている。また編集担当者の機転によって多くの補足、解説が新たに付されたので、一般読者の皆さんにも近藤先生によるダイナミックな歴史叙述を楽しんでもらえるものと思う。

本書の校訂作業にあたっては、先に記した底本以外に近藤家に遺された直筆原稿、図版、写真、その他の記録をご家族のご厚意で借用、閲覧し、基礎資料とした。筆者による校訂作業をお許し下さり、近藤家の関連資料を提供下さった近藤利子さん、近藤昭男さんにまずは衷心より感謝申し上げる次第である。さらに用語や『前方後円墳集成』作成時の様子などは乗岡実さんより教示を得たほか、古墳規模の変更一覧と時期区分の相対表作成について下垣仁志氏より助言いただいた。また挿図の探索などで小郷利幸氏、有賀祐史氏、清家章氏にお世話になった。記して謝意を表したい。最後に文庫版の刊行を企画され、筆者に本書の校訂機会をつくって下さった岩波文庫編集部の古川義子さんにも御礼申し上げたい。十分にその任を果たし得たか心許ないが、本書を世に送る喜びを嚙み締めて擱筆したい。

（澤田秀実）

近藤義郎編、一九九一年『前方後円墳集成』中国・四国編、山川出版社
澤田秀実、二〇〇九年「竪穴式石槨研究の現状と課題」『季刊考古学』一〇六、雄山閣、二七〜三一ページ
澤田秀実、二〇一七年「前方後円墳築造の論理と暦年代」『前方後円墳秩序の成立と展開』同成社、一八四〜一九〇ページ
乗岡　実、二〇一七年「前方後円墳研究をめぐる用語――『集成』作業の頃――」『中四研だより』三九、中国四国前方後円墳研究会、二五〜二六ページ
広瀬和雄、一九九一年「前方後円墳の畿内編年」『前方後円墳集成』中国・四国編、山川出版社、二四〜二六ページ
和田晴吾、一九八七年「古墳時代の時期区分をめぐって」『考古学研究』第三四巻第二号、考古学研究会、四四〜五五ページ

津堂城山古墳(大阪)	200→210	390
大山古墳(大阪)	486→525～	390
土師ニサンザイ古墳(大阪)	296→300	390
岡ミサンザイ古墳(大阪)	235→242	390
月岡古墳(福岡)	75→95	394
塚堂古墳(福岡)	100→91	394
日岡古墳(福岡)	80→74	394
御塚古墳(福岡)	70～80→72	394
石人山古墳(福岡)	110→120	394
善蔵塚古墳(福岡)	100→90	394
庚申堂塚古墳(佐賀)	72→60	394
岡寺古墳(佐賀)	70～80→65	394
剣塚古墳(佐賀)	88→83	394
天神山古墳(熊本)	114→106	394
スリバチ山古墳(熊本)	100→96	394
西谷銚子塚古墳(千葉)	109→130	395
富津稲荷山古墳(千葉)	120→106	395
亀甲山古墳(東京)	100→107	396
野本将軍塚古墳(埼玉)	115→124	396
埼玉稲荷山古墳(埼玉)	127→120	396
埼玉将軍山古墳(埼玉)	102→90	396

丸墓山古墳(埼玉)	100→105	396
栢間天王山塚古墳(埼玉)	120→107	396
九合五七号古墳(群馬)	87→95	399
オトカ塚古墳(群馬)	110→87	399
浄土寺山古墳(群馬)	110→54	399
後二子古墳(群馬)	76→85	399
保渡田愛宕塚[井手二子山]古墳(群馬)	93→108	399
保渡田薬師塚古墳(群馬)	70→105	399
お富士山古墳(群馬)	120→125	399
今井神社古墳(群馬)	100→71	399
ウワナリ塚古墳(奈良)	110, 127→115	443, 459
二子塚古墳(広島)	48→68	443
大念寺古墳(島根)	84→92	444, 463
長者ヶ平古墳(鳥取)	64→49	444
石上大塚古墳(奈良)	約 115→107	459
鉢塚古墳(大阪)	40→45	459
天武陵古墳(奈良)	39→58	472

墳丘規模に変更があった古墳一覧

古墳名(太字は名称修正, 斜体は弥生墳丘墓)	墳丘規模の変更(m)	記載頁
西谷三号墓(島根)	約 47×39 →40×30	207, 232
黒部銚子山古墳(京都)	100→105	282
蛭子山古墳(京都)	132→145	283
恵解山古墳(京都)	120→128	283, 389
久津川車塚古墳(京都)	156→183	283, 389
芭蕉塚古墳(京都)	118→114	283, 389
安土瓢箪山古墳(滋賀)	162→134	303
馬ノ山四号墳(鳥取)	推定復原110 →100	307
野中古墳(大阪)	28→37	319
唐櫃山古墳(大阪)	53→59	319
塚ノ本古墳(大阪)	約 100→55	337, 388
新山古墳(奈良)	約 130→137	344
マエ塚古墳(奈良)	約 48→60	346
薬師堂山古墳(静岡)	101→113	384
丁瓢塚古墳(兵庫)	101→107	385
行者塚古墳(兵庫)	108→99	385
愛宕山古墳(兵庫)	95→91	385
玉丘古墳(兵庫)	105→109	386
雲部車塚古墳(兵庫)	139→158	386
中道天神山古墳(山梨)	120→132	386
泰遠寺山古墳(福井)	100→63	386
宮内狐塚古墳(鳥取)	90→95	386
唐仁大塚古墳(鹿児島)	120→154	386
横瀬大塚山古墳(鹿児島)	129→140	386
築山古墳(岡山)	90→82	386
両宮山古墳(岡山)	190→206	386
宇度墓古墳(大阪)	200→180	387
西小山古墳(大阪)	40→50	387
摩湯山古墳(大阪)	200→210	388
黄金塚古墳(大阪)	85→94	388
心合寺山古墳(大阪)	130→157	388
紫金山古墳(大阪)	100→110	388
将軍山古墳(大阪)	約 100→107	388
郡家車塚古墳(大阪)	80→86	388
帝塚山古墳(大阪)	約 90→ 95ないし120	388
築山古墳(奈良)	210→220	389
室大墓古墳(奈良)	246→238	389
黒塚古墳(奈良)	139→134	389
西山古墳(奈良)	120→185	389

解説

下垣仁志

本書『前方後円墳の時代』は、日本の戦後考古学を牽引した近藤義郎（一九二五〜二〇〇九年）の主著であり、かつ日本考古学を代表する著作である。岩波書店より日本歴史叢書の一冊として、一九八三年に刊行されてから四〇年近い歳月が経過した現在なお、考古学研究者がつねに参照する到達点として、あるいは乗りこえるべき巨大な壁として、圧倒的な存在感を示しつづけている。このところ、古墳への社会的関心がおおいに高まっている。このたび、最良の（弥生・）古墳時代論である本書が、岩波文庫として装いも新たに世にでるのは、まことに時宜にかなったことである。

本書は平易な本ではない。しかし、本書をつらぬく明快な論理と方法論をふまえて丹念に読み進めるならば、高度な専門知識がなくとも理解できる構成と叙述になっている。以下では、近藤の考古学研究と本書について解説し、本書の理解の一助としたい。

近藤義郎は、一九二五年二月一四日に栃木県足利市で生を享けた。一九四五年に東京外国語学校(現・東京外国語大学)のヒンドスタニー語学科を卒業後、翌年に京都帝国大学文学部に入学し、考古学教室で縄文時代を研究した。大学院進学後の一九五〇年に、岡山大学解剖学第二講座に助手として赴任。まもなく教室内組織として人類学考古学研究室を設置し、一九六五年には同大学法文学部史学科の助教授に就任し(一九七二年に教授就任)、考古学履修コースを設置した。この期間に、岡山県内を中心に多数の発掘に従事する。とくに同県月の輪古墳における村民あげての共同発掘(一九五三年)は、発掘参加者のべ一万人、見学者のべ三万人におよぶ空前の発掘運動として、その記録映画とともに大きな話題を呼んだ。

その後も、研究室の運営と学生の育成、一九五四年に結成した考古学研究会の運営に併行して、弥生墳丘墓および最古型式前方後円墳の実体解明を求めて、数多くの発掘を主催した。長年にわたる発掘と研究の総決算として上梓した本書は、不朽の名著として現在にいたるまで揺るがぬ評価をえている。その後、岡山大学を退官(一九九〇年)してからも、前方後円墳の機能的検討を中心に研究と発掘を継続し、その成果は多数の著作に結実した。考古学研究に捧げた人生は、二〇〇九年四月に八四歳で幕を閉じた。

近藤が戦後の日本考古学ではたした貢献は、きわめて多岐にわたる。以下のように、三つの軸に大分すると、近藤のめざした考古学の方向性と射程をとらえやすくなる。すなわち、考古学の民主化、考古学の科学化、階級社会形成の究明、の三軸である。そして、これらの軸をまとめあげるものこそ、戦後歴史学であり、その根幹に横たわるマルクス主義的な唯物史観である。

まず、考古学の民主化について述べよう。岡山大学に赴任してまもない一九五二年、二七歳の近藤は岡山県勝田郡飯岡(ゆうか)村(現・美咲町)の山頂にある月の輪古墳に足を運び、山間部に似合わぬ巨大な円墳の偉容に目をみはった。村民と村の歴史について懇談をくりかえすうちに、みずからの手で村の歴史を明らかにしたいとの想いが村民のなかで高まり、その熱意はこの古墳の全面発掘というかたちで翌年に実を結ぶ。真夏から年末にかけて、大勢の村民が重い器材や道具をかつぎながら、山道をかきわけて村落との比高二七〇メートルの山頂へ登り(ちなみに東京都・高尾山の登り口と山頂の比高が四〇〇メートル)、地道な発掘に汗を流した。大古墳の全面発掘という、当時としては類例をみない大規模調査は、村民の手弁当参加やカンパ、炊きだしなどでまかなわれた。

当時、「歴史学を国民のもとに」をスローガンにして、国民的歴史学運動が歴史学界で渦巻いていた。しかし、この運動の実践は総じてうまくゆかず、歴史学界にとって苦い経験になってしまった。月の輪古墳の発掘が、この運動の数少ない成功例となった理由はいくつか考えられるが、なによりも村民と一体となって、古墳の発掘という具体性をもった活動をつうじて、地域史の解明をめざしたことにある（美備郷土文化の会編『月の輪教室』理論社、一九五四年／近藤・中村常定『地域考古学の原点・月の輪古墳』新泉社、二〇〇八年）。近年、考古学と社会の関係の改善をはかる「パブリック考古学」が注目を集めているが、月の輪古墳の発掘はこの動きを半世紀あまり先取りするパイオニア的運動であった。近藤は考古学の社会的意義にきわめて自覚的であり、考古学的知見からの反戦の主張（「人類の進歩と核兵器」『岡山歴史文化ブックレット』二、一九八五年）や、原爆ドームを国史跡にすべきとの提言などをおこなった。余談になるが、近藤は月の輪古墳発掘の前年に、岡山県最北端の蒜山原（ひるぜんばら）において古墳の発掘と分布調査を実施している。蒜山原で育った解説者は、その報告書『蒜山原』（近藤義郎著、一九五四年）を小学三年生の冬に読んで、古墳に強い関心をもった。解説者が考古学の道に進み古墳時代を研究しているのは、この報告書のおかげであり、このたび近藤先生の代表作の解説を担当させていただくことを、まことに光栄なことと感じている。

近藤は、「月の輪古墳の発掘の精神と方法を全国的に広め」る目的から、調査の翌年に考古学研究会を結成し、機関誌『私たちの考古学』を創刊する。創刊号の「創刊にあたって」には、「考古学を通して正しい科学的な古代史を知ることは私たちの今の生活をどんなにかうるほすことでしょうし、また歴史的に作られた「物」の真実を捉みとることは私たちの考え方をどんなにか確かなものにするでしょう」との考えのもと、「今までのように専問家と呼ばれる少数の人たちだけのための雑誌ではなく、これから勉強しようとしているお百姓さんにも青年にも郷土史の研究者にも社会科の先生にも本当に役に立つ会と雑誌」を創設する旨が明言されている。実際に、当誌には専門研究者ではない多くの市民からの文章が寄せられた。なお当誌は、のちに『考古学研究』と改称され、日本を代表する考古学専門誌として現在も刊行がつづいている。

近藤は、考古学の方法論を明確にし、歴史研究の主体性ある学問(科学)にすることにも尽力した。主力をそそいだ、といってもよい。敗戦直後に考古学の道に進んだ近藤は、戦中に日和見的な態度に終始した考古学が、そのことへの真摯な反省もなく、方法論を深める自覚も稀薄なまま、古代史研究の主役に躍りでたかのようにふるまうことを憂慮していた。戦中に皇国史観を下支えした古代史研究に替わって、考古学がいくら戦後社会でもてはやされたところで、学問としての主体性と実質性を確立しなければ、いずれ底が割れて不要視されるだろうからだ(『日本考古学研究序説』岩波書店、一九八五年)。事実、考古学研究会の発足当時、考古学への反動的な低評価が、政治家や学識者からだされていた。その根底には、考古学など歴史学の補助学にすぎないとみる態度があった。

近藤らが翻訳したV・G・チャイルドの『考古学とは何か』(岩波書店、一九六九年)の冒頭で、「考古学は、補助学といった貧相なものではなく、歴史学の源泉ともいうべきものである。したがって、その資料は本質的に歴史の資料であって、文献記録の単なる挿絵ではない」と断言され、チャイルドの方法論に強い影響を受けた近藤自身も、考古学が主体的な学問であることを強調していた。しかし当時、考古学の成果を挿絵的に、あるいは文字どおり挿絵として利用する歴史研究者は多く、現在も少なからぬ歴史研究者が考古学を事実上そのようにあつかっている。

この風潮を打破するべく、近藤は考古学を主体性ある科学にすることに心を砕いた(前掲『日本考古学研究序説』)。理論面では、チャイルドの方法論を翻訳し(前掲『考古学とは何か』/『考古学の方法』河出書房新社、一九六四年)、実践面では近藤が著者代表になり『考古学の基本技術』を刊行した(日本科学社、一九五八年)。

しかし、考古学の方法論として近藤がなによりも重視したのが発掘である。発掘こそが「考古学にとってもっとも重要な学問的営み」(「発掘の話」『歴史評論』三七三号、一九八一年)だと信じる近藤は、研究者人生をつうじて、つねに発掘調査を実施してきた。その具体例については、『発掘五〇年』(河出書房新社、二〇〇六年)において、近藤が発掘に深くかかわった八〇遺跡の調査内容が解説されている。遺跡を考古学研究の源泉とみる以上、遺跡の破壊には断固として反対し、遺跡の保存運動に積極的な役割をはたした。

そうした信念を反映して、本書『前方後円墳の時代』で使用される考古資料の多くが、近藤みずから発掘したものである。一般読者の目には、そうした遺跡の多くが地味に映るかもしれない。しかし、近藤の鋭い問題意識に根ざす発掘と、その成果を存分に活用した研究とによって、現在それらのほとんどが、考古学研究者に重要遺跡として認知されている。これはひとえに、近藤の発掘姿勢の賜物(たまもの)である。近藤は明確な課題をもって発掘にのぞみ、発掘の成果と検討をつうじて浮上した課題を、新たな発掘に投入することで、問題意識を拡幅し深化させていった。近藤自身の言葉を借りれば、「発掘は無限に課題を深め広げていく考古学の自己運動」である(前掲「発掘の話」)。さらにいえば、近藤の考古学研究とは、確かな考古資料に立脚した歴史叙述に向けての、問題意識および課題と発掘との弁証法運動であった。近藤が課題と発掘をたゆまず積み重ねた長年の成果こそが本書であり、借り物の資料と成果を寄せ集めた著作とは一線を画している。

近藤の論文・著書の多くは、日本列島における階級社会の形成と実態を考古学的に究明する志向にいろどられている。近藤の集団構成論や生業・分業論、群集墳論や前方後円墳論は、階級社会論と密接不可分にかかわっている。そもそも本書は当初、「階級社会への道」の題で企画されていた。本書では「階級」や「階級社会」の語の使用をひかえているが、階級社会形成を強く意識した叙述でつらぬかれている。

人間の歴史を考古学から追究するためには、集団構成が明らかになっていなければならない。岡山県沼遺跡の調査をつうじて、建物群の構成から弥生時代の経営単位である「単位集団」(後述)を抽出した研究成果(「共同体と単位集団」『考古学研究』第六巻第一号、一九五九年)は、以後の集団論の起点となった。近藤の集団論は、単位集団論を基礎に発展をとげ、生産関係・経済活動・技術発展の観点を織りまぜつつ、旧石器時代(先土器時代)から古墳時代までの社会像をえがきだしていった(前掲『日本考古学研究序説』)。近藤の生業・分業論で特筆すべきは、香川県喜兵衛島(きへえじま)での発掘調査を原点とする原始・古代の製塩研究である。製塩土器の網羅的かつ体系的な研究成果は大冊に結実し(『土器製塩の研究』青木書店、一九八四年)、農業以外の生業の重要性を考古学界に知らしめた。

月の輪古墳の報告書を刊行した一九六〇年頃から最晩年にいたるまで、近藤が深い関心を寄せつづけたのが、前方後円墳である。とくに、弥生墳丘墓から前方後円墳が登場する過程を、多くの発掘および論著をつうじて追究した。本来的に集団祭祀の性格を濃密にまとう弥生時代の墳丘墓が、その性格を出現期古墳にも残しつつ、しだいに骨抜きにされ首長霊継承祭祀の場としての前方後円墳へと移行してゆくことに、近藤は注目した。晩年まで関心をもちつづけた特殊器台および特殊器台形埴輪の研究も、この移行と関連づけて推進された。近藤は当初、前方後円墳の成立に、人民を疎外し搾取する階級関係の成立を想定した。のちに近藤は、前方後円墳の廃絶こそが階級社会成立の標識だとみなすようになる(本書)が、いずれにせよ階級社会形成を強く意識しつつ前方後円墳論を構築してきた。

晩年にも、前方後円墳への関心は衰えるどころかいっそう高まり、前方後円墳の機能・構造・起源に関する何冊もの著作を刊行した。特記すべき成果は、全国の研究者の協力のもと編集した『前方後円墳集成』である(全六巻。山川出版社、一九九一—二〇〇〇年)。列島の前方後円(方)墳五二〇〇基を網羅的に集成した、全六巻をあわせると五〇〇〇ページ、重量一五キログラム超に達する巨冊群であり、前方後円墳研究に欠かせない根本資料である。

以上のように、日本の戦後考古学において近藤は絶大な貢献をはたした。そのわりに、近藤の業績や学問上の特色は一般に知られていないので、この機会を幸いに紙幅を割いて紹介につとめた。上記した近藤の学問的経歴や考古学観をふまえるならば、本書の理解もいっそう深まるものと思う。

さて、その本書『前方後円墳の時代』は、全一三章から構成される。弥生時代の開幕から筆を起こし、前方後円墳が終焉する七世紀代までを、ほぼ考古資料のみに即して叙述する。以下、各章の骨子と要点をとりだそう。

第一章「弥生農耕の成立と性格」は、日本列島の「社会進歩」の起点となる水稲農耕の導入状況を論じる。高い生産性を有する水稲農耕は、一定の「進歩の段階に達しそれなりの矛盾の中にあった」在来の縄文集団に積極的に受容された。「出来合い」の技術体系として列島に導入されたものの、低湿地の多い風土的条件にくわえ、技術的・社会的な条件も未成熟だったため、集約性を指向する未熟な本格的農耕として出発することになった。こうして、分割耕作＝個別労働と共同労働との矛盾が発芽し、また自然条件に左右されながら、地域間・集団間の不均等的発達がはじまった。

第二章「鉄器と農業生産の発達」では、乾田開発への集団の要求が、低湿田の限界および人口圧の問題を徐々に克服してゆく状況がえがかれる。鉄刃装着の鍬・鋤の普及による耕作技術の進歩、用水路の掘削、田植農法などをつうじて、遅くとも弥生中期末から後期には灌漑(かんがい)水田の経営が実現されていった。他方で、集約性と生産性が高まった結果、地域内／間の不均等が拡大し、集団内では分割耕作＝個別経営相互の矛盾が拡大すると同時に、共同体規制が強化される事態をまねいた。

第三章「手工業生産の展開」は、手工業生産の分業のあり方から集団構造と集団間関係を追究する。農業の本格化につれて、社会的余剰が累積的に増大し、分業生産が前進した。農業のみならず金属器・石器・木器生産も男性が主導し、これが家父長制形成の萌芽となった。分業生産の不均等的発展は、農業生産上の不均等に重層して、広範な集団間の優劣関係を析出すると同時に、分業とその産物の交換を主導する首長の規制力を強化していった。

近藤の独創性がもっとも濃密に発揮されているのが、第四章「単位集団と集合体」から第七章にかけてである。第四章ではまず、「数戸でひとまとまりをみせる遺跡」を「単位集団」、単位集団を複数内包する「十数戸ないし数十戸の群をなす遺跡」を「集合体」として、考古資料から抽出する。そのうえで、これらの集落形態のうち前者を、水稲栽培の分割経営単位である血縁的家族体、後者を単位集団の分割耕作および相対的自立性の前提となる上位集団ととらえる。そして、私的所有を指向しはじめた単位集団(家族体)と、用水権・耕作権の帰属先であり私的所有に共同体規制をくわえる集合体との矛盾が、生産力と社会を伸展させる不断の契機となる、という論理が展開される。

このように展開する諸集団が、血縁的同祖同族関係や物資の交流をつうじて重層的に編成されてゆく姿を、第五章「集団関係の進展」が活写する。耕地と人口を増大させつづける血縁的集団は、短期間のうちに分岐をくりかえし、各地の小宇宙で家族体(単位集団)—氏族共同体(集合体)—部族という重層的な集団関係を形成した。共同体規制の強化が氏族長の権限を、また地域の全氏族の利害調整の必要性が部族機関および代表首長の権限を強化し、部族間の平和的交流と武力的敵対関係をつうじて、部族的強制力の強化と部族間の優劣・上下関係が進行した。この状況下で突出したのが、地の利を活かした大和部族連合であった。

第六章「集団墓地から弥生墳丘墓へ」では、前章で論じられた家族体・氏族共同体・部族間の不均等的発達が埋葬に反映されている状況が、すなわち不均等性を徐々に強めつつあった集団墓地から、ほかと隔絶される埋葬が出現し、墳丘墓が登場してくるプロセスが克明にえがきだされる。このプロセスに併行して、集団の死活を握る呪霊への働きかけを首長が占拠してゆき、さらに祖霊の世界が現実の世界を反映して重層化されるようになった。その結果、(部族)首長の埋葬は、祖霊に由来する前首長の霊威を鎮(しず)め(=魂を「振り動かして生き返らせ復活させる」こと)継承する儀礼の性格を帯びるようになる、という筋道が強調される。

第七章「前方後円墳の成立」は、本書の山場となる章である。弥生墳丘墓の諸要素は基本的に地域性を保持し、そして集団祭祀の性格をそなえていた。そうした各地の墳墓の諸要素が、形式化・象徴化をともないながら、地域性を継承しつつ多量化・巨大化の方向で飛躍をとげ、結果として地域性が切断されつつ統合されることで、画一的かつ統一的な前方後円墳が奈良盆地で誕生し、較差をもって各地に波及してゆく。それは、大和連合を盟主とする各地部族連合との擬制的同祖同族結合が、不可避的に大和連合の祖霊を頂点とする祖霊の重層化につながった結果、首長霊を鎮魂し継承する新たな祭祀型式として創出されたものであった。同時にこれは、墳墓祭祀の集団性が脱色され、集団成員が疎外化されてゆく第一歩でもあった。

　こうして誕生した前方後円墳の各地における展開と性格の変質が、第八章「前方後円墳の変化」で説かれる。前方後円墳の成立は、大和連合を頂点とする広域的な擬制的同族関係の締結を意味した。しかし同時に、全国津々浦々の諸部族は相対的自立性を保持し、各地で首長墳を継起的に築造した。各部族は首長をいただく完結体としてほぼ均質な構造を有し、地域ごとに同族的部族連合を形成した。しかし、各部族連合が力量に応じて盛衰してゆくなかで、古墳は象徴性と形式性の色あいを濃くし、隔絶性も進展してゆき、古墳における集団的な首長霊祭祀の側面が、首長の世俗的な権威誇示の側面に圧倒されてゆく事態が生じた。

第九章「部族の構成」では、首長居宅と墳丘併葬(複数埋葬)、陪塚と中・小墳の様相から、部族の構成が具体的に探られる。首長だけでなくその近親も、首長権の構成部分として特別な位置を占め、首長権継承の世襲化が進んだことが、部族機関を分掌し首長権の一部をになう階層が析出されたことが、そして首長の卓越した権威のもとで、成員間・氏族間・部族間の優劣・不均等が成立したことが明示される。

墳墓の検討に終始した前数章から一転して、第十章「生産の発達と性格」では古墳時代に発展した各種生産の様相と性格が論じられる。諸部族のもとで発展した各種生産と分業は、五世紀の朝鮮渡来集団がもたらした新技術により拍車がかかったが、そのことは個別家族体の自立と動産私有の契機ともなった。そのうえ、流通組織と渡来技術導入の主導権を握る大和連合勢力が、畿内の流通組織を各地の部族連合および部族組織に浸透させてゆくなかで、各地の部族連合の解体ないし弱体化が進んでいった。

第十一章「大和連合勢力の卓越」では、まず大和部族連合の中枢首長墳が時期を追って造営地を替えつつも、つねに耕地化不能の山林原野や段丘上が選択されたことと、大和盆地南部に六世紀中葉以前の「古式小墳」が他地域を圧して多いことから、大和連合勢力の中枢首長の部族的基盤は一貫して大和盆地南部にあったと説く。そして、五世紀代に大王墳が突出してゆくのと対照的に、五世紀後半には畿内全域と西日本各地の首長墳が急速に縮小する現象の背後に、大和連合の圧倒的優位が畿内全域で確立し、西日本各地の諸部族が自立性を喪失して従属的関係に傾斜してゆく事態が読みとられる。

第十二章「横穴式石室の普及と群小墳の築造」では、その五世紀後半以降に、副葬品と埴輪が世俗的権威を強調する方向へと顕著な変化をみせ、横穴式石室の導入と普及が、祖霊祭祀の場である古墳を家族霊の拠所に変容させたことが論じられる。前者の現象は、首長の性格が集団的なものから世俗支配的なものに前進したことの、他方で後者の現象は、各家族体の相対的自立が進行したことの反映であった。このような首長と成員の関係の変化は、五世紀に開始する生産諸力の発展と、それをめぐる「各級集団間の対立・抗争による力関係の変化」に起因するものであった。

最終章の第十三章「前方後円墳の廃絶と制度的身分秩序の形成」では、擬制的同族関係をつうじて諸部族が連合する「前方後円墳の時代」が終焉し、法的・制度的支配にもとづく律令国家の時代に移行してゆく様相が叙述される。列島広域の部族連合を解体ないし弱体化させた大和連合勢力は、六世紀中葉以降に、部族からの自立化を進める家父長的家族体を、擬制的同族関係の締結と横穴式石室墳の造営容認をつうじて掌握するにいたった。こうなると古墳築造は、同族擬制に名を借りた支配秩序の表現にすぎなくなる。全土的な支配秩序を確立した「大和政権」は、前方後円墳の廃絶を決定し、まもなく他地域も追随する。こうして諸部族内外の諸関係を律してきた「前方後円墳秩序」は、制度的な身分秩序にその位置を譲り、歴史上から姿を消すことになった。

以上が本書の骨子である。ひたすら考古資料に徹し、強靭な論理の筋道をはずれることなく、弥生時代の農耕採用から前方後円墳が終焉する七世紀までを大系的にえがききった本書は、戦後日本考古学の到達点であると断言してよい。本書に何度か登場する広瀬和雄氏は、本書のゲラ刷りを読んださいに、「「なんという本や。古墳時代の研究で、もうすることはない」という強烈な衝撃」を受けたと振り返る(「『前方後円墳の時代』に想う」『近藤義郎古稀記念　考古文集』一九九五年)。広瀬氏にかぎらず、以後に弥生・古墳時代研究を推進した研究者たちはみな、本書との知的格闘をつうじて各自の研究を深めていった。そのなかで、本書にたいする異論や新見解がさまざまにだされてきた。そうした異論と近藤の所説のいずれを採るかが、弥生・古墳時代像を大きく左右する局面も少なくない。そこで以下、本書をめぐる重要な論点と争点をあげておきたい。

本書の集団関係像を基礎づける、家族体―氏族共同体―部族―部族連合という単純なピラミッド的階層構造にたいして、文化人類学の知見をとりいれた近年の弥生時代研究などから、ことなる認識が提示されている。正直なところ、集落内／間の親族構造を考古資料のみから明らかにすることはほぼ不可能であり、近藤は仮説的に家族体＝血縁的な経営単位、氏族共同体＝血縁で結ばれる地縁的居住集団、部族＝血縁的な同祖同族的結合としての完結体、と措定したのである。しかし、集団の親族構造を実地で観察できる文化人類学の研究成果によると、血縁集団や出自集団はモザイク的に組みあわさり、地縁的に割拠・連繫する血縁集団が整然とした階層構造を呈することはないという。

同様に、近藤が大和連合と部族(連合)首長の結合原理として頻用する擬制的同祖同族関係にも、前方後円墳の本質として特権視する首長霊(継承)祭祀にも、明確な考古学的な根拠を欠くうらみがある。文献史の研究成果によると、列島社会で擬制的同祖同族関係が締結されてゆくのは、父系原理のウヂが結成される五世紀後半以降だとされている。なお本書では、「擬制」の意味を説明していないが、別著において「異なったものを同じとみせかける、あるいはそれを信じようとする類」のものだと表現している(『前方後円墳と吉備・大和』吉備人出版、二〇〇一年)。

そしてまた、当初から強力な大和連合がひたすら強大化を進めて、円滑に律令国家へといたるという、一線的な国家形成史観にも再検討の余地があるだろう。近藤の論述をたどると、広域的な部族連合が可能になったのは諸部族社会の「構造的均質性」ゆえである。氏族的・部族的結合が列島各地で、不均等性はあるが同質的に進行したのは、日本列島の地理的条件に起因する諸地域の小宇宙性が、小地域単位で氏族共同体の分岐と血縁紐帯(ちゅうたい)を反復させたからである。個別家族体が(氏族)共同体への依存を強めたのは、日本列島の気候的・風土的条件に起因する集約農耕の必要性からである。そして水稲農耕が積極的に受容されたのは、在来の縄文集団がそれを受容するだけの「進歩の段階」と矛盾のなかにあったからである。この理屈からすれば、小宇宙的な風土的条件と特定の気候的条件をそなえる日本列島の縄文集団に水稲農耕が受容された時点で、日本列島に広域的な部族連合が形成されるまでの道筋は、既定路線になってしまう。そうした連合を国家形成へと主導していくのが、流通上の要地にあり高い生産性を誇る大和勢力であることも、地勢的に当然の帰結だということになる。

とはいえ、一線的で既定路線的な歴史叙述だからという理由だけで批難をくわえるのは誤りである。それが事実であるならば、歴史発展の重要な法則性が明らかにされるからだ。ただし、本書以降の諸研究は、列島社会の地域性をいっそう豊かに復元してきている。そのうえ、前方後円墳出現前夜の大和勢力の主導性に、さまざまな点から異議が呈されているし、大和勢力の一貫した主導性を否定する「政権交替」論も有力説である。こうした近藤以後の諸研究を加味して、本書の主張をあらためて吟味することも必要であろう。

前方後円墳出現以降の叙述が、大和連合による地域諸部族の弱体化・解体の進行という単純なものになった理由は、近藤の国家観・階級社会観が執筆中に変更されたことにも求めうる。近藤は本書の執筆を一九六六年に開始したという。当時の近藤は、前方後円墳の出現をもって国家および階級社会の出現だととらえていた(「前方後円墳の成立と変遷」『考古学研究』第一五巻第一号、一九六八年)。となると、当初の表題「階級社会への道」は、前方後円墳の出現をもって完結するはずである。ところが一九七二年以降、近藤は国家および階級社会の出現が前方後円墳の廃絶をもって画されるのだと、見解を一変させる(近藤・今井堯「前方後円墳の時代について」『考古学研究』第一九巻第一号、一九七二年)。つまり、「階級社会への道」に古墳時代すなわち「前方後円墳の時代」を接ぎ木する必要が生じてくることになる。しかし、擬制的同祖同族関係という解釈枠を導入したものの、古墳時代を大和連合による政治支配の貫徹としてとらえる見方はそのまま残された。その結果、前方後円墳出現期までのダイナミックな叙述にくらべて、出現以後の叙述にふくらみを欠いているように感じられるのである。

このように、本書以後に大きく進展した弥生・古墳時代研究をつうじて、本書の論点にたいする異論や別見解が数多く提示されてきている。しかし、本書をこえる大系的な弥生・古墳時代論はいまだあらわれておらず、本書はいまなお新たな研究を推進するさいにたえず参照され挑まれる成果でありつづけている。それは、日本古代史において石母田正の『日本の古代国家』(岩波書店、一九七一年)がはたしてきた役割に類比できる。

そして最後に、本書を特徴づける考古資料へのこだわりにふれておきたい。本書は原則的に考古資料に立脚して叙述する。それは、「みずからを歴史学と任じて久しい考古学が、その独自の資料のみを使って果たして歴史を復原・再構成しうるものかどうか」を検証するねらいからであった(本書「はしがき」)。事実、本書では最末尾の十数行まで歴史上の人物名も文献史料もいっさい登場しない。白石太一郎氏は、文献史料や文献史学の利用にたいする考古学者のスタンスを、考古学と文献史学は「まったく方法を異にする学問であり、両方の方法を混用することは許されない」とする「峻別派」と、両者を総合することは歴史を考察するうえで必要な研究法だとする「総合派」とに二分し、近藤を「峻別派の代表格」として例示する(『考古学と古代史の間』筑摩書房、二〇〇四年)。近藤が頑固なまでに考古資料に徹し、文献史料を排したのは、考古学者と文献史学者が相互の史資料操作も方法論もわきまえずに、おたがいの成果に「凭(もた)れ合」う姿勢を断固として避けようとしたからである(前掲『前方後円墳と吉備・大和』)。考古学の主体性の確立と方法論の深化を追い求めた近藤としては、当然の判断であったといえる。

とはいうものの、擬制的同祖同族関係にせよ首長霊継承祭祀にせよ、重要な枠組みの多くは文献史的検討の成果である。つまり、間接的に文献史学の成果に依拠しているわけである。しかし、可能なかぎり考古資料に立脚し、議論の理路を明晰化させている本書は、考古資料の増加や再解釈に具体的に対処し修正できる構造になっており、それが本書を現在でも「現役」の書物にしている。それは、近藤が考古学の方法論的な主体性の確立をなによりも重んじた賜物である。その意味で本書は、考古学の「独立宣言」だと評してよいだろう。

前方後円墳の時代

2020年2月14日　第1刷発行

著　者　近藤義郎

発行者　岡本　厚

発行所　株式会社 岩波書店
〒101-8002 東京都千代田区一ツ橋2-5-5
案内 03-5210-4000　営業部 03-5210-4111
文庫編集部 03-5210-4051
https://www.iwanami.co.jp/

印刷・理想社　カバー・精興社　製本・中永製本

ISBN 978-4-00-381282-2　Printed in Japan

読書子に寄す

――岩波文庫発刊に際して――

岩波茂雄

真理は万人によって求められることを自ら欲し、芸術は万人によって愛されることを自ら望む。かつては民を愚昧ならしめるために学芸が最も狭き堂宇に閉鎖されたことがあった。今や知識と美とを特権階級の独占より奪い返すことはつねに進取的なる民衆の切実なる要求である。岩波文庫はこの要求に応じそれに励まされて生まれた。それは生命ある不朽の書を少数者の書斎と研究室とより解放して街頭にくまなく立たしめ民衆に伍せしめるであろう。近時大量生産予約出版の流行を見る。その広告宣伝の狂態はしばらくおくも、後代にのこすと誇称する全集がその編集に万全の用意をなしたるか。千古の典籍の翻訳企図に敬虔の態度を欠かざりしか。さらに分売を許さず読者を繋縛して数十冊を強うるがごとき、はたしてその揚言する学芸解放のゆえんなりや。吾人は天下の名士の声に和してこれを推挙するに躊躇するものである。このときにあたって、岩波書店は自己の責務のいよいよ重大なるを思い、従来の方針の徹底を期するため、すでに十数年以前より志して来た計画を慎重審議この際断然実行することにした。吾人は範をかのレクラム文庫にとり、古今東西にわたって文芸・哲学・社会科学・自然科学等種類のいかんを問わず、いやしくも万人の必読すべき真に古典的価値ある書をきわめて簡易なる形式において逐次刊行し、あらゆる人間に須要なる生活向上の資料、生活批判の原理を提供せんと欲する。この文庫は予約出版の方法を排したるがゆえに、読者は自己の欲する時に自己の欲する書物を各個に自由に選択することができる。携帯に便にして価格の低きを最主とするがゆえに、外観を顧みざるも内容に至っては厳選最も力を尽くし、従来の岩波出版物の特色をますます発揮せしめようとする。この計画たるや世間の一時の投機的なるものと異なり、永遠の事業として吾人は微力を傾倒し、あらゆる犠牲を忍んで今後永久に継続発展せしめ、もって文庫の使命を遺憾なく果たさしめることを期する。芸術を愛し知識を求むる士の自ら進んでこの挙に参加し、希望と忠言とを寄せられることは吾人の熱望するところである。その性質上経済的には最も困難多きこの事業にあえて当たらんとする吾人の志を諒として、その達成のため世の読書子とのうるわしき共同を期待する。

昭和二年七月

岩波文庫の最新刊

大岡信・谷川俊太郎編
声でたのしむ 美しい日本の詩

詩は本来、朗唱されるもの——。万葉集から現代詩まで、日本語がもつ深い調べと美しいリズムをそなえた珠玉の作品を精選し、鑑賞の手引きとなる注記を付す。(2色刷)〔別冊二五〕 本体一一〇〇円

多田蔵人編
荷風追想

時代への抵抗と批判に生きた文豪、永井荷風。荷風と遭遇した同時代人の回想五十九篇を精選、巨人の風貌を探る。荷風文学への最良の道案内。〔緑二〇一-三〕 本体一〇〇〇円

柳井滋・室伏信助・大朝雄二・鈴木日出男・藤井貞和・今西祐一郎校注
源氏物語(七) 匂兵部卿—総角

出生の秘密をかかえる薫と、多情な匂宮。二人の貴公子と、落魄の親王八宮家の美しい姉妹との恋が、宇治を舞台に展開する。「宇治十帖」の始まり。(全九冊)〔黄一五-一六〕 本体一三八〇円

ヒューム著/犬塚元訳
自然宗教をめぐる対話

神の存在や本性をめぐって、異なる立場の三人が丁々発止の議論をくり広げる対話篇。デイヴィッド・ヒュームの思想理解に欠かせない重要著作。一七七九年刊行。〔青六一九-七〕 本体七八〇円

……今月の重版再開……

中勘助作
鳥の物語
本体八五〇円〔緑五一-二〕

西田幾多郎著
思索と体験
本体七八〇円〔青一二四-二〕

ジャック・ロンドン著/行方昭夫訳
どん底の人びと —ロンドン1902—
本体九二〇円〔赤三一五-二〕

加藤郁乎編
芥川竜之介俳句集
本体七四〇円〔緑七〇-一三〕